Inhaltsverzeichnis I

(Systematisch geordnet)

Verfassungsrecht

Versicherungsrecht

Gewerblicher Rechtsschutz und Urheberrecht

Arbeitsrecht

Inhaltsverzeichnis II

(Alphabetisch geordnet)

Lfd. Nr.	Änderndes Gesetz	Datum	Fundstelle	Betroffen	Hinweis
63.	Art. 1 ÄndG (Art. 90, 91c, 104b, 104c, 107, 108, 109a, 114, 125c, 143d, 143e, 143f, 143g)	13.7.2017	BGBl. I S. 2347	Art. 90, 91c, 104b, 107, 108, 109a, 114, 125c, 143d	geänd. mWv 20.7.2017
				Art. 104c, 143e, 143f, 143g	eingef. mWv 20.7.2017
64.	Art. 1 ÄndG (Art. 104b, 104c, 104d, 125c, 143e)	28.3.2019	BGBl. I S. 404	Art. 104b, 125c, 143e	geänd. mWv 4.4.2019
				Art. 104c	neu gef. mWv 4.4.2019
				Art. 104d	eingef. mWv 4.4.2019
65.	Art. 1 ÄndG (Art. 72, 105, 125b)	15.11. 2019	BGBl. I S. 1546	Art. 72, 105, 125b	geänd. mWv 21.11.2019
66.	Art. 1 und 2 ÄndG (Art. 104a, 143h)	29.9.2020	BGBl. I S. 2048	Art. 104a	geänd. mWv 8.10.2020
				Art. 143h	eingef. mWv 8.10.2020–31.12.2020
67.	Art. 1 ÄndG (Art. 87a)	28.6.2022	BGBl. I S. 968	Art. 87a	geänd. mWv 1.7.2022
68.	Art. 1 ÄndG (Art. 82)	19.12. 2022	BGBl. I S. 2478	Art. 82	geänd. mWv 24.12.2022

vorlage abgelehnt worden ist, obwohl der Bundeskanzler mit ihr den Antrag des Artikels 68 verbunden hatte.

(2) [1] Lehnt der Bundestag die Gesetzesvorlage nach Erklärung des Gesetzgebungsnotstandes erneut ab oder nimmt er sie in einer für die Bundesregierung als unannehmbar bezeichneten Fassung an, so gilt das Gesetz als zustande gekommen, soweit der Bundesrat ihm zustimmt. [2] Das gleiche gilt, wenn die Vorlage vom Bundestage nicht innerhalb von vier Wochen nach der erneuten Einbringung verabschiedet wird.

(3) [1] Während der Amtszeit eines Bundeskanzlers kann auch jede andere vom Bundestage abgelehnte Gesetzesvorlage innerhalb einer Frist von sechs Monaten nach der ersten Erklärung des Gesetzgebungsnotstandes gemäß Absatz 1 und 2 verabschiedet werden. [2] Nach Ablauf der Frist ist während der Amtszeit des gleichen Bundeskanzlers eine weitere Erklärung des Gesetzgebungsnotstandes unzulässig.

(4) Das Grundgesetz darf durch ein Gesetz, das nach Absatz 2 zustande kommt, weder geändert, noch ganz oder teilweise außer Kraft oder außer Anwendung gesetzt werden.

Art. 82[1)] [Verkündung und Inkrafttreten der Gesetze] (1) [1] Die nach den Vorschriften dieses Grundgesetzes zustande gekommenen Gesetze werden vom Bundespräsidenten nach Gegenzeichnung ausgefertigt und im Bundesgesetzblatt verkündet. [2] Das Bundesgesetzblatt kann in elektronischer Form geführt werden. [3] Rechtsverordnungen werden von der Stelle, die sie erlässt, ausgefertigt. [4] Das Nähere zur Verkündung und zur Form von Gegenzeichnung und Ausfertigung von Gesetzen und Rechtsverordnungen regelt ein Bundesgesetz.[2)]

(2) [1] Jedes Gesetz und jede Rechtsverordnung soll den Tag des Inkrafttretens bestimmen. [2] Fehlt eine solche Bestimmung, so treten sie mit dem vierzehnten Tage nach Ablauf des Tages in Kraft, an dem das Bundesgesetzblatt ausgegeben worden ist.

VIII. Die Ausführung der Bundesgesetze und die Bundesverwaltung

Art. 83 [Grundsatz der Landeseigenverwaltung] Die Länder führen die Bundesgesetze als eigene Angelegenheit aus, soweit dieses Grundgesetz nicht anderes bestimmt oder zuläßt.

Art. 84[3)] [Landeseigenverwaltung und Bundesaufsicht] (1) [1] Führen die Länder die Bundesgesetze als eigene Angelegenheit aus, so regeln sie die Einrichtung der Behörden und das Verwaltungsverfahren. [2] Wenn Bundesgesetze etwas anderes bestimmen, können die Länder davon abweichende Regelungen treffen. [3] Hat ein Land eine abweichende Regelung nach Satz 2 getroffen, treten in diesem Land hierauf bezogene spätere bundesgesetzliche Regelungen der Einrichtung der Behörden und des Verwaltungsverfahrens frühestens sechs Monate nach ihrer Verkündung in Kraft, soweit nicht mit Zustimmung des Bundesrates anderes bestimmt ist. [4] Artikel 72 Abs. 3 Satz 3 gilt entsprechend. [5] In Ausnahmefällen kann der Bund wegen eines besonderen Bedürfnisses nach bundeseinheitlicher Regelung das Verwaltungsverfahren ohne Abweichungsmöglichkeit für die Länder regeln. [6] Diese

---

[1)] Art. 82 Abs. 1 neu gef. mWv 24.12.2022 durch G v. 19.12.2022 (BGBl. I S. 2478).
[2)] Siehe hierzu das Verkündungs- und BekanntmachungsG v. 20.12.2022 (BGBl. I S. 2752).
[3)] Art. 84 Abs. 1 neu gef. mWv 1.9.2006 durch G v. 28.8.2006 (BGBl. I S. 2034).

Gesetze bedürfen der Zustimmung des Bundesrates. [7]Durch Bundesgesetz dürfen Gemeinden und Gemeindeverbänden Aufgaben nicht übertragen werden.

(2) Die Bundesregierung kann mit Zustimmung des Bundesrates allgemeine Verwaltungsvorschriften erlassen.

(3) [1]Die Bundesregierung übt die Aufsicht darüber aus, daß die Länder die Bundesgesetze dem geltenden Rechte gemäß ausführen. [2]Die Bundesregierung kann zu diesem Zwecke Beauftragte zu den obersten Landesbehörden entsenden, mit deren Zustimmung und, falls diese Zustimmung versagt wird, mit Zustimmung des Bundesrates auch zu den nachgeordneten Behörden.

(4) [1]Werden Mängel, die die Bundesregierung bei der Ausführung der Bundesgesetze in den Ländern festgestellt hat, nicht beseitigt, so beschließt auf Antrag der Bundesregierung oder des Landes der Bundesrat, ob das Land das Recht verletzt hat. [2]Gegen den Beschluß des Bundesrates kann das Bundesverfassungsgericht angerufen werden.[1)]

(5) [1]Der Bundesregierung kann durch Bundesgesetz, das der Zustimmung des Bundesrates bedarf, zur Ausführung von Bundesgesetzen die Befugnis verliehen werden, für besondere Fälle Einzelweisungen zu erteilen. [2]Sie sind, außer wenn die Bundesregierung den Fall für dringlich erachtet, an die obersten Landesbehörden zu richten.

Art. 85[2)] **[Landesverwaltung im Bundesauftrag]** (1) [1]Führen die Länder die Bundesgesetze im Auftrage des Bundes aus, so bleibt die Einrichtung der Behörden Angelegenheit der Länder, soweit nicht Bundesgesetze mit Zustimmung des Bundesrates etwas anderes bestimmen. [2]Durch Bundesgesetz dürfen Gemeinden und Gemeindeverbänden Aufgaben nicht übertragen werden.

(2) [1]Die Bundesregierung kann mit Zustimmung des Bundesrates allgemeine Verwaltungsvorschriften erlassen. [2]Sie kann die einheitliche Ausbildung der Beamten und Angestellten regeln. [3]Die Leiter der Mittelbehörden sind mit ihrem Einvernehmen zu bestellen.

(3) [1]Die Landesbehörden unterstehen den Weisungen der zuständigen obersten Bundesbehörden. [2]Die Weisungen sind, außer wenn die Bundesregierung es für dringlich erachtet, an die obersten Landesbehörden zu richten. [3]Der Vollzug der Weisung ist durch die obersten Landesbehörden sicherzustellen.

(4) [1]Die Bundesaufsicht erstreckt sich auf Gesetzmäßigkeit und Zweckmäßigkeit der Ausführung. [2]Die Bundesregierung kann zu diesem Zwecke Bericht und Vorlage der Akten verlangen und Beauftragte zu allen Behörden entsenden.

Art. 86 [Bundesverwaltung] [1]Führt der Bund die Gesetze durch bundeseigene Verwaltung oder durch bundesunmittelbare Körperschaften oder Anstalten des öffentlichen Rechtes aus, so erläßt die Bundesregierung, soweit nicht das Gesetz Besonderes vorschreibt, die allgemeinen Verwaltungsvorschriften. [2]Sie regelt, soweit das Gesetz nichts anderes bestimmt, die Einrichtung der Behörden.

---

1) Siehe hierzu § 13 Nr. 7 und §§ 68 ff. BundesverfassungsgerichtsG **(Sartorius Nr. 40)**.
2) Art. 85 Abs. 1 Satz 2 angef. mWv 1.9.2006 durch G v. 28.8.2006 (BGBl. I S. 2034).

Art. 87[1) 2)] **[Gegenstände der Bundesverwaltung]** (1) [1]In bundeseigener Verwaltung mit eigenem Verwaltungsunterbau werden geführt der Auswärtige Dienst, die Bundesfinanzverwaltung und nach Maßgabe des Artikels 89 die Verwaltung der Bundeswasserstraßen und der Schiffahrt. [2]Durch Bundesgesetz können Bundesgrenzschutzbehörden[3) 4)], Zentralstellen für das polizeiliche Auskunfts- und Nachrichtenwesen, für die Kriminalpolizei[5)] und zur Sammlung von Unterlagen für Zwecke des Verfassungsschutzes[6)] und des Schutzes gegen Bestrebungen im Bundesgebiet, die durch Anwendung von Gewalt oder darauf gerichtete Vorbereitungshandlungen auswärtige Belange der Bundesrepublik Deutschland gefährden, eingerichtet werden.

(2) [1]Als bundesunmittelbare Körperschaften des öffentlichen Rechtes werden diejenigen sozialen Versicherungsträger geführt, deren Zuständigkeitsbereich sich über das Gebiet eines Landes hinaus erstreckt. [2]Soziale Versicherungsträger, deren Zuständigkeitsbereich sich über das Gebiet eines Landes, aber nicht über mehr als drei Länder hinaus erstreckt, werden abweichend von Satz 1 als landesunmittelbare Körperschaften des öffentlichen Rechtes geführt, wenn das aufsichtsführende Land durch die beteiligten Länder bestimmt ist.

(3) [1]Außerdem können für Angelegenheiten, für die dem Bunde die Gesetzgebung zusteht, selbständige Bundesoberbehörden und neue bundesunmittelbare Körperschaften und Anstalten des öffentlichen Rechtes durch Bundesgesetz errichtet werden. [2]Erwachsen dem Bunde auf Gebieten, für die ihm die Gesetzgebung zusteht, neue Aufgaben, so können bei dringendem Bedarf bundeseigene Mittel- und Unterbehörden mit Zustimmung des Bundesrates und der Mehrheit[7)] der Mitglieder des Bundestages errichtet werden.

Art. 87a[8) 9)] **[Streitkräfte]** (1) [1]Der Bund stellt Streitkräfte zur Verteidigung auf. [2]Ihre zahlenmäßige Stärke und die Grundzüge ihrer Organisation müssen sich aus dem Haushaltsplan ergeben.

(1a) [1]Zur Stärkung der Bündnis- und Verteidigungsfähigkeit kann der Bund ein Sondervermögen für die Bundeswehr mit eigener Kreditermächtigung in Höhe von einmalig bis zu 100 Milliarden Euro errichten. [2]Auf die Kreditermächtigung sind Artikel 109 Absatz 3 und Artikel 115 Absatz 2 nicht anzuwenden. [3]Das Nähere regelt ein Bundesgesetz.

(2) Außer zur Verteidigung dürfen die Streitkräfte nur eingesetzt werden, soweit dieses Grundgesetz es ausdrücklich zuläßt.

(3) [1]Die Streitkräfte haben im Verteidigungsfalle und im Spannungsfalle die Befugnis, zivile Objekte zu schützen und Aufgaben der Verkehrsregelung wahrzunehmen, soweit dies zur Erfüllung ihres Verteidigungsauftrages erforderlich ist. [2]Außerdem kann den Streitkräften im Verteidigungsfalle und im Spannungsfalle der

---

1) Art. 87 Abs. 1 Satz 2 neu gef. mWv 3.8.1972 durch G v. 28.7.1972 (BGBl. I S. 1305); Abs. 1 Satz 1 geänd. mWv 23.12.1993 durch G v. 20.12.1993 (BGBl. I S. 2089); Abs. 1 Satz 1 geänd. mWv 3.9.1994 durch G v. 30.8.1994 (BGBl. I S. 2245); Abs. 2 Satz 2 angef. mWv 15.11.1994 durch G v. 27.10.1994 (BGBl. I S. 3146).

2) Siehe hierzu auch Art. 130.

3) Bezeichnung ab 1.7.2005: „Bundespolizei“.

4) Siehe das BundespolizeiG **(Sartorius Nr. 90)**.

5) Siehe das BundeskriminalamtG **(Sartorius Nr. 450)**.

6) *Siehe das BundesverfassungsschutzG* **(Sartorius Nr. 80)**.

7) Zum Begriff der Mehrheit siehe Art. 121.

8) Art. 87a eingef. mWv 22.3.1956 durch G v. 19.3.1956 (BGBl. I S. 111); neu gef. mWv 28.6.1968 durch G v. 24.6.1968 (BGBl. I S. 709); Abs. 1a eingef. mWv 1.7.2022 durch G v. 28.6.2022 (BGBl. I S. 968).

9) Siehe hierzu das ParlamentsbeteiligungsG v. 18.3.2005 (BGBl. I S. 775).

Schutz ziviler Objekte auch zur Unterstützung polizeilicher Maßnahmen übertragen werden; die Streitkräfte wirken dabei mit den zuständigen Behörden zusammen.

(4) [1] Zur Abwehr einer drohenden Gefahr für den Bestand oder die freiheitliche demokratische Grundordnung des Bundes oder eines Landes kann die Bundesregierung, wenn die Voraussetzungen des Artikels 91 Abs. 2 vorliegen und die Polizeikräfte sowie der Bundesgrenzschutz[1)] nicht ausreichen, Streitkräfte zur Unterstützung der Polizei und des Bundesgrenzschutzes[1)] beim Schutze von zivilen Objekten und bei der Bekämpfung organisierter und militärisch bewaffneter Aufständischer einsetzen. [2] Der Einsatz von Streitkräften ist einzustellen, wenn der Bundestag oder der Bundesrat es verlangen.

Art. 87b[2)] [Bundeswehrverwaltung] (1) [1] Die Bundeswehrverwaltung wird in bundeseigener Verwaltung mit eigenem Verwaltungsunterbau geführt. [2] Sie dient den Aufgaben des Personalwesens und der unmittelbaren Deckung des Sachbedarfs der Streitkräfte. [3] Aufgaben der Beschädigtenversorgung und des Bauwesens können der Bundeswehrverwaltung nur durch Bundesgesetz, das der Zustimmung des Bundesrates bedarf, übertragen werden. [4] Der Zustimmung des Bundesrates bedürfen ferner Gesetze, soweit sie die Bundeswehrverwaltung zu Eingriffen in Rechte Dritter ermächtigen; das gilt nicht für Gesetze auf dem Gebiete des Personalwesens.

(2) [1] Im übrigen können Bundesgesetze, die der Verteidigung einschließlich des Wehrersatzwesens und des Schutzes der Zivilbevölkerung dienen, mit Zustimmung des Bundesrates bestimmen, daß sie ganz oder teilweise in bundeseigener Verwaltung mit eigenem Verwaltungsunterbau oder von den Ländern im Auftrage des Bundes ausgeführt werden. [2] Werden solche Gesetze von den Ländern im Auftrage des Bundes ausgeführt, so können sie mit Zustimmung des Bundesrates bestimmen, daß die der Bundesregierung und den zuständigen obersten Bundesbehörden auf Grund des Artikels 85 zustehenden Befugnisse ganz oder teilweise Bundesoberbehörden übertragen werden; dabei kann bestimmt werden, daß diese Behörden beim Erlaß allgemeiner Verwaltungsvorschriften gemäß Artikel 85 Abs. 2 Satz 1 nicht der Zustimmung des Bundesrates bedürfen.

Art. 87c[3)] [Bestimmungen über Erzeugung und Nutzung der Kernenergie] Gesetze, die auf Grund des Artikels 73 Abs. 1 Nr. 14 ergehen, können mit Zustimmung des Bundesrates bestimmen, daß sie von den Ländern im Auftrage des Bundes ausgeführt werden.

Art. 87d[4)] [Luftverkehrsverwaltung] (1) [1] Die Luftverkehrsverwaltung wird in Bundesverwaltung geführt. [2] Aufgaben der Flugsicherung können auch durch ausländische Flugsicherungsorganisationen wahrgenommen werden, die nach Recht der Europäischen Gemeinschaft zugelassen sind. [3] Das Nähere regelt ein Bundesgesetz.

(2) Durch Bundesgesetz, das der Zustimmung des Bundesrates bedarf, können Aufgaben der Luftverkehrsverwaltung den Ländern als Auftragsverwaltung übertragen werden.

[1)] Bezeichnung ab 1.7.2005: „Bundespolizei".

[2)] Art. 87b eingef. mWv 22.3.1956 durch G v. 19.3.1956 (BGBl. I S. 111).

[3)] Art. 87c eingef. mWv 1.1.1960 durch G v. 23.12.1959 (BGBl. I S. 813); geänd. mWv 1.9.2006 durch G v. 28.8.2006 (BGBl. I S. 2034).

[4)] Art. 87d eingef. mWv 16.2.1961 durch G v. 6.2.1961 (BGBl. I S. 65); Abs. 1 neu gef. mWv 22.7.1992 durch G v. 14.7.1992 (BGBl. I S. 1254); Abs. 1 neu gef. mWv 1.8.2009 durch G v. 29.7.2009 (BGBl. I S. 2247).

§ 246 Gesetzlicher Zinssatz. Ist eine Schuld nach Gesetz oder Rechtsgeschäft zu verzinsen, so sind vier vom Hundert für das Jahr zu entrichten, sofern nicht ein anderes bestimmt ist.[1)]

§ 247[2) 3)] Basiszinssatz. (1) [1]Der Basiszinssatz beträgt *3,62 Prozent*[4)]. [2]Er verändert sich zum 1. Januar und 1. Juli eines jeden Jahres um die Prozentpunkte, um welche die Bezugsgröße seit der letzten Veränderung des Basiszinssatzes gestiegen oder gefallen ist. [3]Bezugsgröße ist der Zinssatz für die jüngste Hauptrefinanzierungsoperation der Europäischen Zentralbank vor dem ersten Kalendertag des betreffenden Halbjahrs.

(2) Die Deutsche Bundesbank gibt den geltenden Basiszinssatz unverzüglich nach den in Absatz 1 Satz 2 genannten Zeitpunkten im Bundesanzeiger bekannt.

§ 248 Zinseszinsen. (1) Eine im Voraus getroffene Vereinbarung, dass fällige Zinsen wieder Zinsen tragen sollen, ist nichtig.

(2) [1]Sparkassen, Kreditanstalten und Inhaber von Bankgeschäften können im Voraus vereinbaren, dass nicht erhobene Zinsen von Einlagen als neue verzinsliche Einlagen gelten sollen. [2]Kreditanstalten, die berechtigt sind, für den Betrag der von ihnen gewährten Darlehen verzinsliche Schuldverschreibungen auf den Inhaber

---

1) Bei beiderseitigen Handelsgeschäften beachte § 352 HGB (Nr. **50**).

2) **Amtl. Anm.:** Diese Vorschrift dient der Umsetzung von Artikel 3 der Richtlinie 2000/35/EG des Europäischen Parlaments und des Rates vom 29. Juni 2000 zur Bekämpfung von Zahlungsverzug im Geschäftsverkehr (ABl. EG Nr. L 200 S. 35).

3) Beachte hierzu Übergangsvorschrift in Art. 229 § 7 EGBGB (Nr. **21**).

4) Laut Bek. der Dt. Bundesbank gem. § 247 Abs. 2 iVm Abs. 1 Satz 2 beträgt der Basiszinssatz
– ab 1.1.2002 **2,57 %** (Bek. v. 28.12.2001, BAnz. 2002 Nr. 3 S. 98);
– ab 1.7.2002 **2,47 %** (Bek. v. 25.6.2002, BAnz. Nr. 118 S. 14 538);
– ab 1.1.2003 **1,97 %** (Bek. v. 30.12.2002, BAnz. 2003 Nr. 2 S. 76);
– ab 1.7.2003 **1,22 %** (Bek. v. 24.6.2003, BAnz. Nr. 117 S. 13 744);
– ab 1.1.2004 **1,14 %** (Bek. v. 30.12.2003, BAnz. Nr. 2 S. 69);
– ab 1.7.2004 **1,13 %** (Bek. v. 29.6.2004, BAnz. Nr. 122 S. 14 246);
– ab 1.1.2005 **1,21 %** (Bek. v. 30.12.2004, BAnz. Nr. 1 S. 6);
– ab 1.7.2005 **1,17 %** (Bek. v. 28.6.2005, BAnz. Nr. 122 S. 10 041);
– ab 1.1.2006 **1,37 %** (Bek. v. 29.12.2005, BAnz. Nr. 1 S. 2);
– ab 1.7.2006 **1,95 %** (Bek. v. 27.6.2006, BAnz. Nr. 191 S. 4754);
– ab 1.1.2007 **2,70 %** (Bek. v. 28.12.2006, BAnz. Nr. 245 S. 7463);
– ab 1.7.2007 **3,19 %** (Bek. v. 28.6.2007, BAnz. Nr. 117 S. 6530);
– ab 1.1.2008 **3,32 %** (Bek. v. 28.12.2007, BAnz. Nr. 242 S. 8415);
– ab 1.7.2008 **3,19 %** (Bek. v. 24.6.2008, BAnz. Nr. 94 S. 2232);
– ab 1.1.2009 **1,62 %** (Bek. v. 30.12.2008, BAnz. 2009 Nr. 1 S. 6);
– ab 1.7.2009 **0,12 %** (Bek. v. 30.6.2009, BAnz. Nr. 95 S. 2302, Bek. v. 29.12.2009, BAnz. Nr. 198 S. 4582, Bek. v. 29.6.2010, BAnz. Nr. 96 S. 2264, und Bek. v. 28.12.2010, BAnz. Nr. 199 S. 4388);
– ab 1.7.2011 **0,37 %** (Bek. v. 30.6.2011, BAnz. Nr. 96 S. 2314);
– ab 1.1.2012 **0,12 %** (Bek. v. 27.12.2011, BAnz. Nr. 197 S. 4659, und Bek. v. 26.6.2012, BAnz AT 28.06.2012 B3);
– ab 1.1.2013 **−0,13 %** (Bek. v. 28.12.2012, BAnz AT 31.12.2012 B8);
– ab 1.7.2013 **−0,38 %** (Bek. v. 25.6.2013, BAnz AT 27.06.2013 B4);
– ab 1.1.2014 **−0,63 %** (Bek. v. 30.12.2013, BAnz AT 31.12.2013 B7);
– ab 1.7.2014 **−0,73 %** (Bek. v. 24.6.2014, BAnz AT 26.06.2014 B5);
– ab 1.1.2015 **−0,83 %** (Bek. v. 30.12.2014, BAnz AT 31.12.2014 B12, Bek. v. 30.6.2015, BAnz AT 01.07.2015 B6, und Bek. v. 29.12.2015, BAnz AT 30.12.2015 B8);
– ab 1.7.2016 **−0,88 %** (Bek. v. 28.6.2016, BAnz AT 29.06.2016 B4, Bek. v. 27.12.2016, BAnz AT 29.12.2016 B11, Bek. v. 27.6.2017, BAnz AT 29.06.2017 B10, Bek. v. 19.12.2017, BAnz AT 21.12.2017 B6, Bek. v. 26.6.2018, BAnz AT 28.06.2018 B6, Bek. v. 18.12.2018, BAnz AT 20.12.2018 B10, Bek. v. 25.6.2019, BAnz AT 27.06.2019 B9, Bek. v. 31.12.2019, BAnz AT 06.01.2020 B5, Bek. v. 30.6.2020, BAnz AT 02.07.2020 B5, Bek. v. 29.12.2020, BAnz AT 30.12.2020 B8, Bek. v. 29.6.2021, BAnz AT 30.06.2021 B6, Bek. v. 28.12.2021, BAnz AT 29.12.2021 B6 und Bek. v. 28.6.2022, BAnz AT 29.06.2022 B8);
– ab 1.1.2023 **1,62 %** (Bek. v. 27.12.2022, BAnz AT 28.12.2022 B5).

auszugeben, können sich bei solchen Darlehen die Verzinsung rückständiger Zinsen im Voraus versprechen lassen.

§ 249[1) 2)] Art und Umfang des Schadensersatzes. (1) Wer zum Schadensersatz verpflichtet ist, hat den Zustand herzustellen, der bestehen würde, wenn der zum Ersatz verpflichtende Umstand nicht eingetreten wäre.

(2) [1] Ist wegen Verletzung einer Person oder wegen Beschädigung einer Sache Schadensersatz zu leisten, so kann der Gläubiger statt der Herstellung den dazu erforderlichen Geldbetrag verlangen. [2] Bei der Beschädigung einer Sache schließt der nach Satz 1 erforderliche Geldbetrag die Umsatzsteuer nur mit ein, wenn und soweit sie tatsächlich angefallen ist.

§ 250 Schadensersatz in Geld nach Fristsetzung. [1] Der Gläubiger kann dem Ersatzpflichtigen zur Herstellung eine angemessene Frist mit der Erklärung bestimmen, dass er die Herstellung nach dem Ablauf der Frist ablehne. [2] Nach dem Ablauf der Frist kann der Gläubiger den Ersatz in Geld verlangen, wenn nicht die Herstellung rechtzeitig erfolgt; der Anspruch auf die Herstellung ist ausgeschlossen.

§ 251 Schadensersatz in Geld ohne Fristsetzung. (1) Soweit die Herstellung nicht möglich oder zur Entschädigung des Gläubigers nicht genügend ist, hat der Ersatzpflichtige den Gläubiger in Geld zu entschädigen.

(2) [1] Der Ersatzpflichtige kann den Gläubiger in Geld entschädigen, wenn die Herstellung nur mit unverhältnismäßigen Aufwendungen möglich ist. [2] Die aus der Heilbehandlung eines verletzten Tieres entstandenen Aufwendungen sind nicht bereits dann unverhältnismäßig, wenn sie dessen Wert erheblich übersteigen.

§ 252 Entgangener Gewinn. [1] Der zu ersetzende Schaden umfasst auch den entgangenen Gewinn. [2] Als entgangen gilt der Gewinn, welcher nach dem gewöhnlichen Lauf der Dinge oder nach den besonderen Umständen, insbesondere nach den getroffenen Anstalten und Vorkehrungen, mit Wahrscheinlichkeit erwartet werden konnte.

§ 253[3) 2)] Immaterieller Schaden. (1) Wegen eines Schadens, der nicht Vermögensschaden ist, kann Entschädigung in Geld nur in den durch das Gesetz bestimmten Fällen gefordert werden.

(2) Ist wegen einer Verletzung des Körpers, der Gesundheit, der Freiheit oder der sexuellen Selbstbestimmung Schadensersatz zu leisten, kann auch wegen des Schadens, der nicht Vermögensschaden ist, eine billige Entschädigung in Geld gefordert werden.

§ 254 Mitverschulden. (1) Hat bei der Entstehung des Schadens ein Verschulden des Beschädigten mitgewirkt, so hängt die Verpflichtung zum Ersatz sowie der Umfang des zu leistenden Ersatzes von den Umständen, insbesondere davon ab, inwieweit der Schaden vorwiegend von dem einen oder dem anderen Teil verursacht worden ist.

(2) [1] Dies gilt auch dann, wenn sich das Verschulden des Beschädigten darauf beschränkt, dass er unterlassen hat, den Schuldner auf die Gefahr eines ungewöhnlich hohen Schadens aufmerksam zu machen, die der Schuldner weder kannte noch

---

1) § 249 bish. Satz 1 wird Abs. 1, bish. Satz 2 wird Abs. 2 Satz 1, Abs. 2 Satz 2 angef. mWv 1.8.2002 durch G v. 19.7.2002 (BGBl. I S. 2674).

2) Beachte hierzu Übergangsvorschrift in Art. 229 § 8 EGBGB (Nr. **21**).

3) § 253 Abs. 2 angef. mWv 1.8.2002 durch G v. 19.7.2002 (BGBl. I S. 2674).

3. für die Zeit vom 13. Lebensjahr an (dritte Altersstufe) 117 Prozent

des steuerfrei zu stellenden sächlichen Existenzminimums des minderjährigen Kindes.

(2) [1] Der Prozentsatz ist auf eine Dezimalstelle zu begrenzen; jede weitere sich ergebende Dezimalstelle wird nicht berücksichtigt. [2] Der sich bei der Berechnung des Unterhalts ergebende Betrag ist auf volle Euro aufzurunden.

(3) Der Unterhalt einer höheren Altersstufe ist ab dem Beginn des Monats maßgebend, in dem das Kind das betreffende Lebensjahr vollendet.

(4) Das Bundesministerium der Justiz und für Verbraucherschutz hat den Mindestunterhalt erstmals zum 1. Januar 2016 und dann alle zwei Jahre durch Rechtsverordnung[1], die nicht der Zustimmung des Bundesrates bedarf, festzulegen.

§ 1612b[2] Deckung des Barbedarfs durch Kindergeld. (1) [1] Das auf das Kind entfallende Kindergeld ist zur Deckung seines Barbedarfs zu verwenden:

1. zur Hälfte, wenn ein Elternteil seine Unterhaltspflicht durch Betreuung des Kindes erfüllt (§ 1606 Abs. 3 Satz 2);
2. in allen anderen Fällen in voller Höhe.

[2] In diesem Umfang mindert es den Barbedarf des Kindes.

(2) Ist das Kindergeld wegen der Berücksichtigung eines nicht gemeinschaftlichen Kindes erhöht, ist es im Umfang der Erhöhung nicht bedarfsmindernd zu berücksichtigen.

§ 1612c Anrechnung anderer kindbezogener Leistungen. § 1612b gilt entsprechend für regelmäßig wiederkehrende kindbezogene Leistungen, soweit sie den Anspruch auf Kindergeld ausschließen.

§ 1613 Unterhalt für die Vergangenheit. (1) [1] Für die Vergangenheit kann der Berechtigte Erfüllung oder Schadensersatz wegen Nichterfüllung nur von dem Zeitpunkt an fordern, zu welchem der Verpflichtete zum Zwecke der Geltendmachung des Unterhaltsanspruchs aufgefordert worden ist, über seine Einkünfte und sein Vermögen Auskunft zu erteilen, zu welchem der Verpflichtete in Verzug gekommen oder der Unterhaltsanspruch rechtshängig geworden ist. [2] Der Unterhalt wird ab dem Ersten des Monats, in den die bezeichneten Ereignisse fallen, geschuldet, wenn der Unterhaltsanspruch dem Grunde nach zu diesem Zeitpunkt bestanden hat.

(2) Der Berechtigte kann für die Vergangenheit ohne die Einschränkung des Absatzes 1 Erfüllung verlangen

1. wegen eines unregelmäßigen außergewöhnlich hohen Bedarfs (Sonderbedarf); nach Ablauf eines Jahres seit seiner Entstehung kann dieser Anspruch nur

---

[1] Siehe die Mindestunterhaltsverordnung v. 3.12.2015 (BGBl. I S. 2188), zuletzt geänd. durch VO v. 30.11.2022 (BGBl. I S. 2130):

„**§ 1 Festlegung des Mindestunterhalts.** Der Mindestunterhalt minderjähriger Kinder gemäß § 1612a Absatz 1 des Bürgerlichen Gesetzbuchs beträgt monatlich
1. in der ersten Altersstufe (§ 1612a Absatz 1 Satz 3 Nummer 1 des Bürgerlichen Gesetzbuchs) 437 Euro,
2. in der zweiten Altersstufe (§ 1612a Absatz 1 Satz 3 Nummer 2 des Bürgerlichen Gesetzbuchs) 502 Euro,
3. in der dritten Altersstufe (§ 1612a Absatz 1 Satz 3 Nummer 3 des Bürgerlichen Gesetzbuchs) 588 Euro.

§ 2 Inkrafttreten. Diese Verordnung tritt am 1. Januar 2016 in Kraft.“

[2] § 1612b neu gef. mWv 1.1.2008 durch G v. 21.12.2007 (BGBl. I S. 3189).

geltend gemacht werden, wenn vorher der Verpflichtete in Verzug gekommen oder der Anspruch rechtshängig geworden ist;

2. für den Zeitraum, in dem er
   a) aus rechtlichen Gründen oder
   b) aus tatsächlichen Gründen, die in den Verantwortungsbereich des Unterhaltspflichtigen fallen,

   an der Geltendmachung des Unterhaltsanspruchs gehindert war.

(3) [1] In den Fällen des Absatzes 2 Nr. 2 kann Erfüllung nicht, nur in Teilbeträgen oder erst zu einem späteren Zeitpunkt verlangt werden, soweit die volle oder die sofortige Erfüllung für den Verpflichteten eine unbillige Härte bedeuten würde. [2] Dies gilt auch, soweit ein Dritter vom Verpflichteten Ersatz verlangt, weil er anstelle des Verpflichteten Unterhalt gewährt hat.

§ 1614 Verzicht auf den Unterhaltsanspruch; Vorausleistung. (1) Für die Zukunft kann auf den Unterhalt nicht verzichtet werden.

(2) Durch eine Vorausleistung wird der Verpflichtete bei erneuter Bedürftigkeit des Berechtigten nur für den im § 760 Abs. 2 bestimmten Zeitabschnitt oder, wenn er selbst den Zeitabschnitt zu bestimmen hatte, für einen den Umständen nach angemessenen Zeitabschnitt befreit.

§ 1615 Erlöschen des Unterhaltsanspruchs. (1) Der Unterhaltsanspruch erlischt mit dem Tode des Berechtigten oder des Verpflichteten, soweit er nicht auf Erfüllung oder Schadensersatz wegen Nichterfüllung für die Vergangenheit oder auf solche im Voraus zu bewirkende Leistungen gerichtet ist, die zur Zeit des Todes des Berechtigten oder des Verpflichteten fällig sind.

(2) Im Falle des Todes des Berechtigten hat der Verpflichtete die Kosten der Beerdigung zu tragen, soweit ihre Bezahlung nicht von dem Erben zu erlangen ist.

Untertitel 2. Besondere Vorschriften für das Kind und seine nicht miteinander verheirateten Eltern

§ 1615a Anwendbare Vorschriften. Besteht für ein Kind keine Vaterschaft nach § 1592 Nr. 1, § 1593 und haben die Eltern das Kind auch nicht während ihrer Ehe gezeugt oder nach seiner Geburt die Ehe miteinander geschlossen, gelten die allgemeinen Vorschriften, soweit sich nichts anderes aus den folgenden Vorschriften ergibt.

§§ 1615b bis 1615k (weggefallen)

§ 1615l[1)] Unterhaltsanspruch von Mutter und Vater aus Anlass der Geburt. (1) [1] Der Vater hat der Mutter für die Dauer von sechs Wochen vor und acht Wochen nach der Geburt des Kindes Unterhalt zu gewähren. [2] Dies gilt auch hinsichtlich der Kosten, die infolge der Schwangerschaft oder der Entbindung außerhalb dieses Zeitraums entstehen.

(2) [1] Soweit die Mutter einer Erwerbstätigkeit nicht nachgeht, weil sie infolge der Schwangerschaft oder einer durch die Schwangerschaft oder die Entbindung verursachten Krankheit dazu außerstande ist, ist der Vater verpflichtet, ihr über die

---

[1)] § 1615l Abs. 2 Satz 3 neu gef., Sätze 4 und 5 angef., Abs. 3 Satz 3 aufgeh., bish. Sätze 4 und 5 werden Sätze 3 und 4 mWv 1.1.2008 durch G v. 21.12.2007 (BGBl. I S. 3189).

34. Allgemeines Gleichbehandlungsgesetz (AGG)[1) 2)]

Vom 14. August 2006
(BGBl. I S. 1897)

FNA 402-40

Lfd. Nr.	Änderndes Gesetz	Datum	Fundstelle	Betroffen	Hinweis
1.	Art. 8 Abs. 1 G zur Änd. des BetriebsrentenG und anderer G	2.12.2006	BGBl. I S. 2742	§§ 10, 20	geänd. mWv 12.12.2006
2.	Art. 19 Abs. 10 G Neuregelung des Rechtsberatungsrechts[3)]	12.12. 2007	BGBl. I S. 2840	§ 23	geänd. mWv 1.7.2008
3.	Art. 15 Abs. 66 DienstrechtsneuordnungsG	5.2.2009	BGBl. I S. 160	§ 26	geänd. mWv 12.2.2009
4.	Art. 8 SEPA-BegleitG	3.4.2013	BGBl. I S. 610	§§ 20, 33	geänd. mWv 21.12.2012
5.	Art. 1 ÄndG	23.5.2022	BGBl. I S. 768	§§ 25, 27, 29, 30	geänd. mWv 28.5.2022
				Abschnitt 6 Überschrift, §§ 26, 28	neu gef. mWv 28.5.2022
				§§ 26a, 26b, 26c, 26d, 26e, 26f, 26g, 26h, 26i	eingef. mWv 28.5.2022
6.	Art. 4 G zur weiteren Umsetzung der RL (EU) 2019/1158	19.12. 2022	BGBl. I S. 2510	§ 27	geänd. mWv 24.12.2022

[1)] **Amtl. Anm.:** Dieses Gesetz dient der Umsetzung der Richtlinien:
- 2000/43/EG des Rates vom 29. Juni 2000 zur Anwendung des Gleichbehandlungsgrundsatzes ohne Unterschied der Rasse oder der ethnischen Herkunft (ABl. EG Nr. L 180 S. 22),
- 2000/78/EG des Rates vom 27. November 2000 zur Festlegung eines allgemeinen Rahmens für die Verwirklichung der Gleichbehandlung in Beschäftigung und Beruf (ABl. EG Nr. L 303 S. 16),
- 2002/73/EG des Europäischen Parlaments und des Rates vom 23. September 2002 zur Änderung der Richtlinie 76/207/EWG des Rates zur Verwirklichung des Grundsatzes der Gleichbehandlung von Männern und Frauen hinsichtlich des Zugangs zur Beschäftigung, zur Berufsbildung und zum beruflichen Aufstieg sowie in Bezug auf die Arbeitsbedingungen (ABl. EG Nr. L 269 S. 15) und
- 2004/113/EG des Rates vom 13. Dezember 2004 zur Verwirklichung des Grundsatzes der Gleichbehandlung von Männern und Frauen beim Zugang zu und bei der Versorgung mit Gütern und Dienstleistungen (ABl. EU Nr. L 373 S. 37).

[2)] Verkündet als Art. 1 G zur Umsetzung europ. RL zur Verwirklichung des Grundsatzes der Gleichbehandlung v. 14.8.2006 (BGBl. I S. 1897); Inkrafttreten gem. Art. 4 Satz 1 dieses G am 18.8.2006.

[3)] **Amtl. Anm.:** Dieses Gesetz dient der Umsetzung der Richtlinie 2005/36/EG des Europäischen Parlaments und des Rates vom 7. September 2005 über die Anerkennung von Berufsqualifikationen (ABl. EU Nr. L 255 S. 22).

(4) Die oder der Unabhängige Bundesbeauftragte für Antidiskriminierung erhält Reisekostenvergütung und Umzugskostenvergütung entsprechend den für Bundesbeamtinnen und Bundesbeamte geltenden Vorschriften.

§ 26h[1] Verwendung der Geschenke an die Unabhängige Bundesbeauftragte oder den Unabhängigen Bundesbeauftragten für Antidiskriminierung. (1) Erhält die oder der Unabhängige Bundesbeauftragte für Antidiskriminierung ein Geschenk in Bezug auf das Amt, so muss sie oder er dies der Präsidentin oder dem Präsidenten des Deutschen Bundestages mitteilen.

(2) [1] Die Präsidentin oder der Präsident des Deutschen Bundestages entscheidet über die Verwendung des Geschenks. [2] Sie oder er kann Verfahrensvorschriften erlassen.

§ 26i[2] Berufsbeschränkung. [1] Die oder der Unabhängige Bundesbeauftragte für Antidiskriminierung ist verpflichtet, eine beabsichtigte Erwerbstätigkeit oder sonstige entgeltliche Beschäftigung außerhalb des öffentlichen Dienstes, die innerhalb der ersten 18 Monate nach dem Ende der Amtszeit oder einer anschließenden Geschäftsführung aufgenommen werden soll, schriftlich oder elektronisch gegenüber der Präsidentin oder dem Präsidenten des Deutschen Bundestages anzuzeigen. [2] Die Präsidentin oder der Präsident des Deutschen Bundestages kann der oder dem Unabhängigen Bundesbeauftragten für Antidiskriminierung die beabsichtigte Erwerbstätigkeit oder sonstige entgeltliche Beschäftigung untersagen, soweit zu besorgen ist, dass öffentliche Interessen beeinträchtigt werden. [3] Von einer Beeinträchtigung ist insbesondere dann auszugehen, wenn die beabsichtigte Erwerbstätigkeit oder sonstige entgeltliche Beschäftigung in Angelegenheiten oder Bereichen ausgeführt werden soll, in denen die oder der Unabhängige Bundesbeauftragte für Antidiskriminierung während der Amtszeit oder einer anschließenden Geschäftsführung tätig war. [4] Eine Untersagung soll in der Regel die Dauer von einem Jahr nach dem Ende der Amtszeit oder einer anschließenden Geschäftsführung nicht überschreiten. [5] In Fällen der schweren Beeinträchtigung öffentlicher Interessen kann eine Untersagung auch für die Dauer von bis zu 18 Monaten ausgesprochen werden.

§ 27[3] Aufgaben der Antidiskriminierungsstelle des Bundes. (1) [1] Wer der Ansicht ist, wegen eines in § 1 genannten Grundes benachteiligt worden zu sein, kann sich an die Antidiskriminierungsstelle des Bundes wenden. [2] An die Antidiskriminierungsstelle des Bundes können sich auch Beschäftigte wenden, die der Ansicht sind, benachteiligt worden zu sein auf Grund

1. der Beantragung oder Inanspruchnahme einer Freistellung von der Arbeitsleistung oder der Anpassung der Arbeitszeit als Eltern oder pflegende Angehörige nach dem Bundeselterngeld- und Elternzeitgesetz[4], dem Pflegezeitgesetz[5] oder dem Familienpflegezeitgesetz[6],
2. des Fernbleibens von der Arbeit nach § 2 des Pflegezeitgesetzes oder

---

[1] § 26h eingef. mWv 28.5.2022 durch G v. 23.5.2022 (BGBl. I S. 768).

[2] § 26i eingef. mWv 28.5.2022 durch G v. 23.5.2022 (BGBl. I S. 768).

[3] § 27 *Überschrift neu gef.* mWv 28.5.2022 durch G v. 23.5.2022 (BGBl. I S. 768); Abs. 1 Satz 2 angef., Abs. 3 Nr. 2, Abs. 4 Satz 1 geänd. mWv 24.12.2022 durch G v. 19.12.2022 (BGBl. I S. 2510).

[4] **Habersack, Deutsche Gesetze ErgBd. Nr. 45e.**

[5] **Aichberger, SGB Nr. 11/10.**

[6] **Aichberger, SGB Nr. 11/20.**

3. der Verweigerung ihrer persönlich zu erbringenden Arbeitsleistung aus dringenden familiären Gründen nach § 275 Absatz 3 des Bürgerlichen Gesetzbuchs[1], wenn eine Erkrankung oder ein Unfall ihre unmittelbare Anwesenheit erforderten.

(2) [1] Die Antidiskriminierungsstelle des Bundes unterstützt auf unabhängige Weise Personen, die sich nach Absatz 1 an sie wenden, bei der Durchsetzung ihrer Rechte zum Schutz vor Benachteiligungen. [2] Hierbei kann sie insbesondere

1. über Ansprüche und die Möglichkeiten des rechtlichen Vorgehens im Rahmen gesetzlicher Regelungen zum Schutz vor Benachteiligungen informieren,
2. Beratung durch andere Stellen vermitteln,
3. eine gütliche Beilegung zwischen den Beteiligten anstreben.

[3] Soweit Beauftragte des Deutschen Bundestages oder der Bundesregierung zuständig sind, leitet die Antidiskriminierungsstelle des Bundes die Anliegen der in Absatz 1 genannten Personen mit deren Einverständnis unverzüglich an diese weiter.

(3) Die Antidiskriminierungsstelle des Bundes nimmt auf unabhängige Weise folgende Aufgaben wahr, soweit nicht die Zuständigkeit der Beauftragten der Bundesregierung oder des Deutschen Bundestages berührt ist:

1. Öffentlichkeitsarbeit,
2. Maßnahmen zur Verhinderung von Benachteiligungen aus den in § 1 genannten Gründen sowie von Benachteiligungen von Beschäftigten gemäß Absatz 1 Satz 2,
3. Durchführung wissenschaftlicher Untersuchungen zu diesen Benachteiligungen.

(4) [1] Die Antidiskriminierungsstelle des Bundes und die in ihrem Zuständigkeitsbereich betroffenen Beauftragten der Bundesregierung und des Deutschen Bundestages legen gemeinsam dem Deutschen Bundestag alle vier Jahre Berichte über Benachteiligungen aus den in § 1 genannten Gründen sowie über Benachteiligungen von Beschäftigten gemäß Absatz 1 Satz 2 vor und geben Empfehlungen zur Beseitigung und Vermeidung dieser Benachteiligungen. [2] Sie können gemeinsam wissenschaftliche Untersuchungen zu Benachteiligungen durchführen.

(5) Die Antidiskriminierungsstelle des Bundes und die in ihrem Zuständigkeitsbereich betroffenen Beauftragten der Bundesregierung und des Deutschen Bundestages sollen bei Benachteiligungen aus mehreren der in § 1 genannten Gründe zusammenarbeiten.

§ 28[2] Amtsbefugnisse der oder des Unabhängigen Bundesbeauftragten für Antidiskriminierung und Pflicht zur Unterstützung durch Bundesbehörden und öffentliche Stellen des Bundes. (1) [1] Die oder der Unabhängige Bundesbeauftragte für Antidiskriminierung ist bei allen Vorhaben, die ihre oder seine Aufgaben berühren, zu beteiligen. [2] Die Beteiligung soll möglichst frühzeitig erfolgen. [3] Sie oder er kann der Bundesregierung Vorschläge machen und Stellungnahmen zuleiten.

(2) Die oder der Unabhängige Bundesbeauftragte für Antidiskriminierung informiert die Bundesministerien – vorbehaltlich anderweitiger gesetzlicher Bestimmungen – frühzeitig in Angelegenheiten von grundsätzlicher politischer Bedeutung, soweit Aufgaben der Bundesministerien betroffen sind.

---

[1] Nr. **20**.
[2] § 28 neu gef. mWv 28.5.2022 durch G v. 23.5.2022 (BGBl. I S. 768).

(3) In den Fällen, in denen sich eine Person wegen einer Benachteiligung an die Antidiskriminierungsstelle des Bundes gewandt hat und die Antidiskriminierungsstelle des Bundes die gütliche Beilegung zwischen den Beteiligten anstrebt, kann die oder der Unabhängige Bundesbeauftragte für Antidiskriminierung Beteiligte um Stellungnahmen ersuchen, soweit die Person, die sich an die Antidiskriminierungsstelle des Bundes gewandt hat, hierzu ihr Einverständnis erklärt.

(4) Alle Bundesministerien, sonstigen Bundesbehörden und öffentlichen Stellen im Bereich des Bundes sind verpflichtet, die Unabhängige Bundesbeauftragte oder den Unabhängigen Bundesbeauftragten für Antidiskriminierung bei der Erfüllung der Aufgaben zu unterstützen, insbesondere die erforderlichen Auskünfte zu erteilen.

§ 29[1)] Zusammenarbeit der Antidiskriminierungsstelle des Bundes mit Nichtregierungsorganisationen und anderen Einrichtungen. Die Antidiskriminierungsstelle des Bundes soll bei ihrer Tätigkeit Nichtregierungsorganisationen sowie Einrichtungen, die auf europäischer, Bundes-, Landes- oder regionaler Ebene zum Schutz vor Benachteiligungen wegen eines in § 1 genannten Grundes tätig sind, in geeigneter Form einbeziehen.

§ 30[2)] Beirat der Antidiskriminierungsstelle des Bundes. (1) [1] Zur Förderung des Dialogs mit gesellschaftlichen Gruppen und Organisationen, die sich den Schutz vor Benachteiligungen wegen eines in § 1 genannten Grundes zum Ziel gesetzt haben, wird der Antidiskriminierungsstelle des Bundes ein Beirat beigeordnet. [2] Der Beirat berät die Antidiskriminierungsstelle des Bundes bei der Vorlage von Berichten und Empfehlungen an den Deutschen Bundestag nach § 27 Abs. 4 und kann hierzu sowie zu wissenschaftlichen Untersuchungen nach § 27 Abs. 3 Nr. 3 eigene Vorschläge unterbreiten.

(2) [1] Das Bundesministerium für Familie, Senioren, Frauen und Jugend beruft im Einvernehmen mit der oder dem Unabhängigen Bundesbeauftragten für Antidiskriminierung sowie den entsprechend zuständigen Beauftragten der Bundesregierung oder des Deutschen Bundestages die Mitglieder dieses Beirats und für jedes Mitglied eine Stellvertretung. [2] In den Beirat sollen Vertreterinnen und Vertreter gesellschaftlicher Gruppen und Organisationen sowie Expertinnen und Experten in Benachteiligungsfragen berufen werden. [3] Die Gesamtzahl der Mitglieder des Beirats soll 16 Personen nicht überschreiten. [4] Der Beirat soll zu gleichen Teilen mit Frauen und Männern besetzt sein.

(3) Der Beirat gibt sich eine Geschäftsordnung, die der Zustimmung des Bundesministeriums für Familie, Senioren, Frauen und Jugend bedarf.

(4) [1] Die Mitglieder des Beirats üben die Tätigkeit nach diesem Gesetz ehrenamtlich aus. [2] Sie haben Anspruch auf Aufwandsentschädigung sowie Reisekostenvergütung, Tagegelder und Übernachtungsgelder. [3] Näheres regelt die Geschäftsordnung.

Abschnitt 7. Schlussvorschriften

§ 31 Unabdingbarkeit. Von den Vorschriften dieses Gesetzes kann nicht zu Ungunsten der geschützten Personen abgewichen werden.

---

1) § 29 Überschrift neu gef. mWv 28.5.2022 durch G v. 23.5.2022 (BGBl. I S. 768).

2) § 30 Überschrift neu gef., Abs. 2 Satz 1 geänd. mWv 28.5.2022 durch G v. 23.5.2022 (BGBl. I S. 768).

§ 32 Schlussbestimmung. Soweit in diesem Gesetz nicht Abweichendes bestimmt ist, gelten die allgemeinen Bestimmungen.

§ 33[1] Übergangsbestimmungen. (1) Bei Benachteiligungen nach den §§ 611a, 611b und 612 Abs. 3 des Bürgerlichen Gesetzbuchs[2] oder sexuellen Belästigungen nach dem Beschäftigtenschutzgesetz ist das vor dem 18. August 2006 maßgebliche Recht anzuwenden.

(2) [1] Bei Benachteiligungen aus Gründen der Rasse oder wegen der ethnischen Herkunft sind die §§ 19 bis 21 nicht auf Schuldverhältnisse anzuwenden, die vor dem 18. August 2006 begründet worden sind. [2] Satz 1 gilt nicht für spätere Änderungen von Dauerschuldverhältnissen.

(3) [1] Bei Benachteiligungen wegen des Geschlechts, der Religion, einer Behinderung, des Alters oder der sexuellen Identität sind die §§ 19 bis 21 nicht auf Schuldverhältnisse anzuwenden, die vor dem 1. Dezember 2006 begründet worden sind. [2] Satz 1 gilt nicht für spätere Änderungen von Dauerschuldverhältnissen.

(4) [1] Auf Schuldverhältnisse, die eine privatrechtliche Versicherung zum Gegenstand haben, ist § 19 Abs. 1 nicht anzuwenden, wenn diese vor dem 22. Dezember 2007 begründet worden sind. [2] Satz 1 gilt nicht für spätere Änderungen solcher Schuldverhältnisse.

---

[1] § 33 Abs. 5 angef. mWv 21.12.2012 durch G v. 3.4.2013 (BGBl. I S. 610).

[2] Die §§ 611a, 611b und 612 Abs. 3 lauteten:

„**§ 611a Geschlechtsbezogene Benachteiligung.** (1) [1] Der Arbeitgeber darf einen Arbeitnehmer bei einer Vereinbarung oder einer Maßnahme, insbesondere bei der Begründung des Arbeitsverhältnisses, beim beruflichen Aufstieg, bei einer Weisung oder einer Kündigung, nicht wegen seines Geschlechts benachteiligen. [2] Eine unterschiedliche Behandlung wegen des Geschlechts ist jedoch zulässig, soweit eine Vereinbarung oder eine Maßnahme die Art der vom Arbeitnehmer auszuübenden Tätigkeit zum Gegenstand hat und ein bestimmtes Geschlecht unverzichtbare Voraussetzung für diese Tätigkeit ist. [3] Wenn im Streitfall der Arbeitnehmer Tatsachen glaubhaft macht, die eine Benachteiligung wegen des Geschlechts vermuten lassen, trägt der Arbeitgeber die Beweislast dafür, dass nicht auf das Geschlecht bezogene, sachliche Gründe eine unterschiedliche Behandlung rechtfertigen oder das Geschlecht unverzichtbare Voraussetzung für die auszuübende Tätigkeit ist.

(2) Verstößt der Arbeitgeber gegen das in Absatz 1 geregelte Benachteiligungsverbot bei der Begründung eines Arbeitsverhältnisses, so kann der hierdurch benachteiligte Bewerber eine angemessene Entschädigung in Geld verlangen; ein Anspruch auf Begründung eines Arbeitsverhältnisses besteht nicht.

(3) [1] Wäre der Bewerber auch bei benachteiligungsfreier Auswahl nicht eingestellt worden, so hat der Arbeitgeber eine angemessene Entschädigung in Höhe von höchstens drei Monatsverdiensten zu leisten. [2] Als Monatsverdienst gilt, was dem Bewerber bei regelmäßiger Arbeitszeit in dem Monat, in dem das Arbeitsverhältnis hätte begründet werden sollen, an Geld- und Sachbezügen zugestanden hätte.

(4) [1] Ein Anspruch nach den Absätzen 2 und 3 muss innerhalb einer Frist, die mit Zugang der Ablehnung der Bewerbung beginnt, schriftlich geltend gemacht werden. [2] Die Länge der Frist bemisst sich nach einer für die Geltendmachung von Schadensersatzansprüchen im angestrebten Arbeitsverhältnis vorgesehenen Ausschlussfrist; sie beträgt mindestens zwei Monate. [3] Ist eine solche Frist für das angestrebte Arbeitsverhältnis nicht bestimmt, so beträgt die Frist sechs Monate.

(5) Die Absätze 2 bis 4 gelten beim beruflichen Aufstieg entsprechend, wenn auf den Aufstieg kein Anspruch besteht.

§ 611b Arbeitsplatzausschreibung. Der Arbeitgeber darf einen Arbeitsplatz weder öffentlich noch innerhalb des Betriebs nur für Männer oder nur für Frauen ausschreiben, es sei denn, dass ein Fall des § 611a Abs. 1 Satz 2 vorliegt.

§ 612. (3) [1] Bei einem Arbeitsverhältnis darf für gleiche oder für gleichwertige Arbeit nicht wegen des Geschlechts des Arbeitnehmers eine geringere Vergütung vereinbart werden als bei einem Arbeitnehmer des anderen Geschlechts. [2] Die Vereinbarung einer geringeren Vergütung wird nicht dadurch gerechtfertigt, dass wegen des Geschlechts des Arbeitnehmers besondere Schutzvorschriften gelten. [3] § 611a Abs. 1 Satz 3 ist entsprechend anzuwenden."

(5) [1] Bei Versicherungsverhältnissen, die vor dem 21. Dezember 2012 begründet werden, ist eine unterschiedliche Behandlung wegen des Geschlechts im Falle des § 19 Absatz 1 Nummer 2 bei den Prämien oder Leistungen nur zulässig, wenn dessen Berücksichtigung bei einer auf relevanten und genauen versicherungsmathematischen und statistischen Daten beruhenden Risikobewertung ein bestimmender Faktor ist. [2] Kosten im Zusammenhang mit Schwangerschaft und Mutterschaft dürfen auf keinen Fall zu unterschiedlichen Prämien oder Leistungen führen.

34 AGG

35. Straßenverkehrsgesetz (StVG)

In der Fassung der Bekanntmachung vom 5. März 2003[1)]
(BGBl. I S. 310, ber. S. 919)

FNA 9231-1

Lfd. Nr.	Änderndes Gesetz	Datum	Fundstelle	Betroffen	Hinweis
1.–18.	Änderungsgesetze bis einschl. G v. 10.12.2007 (BGBl. I S. 2833) nur noch in den Anmerkungen nachgewiesen				
19.	Art. 5 G zur Änd. seeverkehrsrechtl., verkehrsrechtl. u. anderer Vorschr. mit Bezug zum Seerecht[2)]	8.4.2008	BGBl. I S. 706	§§ 30, 30a, 30b	geänd. mWv 18.4.2008
20.	Art. 3 Zweites G zur Änd. des GüKG u. and. G	6.11.2008	BGBl. I S. 2162	§ 52	geänd. mWv 1.1.2009
21.	Art. 1 Viertes ÄndG[3)]	22.12. 2008	BGBl. I S. 2965	§§ 24, 24a, 29	geänd. mWv 30.12.2008
				§§ 6, 23, 26	geänd. mWv 29.4.2009
22.	Art. 1 G zur Änd. des StVG und zur Änd. des G zur Änd. der Anl. 1 und 3 des ATP-Übereinkommens	3.2.2009	BGBl. I S. 150	§§ 6, 65	geänd. mWv 7.2.2009
				§ 66	eingef. mWv 7.2.2009
23.	Art. 9 G zur Neuregelung der Kraftfahrzeugsteuer und Änd. anderer Gesetze	29.5.2009	BGBl. I S. 1170	§§ 35, 36, 42	geänd. mWv 1.7.2009
24.	Art. 1 Fünftes ÄndG	17.7.2009	BGBl. I S. 2021	§§ 2, 6, 28	geänd. mWv 23.7.2009
25.	Art. 1 Sechstes ÄndG	17.7.2009	BGBl. I S. 2023	§ 6	geänd. mWv 23.7.2009
26.	Art. 4 Abs. 16 G zur Reform der Sachaufklärung in der Zwangsvollstreckung	29.7.2009	BGBl. I S. 2258, geänd. 2011, I S. 898	§§ 25, 35	geänd. mWv 1.1.2013
27.	Art. 3 G zur Ums. d. Beschl. des Rates 2008/615/JI v. 23.6.2008 zur Vertiefung der grenzüberschr. Zusammenarbeit, insbesondere zur Bekämpfung d. Terrorismus u. d. grenzüberschr. Kriminalität	31.7.2009	BGBl. I S. 2507	§ 37	geänd. mWv 5.8.2009

1) Neubek. des StVG v. 19.12.1952 (BGBl. I S. 837) in der ab 18.9.2002 geltenden Fassung.

2) **Amtl. Anm.:** Dieses Gesetz dient auch der weiteren Umsetzung der Richtlinie 96/98/EG des Rates über Schiffsausrüstung vom 20. Dezember 1996 (ABl. EG Nr. L 46 S. 25) in der jeweils geltenden Fassung.

3) **Amtl. Anm.:** Dieses Gesetz dient zur Umsetzung der Richtlinie 2007/46/EG des Europäischen Parlaments und des Rates vom 5. September 2007 zur Schaffung eines Rahmens für die Genehmigung von Kraftfahrzeugen und Kraftfahrzeuganhängern sowie von Systemen, Bauteilen und selbständigen technischen Einheiten für diese Fahrzeuge (Rahmenrichtlinie) (ABl. EU Nr. L 263 S. 1).

Lfd. Nr.	Änderndes Gesetz	Datum	Fundstelle	Betroffen	Hinweis
28.	Art. 1 G zur Änd. des StVG u. d. KraftfahrsachverständigenG	2.12.2010	BGBl. I S. 1748	Inhaltsverzeichnis, §§ 2, 2a, 2b, 4, 6, 6e, 30, 30c, 51, 53, 54, 61, 65	geänd. mWv 9.12.2010
29.	Art. 14, 16 G zur Durchf. d. VO (EG) Nr. 4/2009 u. zur NeuO bestehender Aus- u. Durchführungsbest. auf dem Gebiet d. internat. Unterhaltsverfahrensrechts	23.5.2011	BGBl. I S. 898	§§ 35, 36	geänd. mWv 18.6.2011
				§§ 35, 36	geänd. mWv 1.1.2013
30.	Art. 1 Drittes G zur Änd. des StVG u. and. G	20.6.2011	BGBl. I S. 1124	§§ 1, 6, 34, 35, 36	geänd. mWv 26.6.2011
31.	Art. 1 Siebtes ÄndG	23.6.2011	BGBl. I S. 1213	§§ 2, 6	geänd. mWv 29.6.2011
32.	Art. 2 Mautrecht-NeuregelungsG	12.7.2011	BGBl. I S. 1378	§§ 35, 36	geänd. mWv 19.7.2011
33.	Art. 2 Abs. 118 G zur Änd. von Vorschr. über Verkündung u. Bek. sowie der ZPO, des EGZPO u. der AO	22.12. 2011	BGBl. I S. 3044	§ 66	geänd. mWv 1.4.2012
34.	Art. 5 G zur Änd. des GüKG u. and. G	17.6.2013	BGBl. I S. 1558	§§ 1, 29, 65	geänd. mWv 21.6.2013
35.	Art. 24 G zur Förd. d. elektr. Verwaltung sowie zur Änd. weiterer Vorschr.	25.7.2013	BGBl. I S. 2749	§§ 30, 58, 64	geänd. mWv 1.8.2013
36.	Art. 2 Abs. 144 G zur Strukturreform des Gebührenrechts des Bundes	7.8.2013	BGBl. I S. 3154	§ 6a	geänd. mWv 15.8.2013
37.	Art. 1 Viertes G zur Änd. des StVG und anderer Gesetze[1]	28.8.2013	BGBl. I S. 3310	§§ 6a, 33, 35, 36, 37c, 40	geänd. mWv 31.8.2013
				§§ 27, 37b	eingef. mWv 31.8.2013
38.	Art. 1 Fünftes G zur Änd. des StVG und anderer Gesetze	28.8.2013	BGBl. I S. 3313	§§ 6, 6a	geänd. mWv 31.8.2013
				§§ 2, 2a, 2c, 6e, Abschnitt IV Überschrift, §§ 28, 28a, 29, 30, 30a, 30b, 30c, 33, 42, 50, 59, 61, 64, 65	geänd. mWv 1.5.2014
				§ 4	neu gef. mWv 1.5.2014
				§§ 4a, 4b	eingef. mWv 1.5.2014
39.	Art. 1 G zur Änd. des StVG, der GewerbeO und des BundeszentralregisterG	28.11. 2014	BGBl. I S. 1802	§§ 2, 2a, 4, 4a, 4b, 5b, 6, 6a, 6c, 6e, 24a, 26a, 29, 30c, 47, 63, 65	geänd. mWv 5.12.2014
				§§ 48, 49, 50, 61, 65	geänd. mWv 1.1.2015
				§ 37c	neu gef. mWv 5.12.2014

[1] **Amtl. Anm.:** Dieses Gesetz dient der Umsetzung der Richtlinie 2011/82/EU des Europäischen Parlaments und des Rates vom 25. Oktober 2011 zur Erleichterung des grenzüberschreitenden Austauschs von Informationen über die Straßenverkehrssicherheit gefährdende Verkehrsdelikte (ABl. L 288 vom 5.11. 2011, S. 1).

Lfd. Nr.	Änderndes Gesetz	Datum	Fundstelle	Betroffen	Hinweis
40.	Art. 2 G zur Änd. des FahrpersonalG und des StVG	2.3.2015	BGBl. I S. 186	§ 2	geänd. mWv 7.3.2015
41.	Art. 4 G zur Einf. einer Infrastrukturabgabe für d. Benutzung v. Bundesfernstr.	8.6.2015	BGBl. I S. 904	§ 32	geänd. mWv 12.6.2015
42.	Art. 15 WSV-ZuständigkeitsanpassungsG	24.5.2016	BGBl. I S. 1217	§ 31	geänd. mWv 1.6.2016
43.	Art. 1 Sechstes G zur Änd. des StVG und anderer Gesetze[1]	28.11. 2016	BGBl. I S. 2722	§§ 2, 3, 6, 6a, 6f, 6g, 24, 26, 27, 28, 30, 30a, 30c, 31, 33, 34, 35, 36, 36a, 37a, 37b, 38, 47, 48, 50, 53, 54, 56, 62, 65	geänd. mWv 7.12.2016
44.	Art. 3 G zur Stärk. der Bekämpfung der Schwarzarbeit u. illegalen Beschäftigung	6.3.2017	BGBl. I S. 399	§§ 35, 36	geänd. mWv 10.3.2017
45.	Art. 4 G zur Änd. des GüKG, des FPersG, des G zur Regelung der Arbeitszeit von selbst. Kraftfahrern, des StVG u. des G über die Err. eines Kraftfahrt-Bundesamtes	16.5.2017	BGBl. I S. 1214	§ 6	geänd. mWv 25.5.2017
46.	Art. 6 Abs. 3 G zur Änd. von Vorschriften im Bereich des Internationalen Privat- und Zivilverfahrensrechts	11.6.2017	BGBl. I S. 1607	§ 35	geänd. mWv 17.6.2017
47.	Art. 1 Achtes ÄndG	16.6.2017	BGBl. I S. 1648	§§ 6, 12, 32	geänd. mWv 21.6.2017
				§§ 1a, 1b, 1c, Abschnitt VIa (§§ 63a, 63b)	eingef. mWv 21.6.2017
48.	Art. 21 G zur Ums. d. Vierten EU-GeldwäscheRL, zur Ausf. d. EU-Geldtransfer-VO und zur Neuorg. d. Zentralstelle für Finanztransaktionsuntersuchungen[2]	23.6.2017	BGBl. I S. 1822	§ 36	geänd. mWv 26.6.2017

[1] **Amtl. Anm.**: Dieses Gesetz dient der Umsetzung der
- Richtlinie 2006/126/EG des Europäischen Parlaments und des Rates vom 20. Dezember 2006 über den Führerschein (Neufassung) (ABl. L 403 vom 30.12.2006, S. 18);
- Verordnung (EU) Nr. 165/2014 des Europäischen Parlaments und des Rates vom 4. Februar 2014 über Fahrtenschreiber im Straßenverkehr, zur Aufhebung der Verordnung (EWG) Nr. 3821/85 des Rates über das Kontrollgerät im Straßenverkehr und zur Änderung der Verordnung (EG) Nr. 561/2006 des Europäischen Parlaments und des Rates zur Harmonisierung bestimmter Sozialvorschriften im Straßenverkehr (ABl. L 60 vom 28.2.2014, S. 1);
- Richtlinie 2014/45/EU des Europäischen Parlaments und des Rates vom 3. April 2014 über die regelmäßige technische Überwachung von Kraftfahrzeugen und Kraftfahrzeuganhängern und zur Aufhebung der Richtlinie 2009/40/EG (ABl. L 127 vom 29.4.2014, S. 51);
- Richtlinie 2014/46/EU des Europäischen Parlaments und des Rates vom 3. April 2014 zur Änderung der Richtlinie 1999/37/EG des Rates über Zulassungsdokumente für Fahrzeuge (ABl. L 127 vom 29.4. 2014, S. 129);
- Richtlinie (EU) 2015/413 des Europäischen Parlaments und des Rates vom 11. März 2015 zur Erleichterung des grenzüberschreitenden Austauschs von Informationen über die Straßenverkehrssicherheit gefährdende Verkehrsdelikte (ABl. L 68 vom 13.3.2015, S. 9).

[2] **Amtl. Anm.:** *(abgedruckt in Änderungstabelle Nr.* **52***)*

Lfd. Nr.	Änderndes Gesetz	Datum	Fundstelle	Betroffen	Hinweis
49.	Art. 4 G zur Verbesserung der Sachaufklärung in der Verwaltungsvollstreckung	30.6.2017	BGBl. I S. 2094	§ 35	geänd. mWv 6.7.2017
50.	Art. 2 G über das Fahrlehrerwesen und zur Änd. anderer straßenverkehrsrechtlicher Vorschriften[1]	30.6.2017	BGBl. I S. 2162	§§ 2, 4a, 30b	geänd. mWv 1.1.2018
51.	Art. 8 G zur Einführung eines Anspruchs auf Hinterbliebenengeld	17.7.2017	BGBl. I S. 2421	§ 10	geänd. mWv 22.7.2017
52.	Art. 6 G zur effektiveren u. praxistauglicheren Ausgestaltung d. Strafverfahrens	17.8.2017	BGBl. I S. 3202	§ 25	geänd. mWv 24.8.2017
53.	Art. 3 ÄndG des BundesfernstraßenmautG und zur Änd. weiterer straßenverkehrsrechtl. Vorschriften	4.12.2018	BGBl. I S. 2251	§ 6f	neu gef. mWv 1.1.2019
54.	Art. 1 Neuntes ÄndG	8.4.2019	BGBl. I S. 430	§§ 35, 36	geänd. mWv 12.4.2019
				Abschnitt VIa. Überschrift	neu gef. mWv 12.4.2019
				§ 63c	eingef. mWv 12.4.2019
55.	Art. 5 Abs. 21 G zur Einf. einer Karte für Unionsbürger u. Angehörige des Europäischen Wirtschaftsraums mit Funktion zum elektr. Identitätsnachweis sowie zur Änd. des PersonalausweisG u. weiterer Vorschr.[2] [3]	21.6.2019	BGBl. I S. 846	§§ 30, 58	geänd. mWv 1.11.2019
56.	Art. 137 Zweites Datenschutz-Anpassungs- und Umsetzungsgesetz EU[4]	20.11.2019	BGBl. I S. 1626	§§ 2, 2b, 4a, 6, 6g, 25, 28, 28a, 29, 30, 30a, 36, 37, 37a, 38, 38a, 38b, 41, 42, 43, 44, 45, 50, 53, 55, 56, 57, 59, 60, 61, 62, 63a	geänd. mWv 26.11.2019

[1] **Amtl. Anm.:** Dieses Gesetz dient der Umsetzung der Richtlinie 2006/126/EG des Europäischen Parlaments und des Rates vom 20. Dezember 2006 über den Führerschein (ABl. L 403 vom 30.12.2006, S. 18) und der Richtlinie 2005/36/EG des Europäischen Parlaments und des Rates vom 7. September 2005 über die Anerkennung von Berufsqualifikationen (ABl. L 255 vom 30.9.2005, S. 22) sowie der Umsetzung der Richtlinie 2013/55/EU des Europäischen Parlaments und des Rates vom 20. November 2013 zur Änderung der Richtlinie 2005/36/EG über die Anerkennung von Berufsqualifikationen und der Verordnung (EU) Nr. 1024/2012 über die Verwaltungszusammenarbeit mit Hilfe des Binnenmarkt-Informationssystems („IMI-Verordnung") (ABl. L 354 vom 28.12.2013, S. 132).

[2] **Amtl. Anm.:** Notifiziert gemäß der Richtlinie (EU) 2015/1535 des Europäischen Parlaments und des Rates vom 9. September 2015 über ein Informationsverfahren auf dem Gebiet der technischen Vorschriften und der Vorschriften für die Dienste der Informationsgesellschaft (ABl. L 241 vom 17.9.2015, S. 1).

[3] Die Änd. des Inkrafttretens dieses G durch Art. 154a G v. 20.11.2019 (BGBl. I S. 1626) ist unbeachtlich, da das G bei Erlass des ÄndG bereits in Kraft getreten war.

[4] **Amtl. Anm.:** Dieses Gesetz dient der Umsetzung der Richtlinie (EU) 2016/680 des Europäischen Parlaments und des Rates vom 27. April 2016 zum Schutz natürlicher Personen bei der Verarbeitung personenbezogener Daten durch die zuständigen Behörden zum Zweck der Verhütung, Ermittlung, Aufdeckung oder Verfolgung von Straftaten oder der Strafvollstreckung sowie zum freien Datenverkehr und zur Aufhebung des Rahmenbeschlusses 2008/977/JI des Rates (ABl. L 119 vom 4.5.2016, S. 89; L 127 vom 23.5.2018, S. 9).

Lfd. Nr.	Änderndes Gesetz	Datum	Fundstelle	Betroffen	Hinweis
57.	Art. 1 G zur Änd. des StraßenverkehrsG und weiterer straßenverkehrsrechtl. Vorschriften	5.12.2019	BGBl. I S. 2008	§§ 6, 62, 65	geänd. mWv 12.12.2019
				§§ 6, 50	geänd. mWv 1.6.2020
58.	Art. 325 Elfte ZuständigkeitsanpassungsVO	19.6.2020	BGBl. I S. 1328	§ 6	geänd. mWv 27.6.2020
59.	Art. 2 Achtes G zur Änd. des BundesfernstraßenG und zur Änd. weiterer Vorschriften	29.6.2020	BGBl. I S. 1528	§ 6a	geänd. mWv 4.7.2020
				§§ 35, 36	geänd. mWv 1.10.2020
60.	Art. 1 G zur Haftung bei Unfällen mit Anhängern und Gespannen im Straßenverkehr	10.7.2020	BGBl. I S. 1653	§§ 7, 8, 12, 17, 18, 65	geänd. mWv 17.7.2020
				§§ 19, 19a	eingef. mWv 17.7.2020
61.	Art. 3 G über Änderungen im Berufskraftfahrerqualifikationsrecht	26.11.2020	BGBl. I S. 2575	§ 6a	geänd. mWv 2.12.2020
62.	Art. 6 Abs. 2 Zweites G zur Änd. des BundesmeldeG	15.1.2021	BGBl. I S. 530	§ 35	geänd. mWv 1.5.2022
63.	Art. 3 G zur Modernisierung des Personenbeförderungsrechts	16.4.2021	BGBl. I S. 822	§ 2	geänd. mWv 1.8.2021
64.	Art. 4 Abs. 9 G zur Verbesserung des Schutzes von Gerichtsvollziehern vor Gewalt sowie zur Änd. weiterer zwangsvollstreckungsrechtl. Vorschriften und zur Änd. des InfektionsschutzG	7.5.2021	BGBl. I S. 850	§ 35	geänd. mWv 1.1.2022
				§§ 35, 36	geänd. mWv 1.11.2022
65.	Art. 1 und 2 Viertes G zur Änd. des StraßenverkehrsG und anderer straßenverkehrsrechtlicher Vorschriften	12.7.2021	BGBl. I S. 3091	§§ 2, 2a, 2b, 3, 4, 6a, 6b, 6c, 25, 25a, 26, 26a, 28, 28a, 29, 30, 30c, 31, 32, 33, 34, 35, 36, 37, 37a, 39, 41, 42, 43, 47, 58, 60, 63, 63b, 64, 65	geänd. mWv 28.7.2021
				§§ 6, 24	neu gef. mWv 28.7.2021
				§§ 39a, 63d, 63e, 63f	eingef. mWv 28.7.2021
				§§ 23, 24b	aufgeh. mit Ablauf des 27.7.2021
				§ 33	geänd. mWv 1.7.2023
66.	Art. 1 Gesetz zum autonomen Fahren[1)]	12.7.2021	BGBl. I S. 3108	§§ 8, 12, 19, 24	geänd. mWv 28.7.2021
				§§ 1d, 1e, 1f, 1g, 1h, 1i, 1j, 1k, 1l	eingef. mWv 28.7.2021

[1)] **Amtl. Anm.:** Notifiziert gemäß Richtlinie (EU) 2015/1535 des Europäischen Parlaments und des Rates vom 9. September 2015 über ein Informationsverfahren auf dem Gebiet der technischen Vorschriften und der Vorschriften für die Dienste der Informationsgesellschaft (ABl. L 241 vom 17.9.2015, S. 1).

Lfd. Nr.	Änderndes Gesetz	Datum	Fundstelle	Betroffen	Hinweis
67.	Art. 23 SanktionsdurchsetzungsG II	19.12. 2022	BGBl. I S. 2606	§§ 35, 36	geänd. mWv 28.12.2022
68.	Art. 2 Abs. 32 G zur Modernisierung des Verkündungs- und Bekanntmachungswesens	20.12. 2022	BGBl. I S. 2752	§ 66	aufgeh. mit Ablauf des 31.12. 2022

1. bei natürlichen Personen der Beruf oder das Gewerbe (Wirtschaftszweig) und
2. bei juristischen Personen und Vereinigungen gegebenenfalls das Gewerbe (Wirtschaftszweig).

(3) Im örtlichen und im Zentralen Fahrzeugregister darf die Anordnung einer Fahrtenbuchauflage wegen Zuwiderhandlungen gegen Verkehrsvorschriften gespeichert werden.

(4) Ferner werden für Daten, die nicht übermittelt werden dürfen (§ 41), in den Fahrzeugregistern Übermittlungssperren gespeichert.

§ 34[1)] Erhebung der Daten. (1) [1] Wer die Zuteilung oder die Ausgabe eines Kennzeichens für ein Fahrzeug beantragt, hat der hierfür zuständigen Stelle

1. von den nach § 33 Abs. 1 Satz 1 Nr. 1 zu speichernden Fahrzeugdaten bestimmte Daten nach näherer Regelung durch Rechtsverordnung (§ 47 Nummer 1) und
2. die nach § 33 Abs. 1 Satz 1 Nr. 2 zu speichernden Halterdaten

mitzuteilen und auf Verlangen nachzuweisen. [2] Zur Mitteilung und zum Nachweis der Daten über die Haftpflichtversicherung ist gegenüber der Zulassungsbehörde auch der jeweilige Versicherer befugt. [3] Die Zulassungsbehörde kann durch Einholung von Auskünften aus dem Melderegister die Richtigkeit und Vollständigkeit der vom Antragsteller mitgeteilten Daten überprüfen.

(2) Wer die Zuteilung eines amtlichen Kennzeichens für ein Fahrzeug beantragt, hat der Zulassungsbehörde außerdem die Daten über Beruf oder Gewerbe (Wirtschaftszweig) mitzuteilen, soweit sie nach § 33 Abs. 2 zu speichern sind.

(3) [1] Wird ein Fahrzeug veräußert, für das ein amtliches Kennzeichen zugeteilt ist, so hat der Veräußerer der Zulassungsbehörde, die dieses Kennzeichen zugeteilt hat, die in § 33 Abs. 1 Satz 2 aufgeführten Daten des Erwerbers (Halterdaten) mitzuteilen. [2] Die Mitteilung ist nicht erforderlich, wenn der neue Eigentümer bereits seiner Meldepflicht nach Absatz 4 nachgekommen ist.

(4) Der Halter und der Eigentümer, wenn dieser nicht zugleich Halter ist, haben der Zulassungsbehörde jede Änderung der Daten mitzuteilen, die nach Absatz 1 erhoben wurden; dies gilt nicht für die Fahrzeuge, die ein Versicherungskennzeichen führen müssen.

(5) [1] Die Versicherer dürfen der zuständigen Zulassungsbehörde Folgendes mitteilen:

1. das Nichtbestehen oder die Beendigung des Versicherungsverhältnisses über die vorgeschriebene Haftpflichtversicherung für das betreffende Fahrzeug oder
2. die Halterdaten, sofern die Zulassungsbehörde dem Versicherer gegenüber dargelegt hat, dass sie die Mitteilung dieser Daten zur Erfüllung ihrer gesetzlichen Aufgaben für erforderlich hält.

[2] Die Versicherer haben dem Kraftfahrt-Bundesamt im Rahmen der Zulassung von Fahrzeugen mit Versicherungskennzeichen die erforderlichen Fahrzeugdaten nach näherer Bestimmung durch Rechtsverordnung (§ 47 Nummer 2) und die Halter-

---

[1)] § 34 Abs. 1 Satz 2 eingef., bish. Satz 2 wird Satz 3 mWv 1.6.2005 durch G v. 3.5.2005 (BGBl. I S. 1221); Abs. 3 Satz 2 angef., Abs. 4 geänd. mWv 26.6.2011 durch G v. 20.6.2011 (BGBl. I S. 1124); Abs. 1 Satz 1 Nr. 1 und Abs. 5 Satz 2 geänd., Abs. 6 angef. mWv 7.12.2016 durch G v. 28.11.2016 (BGBl. I S. 2722); Abs. 1 Satz 2 und Abs. 5 Satz 2 geänd., Satz 1 neu gef. mWv 28.7.2021 durch G v. 12.7.2021 (BGBl. I S. 3091).

daten nach § 33 Absatz 1 Satz 1 Nummer 2 sowie jede Änderung dieser Daten mitzuteilen.

(6) [1] Die Technischen Prüfstellen, amtlich anerkannten Überwachungsorganisationen und anerkannten Kraftfahrzeugwerkstätten, soweit diese Werkstätten Sicherheitsprüfungen durchführen, haben dem Kraftfahrt-Bundesamt nach näherer Bestimmung durch Rechtsverordnung auf Grund des § 47 Nummer 1a die nach § 33 Absatz 1 Satz 1 Nummer 1 zu speichernden oder zu einer Änderung oder Löschung einer Eintragung führenden Daten über Prüfungen und Untersuchungen einschließlich der durchführenden Stellen und Kennungen zur Feststellung der für die Durchführung der Prüfung oder Untersuchung Verantwortlichen zu übermitteln. [2] Im Fall der anerkannten Kraftfahrzeugwerkstätte erfolgt die Übermittlung über Kopfstellen; im Fall der Technischen Prüfstellen und anerkannten Überwachungsorganisationen kann die Übermittlung über Kopfstellen erfolgen. [3] Eine Speicherung der nach Satz 2 zur Übermittlung an das Kraftfahrt-Bundesamt erhaltenen Daten bei den Kopfstellen erfolgt ausschließlich zu diesem Zweck. [4] Nach erfolgter Übermittlung haben die Kopfstellen die nach Satz 3 gespeicherten Daten unverzüglich, bei elektronischer Speicherung automatisiert, zu löschen.

§ 35[1)] Übermittlung von Fahrzeugdaten und Halterdaten. (1) Die nach § 33 Absatz 1 gespeicherten Fahrzeugdaten und Halterdaten dürfen an Behörden und sonstige öffentliche Stellen im Geltungsbereich dieses Gesetzes sowie im Rahmen einer internetbasierten Zulassung an Personen im Sinne des § 6g Absatz 3 zur Erfüllung der Aufgaben der Zulassungsbehörde, des Kraftfahrt-Bundesamtes oder der Aufgaben des Empfängers nur übermittelt werden, wenn dies für die Zwecke nach § 32 Absatz 2 jeweils erforderlich ist

1. zur Durchführung der in § 32 Abs. 1 angeführten Aufgaben,
2. zur Verfolgung von Straftaten, zur Vollstreckung oder zum Vollzug von Strafen, von Maßnahmen im Sinne des § 11 Abs. 1 Nr. 8 des Strafgesetzbuchs[2)] oder

---

[1)] § 35 Abs. 3 Satz 1 Nr. 1 Buchst. e und Abs. 5 Nr. 6 geänd. mWv 1.1.2005 durch G v. 27.12.2003 (BGBl. I S. 3022); Abs. 3 Satz 1 einl. Satzteil geänd., Abs. 4b eingef. mWv 1.3.2005 durch G v. 26.1.2005 (BGBl. I S. 162); Abs. 3 Satz 1 Nr. 1 Buchst. e, Abs. 5 Nr. 6 geänd. mWv 1.1.2005 durch G v. 21.3.2005 (BGBl. I S. 818); Abs. 1 Nr. 11 und 12, Abs. 2 Nr. 1 und Abs. 5 Nr. 5 geänd., Abs. 1 Nr. 13 und Abs. 2 Nr. 1a angef. mWv 1.6.2005 durch G v. 3.5.2005 (BGBl. I S. 1221); Abs. 1 Nr. 13 geänd. mWv 1.8.2006 durch G v. 20.7.2006 (BGBl. I S. 1706); Abs. 4b geänd. mWv 1.1.2009 durch G v. 17.3.2007 (BGBl. I S. 314) iVm Bek. v. 12.12.2008 (BGBl. 2009 II S. 39); Abs. 5 Nr. 4 geänd. mWv 1.7.2009 durch G v. 29.5.2009 (BGBl. I S. 1170); Abs. 3 Satz 1 geänd., Abs. 4c eingef. mWv 1.1.2013 durch G v. 29.7.2009 (BGBl. I S. 2258, geänd. durch G v. 23.5.2011, BGBl. I S. 898); Abs. 1 Nr. 12 und 13 geänd., Nr. 14 angef., Abs. 4b geänd. mWv 18.6.2011, Abs. 1 Nr. 13 und 14 geänd., Nr. 15 angef. mWv 1.1.2013 durch G v. 23.5.2011 (BGBl. I S. 898); Abs. 1a eingef. mWv 26.6.2011 durch G v. 20.6.2011 (BGBl. I S. 1124); Abs. 1 Nr. 10 neu gef. mWv 19.7.2011 durch G v. 12.7.2011 (BGBl. I S. 1378); Abs. 2a eingef., Abs. 5 Satz 1 einl. Satzteil geänd. mWv 31.8.2013 durch G v. 28.8.2013 (BGBl. I S. 3310); Abs. 1 einl. Satzteil neu gef., Abs. 2 Satz 1 Nr. 1a und 2, Abs. 5 einl. Satzteil und Abs. 6 Satz 3 geänd., Abs. 2 Satz 1 Nr. 3 sowie Sätze 2 und 3 angef. mWv 7.12.2016 durch G v. 28.11.2016 (BGBl. I S. 2722); Abs. 1 Nr. 14 und 15 geänd., Nr. 16 angef. mWv 10.3.2017 durch G v. 6.3.2017 (BGBl. I S. 399); Abs. 4b geänd. mWv 17.6. 2017 durch G v. 11.6.2017 (BGBl. I S. 1607); Abs. 1 Nr. 15 und 16 geänd., Nr. 17 angef., Abs. 4c neu gef. mWv 6.7.2017 durch G v. 30.6.2017 (BGBl. I S. 2094); Abs. 1 Nr. 16 und 17 Buchst. c geänd., Nr. 18 angef. mWv 12.4.2019 durch G v. 8.4.2019 (BGBl. I S. 430); Abs. 1 Nr. 17 und 18 geänd., Nr. 19 angef. mWv 1.10.2020 durch G v. 29.6.2020 (BGBl. I S. 1528); Abs. 4b geänd. mWv 1.5.2022 durch G v. 15.1. 2021 (BGBl. I S. 530); Abs. 1 Nr. 17 einl. Satzteil geänd., Buchst. a–c neu gef. mWv 1.1.2022; Abs. 1 Nr. 18 und 19 geänd., Nr. 20 angef. mWv 1.11.2022 durch G v. 7.5.2021 (BGBl. I S. 850); Abs. 2 Satz 1 neu gef., Abs. 2a Nr. 3 geänd. mWv 28.7.2021 durch G v. 12.7.2021 (BGBl. I S. 3091); Abs. 1 Nr. 19 und 20 geänd., Nr. 21 angef. mWv 28.12.2022 durch G v. 19.12.2022 (BGBl. I S. 2606).

[2)] Nr. **85**.

von Erziehungsmaßregeln oder Zuchtmitteln im Sinne des Jugendgerichtsgesetzes[1],
3. zur Verfolgung von Ordnungswidrigkeiten,
4. zur Abwehr von Gefahren für die öffentliche Sicherheit oder Ordnung,
5. zur Erfüllung der den Verfassungsschutzbehörden, dem Militärischen Abschirmdienst und dem Bundesnachrichtendienst durch Gesetz übertragenen Aufgaben,
6. für Maßnahmen nach dem Abfallbeseitigungsgesetz oder den darauf beruhenden Rechtsvorschriften,
7. für Maßnahmen nach dem Wirtschaftssicherstellungsgesetz oder den darauf beruhenden Rechtsvorschriften,
8. für Maßnahmen nach dem Energiesicherungsgesetz 1975 oder den darauf beruhenden Rechtsvorschriften,
9. für die Erfüllung der gesetzlichen Mitteilungspflichten zur Sicherung des Steueraufkommens nach § 93 der Abgabenordnung,
10. zur Feststellung der Maut für die Benutzung mautpflichtiger Straßen im Sinne des § 1 des Bundesfernstraßenmautgesetzes und zur Verfolgung von Ansprüchen nach diesem Gesetz,
11. zur Ermittlung der Mautgebühr für die Benutzung von Bundesfernstraßen und zur Verfolgung von Ansprüchen nach dem Fernstraßenbauprivatfinanzierungsgesetz vom 30. August 1994 (BGBl. I S. 2243) in der jeweils geltenden Fassung,
12. zur Ermittlung der Mautgebühr für die Benutzung von Straßen nach Landesrecht und zur Verfolgung von Ansprüchen nach den Gesetzen der Länder über den gebührenfinanzierten Neu- und Ausbau von Straßen,
13. zur Überprüfung von Personen, die Sozialhilfe, Leistungen der Grundsicherung für Arbeitsuchende oder Leistungen nach dem Asylbewerberleistungsgesetz[2] beziehen, zur Vermeidung rechtswidriger Inanspruchnahme solcher Leistungen,
14. für die in § 17 des Auslandsunterhaltsgesetzes[3] genannten Zwecke,
15. für die in § 802l der Zivilprozessordnung[4] genannten Zwecke soweit kein Grund zu der Annahme besteht, dass dadurch schutzwürdige Interessen des Betroffenen beeinträchtigt werden,
16. zur Erfüllung der den Behörden der Zollverwaltung in § 2 Absatz 1 des Schwarzarbeitsbekämpfungsgesetzes[5] übertragenen Prüfungsaufgaben,
17. zur Durchführung eines Vollstreckungsverfahrens an die für die Vollstreckung nach dem Verwaltungs-Vollstreckungsgesetz[6] oder nach den Verwaltungsvollstreckungsgesetzen der Länder zuständige Behörde, wenn der Vollstreckungsschuldner als Halter des Fahrzeugs eingetragen ist, kein Grund zu der Annahme besteht, dass dadurch schutzwürdige Interessen des Betroffenen beeinträchtigt werden, und
    a) die Ladung zu dem Termin zur Abgabe der Vermögensauskunft an den Vollstreckungsschuldner nicht zustellbar ist und

---

[1] Nr. 89.
[2] **Sartorius ErgBd. Nr. 418.**
[3] **Habersack, Deutsche Gesetze ErgBd. Nr. 103o.**
[4] Nr. 100.
[5] **Habersack, Deutsche Gesetze ErgBd. Nr. 94b.**
[6] **Sartorius Nr. 112.**

aa) die Anschrift, unter der die Zustellung ausgeführt werden sollte, mit der Anschrift übereinstimmt, die von einer der in § 755 Absatz 1 und 2 der Zivilprozessordnung genannten Stellen innerhalb von drei Monaten vor oder nach dem Zustellungsversuch mitgeteilt wurde, oder

bb) die Meldebehörde nach dem Zustellungsversuch die Auskunft erteilt, dass ihr keine derzeitige Anschrift des Vollstreckungsschuldners bekannt ist, oder

cc) die Meldebehörde innerhalb von drei Monaten vor Erlass der Vollstreckungsanordnung die Auskunft erteilt hat, dass ihr keine derzeitige Anschrift des Vollstreckungsschuldners bekannt ist;

b) der Vollstreckungsschuldner seiner Pflicht zur Abgabe der Vermögensauskunft in dem dem Ersuchen zugrundeliegenden Vollstreckungsverfahren nicht nachkommt oder

c) bei einer Vollstreckung in die in der Vermögensauskunft aufgeführten Vermögensgegenstände eine vollständige Befriedigung der Forderung nicht zu erwarten ist,

18. zur Überprüfung der Einhaltung von Verkehrsbeschränkungen und Verkehrsverboten, die aufgrund des § 40 des Bundes-Immissionsschutzgesetzes[1] nach Maßgabe der straßenverkehrsrechtlichen Vorschriften angeordnet worden oder aufgrund straßenverkehrsrechtlicher Vorschriften zum Schutz der Wohnbevölkerung oder der Bevölkerung vor Abgasen ergangen sind,

19. zur Überprüfung und Ergänzung der Angaben in Anträgen und Verwendungsnachweisen zu einer Förderung hinsichtlich der Einhaltung der Regelungen über die Förderung des Absatzes von elektrisch betriebenen Fahrzeugen (Umweltbonus),[2]

20. für die in § 98 Absatz 1a Satz 1 der Insolvenzordnung[3] genannten Zwecke, soweit kein Grund zu der Annahme besteht, dass dadurch schutzwürdige Interessen des Betroffenen beeinträchtigt werden oder

21. für Maßnahmen nach dem Außenwirtschaftsgesetz, dem Sanktionsdurchsetzungsgesetz oder den jeweils auf den genannten Gesetzen beruhenden Rechtsvorschriften.

(1a) Die nach § 33 Absatz 1 Nummer 1 gespeicherten Daten über Beschaffenheit, Ausrüstung und Identifizierungsmerkmale von Fahrzeugen dürfen den Zentralen Leitstellen für Brandschutz, Katastrophenschutz und Rettungsdienst, wenn dies für Zwecke nach § 32 Absatz 2 Nummer 3 erforderlich ist, zur Rettung von Unfallopfern übermittelt werden.

(2) [1] Die nach § 33 Absatz 1 gespeicherten Fahrzeugdaten und Halterdaten dürfen, soweit dies jeweils erforderlich ist, übermittelt werden

1. für die Zwecke des § 32 Absatz 1 Nummer 1 an Inhaber von Betriebserlaubnissen für Fahrzeuge, an Fahrzeughersteller oder an für den Mangel verantwortliche Teilehersteller, Werkstätten oder sonstige Produktverantwortliche, um Folgendes zu ermöglichen:

a) Rückrufmaßnahmen zur Beseitigung von sicherheitsgefährdenden Mängeln an bereits ausgelieferten Fahrzeugen,

---

[1] **Sartorius Nr. 296.**
[2] Komma fehlt im BGBl. I.
[3] Nr. **110**.

b) Rückrufmaßnahmen zur Beseitigung von für die Umwelt erheblichen Mängeln an bereits ausgelieferten Fahrzeugen oder

c) Rückrufmaßnahmen, die die Typgenehmigungsbehörde oder die Marktüberwachungsbehörde zur Beseitigung von sonstigen Unvorschriftsmäßigkeiten an bereits ausgelieferten Fahrzeugen für erforderlich erachtet,

2. für die Zwecke des § 32 Absatz 1 Nummer 6 an Fahrzeughersteller und Importeure von Fahrzeugen sowie an deren Rechtsnachfolger zur Überprüfung der Angaben über die Verwertung des Fahrzeugs nach dem Altfahrzeugrecht,
3. für die Zwecke des § 32 Absatz 1 Nummer 2 an Versicherer zur Gewährleistung des vorgeschriebenen Versicherungsschutzes oder
4. für die Zwecke des § 32 Absatz 1 Nummer 1 unmittelbar oder über Kopfstellen an Technische Prüfstellen und amtlich anerkannte Überwachungsorganisationen sowie über Kopfstellen an anerkannte Kraftfahrzeugwerkstätten, soweit diese Werkstätten Sicherheitsprüfungen durchführen, für die Durchführung der regelmäßigen Untersuchungen und Prüfungen, um die Verkehrssicherheit der Fahrzeuge und den Schutz der Verkehrsteilnehmer zu gewährleisten; § 34 Absatz 6 Satz 3 und 4 gilt entsprechend.

[2] Bei Übermittlungen nach Satz 1 Nummer 3 erfolgt eine Speicherung der Daten bei den Kopfstellen ausschließlich zum Zweck der Übermittlung an Technische Prüfstellen, amtlich anerkannte Überwachungsorganisationen und anerkannte Kraftfahrzeugwerkstätten, soweit diese Werkstätten Sicherheitsprüfungen durchführen. [3] Nach erfolgter Übermittlung haben die Kopfstellen die nach Satz 2 gespeicherten Daten unverzüglich, bei elektronischer Speicherung automatisiert, zu löschen.

(2a) Die nach § 33 Absatz 3 gespeicherten Daten über die Fahrtenbuchauflagen dürfen

1. den Zulassungsbehörden in entsprechender Anwendung des Absatzes 5 Nummer 1 zur Überwachung der Fahrtenbuchauflage,
2. dem Kraftfahrt-Bundesamt in entsprechender Anwendung des Absatzes 5 Nummer 1 für die Unterstützung der Zulassungsbehörden im Rahmen der Überwachung der Fahrtenbuchauflage oder
3. den hierfür zuständigen Behörden oder Gerichten zur Verfolgung von Straftaten oder von Ordnungswidrigkeiten nach § 24 Absatz 1, § 24a oder § 24c

jeweils im Einzelfall übermittelt werden.

(3) [1] Die Übermittlung von Fahrzeugdaten und Halterdaten zu anderen Zwecken als der Feststellung oder Bestimmung von Haltern oder Fahrzeugen (§ 32 Abs. 2) ist, unbeschadet der Absätze 4, 4a bis 4c, unzulässig, es sei denn, die Daten sind

1. unerlässlich zur

a) Verfolgung von Straftaten oder zur Vollstreckung oder zum Vollzug von Strafen,

b) Abwehr einer im Einzelfall bestehenden Gefahr für die öffentliche Sicherheit,

c) Erfüllung der den Verfassungsschutzbehörden, dem Militärischen Abschirmdienst und dem Bundesnachrichtendienst durch Gesetz übertragenen Aufgaben,

d) Erfüllung der gesetzlichen Mitteilungspflichten zur Sicherung des Steueraufkommens nach § 93 der Abgabenordnung, soweit diese Vorschrift unmittelbar anwendbar ist, oder

e) Erfüllung gesetzlicher Mitteilungspflichten nach § 118 Abs. 4 Satz 4 Nr. 6 des Zwölften Buches Sozialgesetzbuch[1)]

und

2. auf andere Weise nicht oder nicht rechtzeitig oder nur mit unverhältnismäßigem Aufwand zu erlangen.

[2] Die ersuchende Behörde hat Aufzeichnungen über das Ersuchen mit einem Hinweis auf dessen Anlass zu führen. [3] Die Aufzeichnungen sind gesondert aufzubewahren, durch technische und organisatorische Maßnahmen zu sichern und am Ende des Kalenderjahres, das dem Jahr der Erstellung der Aufzeichnung folgt, zu vernichten. [4] Die Aufzeichnungen dürfen nur zur Kontrolle der Zulässigkeit der Übermittlungen verwertet werden, es sei denn, es liegen Anhaltspunkte dafür vor, dass ihre Verwertung zur Aufklärung oder Verhütung einer schwerwiegenden Straftat gegen Leib, Leben oder Freiheit einer Person führen kann und die Aufklärung oder Verhütung ohne diese Maßnahme aussichtslos oder wesentlich erschwert wäre.

(4) [1] Auf Ersuchen des Bundeskriminalamtes kann das Kraftfahrt-Bundesamt die im Zentralen Fahrzeugregister gespeicherten Halterdaten mit dem polizeilichen Fahndungsbestand der mit Haftbefehl gesuchten Personen abgleichen. [2] Die dabei ermittelten Daten gesuchter Personen dürfen dem Bundeskriminalamt übermittelt werden. [3] Das Ersuchen des Bundeskriminalamtes erfolgt durch Übersendung eines Datenträgers.

(4a) Auf Ersuchen der Auskunftsstelle nach § 8a des Pflichtversicherungsgesetzes[2)] übermitteln die Zulassungsbehörden und das Kraftfahrt-Bundesamt die nach § 33 Abs. 1 gespeicherten Fahrzeugdaten und Halterdaten zu den in § 8a Abs. 1 des Pflichtversicherungsgesetzes genannten Zwecken.

(4b) Zu den in § 7 Absatz 2 des Internationalen Familienrechtsverfahrensgesetzes[3)], § 4 Abs. 3 Satz 2 des Erwachsenenschutzübereinkommens-Ausführungsgesetzes vom 17. März 2007 (BGBl. I S. 314) und den in den §§ 16 und 17 des Auslandsunterhaltsgesetzes vom 23. Mai 2011 (BGBl. I S. 898) bezeichneten Zwecken übermittelt das Kraftfahrt-Bundesamt der in diesen Vorschriften bezeichneten Zentralen Behörde auf Ersuchen die nach § 33 Abs. 1 Satz 1 Nr. 2 gespeicherten Halterdaten.

(4c) Auf Ersuchen übermittelt das Kraftfahrt-Bundesamt

1. dem Gerichtsvollzieher zu den in § 755 der Zivilprozessordnung genannten Zwecken und
2. der für die Vollstreckung nach dem Verwaltungs-Vollstreckungsgesetz oder nach den Verwaltungsvollstreckungsgesetzen der Länder zuständigen Behörde, soweit diese die Angaben nicht durch Anfrage bei der Meldebehörde ermitteln kann, zur Durchführung eines Vollstreckungsverfahrens

die nach § 33 Absatz 1 Satz 1 Nummer 2 gespeicherten Halterdaten, soweit kein Grund zu der Annahme besteht, dass dadurch schutzwürdige Interessen des Betroffenen beeinträchtigt werden.

(5) Die nach § 33 Absatz 1 oder 3 gespeicherten Fahrzeugdaten und Halterdaten dürfen nach näherer Bestimmung durch Rechtsverordnung (§ 47 Nummer 3) regelmäßig übermittelt werden

---

[1)] **Sartorius ErgBd. Nr. 412.**
[2)] Nr. **63**.
[3)] **Habersack, Deutsche Gesetze ErgBd. Nr. 103n.**

1. von den Zulassungsbehörden an das Kraftfahrt-Bundesamt für das Zentrale Fahrzeugregister und vom Kraftfahrt-Bundesamt an die Zulassungsbehörden für die örtlichen Fahrzeugregister,
2. von den Zulassungsbehörden an andere Zulassungsbehörden, wenn diese mit dem betreffenden Fahrzeug befasst sind oder befasst waren,
3. von den Zulassungsbehörden an die Versicherer zur Gewährleistung des vorgeschriebenen Versicherungsschutzes (§ 32 Abs. 1 Nr. 2),
4. von den Zulassungsbehörden an die für die Ausübung der Verwaltung der Kraftfahrzeugsteuer zuständigen Behörden zur Durchführung des Kraftfahrzeugsteuerrechts (§ 32 Abs. 1 Nr. 3),
5. von den Zulassungsbehörden und vom Kraftfahrt-Bundesamt für Maßnahmen nach dem Bundesleistungsgesetz, dem Verkehrssicherstellungsgesetz, dem Verkehrsleistungsgesetz oder des Katastrophenschutzes nach den hierzu erlassenen Gesetzen der Länder oder den darauf beruhenden Rechtsvorschriften an die hierfür zuständigen Behörden (§ 32 Abs. 1 Nr. 4 und 5),
6. von den Zulassungsbehörden für Prüfungen nach § 118 Abs. 4 Satz 4 Nr. 6 des Zwölften Buches Sozialgesetzbuch an die Träger der Sozialhilfe nach dem Zwölften Buch Sozialgesetzbuch.

(6) [1] Das Kraftfahrt-Bundesamt als übermittelnde Behörde hat Aufzeichnungen zu führen, die die übermittelten Daten, den Zeitpunkt der Übermittlung, den Empfänger der Daten und den vom Empfänger angegebenen Zweck enthalten. [2] Die Aufzeichnungen dürfen nur zur Kontrolle der Zulässigkeit der Übermittlungen verwertet werden, sind durch technische und organisatorische Maßnahmen gegen Missbrauch zu sichern und am Ende des Kalenderhalbjahres, das dem Halbjahr der Übermittlung folgt, zu löschen oder zu vernichten. [3] Bei Übermittlung nach Absatz 5 sind besondere Aufzeichnungen entbehrlich, wenn die Angaben nach Satz 1 aus dem Register oder anderen Unterlagen entnommen werden können. [4] Die Sätze 1 und 2 gelten auch für die Übermittlungen durch das Kraftfahrt-Bundesamt nach den §§ 37 bis 40.

§ 36[1)] Abruf im automatisierten Verfahren. (1) Die Übermittlung nach § 35 Absatz 1 Nummer 1, soweit es sich um Aufgaben nach § 32 Absatz 1 Nummer 1 handelt, aus dem Zentralen Fahrzeugregister

---

1) § 36 Abs. 2 Satz 1 Nr. 2 und Abs. 3 geänd., Abs. 3a eingef. mWv 1.6.2005 durch G v. 3.5.2005 (BGBl. I S. 1221); Abs. 2 Satz 1 einl. Satzteil, Nr. 1a und 2 sowie Abs. 3 geänd., Abs. 2 Satz 1 Nr. 3 angef. mWv 11.1.2007 durch G v. 5.1.2007 (BGBl. I S. 2, geänd. durch G v. 7.12.2011, BGBl. I S. 2576; G v. 3.12.2015, BGBl. I S. 2161 und G v. 3.12.2020, BGBl. I S. 2667); Abs. 2 Nr. 1 Buchst. b, Nr. 1a geänd. mWv 1.8.2007 durch G v. 19.7.2007 (BGBl. I S. 1460); Abs. 3b eingef. mWv 1.7.2009 durch G v. 29.5. 2009 (BGBl. I S. 1170); Abs. 2c eingef. mWv 18.6.2011, Abs. 2d eingef. mWv 1.1.2013 durch G v. 23.5. 2011 (BGBl. I S. 898); Abs. 3c eingef. mWv 26.6.2011 durch G v. 20.6.2011 (BGBl. I S. 1124); Abs. 2b geänd. mWv 19.7.2011 durch G v. 12.7.2011 (BGBl. I S. 1378); Abs. 2a eingef., bish. Abs. 2a–2d werden Abs. 2b–2e, Abs. 2f eingef., Abs. 6 Sätze 3–5 eingef., bish. Sätze 3 und 4 werden Sätze 6 und 7 mWv 31.8.2013 durch G v. 28.8.2013 (BGBl. I S. 3310); Abs. 1 und Abs. 6 Satz 3 neu gef., Abs. 2f eingef., bish. Abs. 2f wird Abs. 2g, Abs. 5 einl. Satzteil und Abs. 7 Satz 2 geänd. mWv 7.12.2016 durch G v. 28.11.2016 (BGBl. I S. 2722); Abs. 2 Satz 1 Nr. 2 geänd., Nr. 2a eingef., Abs. 2a neu gef., Abs. 2h eingef. mWv 10.3. 2017 durch G v. 6.3.2017 (BGBl. I S. 399); Abs. 2 Satz 1 Nr. 2 und Nr. 3 geänd., Nr. 4 angef. mWv 26.6. 2017 durch G v. 23.6.2017 (BGBl. I S. 1822); Abs. 2i eingef. mWv 12.4.2019 durch G v. 8.4.2019 (BGBl. I S. 430); Abs. 5 Nr. 1 geänd., Nr. 2 neu gef. mWv 26.11.2019 durch G v. 20.11.2019 (BGBl. I S. 1626); Abs. 2j eingef. mWv 1.10.2020 durch G v. 29.6.2020 (BGBl. I S. 1528); Abs. 2k eingef. mWv 1.11.2022 durch G v. 7.5.2021 (BGBl. I S. 850); Abs. 2 Satz 1 Nr. 1b und Abs. 2f geänd. mWv 28.7.2021 durch G v. 12.7.2021 (BGBl. I S. 3091); Abs. 2l eingef. mWv 28.12.2022 durch G v. 19.12.2022 (BGBl. I S. 2606).

1. an die Zulassungsbehörden oder
2. im Rahmen einer internetbasierten Zulassung an Personen im Sinne des § 6g Absatz 3

darf durch Abruf im automatisierten Verfahren erfolgen.

(2) [1] Die Übermittlung nach § 35 Abs. 1 Nr. 1 bis 5 aus dem Zentralen Fahrzeugregister darf durch Abruf im automatisierten Verfahren erfolgen

1. an die Polizeien des Bundes und der Länder sowie an Dienststellen der Zollverwaltung, soweit sie Befugnisse nach § 10 des Zollverwaltungsgesetzes ausüben oder grenzpolizeiliche Aufgaben wahrnehmen,
   a) zur Kontrolle, ob die Fahrzeuge einschließlich ihrer Ladung und die Fahrzeugpapiere vorschriftsmäßig sind,
   b) zur Verfolgung von Ordnungswidrigkeiten nach § 24 Absatz 1, § 24a oder § 24c,
   c) zur Verfolgung von Straftaten oder zur Vollstreckung oder zum Vollzug von Strafen oder
   d) zur Abwehr von Gefahren für die öffentliche Sicherheit,

1a. an die Verwaltungsbehörden im Sinne des § 26 Abs. 1 für die Verfolgung von Ordnungswidrigkeiten nach §§ 24, 24a oder § 24c,

2. an die Zollfahndungsdienststellen zur Verhütung oder Verfolgung von Steuer- und Wirtschaftsstraftaten sowie an die mit der Steuerfahndung betrauten Dienststellen der Landesfinanzbehörden zur Verhütung oder Verfolgung von Steuerstraftaten,

2a. an die Behörden der Zollverwaltung zur Verfolgung von Straftaten, die mit einem der in § 2 Absatz 1 des Schwarzarbeitsbekämpfungsgesetzes[1)] genannten Prüfgegenstände unmittelbar zusammenhängen, und

3. an die Verfassungsschutzbehörden, den Militärischen Abschirmdienst und den Bundesnachrichtendienst zur Erfüllung ihrer durch Gesetz übertragenen Aufgaben und

4. an die Zentralstelle für Finanztransaktionsuntersuchungen zur Erfüllung ihrer Aufgaben nach dem Geldwäschegesetz[2)].

[2] Satz 1 gilt entsprechend für den Abruf der örtlich zuständigen Polizeidienststellen der Länder und Verwaltungsbehörden im Sinne des § 26 Abs. 1 aus den jeweiligen örtlichen Fahrzeugregistern.

(2a) Die Übermittlung nach § 35 Absatz 1 Nummer 9 aus dem Zentralen Fahrzeugregister darf durch Abruf im automatisierten Verfahren erfolgen

1. an die mit der Kontrolle und Erhebung der Umsatzsteuer betrauten Dienststellen der Finanzbehörden, soweit ein Abruf im Einzelfall zur Verhinderung einer missbräuchlichen Anwendung der Vorschriften des Umsatzsteuergesetzes beim Handel, Erwerb oder bei der Übertragung von Fahrzeugen erforderlich ist,
2. an die mit der Durchführung einer Außenprüfung nach § 193 der Abgabenordnung betrauten Dienststellen der Finanzbehörden, soweit ein Abruf für die Ermittlung der steuerlichen Verhältnisse im Rahmen einer Außenprüfung erforderlich ist und

---

[1)] **Habersack, Deutsche Gesetze ErgBd. Nr. 94b.**
[2)] **Habersack, Deutsche Gesetze ErgBd. Nr. 88a.**

3. an die mit der Vollstreckung betrauten Dienststellen der Finanzbehörden nach § 249 der Abgabenordnung, soweit ein Abruf für die Vollstreckung von Ansprüchen aus dem Steuerschuldverhältnis erforderlich ist.

(2b) Die Übermittlung nach § 35 Abs. 1 Nr. 11 und 12 aus dem Zentralen Fahrzeugregister darf durch Abruf im automatisierten Verfahren an den Privaten, der mit der Erhebung der Mautgebühr beliehen worden ist, erfolgen.

(2c) Die Übermittlung nach § 35 Abs. 1 Nr. 10 aus dem Zentralen Fahrzeugregister darf durch Abruf im automatisierten Verfahren an das Bundesamt für Güterverkehr und an eine sonstige öffentliche Stelle, die mit der Erhebung der Maut nach dem Bundesfernstraßenmautgesetz beauftragt ist, erfolgen.

(2d) Die Übermittlung nach § 35 Absatz 1 Nummer 14 aus dem Zentralen Fahrzeugregister darf durch Abruf im automatisierten Verfahren an die zentrale Behörde (§ 4 des Auslandsunterhaltsgesetzes[1)]) erfolgen.

(2e) Die Übermittlung nach § 35 Absatz 1 Nr. 15 aus dem Zentralen Fahrzeugregister darf durch Abruf im automatisierten Verfahren an den Gerichtsvollzieher erfolgen.

(2f) Die Übermittlung aus dem Zentralen Fahrzeugregister nach § 35 Absatz 2 Satz 1 Nummer 4 darf durch Abruf im automatisierten Verfahren erfolgen.

(2g) Die Übermittlung nach § 35 Absatz 2a darf durch Abruf im automatisierten Verfahren erfolgen.

(2h) Die Übermittlung nach § 35 Absatz 1 Nummer 16 darf durch Abruf im automatisierten Verfahren an die Behörden der Zollverwaltung zur Erfüllung der ihnen in § 2 Absatz 1 des Schwarzarbeitsbekämpfungsgesetzes übertragenen Prüfungsaufgaben erfolgen.

(2i) [1] In einem solchen Verfahren darf auch die Übermittlung nach § 35 Absatz 1 Nummer 18 aus dem Zentralen Fahrzeugregister an die nach Landesrecht für die Überprüfung der Einhaltung dieser Verkehrsbeschränkungen und Verkehrsverbote zuständigen Behörden erfolgen. [2] Die Einrichtung von Anlagen zum Abruf nach Satz 1 ist für den Abruf der nach § 33 Absatz 1 Satz 1 Nummer 1 gespeicherten und für die Überprüfung der Einhaltung der jeweiligen Verkehrsbeschränkungen und Verkehrsverbote erforderlichen Fahrzeugdaten aus dem Zentralen Fahrzeugregister durch die Behörden nach Satz 1 zulässig; einer Rechtsverordnung nach Absatz 5 bedarf es nicht; die Maßgaben nach Absatz 5 Nummer 2 und 3 gelten unmittelbar.

(2j) Die Übermittlung nach § 35 Absatz 1 Nummer 19 darf durch Abruf im automatisierten Verfahren an das Bundesamt für Wirtschaft und Ausfuhrkontrolle erfolgen.

(2k) Die Übermittlung nach § 35 Absatz 1 Nummer 20 aus dem Zentralen Fahrzeugregister darf durch Abruf im automatisierten Verfahren an das Insolvenzgericht erfolgen.

(2l) Die Übermittlung nach § 35 Absatz 1 Nummer 21 darf durch Abruf im automatisierten Verfahren an die nach dem Außenwirtschaftsgesetz zuständigen Behörden und an die Zentralstelle zur Sanktionsdurchsetzung erfolgen.

(3) Die Übermittlung nach § 35 Abs. 3 Satz 1 aus dem Zentralen Fahrzeugregister darf ferner durch Abruf im automatisierten Verfahren an die Polizeien des Bundes und der Länder zur Verfolgung von Straftaten oder zur Vollstreckung oder zum Vollzug von Strafen oder zur Abwehr einer im Einzelfall bestehenden Gefahr

---

[1)] **Habersack, Deutsche Gesetze ErgBd. Nr. 103o.**

für die öffentliche Sicherheit, an die Zollfahndungsdienststellen zur Verhütung oder Verfolgung von Steuer- und Wirtschaftsstraftaten, an die mit der Steuerfahndung betrauten Dienststellen der Landesfinanzbehörden zur Verhütung oder Verfolgung von Steuerstraftaten sowie an die Verfassungsschutzbehörden, den Militärischen Abschirmdienst und den Bundesnachrichtendienst zur Erfüllung ihrer durch Gesetz übertragenen Aufgaben vorgenommen werden.

(3a) Die Übermittlung aus dem Zentralen Fahrzeugregister nach § 35 Abs. 4a darf durch Abruf im automatisierten Verfahren an die Auskunftsstelle nach § 8a des Pflichtversicherungsgesetzes[1)] erfolgen.

(3b) [1] Die Übermittlung aus dem Zentralen Fahrzeugregister nach § 35 Absatz 1 Nummer 1 an die für die Ausübung der Verwaltung der Kraftfahrzeugsteuer zuständigen Behörden darf durch Abruf im automatisierten Verfahren erfolgen. [2] Der Abruf ist nur zulässig, wenn die von den Zulassungsbehörden nach § 35 Absatz 5 Nummer 4 übermittelten Datenbestände unrichtig oder unvollständig sind.

(3c) Die Übermittlung aus dem Zentralen Fahrzeugregister nach § 35 Absatz 1a darf an die Zentralen Leitstellen für Brandschutz, Katastrophenschutz und Rettungsdienst zur Vorbereitung der Rettung von Personen aus Fahrzeugen durch Abruf im automatisierten Verfahren erfolgen.

(4) Der Abruf darf sich nur auf ein bestimmtes Fahrzeug oder einen bestimmten Halter richten und in den Fällen der Absätze 1 und 2 Satz 1 Nr. 1 Buchstabe a und b nur unter Verwendung von Fahrzeugdaten durchgeführt werden.

(5) Die Einrichtung von Anlagen zum Abruf im automatisierten Verfahren ist nur zulässig, wenn nach näherer Bestimmung durch Rechtsverordnung (§ 47 Nummer 4) gewährleistet ist, dass

1. die zum Abruf bereitgehaltenen Daten ihrer Art nach für den Empfänger erforderlich sind und ihre Übermittlung durch automatisierten Abruf unter Berücksichtigung der schutzwürdigen Interessen der betroffenen Person und der Aufgabe des Empfängers angemessen ist,
2. die erforderlichen technischen und organisatorischen Maßnahmen nach den Artikeln 24, 25 und 32 der Verordnung (EU) 2016/679 zur Sicherstellung des Datenschutzes und der Datensicherheit getroffen werden und
3. die Zulässigkeit der Abrufe nach Maßgabe des Absatzes 6 kontrolliert werden kann.

(5a) (weggefallen)

(6) [1] Das Kraftfahrt-Bundesamt oder die Zulassungsbehörde als übermittelnde Stelle hat über die Abrufe Aufzeichnungen zu fertigen, die die bei der Durchführung der Abrufe verwendeten Daten, den Tag und die Uhrzeit der Abrufe, die Kennung der abrufenden Dienststelle und die abgerufenen Daten enthalten müssen. [2] Die protokollierten Daten dürfen nur für Zwecke der Datenschutzkontrolle, der Datensicherung oder zur Sicherstellung eines ordnungsgemäßen Betriebs der Datenverarbeitungsanlage verwendet werden. [3] Die nach Satz 1 protokollierten Daten dürfen auch dazu verwendet werden, der betroffenen Person darüber Auskunft zu erteilen, welche ihrer in Anhang I, Abschnitt I und II der Richtlinie (EU) 2015/413 enthaltenen personenbezogenen Daten an Stellen in anderen Mitgliedstaaten der Europäischen Union zum Zweck der dortigen Verfolgung der in Artikel 2 der Richtlinie (EU) 2015/413 aufgeführten, die Straßenverkehrssicher-

---

[1)] Nr. **63**.

heit gefährdenden Delikte übermittelt wurden. [4]Das Datum des Ersuchens und die zuständige Stelle nach Satz 1, an die die Übermittlung erfolgte, sind der betroffenen Person ebenfalls mitzuteilen. [5]§ 36a gilt für das Verfahren nach den Sätzen 3 und 4 entsprechend. [6]Liegen Anhaltspunkte dafür vor, dass ohne ihre Verwendung die Verhinderung oder Verfolgung einer schwerwiegenden Straftat gegen Leib, Leben oder Freiheit einer Person aussichtslos oder wesentlich erschwert wäre, dürfen die Daten auch für diesen Zweck verwendet werden, sofern das Ersuchen der Strafverfolgungsbehörde unter Verwendung von Halterdaten einer bestimmten Person oder von Fahrzeugdaten eines bestimmten Fahrzeugs gestellt wird. [7]Die Protokolldaten sind durch geeignete Vorkehrungen gegen zweckfremde Verwendung und gegen sonstigen Missbrauch zu schützen und nach sechs Monaten zu löschen.

(7) [1]Bei Abrufen aus dem Zentralen Fahrzeugregister sind vom Kraftfahrt-Bundesamt weitere Aufzeichnungen zu fertigen, die sich auf den Anlass des Abrufs erstrecken und die Feststellung der für den Abruf verantwortlichen Personen ermöglichen. [2]Das Nähere wird durch Rechtsverordnung (§ 47 Nummer 5) bestimmt. [3]Dies gilt entsprechend für Abrufe aus den örtlichen Fahrzeugregistern.

(8) [1]Soweit örtliche Fahrzeugregister nicht im automatisierten Verfahren geführt werden, ist die Übermittlung der nach § 33 Abs. 1 gespeicherten Fahrzeugdaten und Halterdaten durch Einsichtnahme in das örtliche Fahrzeugregister außerhalb der üblichen Dienstzeiten an die für den betreffenden Zulassungsbezirk zuständige Polizeidienststelle zulässig, wenn

1. dies für die Erfüllung der in Absatz 2 Satz 1 Nr. 1 bezeichneten Aufgaben erforderlich ist und
2. ohne die sofortige Einsichtnahme die Erfüllung dieser Aufgaben gefährdet wäre.

[2]Die Polizeidienststelle hat die Tatsache der Einsichtnahme, deren Datum und Anlass sowie den Namen des Einsichtnehmenden aufzuzeichnen; die Aufzeichnungen sind für die Dauer eines Jahres aufzubewahren und nach Ablauf des betreffenden Kalenderjahres zu vernichten. [3]Die Sätze 1 und 2 finden entsprechende Anwendung auf die Einsichtnahme durch die Zollfahndungsämter zur Erfüllung der in Absatz 2 Satz 1 Nr. 2 bezeichneten Aufgaben.

§ 36a[1)] Automatisiertes Anfrage- und Auskunftsverfahren beim Kraftfahrt-Bundesamt. [1]Die Übermittlung der Daten aus dem Zentralen Fahrzeugregister nach den §§ 35 und 37 darf nach näherer Bestimmung durch Rechtsver-

(Fortsetzung nächstes Blatt)

[1)] § 36a Satz 1 geänd. mWv 7.12.2016 durch G v. 28.11.2016 (BGBl. I S. 2722).

Ordnungswidrigkeiten[1] nach den zum Zeitpunkt der Tat geltenden Bestimmungen geahndet werden.

§ 66[2] *(aufgehoben)*

Anlage[3]
(zu § 24a)

Liste der berauschenden Mittel und Substanzen

Berauschende Mittel	Substanzen
Cannabis	Tetrahydrocannabinol (THC)
Heroin	Morphin
Morphin	Morphin
Cocain	Cocain
Cocain	Benzoylecgonin
Amfetamin	Amfetamin
Designer-Amfetamin	Methylendioxyamfetamin (MDA)
Designer-Amfetamin	Methylendioxyethylamfetamin (MDE)
Designer-Amfetamin	Methylendioxymetamfetamin (MDMA)
Metamfetamin	Metamfetamin

[1] Nr. **94**.
[2] § 66 aufgeh. mWv 1.1.2023 durch G v. 20.12.2022 (BGBl. I S. 2752).
[3] Anl. neu gef. mWv 15.6.2007 durch VO v. 6.6.2007 (BGBl. I S. 1045).

Lfd. Nr.	Änderndes Gesetz	Datum	Fundstelle	Betroffen	Hinweis
84.	Art. 1 G zur Umsetzung der zweiten AktionärsrechteRL (ARUG II)[1]	12.12. 2019	BGBl. I S. 2637	§§ 67, 87, 107, 113, 118, 119, 120, 121, 123, 124, 125, 129, 135, 142, 176, 186, 214, 243, 246a, 256, 261a, 311, 400, 405	geänd. mWv 1.1.2020
				5. Teil Überschrift 1. Abschn.	neu gef. mWv 1.1.2020
				§§ 67a, 67b, 67c, 67d, 67e, 67f, 87a, 111a, 111b, 111c, 120a, 134a, 134b,134c, 134d, 162	eingef. mWv 1.1.2020
				§ 128	aufgeh. mit Ablauf des 31.12. 2019
85.	Art. 15 Sanierungs- und Insolvenzrechtsfortentwicklungs G[2]	22.12. 2020	BGBl. I S. 3256	§§ 92, 93, 116, 302	geänd. mWv 1.1.2021
86.	Art. 15 Abs. 22 G zur Reform des Vormundschafts- und Betreuungsrechts	4.5.2021	BGBl. I S. 882	§§ 76, 100	geänd. mWv 1.1.2023
87.	Art. 7 Abs. 6 G zur Umsetzung der RL (EU) 2019/ 2034 über die Beaufsichtigung von Wertpapierinstituten[3]	12.5.2021	BGBl. I S. 990	§§ 70, 71, 71a, 71e, 131, 134a, 256, 258	geänd. mWv 26.6.2021
88.	Art. 15 FinanzmarktintegritätsstärkungsG	3.6.2021	BGBl. I S. 1534	§§ 91, 100, 107, 109, 124, 143, 209, 256, 258, 293d, 404a, 405, 407, 407a	geänd. mWv 1.7.2021
				§ 93	geänd. mWv 1.1.2022
89.	Art. 7 G zur Ergänzung und Änd. der Regelungen für die gleichberechtigte Teilhabe von Frauen an Führungspositionen in der Privatwirtschaft und im öffentlichen Dienst	7.8.2021	BGBl. I S. 3311	§§ 76, 84, 85, 95, 107, 111	geänd. mWv 12.8.2021
				§ 393a	eingef. mWv 12.8.2021

[1] **Amtl. Anm.:** Dieses Gesetz dient der Umsetzung der Richtlinie (EU) 2017/828 des Europäischen Parlaments und des Rates vom 17. Mai 2017 zur Änderung der Richtlinie 2007/36/EG im Hinblick auf die Förderung der langfristigen Mitwirkung der Aktionäre (ABl. L 132 vom 20.5.2017, S. 1).

[2] **Amtl. Anm.:** Dieses Gesetz dient der weiteren Umsetzung der Richtlinie (EU) 2019/1023 des Europäischen Parlaments und des Rates vom 20. Juni 2019 über präventive Restrukturierungsrahmen, über Entschuldung und über Tätigkeitsverbote sowie über Maßnahmen zur Steigerung der Effizienz von Restrukturierungs-, Insolvenz- und Entschuldungsverfahren und zur Änderung der Richtlinie (EU) 2017/1132 (Richtlinie über Restrukturierung und Insolvenz) (ABl. L 172 vom 26.6.2019, S. 18).

[3] **Amtl. Anm.:** Dieses Gesetz dient der Umsetzung der Richtlinie (EU) 2019/2034 des Europäischen Parlaments und des Rates vom 27. November 2019 über die Beaufsichtigung von Wertpapierfirmen und zur Änderung der Richtlinien 2002/87/EG, 2009/65/EG, 2011/61/EU, 2013/36/EU, 2014/59/EU und 2014/65/EU (ABl. L 314 vom 5.12.2019, S. 64) sowie der Anpassung der nationalen Gesetze und Verordnungen an die Verordnung (EU) 2019/2033 des Europäischen Parlaments und des Rates vom 27. November 2019 über die Aufsichtsanforderungen an Wertpapierfirmen und zur Änderung der Verordnungen (EU) Nr. 1093/2010, (EU) Nr. 575/2013, (EU) Nr. 600/2014 und (EU) Nr. 806/2014 (ABl. L 314 vom 5.12.2019, S. 1; L 20 vom 24.1.2020, S. 26).

Lfd. Nr.	Änderndes Gesetz	Datum	Fundstelle	Betroffen	Hinweis
90.	Art. 18 G zur Umsetzung der DigitalisierungsRL (DiRUG)[1]	5.7.2021	BGBl. I S. 3338	§§ 37, 76, 81, 225, 233, 256, 265, 303, 321	geänd. mWv 1.8.2022
91.	Art. 61 PersonengesellschaftsrechtsmodernisierungsG (MoPeG)	10.8.2021	BGBl. I S. 3436	§§ 67, 289	geänd. mWv 1.1.2024
92.	Art. 2 G zur Einführung virtueller Hauptversammlungen von Aktiengesellschaften und Änderung genossenschafts- sowie insolvenz- und restrukturierungsrechtlicher Vorschriften	20.7.2022	BGBl. I S. 1166	§§ 67f, 71, 111a, 121, 126, 129, 130, 131, 132, 176, 186, 241, 242, 243, 245, 246a, 251	geänd. mWv 27.7.2022
				§§ 118a, 130a	eingef. mWv 27.7.2022
93.	Art. 3 Abs. 3 G zur Umsetzung der Bestimmungen der UmwandlungsRL über die Mitbestimmung der Arbeitnehmer bei grenzüberschreitenden Umwandlungen, Verschmelzungen und Spaltungen[2]	4.1.2023	BGBl. I Nr. 10	§§ 96, 100, 101, 103, 119	geänd. mWv 31.1.2023

Vorbemerkung:
Die Änderungen durch G v. 10.8.2021 (BGBl. I S. 3436) treten erst mWv 1.1.2024 in Kraft und sind im Text noch nicht berücksichtigt.

[1] **Amtl. Anm.:** Dieses Gesetz dient der Umsetzung der Richtlinie (EU) 2019/1151 des Europäischen Parlaments und des Rates vom 20. Juni 2019 zur Änderung der Richtlinie (EU) 2017/1132 im Hinblick auf den Einsatz digitaler Werkzeuge und Verfahren im Gesellschaftsrecht (ABl. L 186 vom 11.7.2019, S. 80).

[2] **Amtl. Anm.:** Dieses Gesetz dient der Umsetzung der Richtlinie (EU) 2019/2121 des Europäischen Parlaments und des Rates vom 27. November 2019 zur Änderung der Richtlinie (EU) 2017/1132 in Bezug auf grenzüberschreitende Umwandlungen, Verschmelzungen und Spaltungen (ABl. L 321 vom 12.12.2019, S. 1; L 20 vom 24.1.2020, S. 24).

2. den Aktionären Zinsen oder Gewinnanteile gezahlt werden,
3. eigene Aktien der Gesellschaft oder einer anderen Gesellschaft gezeichnet, erworben, als Pfand genommen oder eingezogen werden,
4. Aktien vor der vollen Leistung des Ausgabebetrags ausgegeben werden,
5. Gesellschaftsvermögen verteilt wird,
6. *(aufgehoben)*
7. Vergütungen an Aufsichtsratsmitglieder gewährt werden,
8. Kredit gewährt wird,
9. bei der bedingten Kapitalerhöhung außerhalb des festgesetzten Zwecks oder vor der vollen Leistung des Gegenwerts Bezugsaktien ausgegeben werden.

(4) [1]Der Gesellschaft gegenüber tritt die Ersatzpflicht nicht ein, wenn die Handlung auf einem gesetzmäßigen Beschluß der Hauptversammlung beruht. [2]Dadurch, daß der Aufsichtsrat die Handlung gebilligt hat, wird die Ersatzpflicht nicht ausgeschlossen. [3]Die Gesellschaft kann erst drei Jahre nach der Entstehung des Anspruchs und nur dann auf Ersatzansprüche verzichten oder sich über sie vergleichen, wenn die Hauptversammlung zustimmt und nicht eine Minderheit, deren Anteile zusammen den zehnten Teil des Grundkapitals erreichen, zur Niederschrift Widerspruch erhebt. [4]Die zeitliche Beschränkung gilt nicht, wenn der Ersatzpflichtige zahlungsunfähig ist und sich zur Abwendung des Insolvenzverfahrens mit seinen Gläubigern vergleicht oder wenn die Ersatzpflicht in einem Insolvenzplan geregelt wird.

(5) [1]Der Ersatzanspruch der Gesellschaft kann auch von den Gläubigern der Gesellschaft geltend gemacht werden, soweit sie von dieser keine Befriedigung erlangen können. [2]Dies gilt jedoch in anderen Fällen als denen des Absatzes 3 nur dann, wenn die Vorstandsmitglieder die Sorgfalt eines ordentlichen und gewissenhaften Geschäftsleiters gröblich verletzt haben; Absatz 2 Satz 2 gilt sinngemäß. [3]Den Gläubigern gegenüber wird die Ersatzpflicht weder durch einen Verzicht oder Vergleich der Gesellschaft noch dadurch aufgehoben, daß die Handlung auf einem Beschluß der Hauptversammlung beruht. [4]Ist über das Vermögen der Gesellschaft das Insolvenzverfahren eröffnet, so übt während dessen Dauer der Insolvenzverwalter oder der Sachwalter das Recht der Gläubiger gegen die Vorstandsmitglieder aus.

(6) Die Ansprüche aus diesen Vorschriften verjähren bei Gesellschaften, die zum Zeitpunkt der Pflichtverletzung börsennotiert sind, in zehn Jahren, bei anderen Gesellschaften in fünf Jahren.

§ 94 Stellvertreter von Vorstandsmitgliedern. Die Vorschriften für die Vorstandsmitglieder gelten auch für ihre Stellvertreter.

Zweiter Abschnitt. Aufsichtsrat

§ 95[1] Zahl der Aufsichtsratsmitglieder. [1]Der Aufsichtsrat besteht aus drei Mitgliedern. [2]Die Satzung kann eine bestimmte höhere Zahl festsetzen. [3]Die Zahl muß durch drei teilbar sein, wenn dies zur Erfüllung mitbestimmungsrechtlicher Vorgaben erforderlich ist. [4]Die Höchstzahl der Aufsichtsratsmitglieder beträgt bei Gesellschaften mit einem Grundkapital

[1] § 95 Satz 5 neu gef. durch G v. 4.5.1976 (BGBl. I S. 1153); Satz 4 geänd. durch G v. 9.6.1998 (BGBl. I S. 1242); Satz 5 geänd. mWv 1.5.2015 durch G v. 24.4.2015 (BGBl. I S. 642); Satz 3 geänd. mWv 31.12.2015 durch G v. 22.12.2015 (BGBl. I S. 2565); Satz 5 geänd. mWv 12.8.2021 durch G v. 7.8.2021 (BGBl. I S. 3311).

bis zu	1 500 000 Euro	neun,
von mehr als	1 500 000 Euro	fünfzehn,
von mehr als	10 000 000 Euro	einundzwanzig.

5 Durch die vorstehenden Vorschriften werden hiervon abweichende Vorschriften des Mitbestimmungsgesetzes, des Montan-Mitbestimmungsgesetzes[1] und des Mitbestimmungsergänzungsgesetzes[2] nicht berührt.

§ 96[3] Zusammensetzung des Aufsichtsrats. (1) Der Aufsichtsrat setzt sich zusammen

bei Gesellschaften, für die das Mitbestimmungsgesetz[4] gilt, aus Aufsichtsratsmitgliedern der Aktionäre und der Arbeitnehmer,[5]

bei Gesellschaften, für die das Montan-Mitbestimmungsgesetz[1] gilt, aus Aufsichtsratsmitgliedern der Aktionäre und der Arbeitnehmer und aus weiteren Mitgliedern,

bei Gesellschaften, für die die §§ 5 bis 13 des Mitbestimmungsergänzungsgesetzes[2] gelten, aus Aufsichtsratsmitgliedern der Aktionäre und der Arbeitnehmer und aus einem weiteren Mitglied,

bei Gesellschaften, für die das Drittelbeteiligungsgesetz[6] gilt, aus Aufsichtsratsmitgliedern der Aktionäre und der Arbeitnehmer,

bei Gesellschaften, für die das Gesetz über die Mitbestimmung der Arbeitnehmer bei einer grenzüberschreitenden Verschmelzung[7] vom 21. Dezember 2006 (BGBl. I S. 3332) in der jeweils geltenden Fassung gilt, aus Aufsichtsratsmitgliedern der Aktionäre und der Arbeitnehmer, bei Gesellschaften, für die das Gesetz über die Mitbestimmung der Arbeitnehmer bei grenzüberschreitendem Formwechsel und grenzüberschreitender Spaltung[8] vom 4. Januar 2023 (BGBl. 2023 I Nr. 10) in der jeweils geltenden Fassung gilt, aus Aufsichtsratsmitgliedern der Aktionäre und der Arbeitnehmer,

bei den übrigen Gesellschaften nur aus Aufsichtsratsmitgliedern der Aktionäre.

(2) 1 Bei börsennotierten Gesellschaften, für die das Mitbestimmungsgesetz, das Montan-Mitbestimmungsgesetz oder das Mitbestimmungsergänzungsgesetz gilt, setzt sich der Aufsichtsrat zu mindestens 30 Prozent aus Frauen und zu mindestens 30 Prozent aus Männern zusammen. 2 Der Mindestanteil ist vom Aufsichtsrat insgesamt zu erfüllen. 3 Widerspricht die Seite der Anteilseigner- oder Arbeitnehmervertreter auf Grund eines mit Mehrheit gefassten Beschlusses vor der Wahl der Gesamterfüllung gegenüber dem Aufsichtsratsvorsitzenden, so ist der Mindestanteil für diese Wahl von der Seite der Anteilseigner und der Seite der Arbeitnehmer getrennt zu erfüllen. 4 Es ist in allen Fällen auf volle Personenzahlen mathematisch auf- beziehungsweise abzurunden. 5 Verringert sich bei Gesamterfüllung der höhere Frauenanteil einer Seite nachträglich und widerspricht sie nun der Gesamt-

---

1) **Habersack, Deutsche Gesetze ErgBd. Nr. 82b.**

2) **Habersack, Deutsche Gesetze ErgBd. Nr. 82c.**

3) § 96 Abs. 1 neu gef. durch G v. 4.5.1976 (BGBl. I S. 1153); Abs. 1 geänd. mWv 1.7.2004 durch G v. 18.5.2004 (BGBl. I S. 974, ber. 2769) und mWv 29.12.2006 durch G v. 21.12.2006 (BGBl. I S. 3332); Abs. 1 geänd., Abs. 2, 3 eingef., bish. Abs. 2 wird Abs. 4 mWv 1.5.2015 durch G v. 24.4.2015 (BGBl. I S. 642); Abs. 1 geänd., Abs. 3 neu gef. mWv 31.1.2023 durch G v. 4.1.2023 (BGBl. I Nr. 10).

4) **Habersack, Deutsche Gesetze ErgBd. Nr. 82a.**

5) Beachte hierzu §§ 1–7 MitbestimmungsG (**Habersack, Deutsche Gesetze ErgBd. Nr. 82a**).

6) **Habersack, Deutsche Gesetze ErgBd. Nr. 82d.**

7) **Loseblatt-Textsammlung Arbeitsrecht Nr. 568a.**

8) **Loseblatt-Textsammlung Arbeitsrecht Nr. 568b.**

erfüllung, so wird dadurch die Besetzung auf der anderen Seite nicht unwirksam. [6]Eine Wahl der Mitglieder des Aufsichtsrats durch die Hauptversammlung und eine Entsendung in den Aufsichtsrat unter Verstoß gegen das Mindestanteilsgebot ist nichtig. [7]Ist eine Wahl aus anderen Gründen für nichtig erklärt, so verstoßen zwischenzeitlich erfolgte Wahlen insoweit nicht gegen das Mindestanteilsgebot. [8]Auf die Wahl der Aufsichtsratsmitglieder der Arbeitnehmer sind die in Satz 1 genannten Gesetze zur Mitbestimmung anzuwenden.

(3) [1]Bei börsennotierten Gesellschaften, die aus einer grenzüberschreitenden Verschmelzung, einem grenzüberschreitenden Formwechsel oder einer grenzüberschreitenden Spaltung hervorgegangen sind und bei denen nach dem Gesetz über die Mitbestimmung der Arbeitnehmer bei einer grenzüberschreitenden Verschmelzung oder nach dem Gesetz über die Mitbestimmung der Arbeitnehmer bei grenzüberschreitendem Formwechsel und grenzüberschreitender Spaltung das Aufsichts- oder Verwaltungsorgan aus derselben Zahl von Anteilseigner- und Arbeitnehmervertretern besteht, müssen in dem Aufsichts- oder Verwaltungsorgan Frauen und Männer jeweils mit einem Anteil von mindestens 30 Prozent vertreten sein. [2]Absatz 2 Satz 2, 4, 6 und 7 gilt entsprechend.

(4) Nach anderen als den zuletzt angewandten gesetzlichen Vorschriften kann der Aufsichtsrat nur zusammengesetzt werden[1)], wenn nach § 97 oder nach § 98 die in der Bekanntmachung des Vorstands oder in der gerichtlichen Entscheidung angegebenen gesetzlichen Vorschriften anzuwenden sind.

§ 97[2)] [1)] Bekanntmachung über die Zusammensetzung des Aufsichtsrats.

(1) [1]Ist der Vorstand der Ansicht, daß der Aufsichtsrat nicht nach den für ihn maßgebenden gesetzlichen Vorschriften zusammengesetzt ist, so hat er dies unverzüglich in den Gesellschaftsblättern und gleichzeitig durch Aushang in sämtlichen Betrieben der Gesellschaft und ihrer Konzernunternehmen bekanntzumachen. [2]In der Bekanntmachung sind die nach Ansicht des Vorstands maßgebenden gesetzlichen Vorschriften anzugeben. [3]Es ist darauf hinzuweisen, daß der Aufsichtsrat nach diesen Vorschriften zusammengesetzt wird, wenn nicht Antragsberechtigte nach § 98 Abs. 2 innerhalb eines Monats nach der Bekanntmachung im Bundesanzeiger das nach § 98 Abs. 1 zuständige Gericht anrufen.

(2) [1]Wird das nach § 98 Abs. 1 zuständige Gericht nicht innerhalb eines Monats nach der Bekanntmachung im Bundesanzeiger angerufen, so ist der neue Aufsichtsrat nach den in der Bekanntmachung des Vorstands angegebenen gesetzlichen Vorschriften zusammenzusetzen. [2]Die Bestimmungen der Satzung über die Zusammensetzung des Aufsichtsrats, über die Zahl der Aufsichtsratsmitglieder sowie über die Wahl, Abberufung und Entsendung von Aufsichtsratsmitgliedern treten mit der Beendigung der ersten Hauptversammlung, die nach Ablauf der Anrufungsfrist einberufen wird, spätestens sechs Monate nach Ablauf dieser Frist insoweit außer Kraft, als sie den nunmehr anzuwendenden gesetzlichen Vorschriften widersprechen. [3]Mit demselben Zeitpunkt erlischt das Amt der bisherigen Aufsichtsratsmitglieder. [4]Eine Hauptversammlung, die innerhalb der Frist von sechs Monaten stattfindet, kann an Stelle der außer Kraft tretenden Satzungsbestimmungen mit einfacher Stimmenmehrheit neue Satzungsbestimmungen beschließen.

(3) Solange ein gerichtliches Verfahren nach §§ 98, 99 anhängig ist, kann eine Bekanntmachung über die Zusammensetzung des Aufsichtsrats nicht erfolgen.

[1)] Beachte hierzu auch § 27 EGAktG (Nr. **51a**).

[2)] § 97 Abs. 1 Satz 3, Abs. 2 Satz 1 geänd. mWv 1.7.2004 durch G v. 18.5.2004 (BGBl. I S. 974); Abs. 1 Satz 3, Abs. 2 Satz 1 geänd. mWv 1.4.2012 durch G v. 22.12.2011 (BGBl. I S. 3044).

§ 98[1) 2)] Gerichtliche Entscheidung über die Zusammensetzung des Aufsichtsrats. (1) Ist streitig oder ungewiss, nach welchen gesetzlichen Vorschriften der Aufsichtsrat zusammenzusetzen ist, so entscheidet darüber auf Antrag ausschließlich das Landgericht, in dessen Bezirk die Gesellschaft ihren Sitz hat.

(2) [1] Antragsberechtigt sind
1. der Vorstand,
2. jedes Aufsichtsratsmitglied,
3. jeder Aktionär,
4. der Gesamtbetriebsrat der Gesellschaft oder, wenn in der Gesellschaft nur ein Betriebsrat besteht, der Betriebsrat,
5. der Gesamt- oder Unternehmenssprecherausschuss der Gesellschaft oder, wenn in der Gesellschaft nur ein Sprecherausschuss besteht, der Sprecherausschuss,
6. der Gesamtbetriebsrat eines anderen Unternehmens, dessen Arbeitnehmer nach den gesetzlichen Vorschriften, deren Anwendung streitig oder ungewiß ist, selbst oder durch Delegierte an der Wahl von Aufsichtsratsmitgliedern der Gesellschaft teilnehmen, oder, wenn in dem anderen Unternehmen nur ein Betriebsrat besteht, der Betriebsrat,
7. der Gesamt- oder Unternehmenssprecherausschuss eines anderen Unternehmens, dessen Arbeitnehmer nach den gesetzlichen Vorschriften, deren Anwendung streitig oder ungewiss ist, selbst oder durch Delegierte an der Wahl von Aufsichtsratsmitgliedern der Gesellschaft teilnehmen, oder, wenn in dem anderen Unternehmen nur ein Sprecherausschuss besteht, der Sprecherausschuss,
8. mindestens ein Zehntel oder einhundert der Arbeitnehmer, die nach den gesetzlichen Vorschriften, deren Anwendung streitig oder ungewiß ist, selbst oder durch Delegierte an der Wahl von Aufsichtsratsmitgliedern der Gesellschaft teilnehmen,
9. Spitzenorganisationen der Gewerkschaften, die nach den gesetzlichen Vorschriften, deren Anwendung streitig oder ungewiß ist, ein Vorschlagsrecht hätten,
10. Gewerkschaften, die nach den gesetzlichen Vorschriften, deren Anwendung streitig oder ungewiß ist, ein Vorschlagsrecht hätten.

[2] Ist die Anwendung des Mitbestimmungsgesetzes[3)] oder die Anwendung von Vorschriften des Mitbestimmungsgesetzes streitig oder ungewiß, so sind außer den nach Satz 1 Antragsberechtigten auch je ein Zehntel der wahlberechtigten in § 3 Abs. 1 Nr. 1 des Mitbestimmungsgesetzes bezeichneten Arbeitnehmer oder der wahlberechtigten leitenden Angestellten im Sinne des Mitbestimmungsgesetzes antragsberechtigt.

(3) Die Absätze 1 und 2 gelten sinngemäß, wenn streitig ist, ob der Abschlußprüfer das nach § 3 oder § 16 des Mitbestimmungsergänzungsgesetzes[4)] maßgebliche Umsatzverhältnis richtig ermittelt hat.

[1)] § 98 Abs. 2 Satz 1 Nr. 4, 5 neu gef., Nr. 8 und Satz 2 angef. durch G v. 4.5.1976 (BGBl. I S. 1153); Abs. 2 Satz 1 Nr. 7 geänd. durch G v. 19.12.1985 (BGBl. I S. 2355); Abs. 2 Satz 1 Nr. 5, 6 sowie Abs. 3 geänd. durch G v. 20.12.1988 (BGBl. I S. 2312); Abs. 2 Satz 1 Nr. 5, 6 geänd. durch G v. 26.6.1990 (BGBl. I S. 1206); Abs. 2 Satz 1 Nr. 5 und 7 eingef., bish. Nr. 5 wird Nr. 6, bish. Nr. 6–8 werden Nr. 8–10, Satz 2 geänd. mWv 27.3.2002 durch G v. 23.3.2002 (BGBl. I S. 1130); Abs. 1 neu gef. mWv 1.9.2009 durch G v. 17.12.2008 (BGBl. I S. 2586).

[2)] Beachte hierzu auch § 27 EGAktG (Nr. **51a**).

[3)] **Habersack, Deutsche Gesetze ErgBd. Nr. 82a.**

[4)] **Habersack, Deutsche Gesetze ErgBd. Nr. 82c.**

(4) [1]Entspricht die Zusammensetzung des Aufsichtsrats nicht der gerichtlichen Entscheidung, so ist der neue Aufsichtsrat nach den in der Entscheidung angegebenen gesetzlichen Vorschriften zusammenzusetzen. [2]§ 97 Abs. 2 gilt sinngemäß mit der Maßgabe, daß die Frist von sechs Monaten mit dem Eintritt der Rechtskraft beginnt.

§ 99[1) 2)] Verfahren. (1) Auf das Verfahren ist das Gesetz über das Verfahren in Familiensachen und in den Angelegenheiten der freiwilligen Gerichtsbarkeit[3)] anzuwenden, soweit in den Absätzen 2 bis 5 nichts anderes bestimmt ist.

(2) [1]Das Landgericht hat den Antrag in den Gesellschaftsblättern bekanntzumachen. [2]Der Vorstand und jedes Aufsichtsratsmitglied sowie die nach § 98 Abs. 2 antragsberechtigten Betriebsräte, Sprecherausschüsse, Spitzenorganisationen und Gewerkschaften sind zu hören.

(3) [1]Das Landgericht entscheidet durch einen mit Gründen versehenen Beschluss. [2]Gegen die Entscheidung des Landgerichts findet die Beschwerde statt. [3]Sie kann nur auf eine Verletzung des Rechts gestützt werden; § 72 Abs. 1 Satz 2 und § 74 Abs. 2 und 3 des Gesetzes über das Verfahren in Familiensachen und in den Angelegenheiten der freiwilligen Gerichtsbarkeit sowie § 547 der Zivilprozessordnung[4)] gelten sinngemäß. [4]Die Beschwerde kann nur durch die Einreichung einer von einem Rechtsanwalt unterzeichneten Beschwerdeschrift eingelegt werden. [5]Die Landesregierung kann durch Rechtsverordnung die Entscheidung über die Beschwerde für die Bezirke mehrerer Oberlandesgerichte einem der Oberlandesgerichte oder dem Obersten Landesgericht übertragen, wenn dies der Sicherung einer einheitlichen Rechtsprechung dient. [6]Die Landesregierung kann die Ermächtigung auf die Landesjustizverwaltung übertragen.

(4) [1]Das Gericht hat seine Entscheidung dem Antragsteller und der Gesellschaft zuzustellen. [2]Es hat sie ferner ohne Gründe in den Gesellschaftsblättern bekanntzumachen. [3]Die Beschwerde steht jedem nach § 98 Abs. 2 Antragsberechtigten zu. [4]Die Beschwerdefrist beginnt mit der Bekanntmachung der Entscheidung im Bundesanzeiger, für den Antragsteller und die Gesellschaft jedoch nicht vor der Zustellung der Entscheidung.

(5) [1]Die Entscheidung wird erst mit der Rechtskraft wirksam. [2]Sie wirkt für und gegen alle. [3]Der Vorstand hat die rechtskräftige Entscheidung unverzüglich zum Handelsregister einzureichen.

(6) [1]Die Kosten können ganz oder zum Teil dem Antragsteller auferlegt werden, wenn dies der Billigkeit entspricht. [2]Kosten der Beteiligten werden nicht erstattet.

[1)] § 99 Abs. 1 und Abs. 3 Satz 6 geänd. durch G v. 19.12.1985 (BGBl. I S. 2355); Abs. 2 geänd. durch G v. 20.12.1988 (BGBl. I S. 2312); Abs. 6 Satz 7 aufgeh., bish. Sätze 8–10 werden Sätze 7–9 durch G v. 28.10.1994 (BGBl. I S. 3210); Abs. 2 Satz 2 geänd. mWv 27.3.2002 durch G v. 23.3.2002 (BGBl. I S. 1130); Abs. 4 Satz 4 geänd. mWv 1.7.2004 durch G v. 18.5.2004 (BGBl. I S. 974); Abs. 1 geänd., Abs. 3 Sätze 1–4 neu gef., Sätze 5–7 aufgeh., bish. Sätze 8 und 9 werden Sätze 5 und 6 mWv 1.9.2009 durch G v. 17.12.2008 (BGBl. I S. 2586); Abs. 4 Satz 4 geänd. mWv 1.4.2012 durch G v. 22.12.2011 (BGBl. I S. 3044); Abs. 6 Sätze 1–7 aufgeh., bish. Sätze 8 und 9 werden Sätze 1 und 2, neuer Satz 1 geänd. mWv 1.8.2013 durch G v. 23.7.2013 (BGBl. I S. 2586).

[2)] Beachte hierzu auch § 27 EGAktG (Nr. **51a**).

[3)] Nr. **112**.

[4)] Nr. **100**.

§ 100[1] Persönliche Voraussetzungen für Aufsichtsratsmitglieder.

(1) [1] Mitglied des Aufsichtsrats kann nur eine natürliche, unbeschränkt geschäftsfähige Person sein. [2] Ein Betreuter, der bei der Besorgung seiner Vermögensangelegenheiten ganz oder teilweise einem Einwilligungsvorbehalt (§ 1825 des Bürgerlichen Gesetzbuchs[2]) unterliegt, kann nicht Mitglied des Aufsichtsrats sein.

(2) [1] Mitglied des Aufsichtsrats kann nicht sein, wer

1. bereits in zehn Handelsgesellschaften, die gesetzlich einen Aufsichtsrat zu bilden haben, Aufsichtsratsmitglied ist,
2. gesetzlicher Vertreter eines von der Gesellschaft abhängigen Unternehmens ist,
3. gesetzlicher Vertreter einer anderen Kapitalgesellschaft ist, deren Aufsichtsrat ein Vorstandsmitglied der Gesellschaft angehört, oder
4. in den letzten zwei Jahren Vorstandsmitglied derselben börsennotierten Gesellschaft war, es sei denn, seine Wahl erfolgt auf Vorschlag von Aktionären, die mehr als 25 Prozent der Stimmrechte an der Gesellschaft halten.

[2] Auf die Höchstzahl nach Satz 1 Nr. 1 sind bis zu fünf Aufsichtsratssitze nicht anzurechnen, die ein gesetzlicher Vertreter (beim Einzelkaufmann der Inhaber) des herrschenden Unternehmens eines Konzerns in zum Konzern gehörenden Handelsgesellschaften, die gesetzlich einen Aufsichtsrat zu bilden haben, inne hat. [3] Auf die Höchstzahl nach Satz 1 Nr. 1 sind Aufsichtsratsämter im Sinne der Nummer 1 doppelt anzurechnen, für die das Mitglied zum Vorsitzenden gewählt worden ist.

(3) Die anderen persönlichen Voraussetzungen der Aufsichtsratsmitglieder der Arbeitnehmer sowie der weiteren Mitglieder bestimmen sich nach dem Mitbestimmungsgesetz[3], dem Montan-Mitbestimmungsgesetz[4], dem Mitbestimmungsergänzungsgesetz[5], dem Drittelbeteiligungsgesetz[6], dem Gesetz über die Mitbestimmung der Arbeitnehmer bei einer grenzüberschreitenden Verschmelzung und dem Gesetz über die Mitbestimmung der Arbeitnehmer bei grenzüberschreitendem Formwechsel und grenzüberschreitender Spaltung[7].

(4) Die Satzung kann persönliche Voraussetzungen nur für Aufsichtsratsmitglieder fordern, die von der Hauptversammlung ohne Bindung an Wahlvorschläge gewählt oder auf Grund der Satzung in den Aufsichtsrat entsandt werden.

(5)[8] Bei Gesellschaften, die Unternehmen von öffentlichem Interesse nach § 316a Satz 2 des Handelsgesetzbuchs[9] sind, muss mindestens ein Mitglied des Aufsichtsrats über Sachverstand auf dem Gebiet Rechnungslegung und mindestens ein weiteres Mitglied des Aufsichtsrats über Sachverstand auf dem Gebiet Ab-

[1] § 100 Abs. 3 geänd. durch G v. 4.5.1976 (BGBl. I S. 1153); Abs. 1 Satz 2 angef. durch G v. 12.9.1990 (BGBl. I S. 2002); Abs. 2 Satz 1 Nr. 1, 3 sowie Satz 2 geänd., Satz 3 angef. durch G v. 27.4.1998 (BGBl. I S. 786); Abs. 3 geänd. mWv 1.7.2004 durch G v. 18.5.2004 (BGBl. I S. 974); Abs. 3 geänd. mWv 29.12.2006 durch G v. 21.12.2006 (BGBl. I S. 3332); Abs. 5 angef. mWv 29.5.2009 durch G v. 25.5.2009 (BGBl. I S. 1102); Abs. 2 Satz 1 Nr. 2 und 3 geänd., Nr. 4 angef. mWv 5.8.2009 durch G v. 31.7.2009 (BGBl. I S. 2509); Abs. 1 Satz 2 geänd. mWv 1.1.2023 durch G v. 4.5.2021 (BGBl. I S. 882); Abs. 5 neu gef. mWv 1.7.2021 durch G v. 3.6.2021 (BGBl. I S. 1534); Abs. 3 geänd. mWv 31.1.2023 durch G v. 4.1.2023 (BGBl. I Nr. 10).

[2] Nr. **20**.

[3] **Habersack, Deutsche Gesetze ErgBd. Nr. 82a.**

[4] **Habersack, Deutsche Gesetze ErgBd. Nr. 82b.**

[5] **Habersack, Deutsche Gesetze ErgBd. Nr. 82c.**

[6] **Habersack, Deutsche Gesetze ErgBd. Nr. 82d.**

[7] **Loseblatt-Textsammlung Arbeitsrecht Nr. 568b.**

[8] Beachte hierzu § 12 Abs. 6 EGAktG (Nr. **51a**).

[9] Nr. **50**.

schlussprüfung verfügen; die Mitglieder müssen in ihrer Gesamtheit mit dem Sektor, in dem die Gesellschaft tätig ist, vertraut sein.

§ 101[1)] Bestellung der Aufsichtsratsmitglieder. (1) [1] Die Mitglieder des Aufsichtsrats werden von der Hauptversammlung gewählt, soweit sie nicht in den Aufsichtsrat zu entsenden oder als Aufsichtsratsmitglieder der Arbeitnehmer nach dem Mitbestimmungsgesetz[2)], dem Mitbestimmungsergänzungsgesetz[3)], dem Drittelbeteiligungsgesetz[4)], dem Gesetz über die Mitbestimmung der Arbeitnehmer bei einer grenzüberschreitenden Verschmelzung oder dem Gesetz über die Mitbestimmung der Arbeitnehmer bei grenzüberschreitendem Formwechsel und grenzüberschreitender Spaltung[5)] zu wählen sind. [2] An Wahlvorschläge ist die Hauptversammlung nur gemäß §§ 6 und 8 des Montan-Mitbestimmungsgesetzes[6)] gebunden.

(2) [1] Ein Recht, Mitglieder in den Aufsichtsrat zu entsenden, kann nur durch die Satzung und nur für bestimmte Aktionäre oder für die jeweiligen Inhaber bestimmter Aktien begründet werden. [2] Inhabern bestimmter Aktien kann das Entsendungsrecht nur eingeräumt werden, wenn die Aktien auf Namen lauten und ihre Übertragung an die Zustimmung der Gesellschaft gebunden ist. [3] Die Aktien der Entsendungsberechtigten gelten nicht als eine besondere Gattung. [4] Die Entsendungsrechte können insgesamt höchstens für ein Drittel der sich aus dem Gesetz oder der Satzung ergebenden Zahl der Aufsichtsratsmitglieder der Aktionäre eingeräumt werden.

(3) [1] Stellvertreter von Aufsichtsratsmitgliedern können nicht bestellt werden. [2] Jedoch kann für jedes Aufsichtsratsmitglied mit Ausnahme des weiteren Mitglieds, das nach dem Montan-Mitbestimmungsgesetz oder dem Mitbestimmungsergänzungsgesetz auf Vorschlag der übrigen Aufsichtsratsmitglieder gewählt wird, ein Ersatzmitglied bestellt werden, das Mitglied des Aufsichtsrats wird, wenn das Aufsichtsratsmitglied vor Ablauf seiner Amtszeit wegfällt. [3] Das Ersatzmitglied kann nur gleichzeitig mit dem Aufsichtsratsmitglied bestellt werden. [4] Auf seine Bestellung sowie die Nichtigkeit und Anfechtung seiner Bestellung sind die für das Aufsichtsratsmitglied geltenden Vorschriften anzuwenden.

§ 102 Amtszeit der Aufsichtsratsmitglieder. (1) [1] Aufsichtsratsmitglieder können nicht für längere Zeit als bis zur Beendigung der Hauptversammlung bestellt werden, die über die Entlastung für das vierte Geschäftsjahr nach dem Beginn der Amtszeit beschließt. [2] Das Geschäftsjahr, in dem die Amtszeit beginnt, wird nicht mitgerechnet.

(2) Das Amt des Ersatzmitglieds erlischt spätestens mit Ablauf der Amtszeit des weggefallenen Aufsichtsratsmitglieds.

[1)] § 101 Abs. 1 Sätze 1 und 2 geänd., Abs. 2 Satz 5 angef., Abs. 3 Satz 2 geänd. durch G v. 4.5.1976 (BGBl. I S. 1153); Abs. 2 Satz 1 geänd. durch G v. 19.12.1985 (BGBl. I S. 2355); Abs. 1 geänd. mWv 1.7. 2004 durch G v. 18.5.2004 (BGBl. I S. 974); Abs. 1 Satz 1 geänd. mWv 29.12.2006 durch G v. 21.12. 2006 (BGBl. I S. 3332); Abs. 2 Satz 5 aufgeh. mWv 11.12.2008 durch G v. 8.12.2008 (BGBl. I S. 2369); Abs. 1 Satz 1 geänd. mWv 31.1.2023 durch G v. 4.1.2023 (BGBl. I Nr. 10).

[2)] **Habersack, Deutsche Gesetze ErgBd. Nr. 82a.**

[3)] **Habersack, Deutsche Gesetze ErgBd. Nr. 82c.**

[4)] **Habersack, Deutsche Gesetze ErgBd. Nr. 82d.**

[5)] **Loseblatt-Textsammlung Arbeitsrecht Nr. 568b.**

[6)] **Habersack, Deutsche Gesetze ErgBd. Nr. 82b.**

§ 103[1)] Abberufung der Aufsichtsratsmitglieder. (1) [1] Aufsichtsratsmitglieder, die von der Hauptversammlung ohne Bindung an einen Wahlvorschlag gewählt worden sind, können von ihr vor Ablauf der Amtszeit abberufen werden. [2] Der Beschluß bedarf einer Mehrheit, die mindestens drei Viertel der abgegebenen Stimmen umfaßt. [3] Die Satzung kann eine andere Mehrheit und weitere Erfordernisse bestimmen.

(2) [1] Ein Aufsichtsratsmitglied, das auf Grund der Satzung in den Aufsichtsrat entsandt ist, kann von dem Entsendungsberechtigten jederzeit abberufen und durch ein anderes ersetzt werden. [2] Sind die in der Satzung bestimmten Voraussetzungen des Entsendungsrechts weggefallen, so kann die Hauptversammlung das entsandte Mitglied mit einfacher Stimmenmehrheit abberufen.

(3) [1] Das Gericht hat auf Antrag des Aufsichtsrats ein Aufsichtsratsmitglied abzuberufen, wenn in dessen Person ein wichtiger Grund vorliegt. [2] Der Aufsichtsrat beschließt über die Antragstellung mit einfacher Mehrheit. [3] Ist das Aufsichtsratsmitglied auf Grund der Satzung in den Aufsichtsrat entsandt worden, so können auch Aktionäre, deren Anteile zusammen den zehnten Teil des Grundkapitals oder den anteiligen Betrag von einer Million Euro erreichen, den Antrag stellen. [4] Gegen die Entscheidung ist die Beschwerde zulässig.

(4) Für die Abberufung der Aufsichtsratsmitglieder, die weder von der Hauptversammlung ohne Bindung an einen Wahlvorschlag gewählt worden sind noch auf Grund der Satzung in den Aufsichtsrat entsandt sind, gelten außer Absatz 3 das Mitbestimmungsgesetz[2)], das Montan-Mitbestimmungsgesetz[3)], das Mitbestimmungsergänzungsgesetz[4)], das Drittelbeteiligungsgesetz[5)], das SE-Beteiligungsgesetz[6)], das Gesetz über die Mitbestimmung der Arbeitnehmer bei einer grenzüberschreitenden Verschmelzung und das Gesetz über die Mitbestimmung der Arbeitnehmer bei grenzüberschreitendem Formwechsel und grenzüberschreitender Spaltung[7)].

(5) Für die Abberufung eines Ersatzmitglieds gelten die Vorschriften über die Abberufung des Aufsichtsratsmitglieds, für das es bestellt ist.

§ 104[8)] Bestellung durch das Gericht. (1) [1] Gehört dem Aufsichtsrat die zur Beschlußfähigkeit nötige Zahl von Mitgliedern nicht an, so hat ihn das Gericht auf Antrag des Vorstands, eines Aufsichtsratsmitglieds oder eines Aktionärs auf diese

---

[1)] § 103 Abs. 4 geänd. durch G v. 4.5.1976 (BGBl. I S. 1153); Abs. 3 Satz 3 geänd. durch G v. 25.3.1998 (BGBl. I S. 590); Abs. 3 Satz 3 geänd. durch G v. 9.6.1998 (BGBl. I S. 1242); Abs. 4 geänd. mWv 1.7. 2004 durch G v. 18.5.2004 (BGBl. I S. 974); Abs. 4 geänd. mWv 29.12.2006 durch G v. 21.12.2006 (BGBl. I S. 3332); Abs. 3 Satz 4 geänd. mWv 1.9.2009 durch G v. 17.12.2008 (BGBl. I S. 2586); Abs. 4 geänd. mWv 31.1.2023 durch G v. 4.1.2023 (BGBl. I Nr. 10).

[2)] **Habersack, Deutsche Gesetze ErgBd. Nr. 82a.**

[3)] **Habersack, Deutsche Gesetze ErgBd. Nr. 82b.**

[4)] **Habersack, Deutsche Gesetze ErgBd. Nr. 82c.**

[5)] **Habersack, Deutsche Gesetze ErgBd. Nr. 82d.**

[6)] **Loseblatt-Textsammlung Arbeitsrecht Nr. 569a.**

[7)] **Loseblatt-Textsammlung Arbeitsrecht Nr. 568b.**

[8)] § 104 Abs. 1 Satz 3 Nr. 1 und 2 neu gef., Nr. 5 angef., Abs. 1 Satz 4 eingef., bish. Satz 4 wird Satz 5, Abs. 3 und Abs. 4 Satz 4 geänd. durch G v. 4.5.1976 (BGBl. I S. 1153); Abs. 1 Satz 3 Nr. 4 geänd. durch G v. 19.12.1985 (BGBl. I S. 2355); Abs. 1 Satz 3 Nr. 2 und 3 sowie Abs. 4 Satz 4 geänd. durch G v. 20.12. 1988 (BGBl. I S. 2312); Abs. 1 Satz 3 Nr. 2 und 3 sowie Abs. 4 Satz 4 geänd. durch G v. 26.6.1990 (BGBl. I S. 1206); Abs. 1 Satz 3 Nr. 2 und 4 eingef., bish. Nr. 2 wird Nr. 3, Nr. 3–5 werden Nr. 5–7, Abs. 1 Satz 4 geänd. mWv 27.3.2002 durch G v. 23.3.2002 (BGBl. I S. 1130); Abs. 1 Satz 5 und Abs. 2 Satz 4 geänd., Abs. 6 Satz 3 neu gef., Satz 4 aufgeh., bish. Satz 5 wird Satz 4 mWv 1.9.2009 durch G v. 17.12.2008 (BGBl. I S. 2586); Abs. 5 eingef., bish. Abs. 5 und 6 werden Abs. 6 und 7 mWv 1.5.2015 durch G v. 24.4.2015 (BGBl. I S. 642).

Zahl zu ergänzen. [2]Der Vorstand ist verpflichtet, den Antrag unverzüglich zu stellen, es sei denn, daß die rechtzeitige Ergänzung vor der nächsten Aufsichtsratssitzung zu erwarten ist. [3]Hat der Aufsichtsrat auch aus Aufsichtsratsmitgliedern der Arbeitnehmer zu bestehen, so können auch den Antrag stellen

1. der Gesamtbetriebsrat der Gesellschaft oder, wenn in der Gesellschaft nur ein Betriebsrat besteht, der Betriebsrat, sowie, wenn die Gesellschaft herrschendes Unternehmen eines Konzerns ist, der Konzernbetriebsrat,
2. der Gesamt- oder Unternehmenssprecherausschuss der Gesellschaft oder, wenn in der Gesellschaft nur ein Sprecherausschuss besteht, der Sprecherausschuss sowie, wenn die Gesellschaft herrschendes Unternehmen eines Konzerns ist, der Konzernsprecherausschuss,
3. der Gesamtbetriebsrat eines anderen Unternehmens, dessen Arbeitnehmer selbst oder durch Delegierte an der Wahl teilnehmen, oder, wenn in dem anderen Unternehmen nur ein Betriebsrat besteht, der Betriebsrat,
4. der Gesamt- oder Unternehmenssprecherausschuss eines anderen Unternehmens, dessen Arbeitnehmer selbst oder durch Delegierte an der Wahl teilnehmen, oder, wenn in dem anderen Unternehmen nur ein Sprecherausschuss besteht, der Sprecherausschuss,
5. mindestens ein Zehntel oder einhundert der Arbeitnehmer, die selbst oder durch Delegierte an der Wahl teilnehmen,
6. Spitzenorganisationen der Gewerkschaften, die das Recht haben, Aufsichtsratsmitglieder der Arbeitnehmer vorzuschlagen,
7. Gewerkschaften, die das Recht haben, Aufsichtsratsmitglieder der Arbeitnehmer vorzuschlagen.

[4]Hat der Aufsichtsrat nach dem Mitbestimmungsgesetz[1)] auch aus Aufsichtsratsmitgliedern der Arbeitnehmer zu bestehen, so sind außer den nach Satz 3 Antragsberechtigten auch je ein Zehntel der wahlberechtigten in § 3 Abs. 1 Nr. 1 des Mitbestimmungsgesetzes bezeichneten Arbeitnehmer oder der wahlberechtigten leitenden Angestellten im Sinne des Mitbestimmungsgesetzes antragsberechtigt. [5]Gegen die Entscheidung ist die Beschwerde zulässig.

(2) [1]Gehören dem Aufsichtsrat länger als drei Monate weniger Mitglieder als die durch Gesetz oder Satzung festgesetzte Zahl an, so hat ihn das Gericht auf Antrag auf diese Zahl zu ergänzen. [2]In dringenden Fällen hat das Gericht auf Antrag den Aufsichtsrat auch vor Ablauf der Frist zu ergänzen. [3]Das Antragsrecht bestimmt sich nach Absatz 1. [4]Gegen die Entscheidung ist die Beschwerde zulässig.

(3) Absatz 2 ist auf einen Aufsichtsrat, in dem die Arbeitnehmer ein Mitbestimmungsrecht nach dem Mitbestimmungsgesetz, dem Montan-Mitbestimmungsgesetz[2)] oder dem Mitbestimmungsergänzungsgesetz[3)] haben, mit der Maßgabe anzuwenden,

1. daß das Gericht den Aufsichtsrat hinsichtlich des weiteren Mitglieds, das nach dem Montan-Mitbestimmungsgesetz oder dem Mitbestimmungsergänzungsgesetz auf Vorschlag der übrigen Aufsichtsratsmitglieder gewählt wird, nicht ergänzen kann,

---

[1)] Habersack, Deutsche Gesetze ErgBd. Nr. 82a.
[2)] Habersack, Deutsche Gesetze ErgBd. Nr. 82b.
[3)] Habersack, Deutsche Gesetze ErgBd. Nr. 82c.

2. daß es stets ein dringender Fall ist, wenn dem Aufsichtsrat, abgesehen von dem in Nummer 1 genannten weiteren Mitglied, nicht alle Mitglieder angehören, aus denen er nach Gesetz oder Satzung zu bestehen hat.

(4) [1] Hat der Aufsichtsrat auch aus Aufsichtsratsmitgliedern der Arbeitnehmer zu bestehen, so hat das Gericht ihn so zu ergänzen, daß das für seine Zusammensetzung maßgebende zahlenmäßige Verhältnis hergestellt wird. [2] Wenn der Aufsichtsrat zur Herstellung seiner Beschlußfähigkeit ergänzt wird, gilt dies nur, soweit die zur Beschlußfähigkeit nötige Zahl der Aufsichtsratsmitglieder die Wahrung dieses Verhältnisses möglich macht. [3] Ist ein Aufsichtsratsmitglied zu ersetzen, das nach Gesetz oder Satzung in persönlicher Hinsicht besonderen Voraussetzungen entsprechen muß, so muß auch das vom Gericht bestellte Aufsichtsratsmitglied diesen Voraussetzungen entsprechen. [4] Ist ein Aufsichtsratsmitglied zu ersetzen, bei dessen Wahl eine Spitzenorganisation der Gewerkschaften, eine Gewerkschaft oder die Betriebsräte ein Vorschlagsrecht hätten, so soll das Gericht Vorschläge dieser Stellen berücksichtigen, soweit nicht überwiegende Belange der Gesellschaft oder der Allgemeinheit der Bestellung des Vorgeschlagenen entgegenstehen; das gleiche gilt, wenn das Aufsichtsratsmitglied durch Delegierte zu wählen wäre, für gemeinsame Vorschläge der Betriebsräte der Unternehmen, in denen Delegierte zu wählen sind.

(5) Die Ergänzung durch das Gericht ist bei börsennotierten Gesellschaften, für die das Mitbestimmungsgesetz, das Montan-Mitbestimmungsgesetz oder das Mitbestimmungsergänzungsgesetz gilt, nach Maßgabe des § 96 Absatz 2 Satz 1 bis 5 vorzunehmen.

(6) Das Amt des gerichtlich bestellten Aufsichtsratsmitglieds erlischt in jedem Fall, sobald der Mangel behoben ist.

(7) [1] Das gerichtlich bestellte Aufsichtsratsmitglied hat Anspruch auf Ersatz angemessener barer Auslagen und, wenn den Aufsichtsratsmitgliedern der Gesellschaft eine Vergütung gewährt wird, auf Vergütung für seine Tätigkeit. [2] Auf Antrag des Aufsichtsratsmitglieds setzt das Gericht die Auslagen und die Vergütung fest. [3] Gegen die Entscheidung ist die Beschwerde zulässig; die Rechtsbeschwerde ist ausgeschlossen. [4] Aus der rechtskräftigen Entscheidung findet die Zwangsvollstreckung nach der Zivilprozeßordnung[1)] statt.

§ 105[2)] Unvereinbarkeit der Zugehörigkeit zum Vorstand und zum Aufsichtsrat. (1) Ein Aufsichtsratsmitglied kann nicht zugleich Vorstandsmitglied, dauernd Stellvertreter von Vorstandsmitgliedern, Prokurist oder zum gesamten Geschäftsbetrieb ermächtigter Handlungsbevollmächtigter der Gesellschaft sein.

(2) [1] Nur für einen im voraus begrenzten Zeitraum, höchstens für ein Jahr, kann der Aufsichtsrat einzelne seiner Mitglieder zu Stellvertretern von fehlenden oder verhinderten Vorstandsmitgliedern bestellen. [2] Eine wiederholte Bestellung oder Verlängerung der Amtszeit ist zulässig, wenn dadurch die Amtszeit insgesamt ein Jahr nicht übersteigt. [3] Während ihrer Amtszeit als Stellvertreter von Vorstandsmitgliedern können die Aufsichtsratsmitglieder keine Tätigkeit als Aufsichtsratsmitglied ausüben. [4] Das Wettbewerbsverbot des § 88 gilt für sie nicht.

§ 106[3)] Bekanntmachung der Änderungen im Aufsichtsrat. Der Vorstand hat bei jeder Änderung in den Personen der Aufsichtsratsmitglieder unverzüglich

---

1) Nr. **100**.
2) § 105 Abs. 2 Satz 1 geänd. mWv 1.11.2008 durch G v. 23.10.2008 (BGBl. I S. 2026).
3) § 106 neu gef. mWv 1.1.2007 durch G v. 10.11.2006 (BGBl. I S. 2553).

eine Liste der Mitglieder des Aufsichtsrats, aus welcher Name, Vorname, ausgeübter Beruf und Wohnort der Mitglieder ersichtlich ist, zum Handelsregister einzureichen; das Gericht hat nach § 10 des Handelsgesetzbuchs[1] einen Hinweis darauf bekannt zu machen, dass die Liste zum Handelsregister eingereicht worden ist.

§ 107[2] Innere Ordnung des Aufsichtsrats. (1) [1]Der Aufsichtsrat hat nach näherer Bestimmung der Satzung aus seiner Mitte einen Vorsitzenden und mindestens einen Stellvertreter zu wählen. [2]Der Vorstand hat zum Handelsregister anzumelden, wer gewählt ist. [3]Der Stellvertreter hat nur dann die Rechte und Pflichten des Vorsitzenden, wenn dieser verhindert ist.

(2) [1]Über die Sitzungen des Aufsichtsrats ist eine Niederschrift anzufertigen, die der Vorsitzende zu unterzeichnen hat. [2]In der Niederschrift sind der Ort und der Tag der Sitzung, die Teilnehmer, die Gegenstände der Tagesordnung, der wesentliche Inhalt der Verhandlungen und die Beschlüsse des Aufsichtsrats anzugeben. [3]Ein Verstoß gegen Satz 1 oder Satz 2 macht einen Beschluß nicht unwirksam. [4]Jedem Mitglied des Aufsichtsrats ist auf Verlangen eine Abschrift der Sitzungsniederschrift auszuhändigen.

(3) [1]Der Aufsichtsrat kann aus seiner Mitte einen oder mehrere Ausschüsse bestellen, namentlich, um seine Verhandlungen und Beschlüsse vorzubereiten oder die Ausführung seiner Beschlüsse zu überwachen. [2]Er kann insbesondere einen Prüfungsausschuss bestellen, der sich mit der Überwachung des Rechnungslegungsprozesses, der Wirksamkeit des internen Kontrollsystems, des Risikomanagementsystems und des internen Revisionssystems sowie der Abschlussprüfung, hier insbesondere der Auswahl und der Unabhängigkeit des Abschlussprüfers, der Qualität der Abschlussprüfung und der vom Abschlussprüfer zusätzlich erbrachten Leistungen, befasst. [3]Der Prüfungsausschuss kann Empfehlungen oder Vorschläge zur Gewährleistung der Integrität des Rechnungslegungsprozesses unterbreiten. [4]Der Aufsichtsrat der börsennotierten Gesellschaft kann außerdem einen Ausschuss bestellen, der über die Zustimmung nach § 111b Absatz 1 beschließt. [5]An dem Geschäft beteiligte nahestehende Personen im Sinne des § 111a Absatz 1 Satz 2 können nicht Mitglieder des Ausschusses sein. [6]Er muss mehrheitlich aus Mitgliedern zusammengesetzt sein, bei denen keine Besorgnis eines Interessenkonfliktes auf Grund ihrer Beziehungen zu einer nahestehenden Person besteht. [7]Die Aufgaben nach Absatz 1 Satz 1, § 59 Abs. 3, § 77 Abs. 2 Satz 1, § 84 Abs. 1 Satz 1 und 3, Absatz 2, 3 Satz 2 und 3 sowie Absatz 4 Satz 1, § 87 Abs. 1 und Abs. 2 Satz 1 und 2, § 111 Abs. 3, §§ 171, 314 Abs. 2 und 3, sowie Beschlüsse, daß bestimmte Arten von Geschäften nur mit Zustimmung des Aufsichtsrats vorgenommen werden dürfen, können einem Ausschuß nicht an Stelle des Aufsichtsrats zur Beschlußfassung überwiesen werden. [8]Dem Aufsichtsrat ist regelmäßig über die Arbeit der Ausschüsse zu berichten.

---

[1] Nr. **50**.

[2] § 107 Abs. 3 Satz 2 geänd. durch G v. 19.12.1985 (BGBl. I S. 2355); Abs. 3 Satz 3 angef. mWv 26.7.2002 durch G v. 19.7.2002 (BGBl. I S. 2681); Abs. 1 Satz 3 geänd. mWv 1.11.2008 durch G v. 23.10.2008 (BGBl. I S. 2026); Abs. 3 Satz 2 eingef., bish. Sätze 2 und 3 werden Sätze 3 und 4, Abs. 4 angef. mWv 29.5.2009 durch G v. 25.5.2009 (BGBl. I S. 1102); Abs. 3 Satz 3 geänd. mWv 5.8.2009 durch G v. 31.7.2009 (BGBl. I S. 2509); Abs. 3 Satz 2 geänd., Satz 3 eingef., bish. Sätze 3 und 4 werden Sätze 4 und 5 mWv 17.6.2016 durch G v. 10.5.2016 (BGBl. I S. 1142); Abs. 3 Sätze 4–6 eingef., bish. Sätze 4 und 5 werden Sätze 7 und 8 mWv 1.1.2020 durch G v. 12.12.2019 (BGBl. I S. 2637); Abs. 3 Satz 2 geänd., Abs. 4 neu gef. mWv 1.7.2021 durch G v. 3.6.2021 (BGBl. I S. 1534); Abs. 3 Satz 7 geänd. mWv 12.8.2021 durch G v. 7.8.2021 (BGBl. I S. 3311).

(4)[1)] [1]Der Aufsichtsrat einer Gesellschaft, die Unternehmen von öffentlichem Interesse nach § 316a Satz 2 des Handelsgesetzbuchs[2)] ist, hat einen Prüfungsausschuss im Sinne des Absatzes 3 Satz 2 einzurichten. [2]Besteht der Aufsichtsrat nur aus drei Mitgliedern, ist dieser auch der Prüfungsausschuss. [3]Der Prüfungsausschuss muss die Voraussetzungen des § 100 Absatz 5 erfüllen. [4]Jedes Mitglied des Prüfungsausschusses kann über den Ausschussvorsitzenden unmittelbar bei den Leitern derjenigen Zentralbereiche der Gesellschaft, die in der Gesellschaft für die Aufgaben zuständig sind, die den Prüfungsausschuss nach Absatz 3 Satz 2 betreffen, Auskünfte einholen. [5]Der Ausschussvorsitzende hat die eingeholte Auskunft allen Mitgliedern des Prüfungsausschusses mitzuteilen. [6]Werden Auskünfte nach Satz 4 eingeholt, ist der Vorstand hierüber unverzüglich zu unterrichten.

§ 108[3)] **Beschlußfassung des Aufsichtsrats.** (1) Der Aufsichtsrat entscheidet durch Beschluß.

(2) [1]Die Beschlußfähigkeit des Aufsichtsrats kann, soweit sie nicht gesetzlich geregelt ist, durch die Satzung bestimmt werden. [2]Ist sie weder gesetzlich noch durch die Satzung geregelt, so ist der Aufsichtsrat nur beschlußfähig, wenn mindestens die Hälfte der Mitglieder, aus denen er nach Gesetz oder Satzung insgesamt zu bestehen hat, an der Beschlußfassung teilnimmt. [3]In jedem Fall müssen mindestens drei Mitglieder an der Beschlußfassung teilnehmen. [4]Der Beschlußfähigkeit steht nicht entgegen, daß dem Aufsichtsrat weniger Mitglieder als die durch Gesetz oder Satzung festgesetzte Zahl angehören, auch wenn das für seine Zusammensetzung maßgebende zahlenmäßige Verhältnis nicht gewahrt ist.

(3) [1]Abwesende Aufsichtsratsmitglieder können dadurch an der Beschlußfassung des Aufsichtsrats und seiner Ausschüsse teilnehmen, daß sie schriftliche Stimmabgaben überreichen lassen. [2]Die schriftlichen Stimmabgaben können durch andere Aufsichtsratsmitglieder überreicht werden. [3]Sie können auch durch Personen, die nicht dem Aufsichtsrat angehören, übergeben werden, wenn diese nach § 109 Abs. 3 zur Teilnahme an der Sitzung berechtigt sind.

(4) Schriftliche, fernmündliche oder andere vergleichbare Formen der Beschlussfassung des Aufsichtsrats und seiner Ausschüsse sind vorbehaltlich einer näheren Regelung durch die Satzung oder eine Geschäftsordnung des Aufsichtsrats nur zulässig, wenn kein Mitglied diesem Verfahren widerspricht.

§ 109[4)] **Teilnahme an Sitzungen des Aufsichtsrats und seiner Ausschüsse.**

(1) [1]An den Sitzungen des Aufsichtsrats und seiner Ausschüsse sollen Personen, die weder dem Aufsichtsrat noch dem Vorstand angehören, nicht teilnehmen. [2]Sachverständige und Auskunftspersonen können zur Beratung über einzelne Gegenstände zugezogen werden. [3]Wird der Abschlussprüfer als Sachverständiger zugezogen, nimmt der Vorstand an dieser Sitzung nicht teil, es sei denn, der Aufsichtsrat oder der Ausschuss erachtet seine Teilnahme für erforderlich.

(2) Aufsichtsratsmitglieder, die dem Ausschuß nicht angehören, können an den Ausschußsitzungen teilnehmen, wenn der Vorsitzende des Aufsichtsrats nichts anderes bestimmt.

---

1) Beachte hierzu § 12 Abs. 6 und § 26k Abs. 2 EGAktG (Nr. **51a**).

2) Nr. **50**.

3) § 108 Abs. 4 neu gef. mWv 25.1.2001 durch G v. 18.1.2001 (BGBl. I S. 123).

4) § 109 Abs. 3 geänd. mWv 1.8.2001 durch G v. 13.7.2001 (BGBl. I S. 1542); Abs. 1 Satz 3 angef. mWv 1.7.2021 durch G v. 3.6.2021 (BGBl. I S. 1534).

(3) Die Satzung kann zulassen, daß an den Sitzungen des Aufsichtsrats und seiner Ausschüsse Personen, die dem Aufsichtsrat nicht angehören, an Stelle von verhinderten Aufsichtsratsmitgliedern teilnehmen können, wenn diese sie hierzu in Textform ermächtigt haben.

(4) Abweichende gesetzliche Vorschriften bleiben unberührt.

§ 110[1] Einberufung des Aufsichtsrats. (1) [1]Jedes Aufsichtsratsmitglied oder der Vorstand kann unter Angabe des Zwecks und der Gründe verlangen, daß der Vorsitzende des Aufsichtsrats unverzüglich den Aufsichtsrat einberuft. [2]Die Sitzung muß binnen zwei Wochen nach der Einberufung stattfinden.

(2) Wird dem Verlangen nicht entsprochen, so kann das Aufsichtsratsmitglied oder der Vorstand unter Mitteilung des Sachverhalts und der Angabe einer Tagesordnung selbst den Aufsichtsrat einberufen.

(3) [1]Der Aufsichtsrat muss zwei Sitzungen im Kalenderhalbjahr abhalten. [2]In nichtbörsennotierten Gesellschaften kann der Aufsichtsrat beschließen, dass eine Sitzung im Kalenderhalbjahr abzuhalten ist.

§ 111[2] [3] Aufgaben und Rechte des Aufsichtsrats. (1) Der Aufsichtsrat hat die Geschäftsführung zu überwachen.

(2) [1]Der Aufsichtsrat kann die Bücher und Schriften der Gesellschaft sowie die Vermögensgegenstände, namentlich die Gesellschaftskasse und die Bestände an Wertpapieren und Waren, einsehen und prüfen. [2]Er kann damit auch einzelne Mitglieder oder für bestimmte Aufgaben besondere Sachverständige beauftragen. [3]Er erteilt dem Abschlußprüfer den Prüfungsauftrag für den Jahres- und den Konzernabschluß gemäß § 290 des Handelsgesetzbuchs[4]. [4]Er kann darüber hinaus eine externe inhaltliche Überprüfung der nichtfinanziellen Erklärung oder des gesonderten nichtfinanziellen Berichts (§ 289b des Handelsgesetzbuchs), der nichtfinanziellen Konzernerklärung oder des gesonderten nichtfinanziellen Konzernberichts (§ 315b des Handelsgesetzbuchs) beauftragen.

(3) [1]Der Aufsichtsrat hat eine Hauptversammlung einzuberufen, wenn das Wohl der Gesellschaft es fordert. [2]Für den Beschluß genügt die einfache Mehrheit.

(4) [1]Maßnahmen der Geschäftsführung können dem Aufsichtsrat nicht übertragen werden. [2]Die Satzung oder der Aufsichtsrat hat jedoch zu bestimmen, daß bestimmte Arten von Geschäften nur mit seiner Zustimmung vorgenommen werden dürfen. [3]Verweigert der Aufsichtsrat seine Zustimmung, so kann der Vorstand verlangen, daß die Hauptversammlung über die Zustimmung beschließt. [4]Der Beschluß, durch den die Hauptversammlung zustimmt, bedarf einer Mehrheit, die mindestens drei Viertel der abgegebenen Stimmen umfaßt. [5]Die Satzung kann weder eine andere Mehrheit noch weitere Erfordernisse bestimmen.

(5) [1]Der Aufsichtsrat von Gesellschaften, die börsennotiert sind oder der Mitbestimmung unterliegen, legt für den Frauenanteil im Aufsichtsrat und im Vorstand Zielgrößen fest. [2]Die Zielgrößen müssen den angestrebten Frauenanteil am jeweiligen Gesamtgremium beschreiben und bei Angaben in Prozent vollen Personenzahlen entsprechen. [3]Legt der Aufsichtsrat für den Aufsichtsrat oder den

---

[1] § 110 Abs. 2 und 3 neu gef. mWv 26.7.2002 durch G v. 19.7.2002 (BGBl. I S. 2681).

[2] § 111 Abs. 2 Satz 3 angef. durch G v. 27.4.1998 (BGBl. I S. 786); Abs. 4 Satz 2 geänd. mWv 26.7.2002 durch G v. 19.7.2002 (BGBl. I S. 2681); Abs. 5 eingef., bish. Abs. 5 wird Abs. 6 mWv 1.5.2015 durch G v. 24.4.2015 (BGBl. I S. 642); Abs. 2 Satz 4 angef. mWv 19.4.2017 durch G v. 11.4.2017 (BGBl. I S. 802); Abs. 5 neu gef. mWv 12.8.2021 durch G v. 7.8.2021 (BGBl. I S. 3311).

[3] Beachte hierzu Übergangsvorschriften in §§ 26i und 26l EGAktG (Nr. **51a**).

[4] Nr. **50**.

Vorstand die Zielgröße Null fest, so hat er diesen Beschluss klar und verständlich zu begründen. [4]Die Begründung muss ausführlich die Erwägungen darlegen, die der Entscheidung zugrunde liegen. [5]Liegt der Frauenanteil bei Festlegung der Zielgrößen unter 30 Prozent, so dürfen die Zielgrößen den jeweils erreichten Anteil nicht mehr unterschreiten [6]Gleichzeitig sind Fristen zur Erreichung der Zielgrößen festzulegen. [7]Die Fristen dürfen jeweils nicht länger als fünf Jahre sein. [8]Wenn für den Aufsichtsrat bereits das Mindestanteilsgebot nach § 96 Absatz 2 oder 3 gilt, sind die Festlegungen nur für den Vorstand vorzunehmen. [9]Gilt für den Vorstand das Beteiligungsgebot nach § 76 Absatz 3a, entfällt auch die Pflicht zur Zielgrößensetzung für den Vorstand.

(6) Die Aufsichtsratsmitglieder können ihre Aufgaben nicht durch andere wahrnehmen lassen.

§ 111a[1)] Geschäfte mit nahestehenden Personen. (1) [1]Geschäfte mit nahestehenden Personen sind Rechtsgeschäfte oder Maßnahmen,

1. durch die ein Gegenstand oder ein anderer Vermögenswert entgeltlich oder unentgeltlich übertragen oder zur Nutzung überlassen wird und
2. die mit nahestehenden Personen gemäß Satz 2 getätigt werden.

[2]Nahestehende Personen sind nahestehende Unternehmen oder Personen im Sinne der internationalen Rechnungslegungsstandards, die durch die Verordnung (EG) Nr. 1126/2008 der Kommission vom 3. November 2008 zur Übernahme bestimmter internationaler Rechnungslegungsstandards gemäß der Verordnung (EG) Nr. 1606/2002 des Europäischen Parlaments und des Rates (ABl. L 320 vom 29.11.2008, S. 1; L 29 vom 2.2.2010, S. 34), die zuletzt durch die Verordnung (EU) 2019/412 (ABl. L 73 vom 15.3.2019, S. 93) geändert worden ist, in der jeweils geltenden Fassung übernommen wurden. [3]Ein Unterlassen ist kein Geschäft im Sinne des Satzes 1.

(2) [1]Geschäfte, die im ordentlichen Geschäftsgang und zu marktüblichen Bedingungen mit nahestehenden Personen getätigt werden, gelten nicht als Geschäfte mit nahestehenden Personen im Sinne der §§ 107 und 111a bis 111c. [2]Um regelmäßig zu bewerten, ob die Voraussetzungen nach Satz 1 vorliegen, richtet die börsennotierte Gesellschaft ein internes Verfahren ein, von dem die an dem Geschäft beteiligten nahestehenden Personen ausgeschlossen sind. [3]Die Satzung kann jedoch bestimmen, dass Satz 1 nicht anzuwenden ist.

(3) Nicht als Geschäfte mit nahestehenden Personen im Sinne der §§ 107 und 111a bis 111c gelten ferner

1. Geschäfte mit Tochterunternehmen im Sinne der internationalen Rechnungslegungsstandards, die durch die Verordnung (EG) Nr. 1126/2008 übernommen wurden, die unmittelbar oder mittelbar in 100-prozentigem Anteilsbesitz der Gesellschaft stehen oder an denen keine andere der Gesellschaft nahestehende Person beteiligt ist oder die ihren Sitz in einem Mitgliedstaat der Europäischen Union haben und deren Aktien zum Handel an einem in einem Mitgliedstaat gelegenen oder dort betriebenen geregelten Markt im Sinne des Artikels 4 Absatz 1 Nummer 21 der Richtlinie 2014/65/EU des Europäischen Parlaments und des Rates vom 15. Mai 2014 über Märkte für Finanzinstrumente sowie zur Änderung der Richtlinien 2002/92/EG und 2011/61/EU (ABl. L 173 vom 12.6.2014, S. 349; L 74 vom 18.3.2015, S. 38; L 188 vom 13.7.2016, S. 28; L

[1)] § 111a eingef. mWv 1.1.2020 durch G v. 12.12.2019 (BGBl. I S. 2637); Abs. 3 Nr. 5 geänd. mWv 27.7.2022 durch G v. 20.7.2022 (BGBl. I S. 1166).

273 vom 8.10.2016, S. 35; L 64 vom 10.3.2017, S. 116; L 278 vom 27.10.2017, S. 56), die zuletzt durch die Richtlinie (EU) 2016/1034 (ABl. L 175 vom 30.6. 2016, S. 8) geändert worden ist, zugelassen sind;

2. Geschäfte, die einer Zustimmung oder Ermächtigung der Hauptversammlung bedürfen;
3. alle in Umsetzung der Hauptversammlungszustimmung oder -ermächtigung vorgenommenen Geschäfte und Maßnahmen, insbesondere
   a) Maßnahmen der Kapitalbeschaffung oder Kapitalherabsetzung (§§ 182 bis 240), Unternehmensverträge (§§ 291 bis 307) und Geschäfte auf Grundlage eines solchen Vertrages,
   b) die Übertragung des ganzen Gesellschaftsvermögens gemäß § 179a,
   c) der Erwerb eigener Aktien nach § 71 Absatz 1 Nummer 7 und 8 Satzteil vor Satz 2,
   d) Verträge der Gesellschaft mit Gründern im Sinne des § 52 Absatz 1 Satz 1,
   e) der Ausschluss von Minderheitsaktionären nach den §§ 327a bis 327f sowie
   f) Geschäfte im Rahmen einer Umwandlung im Sinne des Umwandlungsgesetzes;
4. Geschäfte, die die Vergütung betreffen, die den Mitgliedern des Vorstands oder Aufsichtsrats im Einklang mit § 113 Absatz 3 oder § 87a Absatz 2 gewährt oder geschuldet wird;
5. Geschäfte von Kreditinstituten oder Wertpapierinstituten, die zur Sicherung ihrer Stabilität durch die zuständige Behörde angeordnet oder gebilligt wurden;
6. Geschäfte, die allen Aktionären unter den gleichen Bedingungen angeboten werden.

§ 111b[1] Zustimmungsvorbehalt des Aufsichtsrats bei Geschäften mit nahestehenden Personen. (1) Ein Geschäft der börsennotierten Gesellschaft mit nahestehenden Personen, dessen wirtschaftlicher Wert allein oder zusammen mit den innerhalb des laufenden Geschäftsjahres vor Abschluss des Geschäfts mit derselben Person getätigten Geschäften 1,5 Prozent der Summe aus dem Anlage- und Umlaufvermögen der Gesellschaft gemäß § 266 Absatz 2 Buchstabe A und B des Handelsgesetzbuchs[2] nach Maßgabe des zuletzt festgestellten Jahresabschlusses übersteigt, bedarf der vorherigen Zustimmung des Aufsichtsrats oder eines gemäß § 107 Absatz 3 Satz 4 bis 6 bestellten Ausschusses.

(2) Bei der Beschlussfassung des Aufsichtsrats nach Absatz 1 können diejenigen Mitglieder des Aufsichtsrats ihr Stimmrecht nicht ausüben, die an dem Geschäft als nahestehende Personen beteiligt sind oder bei denen die Besorgnis eines Interessenkonfliktes auf Grund ihrer Beziehungen zu der nahestehenden Person besteht.

(3) Ist die Gesellschaft Mutterunternehmen (§ 290 Absatz 1 und 2 des Handelsgesetzbuchs) und nicht gemäß § 290 Absatz 5 oder den §§ 291 bis 293 des Handelsgesetzbuchs von der Konzernrechnungslegungspflicht befreit, so tritt an die Stelle der Summe des Anlage- und Umlaufvermögens der Gesellschaft die Summe aus dem Anlage- und Umlaufvermögen des Konzerns gemäß § 298 Absatz 1 in Verbindung mit § 266 Absatz 2 Buchstabe A und B des Handelsgesetzbuchs nach Maßgabe des zuletzt gebilligten Konzernabschlusses oder in den Fällen des § 315e des Handelsgesetzbuchs die Summe aus den entsprechenden Ver-

---

[1] § 111b eingef. mWv 1.1.2020 durch G v. 12.12.2019 (BGBl. I S. 2637).
[2] Nr. **50**.

mögenswerten des Konzernabschlusses nach den internationalen Rechnungslegungsstandards.

(4) [1] Verweigert der Aufsichtsrat seine Zustimmung, so kann der Vorstand verlangen, dass die Hauptversammlung über die Zustimmung beschließt. [2] Die an dem Geschäft beteiligten nahestehenden Personen dürfen ihr Stimmrecht bei der Beschlussfassung der Hauptversammlung weder für sich noch für einen anderen ausüben.

§ 111c[1] Veröffentlichung von Geschäften mit nahestehenden Personen.

(1) [1] Die börsennotierte Gesellschaft hat Angaben zu solchen Geschäften mit nahestehenden Personen, die gemäß § 111b Absatz 1 der Zustimmung bedürfen, unverzüglich gemäß Absatz 2 zu veröffentlichen. [2] Ist die Zustimmungsbedürftigkeit eines Geschäfts nach § 111b Absatz 1 durch Zusammenrechnung mehrerer Geschäfte ausgelöst worden, so sind auch diese Geschäfte zu veröffentlichen.

(2) [1] Die Veröffentlichung hat in einer Art und Weise zu erfolgen, die der Öffentlichkeit einen leichten Zugang zu den Angaben ermöglicht. [2] Die Veröffentlichung hat entsprechend den Regelungen in § 3a Absatz 1 bis 4 der Wertpapierhandelsanzeigeverordnung vom 13. Dezember 2004 (BGBl. I S. 3376), die zuletzt durch Artikel 1 der Verordnung vom 19. Oktober 2018 (BGBl. I S. 1758) geändert worden ist, zu erfolgen. [3] Die Veröffentlichung muss alle wesentlichen Informationen enthalten, die erforderlich sind, um zu bewerten, ob das Geschäft aus Sicht der Gesellschaft und der Aktionäre, die keine nahestehenden Personen sind, angemessen ist. [4] Dies umfasst mindestens Informationen zur Art des Verhältnisses zu den nahestehenden Personen, die Namen der nahestehenden Personen sowie das Datum und den Wert des Geschäfts. [5] Die Angaben sind zudem auf der Internetseite der Gesellschaft für einen Zeitraum von mindestens fünf Jahren öffentlich zugänglich zu machen.

(3) [1] Handelt es sich bei dem Geschäft mit einer nahestehenden Person um eine Insiderinformation gemäß Artikel 17 der Verordnung (EU) Nr. 596/2014[2] des Europäischen Parlaments und des Rates vom 16. April 2014 über Marktmissbrauch (Marktmissbrauchsverordnung) und zur Aufhebung der Richtlinie 2003/6/EG des Europäischen Parlaments und des Rates und der Richtlinien 2003/124/EG, 2003/125/EG und 2004/72/EG der Kommission (ABl. L 173 vom 12.6.2014, S. 1; L 287 vom 21.10.2016, S. 320; L 348 vom 21.12.2016, S. 83), die zuletzt durch die Verordnung (EU) 2016/1033 (ABl. L 175 vom 30.6.2016, S. 1) geändert worden ist, sind die nach Absatz 2 erforderlichen Angaben in die Mitteilung gemäß Artikel 17 der Verordnung (EU) Nr. 596/2014 aufzunehmen. [2] In diesem Fall entfällt die Verpflichtung nach Absatz 1. [3] Artikel 17 Absatz 4 und 5 der Verordnung (EU) Nr. 596/2014 gilt sinngemäß.

(4) Ist die Gesellschaft Mutterunternehmen im Sinne der internationalen Rechnungslegungsstandards, die durch die Verordnung (EG) Nr. 1126/2008 übernommen wurden, gelten Absatz 1 Satz 1 sowie die Absätze 2 und 3 entsprechend für ein Geschäft eines Tochterunternehmens mit der Gesellschaft nahestehenden Personen, sofern dieses Geschäft, wenn es von der Gesellschaft vorgenommen worden wäre, nach § 111b Absatz 1 und 3 einer Zustimmung bedürfte.

---

[1] § 111c eingef. mWv 1.1.2020 durch G v. 12.12.2019 (BGBl. I S. 2637).

[2] **Habersack, Deutsche Gesetze ErgBd. Nr. 60.**

§ 112[1] Vertretung der Gesellschaft gegenüber Vorstandsmitgliedern. [1] Vorstandsmitgliedern gegenüber vertritt der Aufsichtsrat die Gesellschaft gerichtlich und außergerichtlich. [2] § 78 Abs. 2 Satz 2 gilt entsprechend.

§ 113[2] [3] Vergütung der Aufsichtsratsmitglieder. (1) [1] Den Aufsichtsratsmitgliedern kann für ihre Tätigkeit eine Vergütung gewährt werden. [2] Sie kann in der Satzung festgesetzt oder von der Hauptversammlung bewilligt werden. [3] Sie soll in einem angemessenen Verhältnis zu den Aufgaben der Aufsichtsratsmitglieder und zur Lage der Gesellschaft stehen.

(2) [1] Den Mitgliedern des ersten Aufsichtsrats kann nur die Hauptversammlung eine Vergütung für ihre Tätigkeit bewilligen. [2] Der Beschluß kann erst in der Hauptversammlung gefaßt werden, die über die Entlastung der Mitglieder des ersten Aufsichtsrats beschließt.

(3) [1] Bei börsennotierten Gesellschaften ist mindestens alle vier Jahre über die Vergütung der Aufsichtsratsmitglieder Beschluss zu fassen. [2] Ein die Vergütung bestätigender Beschluss ist zulässig; im Übrigen gilt Absatz 1 Satz 2. [3] In dem Beschluss sind die nach § 87a Absatz 1 Satz 2 erforderlichen Angaben sinngemäß und in klarer und verständlicher Form zu machen oder in Bezug zu nehmen. [4] Die Angaben können in der Satzung unterbleiben, wenn die Vergütung in der Satzung festgesetzt wird. [5] Der Beschluss ist wegen eines Verstoßes gegen Satz 3 nicht anfechtbar. [6] § 120a Absatz 2 und 3 ist sinngemäß anzuwenden.

§ 114 Verträge mit Aufsichtsratsmitgliedern. (1) Verpflichtet sich ein Aufsichtsratsmitglied außerhalb seiner Tätigkeit im Aufsichtsrat durch einen Dienstvertrag, durch den ein Arbeitsverhältnis nicht begründet wird, oder durch einen Werkvertrag gegenüber der Gesellschaft zu einer Tätigkeit höherer Art, so hängt die Wirksamkeit des Vertrags von der Zustimmung des Aufsichtsrats ab.

(2) [1] Gewährt die Gesellschaft auf Grund eines solchen Vertrags dem Aufsichtsratsmitglied eine Vergütung, ohne daß der Aufsichtsrat dem Vertrag zugestimmt hat, so hat das Aufsichtsratsmitglied die Vergütung zurückzugewähren, es sei denn, daß der Aufsichtsrat den Vertrag genehmigt. [2] Ein Anspruch des Aufsichtsratsmitglieds gegen die Gesellschaft auf Herausgabe der durch die geleistete Tätigkeit erlangten Bereicherung bleibt unberührt; der Anspruch kann jedoch nicht gegen den Rückgewähranspruch aufgerechnet werden.

§ 115[4] Kreditgewährung an Aufsichtsratsmitglieder. (1) [1] Die Gesellschaft darf ihren Aufsichtsratsmitgliedern Kredit nur mit Einwilligung des Aufsichtsrats gewähren. [2] Eine herrschende Gesellschaft darf Kredite an Aufsichtsratsmitglieder eines abhängigen Unternehmens nur mit Einwilligung ihres Aufsichtsrats, eine abhängige Gesellschaft darf Kredite an Aufsichtsratsmitglieder des herrschenden Unternehmens nur mit Einwilligung des Aufsichtsrats des herrschenden Unternehmens gewähren. [3] Die Einwilligung kann nur für bestimmte Kreditgeschäfte oder Arten von Kreditgeschäften und nicht für länger als drei Monate im voraus erteilt werden. [4] Der Beschluß über die Einwilligung hat die Verzinsung und Rückzahlung des Kredits zu regeln. [5] Betreibt das Aufsichtsratsmitglied ein Han-

---

[1] § 112 Satz 2 angef. mWv 1.11.2008 durch G v. 23.10.2008 (BGBl. I S. 2026).

[2] § 113 Abs. 3 Satz 1 geänd. durch G v. 25.3.1998 (BGBl. I S. 590); Abs. 1 Satz 4 aufgeh., Abs. 3 neu gef. mWv 1.1.2020 durch G v. 12.12.2019 (BGBl. I S. 2637).

[3] Beachte hierzu Übergangsvorschrift in § 26j EGAktG (Nr. **51a**).

[4] § 115 Abs. 5 neu gef. durch G v. 22.10.1997 (BGBl. I S. 2567); Abs. 2 geänd. mWv 1.8.2001 durch G v. 16.2.2001 (BGBl. I S. 266).

delsgewerbe als Einzelkaufmann, so ist die Einwilligung nicht erforderlich, wenn der Kredit für die Bezahlung von Waren gewährt wird, welche die Gesellschaft seinem Handelsgeschäft liefert.

(2) Absatz 1 gilt auch für Kredite an den Ehegatten, Lebenspartner oder an ein minderjähriges Kind eines Aufsichtsratsmitglieds und für Kredite an einen Dritten, der für Rechnung dieser Personen oder für Rechnung eines Aufsichtsratsmitglieds handelt.

(3) [1] Ist ein Aufsichtsratsmitglied zugleich gesetzlicher Vertreter einer anderen juristischen Person oder Gesellschafter einer Personenhandelsgesellschaft, so darf die Gesellschaft der juristischen Person oder der Personenhandelsgesellschaft Kredit nur mit Einwilligung des Aufsichtsrats gewähren; Absatz 1 Satz 3 und 4 gilt sinngemäß. [2] Dies gilt nicht, wenn die juristische Person oder die Personenhandelsgesellschaft mit der Gesellschaft verbunden ist oder wenn der Kredit für die Bezahlung von Waren gewährt wird, welche die Gesellschaft der juristischen Person oder der Personenhandelsgesellschaft liefert.

(4) Wird entgegen den Absätzen 1 bis 3 Kredit gewährt, so ist der Kredit ohne Rücksicht auf entgegenstehende Vereinbarungen sofort zurückzugewähren, wenn nicht der Aufsichtsrat nachträglich zustimmt.

(5) Ist die Gesellschaft ein Kreditinstitut oder Finanzdienstleistungsinstitut, auf das § 15 des Gesetzes über das Kreditwesen[1)] anzuwenden ist, gelten anstelle der Absätze 1 bis 4 die Vorschriften des Gesetzes über das Kreditwesen.

§ 116[2)] Sorgfaltspflicht und Verantwortlichkeit der Aufsichtsratsmitglieder. [1] Für die Sorgfaltspflicht und Verantwortlichkeit der Aufsichtsratsmitglieder gelten § 93 mit Ausnahme des Absatzes 2 Satz 3 über die Sorgfaltspflicht und Verantwortlichkeit der Vorstandsmitglieder und § 15b der Insolvenzordnung[3)] sinngemäß. [2] Die Aufsichtsratsmitglieder sind insbesondere zur Verschwiegenheit über erhaltene vertrauliche Berichte und vertrauliche Beratungen verpflichtet. [3] Sie sind namentlich zum Ersatz verpflichtet, wenn sie eine unangemessene Vergütung festsetzen (§ 87 Absatz 1).

Dritter Abschnitt. Benutzung des Einflusses auf die Gesellschaft

§ 117[4)] Schadenersatzpflicht. (1) [1] Wer vorsätzlich unter Benutzung seines Einflusses auf die Gesellschaft ein Mitglied des Vorstands oder des Aufsichtsrats, einen Prokuristen oder einen Handlungsbevollmächtigten dazu bestimmt, zum Schaden der Gesellschaft oder ihrer Aktionäre zu handeln, ist der Gesellschaft zum Ersatz des ihr daraus entstehenden Schadens verpflichtet. [2] Er ist auch den Aktionären zum Ersatz des ihnen daraus entstehenden Schadens verpflichtet, soweit sie, abgesehen von einem Schaden, der ihnen durch Schädigung der Gesellschaft zugefügt worden ist, geschädigt worden sind.

(2) [1] Neben ihm haften als Gesamtschuldner die Mitglieder des Vorstands und des Aufsichtsrats, wenn sie unter Verletzung ihrer Pflichten gehandelt haben. [2] Ist streitig, ob sie die Sorgfalt eines ordentlichen und gewissenhaften Geschäftsleiters

[1)] **Sartorius ErgBd. Nr. 856.**

[2)] § 116 Satz 2 angef. mWv 26.7.2002 durch G v. 19.7.2002 (BGBl. I S. 2681); Satz 3 angef. mWv 5.8. 2009 durch G v. 31.7.2009 (BGBl. I S. 2509); Satz 1 neu gef. mWv 1.1.2021 durch G v. 22.12.2020 (BGBl. I S. 3256).

[3)] Nr. **110**.

[4)] § 117 Abs. 5 Satz 3 neu gef. durch G v. 5.10.1994 (BGBl. I S. 2911); Abs. 7 Nr. 1 aufgeh., bish. Nr. 2 und 3 werden Nr. 1 und 2 mWv 1.11.2005 durch G v. 22.9.2005 (BGBl. I S. 2802).

angewandt haben, so trifft sie die Beweislast. [3]Der Gesellschaft und auch den Aktionären gegenüber tritt die Ersatzpflicht der Mitglieder des Vorstands und des Aufsichtsrats nicht ein, wenn die Handlung auf einem gesetzmäßigen Beschluß der Hauptversammlung beruht. [4]Dadurch, daß der Aufsichtsrat die Handlung gebilligt hat, wird die Ersatzpflicht nicht ausgeschlossen.

(3) Neben ihm haftet ferner als Gesamtschuldner, wer durch die schädigende Handlung einen Vorteil erlangt hat, sofern er die Beeinflussung vorsätzlich veranlaßt hat.

(4) Für die Aufhebung der Ersatzpflicht gegenüber der Gesellschaft gilt sinngemäß § 93 Abs. 4 Satz 3 und 4.

(5) [1]Der Ersatzanspruch der Gesellschaft kann auch von den Gläubigern der Gesellschaft geltend gemacht werden, soweit sie von dieser keine Befriedigung erlangen können. [2]Den Gläubigern gegenüber wird die Ersatzpflicht weder durch einen Verzicht oder Vergleich der Gesellschaft noch dadurch aufgehoben, daß die Handlung auf einem Beschluß der Hauptversammlung beruht. [3]Ist über das Vermögen der Gesellschaft das Insolvenzverfahren eröffnet, so übt während dessen Dauer der Insolvenzverwalter oder der Sachwalter das Recht der Gläubiger aus.

(6) Die Ansprüche aus diesen Vorschriften verjähren in fünf Jahren.

(7) Diese Vorschriften gelten nicht, wenn das Mitglied des Vorstands oder des Aufsichtsrats, der Prokurist oder der Handlungsbevollmächtigte durch Ausübung

1. der Leitungsmacht auf Grund eines Beherrschungsvertrags oder
2. der Leitungsmacht einer Hauptgesellschaft (§ 319), in die die Gesellschaft eingegliedert ist,

zu der schädigenden Handlung bestimmt worden ist.

Vierter Abschnitt. Hauptversammlung

Erster Unterabschnitt. Rechte der Hauptversammlung

§ 118[1) 2)] Allgemeines. (1) [1]Die Aktionäre üben ihre Rechte in den Angelegenheiten der Gesellschaft in der Hauptversammlung aus, soweit das Gesetz nichts anderes bestimmt. [2]Die Satzung kann vorsehen oder den Vorstand dazu ermächtigen vorzusehen, dass die Aktionäre an der Hauptversammlung auch ohne Anwesenheit an deren Ort und ohne einen Bevollmächtigten teilnehmen und sämtliche oder einzelne ihrer Rechte ganz oder teilweise im Wege elektronischer Kommunikation ausüben können. [3]Bei elektronischer Ausübung des Stimmrechts ist dem Abgebenden der Zugang der elektronisch abgegebenen Stimme nach den Anforderungen gemäß Artikel 7 Absatz 1 und Artikel 9 Absatz 5 Unterabsatz 1 der Durchführungsverordnung (EU) 2018/1212 von der Gesellschaft elektronisch zu bestätigen. [4]Sofern die Bestätigung einem Intermediär erteilt wird, hat dieser die Bestätigung unverzüglich dem Aktionär zu übermitteln. [5]§ 67a Absatz 2 Satz 1 und Absatz 3 gilt entsprechend.

(2) [1]Die Satzung kann vorsehen oder den Vorstand dazu ermächtigen vorzusehen, dass Aktionäre ihre Stimmen, auch ohne an der Versammlung teilzunehmen, schriftlich oder im Wege elektronischer Kommunikation abgeben dürfen (Briefwahl). [2]Absatz 1 Satz 3 bis 5 gilt entsprechend.

[1)] § 118 Abs. 2 Satz 2 und Abs. 3 angef. mWv 26.7.2002 durch G v. 19.7.2002 (BGBl. I S. 2681); Abs. 1 Satz 2 angef., Abs. 2 eingef., bish. Abs. 2 und 3 werden Abs. 3 und 4 und Abs 4. neu gef. mWv 1.9.2009 durch G v. 30.7.2009 (BGBl. I S. 2479); Abs. 1 Sätze 3–5 und Abs. 2 Satz 2 angef. mWv 1.1.2020 durch G v. 12.12.2019 (BGBl. I S. 2637).

[2)] Beachte hierzu Übergangsvorschrift in § 26j EGAktG (Nr. **51a**).

(3) [1]Die Mitglieder des Vorstands und des Aufsichtsrats sollen an der Hauptversammlung teilnehmen. [2]Die Satzung kann jedoch bestimmte Fälle vorsehen, in denen die Teilnahme von Mitgliedern des Aufsichtsrats im Wege der Bild- und Tonübertragung erfolgen darf.

(4) Die Satzung oder die Geschäftsordnung gemäß § 129 Abs. 1 kann vorsehen oder den Vorstand oder den Versammlungsleiter dazu ermächtigen vorzusehen, die Bild- und Tonübertragung der Versammlung zuzulassen.

§ 118a[1)] Virtuelle Hauptversammlung. (1) [1]Die Satzung kann vorsehen oder den Vorstand dazu ermächtigen, vorzusehen, dass die Versammlung ohne physische Präsenz der Aktionäre oder ihrer Bevollmächtigten am Ort der Hauptversammlung abgehalten wird (virtuelle Hauptversammlung). [2]Wird eine virtuelle Hauptversammlung abgehalten, sind die folgenden Voraussetzungen einzuhalten:

1. die gesamte Versammlung wird mit Bild und Ton übertragen,
2. die Stimmrechtsausübung der Aktionäre ist im Wege elektronischer Kommunikation, namentlich über elektronische Teilnahme oder elektronische Briefwahl, sowie über Vollmachtserteilung möglich,
3. den elektronisch zu der Versammlung zugeschalteten Aktionären wird das Recht eingeräumt, Anträge und Wahlvorschläge im Wege der Videokommunikation in der Versammlung zu stellen,
4. den Aktionären wird ein Auskunftsrecht nach § 131 im Wege elektronischer Kommunikation eingeräumt,
5. den Aktionären wird, sofern der Vorstand von der Möglichkeit des § 131 Absatz 1a Satz 1 Gebrauch macht, der Bericht des Vorstands oder dessen wesentlicher Inhalt bis spätestens sieben Tage vor der Versammlung zugänglich gemacht,
6. den Aktionären wird das Recht eingeräumt, Stellungnahmen nach § 130a Absatz 1 bis 4 im Wege elektronischer Kommunikation einzureichen,
7. den elektronisch zu der Versammlung zugeschalteten Aktionären wird ein Rederecht in der Versammlung im Wege der Videokommunikation nach § 130a Absatz 5 und 6 eingeräumt,
8. den elektronisch zu der Versammlung zugeschalteten Aktionären wird ein Recht zum Widerspruch gegen einen Beschluss der Hauptversammlung im Wege elektronischer Kommunikation eingeräumt.

[3]Für die Fristberechnung nach Satz 2 Nummer 5 gilt § 121 Absatz 7; bei börsennotierten Gesellschaften hat das Zugänglichmachen über die Internetseite der Gesellschaft zu erfolgen. [4]§ 118 Absatz 1 Satz 3 und 4 sowie § 67a Absatz 2 Satz 1 und Absatz 3 gelten entsprechend.

(2) [1]Die Mitglieder des Vorstands sollen am Ort der Hauptversammlung teilnehmen. [2]Gleiches gilt für die Mitglieder des Aufsichtsrats, sofern deren Teilnahme nicht nach § 118 Absatz 3 Satz 2 im Wege der Bild- und Tonübertragung erfolgen darf. [3]Der Versammlungsleiter und in den Fällen des § 176 Absatz 2 Satz 1 und 2 der Abschlussprüfer haben am Ort der Hauptversammlung teilzunehmen. [4]Ein von der Gesellschaft nach § 134 Absatz 3 Satz 5 benannter Stimmrechtsvertreter kann am Ort der Hauptversammlung teilnehmen.

(3) [1]Eine Bestimmung in der Satzung nach Absatz 1 Satz 1, die die Abhaltung virtueller Hauptversammlungen vorsieht, muss befristet werden. [2]Die Abhaltung

---

1) § 118a eingef. mWv 27.7.2022 durch G v. 20.7.2022 (BGBl. I S. 1166).

virtueller Hauptversammlungen darf in einer solchen Bestimmung für einen Zeitraum von längstens fünf Jahren nach Eintragung der Gesellschaft vorgesehen werden.

(4) [1] Eine Ermächtigung des Vorstands durch die Satzung nach Absatz 1 Satz 1, die Abhaltung virtueller Hauptversammlungen vorzusehen, muss befristet werden. [2] Sie kann für einen Zeitraum von längstens fünf Jahren nach Eintragung der Gesellschaft erteilt werden.

(5) Werden nach Absatz 1 Satz 1 getroffene Bestimmungen oder Ermächtigungen durch Satzungsänderung geschaffen,

1. darf die Bestimmung die Abhaltung virtueller Hauptversammlungen bis zu einem Zeitraum von längstens fünf Jahren nach Eintragung der Satzungsänderung vorsehen und
2. kann die Ermächtigung des Vorstands für einen Zeitraum von längstens fünf Jahren nach Eintragung der Satzungsänderung erteilt werden.

(6) Bestimmt dieses oder ein anderes Gesetz, dass Unterlagen in der Hauptversammlung zugänglich zu machen sind, so sind die Unterlagen den der Hauptversammlung elektronisch zugeschalteten Aktionären während des Zeitraums der Versammlung über die Internetseite der Gesellschaft oder eine über diese zugängliche Internetseite eines Dritten zugänglich zu machen.

§ 119[1)] Rechte der Hauptversammlung. (1) Die Hauptversammlung beschließt in den im Gesetz und in der Satzung ausdrücklich bestimmten Fällen, namentlich über

1. die Bestellung der Mitglieder des Aufsichtsrats, soweit sie nicht in den Aufsichtsrat zu entsenden oder als Aufsichtsratsmitglieder der Arbeitnehmer nach dem Mitbestimmungsgesetz[2)], dem Mitbestimmungsergänzungsgesetz[3)], dem Drittelbeteiligungsgesetz[4)], dem Gesetz über die Mitbestimmung der Arbeitnehmer bei einer grenzüberschreitenden Verschmelzung oder dem Gesetz über die Mitbestimmung der Arbeitnehmer bei grenzüberschreitendem Formwechsel und grenzüberschreitender Spaltung[5)] zu wählen sind;
2. die Verwendung des Bilanzgewinns;

(Fortsetzung nächstes Blatt)

[1)] § 119 Abs. 1 Nr. 1 geänd. durch G v. 4.5.1976 (BGBl. I S. 1153); Abs. 1 Nr. 4 geänd. durch G v. 19.12.1985 (BGBl. I S. 2355); Abs. 1 Nr. 1 geänd. mWv 1.7.2004 durch G v. 18.5.2004 (BGBl. I S. 974); Abs. 1 Nr. 1 geänd. mWv 29.12.2006 durch G v. 21.12.2006 (BGBl. I S. 3332); Abs. 1 Nr. 3 eingef., bish. Nr. 3–8 wird Nr. 4–9 mWv 1.1.2020 durch G v. 12.12.2019 (BGBl. I S. 2637); Abs. 1 Nr. 1 geänd. mWv 31.1.2023 durch G v. 4.1.2023 (BGBl. I Nr. 10).

[2)] **Habersack, Deutsche Gesetze ErgBd. Nr. 82a.**

[3)] **Habersack, Deutsche Gesetze ErgBd. Nr. 82c.**

[4)] **Habersack, Deutsche Gesetze ErgBd. Nr. 82d.**

[5)] **Loseblatt-Textsammlung Arbeitsrecht Nr. 568b.**

Lfd. Nr.	Änderndes Gesetz	Datum	Fundstelle	Betroffen	Hinweis
19.	Art. 20 Abs. 3 BundesteilhabeG	23.12. 2016	BGBl. I S. 3234	§ 193	geänd. mWv 1.1.2020
20.	Art. 1i Heil- und HilfsmittelversorgungsG[1]	4.4.2017	BGBl. I S. 778	§§ 192, 197, 208	geänd. mWv 11.4.2017
21.	Art. 6 Abs. 31 G zur Neuregelung des Mutterschutzrechts[2]	23.5.2017	BGBl. I S. 1228	§ 192	geänd. mWv 1.1.2018
22.	Art. 3 G zur Umsetzung der Richtlinie (EU) 2016/97 über Versicherungsvertrieb[3] und zur Änd. weiterer Gesetze	20.7.2017	BGBl. I S. 2789	Inhaltsübersicht, §§ 6, 7, 59, 61	geänd. mWv 23.2.2018
				§§ 1a, 6a, 7a, 7b, 7c, 7d	eingef. mWv 23.2.2018
				§ 66	neu gef. mWv 23.2.2018
				§ 155	neu gef. mWv 1.7.2018
23.	Art. 15 Betriebsrentenstärkungsgesetz	17.8.2017	BGBl. I S. 3214	§ 150	geänd. mWv 1.1.2018
24.	Art. 2 G zur Änd. von Vorschriften über die außergerichtl. Streitbeilegung in Verbrauchersachen und zur Änd. weiterer Gesetze	30.11. 2019	BGBl. I S. 1942	§ 214	geänd. mWv 6.12.2019
25.	Art. 6 Zweites G zum Schutz der Bevölkerung bei einer epidemischen Lage von nationaler Tragweite	19.5.2020	BGBl. I S. 1018	§ 204	geänd. mWv 23.5.2020
26.	Art. 2 G zur Haftung bei Unfällen mit Anhängern und Gespannen im Straßenverkehr	10.7.2020	BGBl. I S. 1653	§§ 78, 87	geänd. mWv 17.7.2020
27.	Art. 3 G zur Anpassung des Finanzdienstleistungsrechts an die Rechtsprechung des Gerichtshofs der EU vom 11. September 2019 in der Rechtssache C-383/18 und vom 26. März 2020 in der Rechtssache C-66/19	9.6.2021	BGBl. I S. 1666	§§ 7a, 7d, 8	geänd. mWv 15.6.2021
				Anl.	neu gef. mWv 15.6.2021
28.	Art. 4 GesundheitsversorgungsweiterentwicklungsG	11.7.2021	BGBl. I S. 2754	§ 192	geänd. mWv 20.7.2021
29.	Art. 12 Abs. 6 BürgergeldG	16.12. 2022	BGBl. I S. 2328	§ 168	geänd. mWv 1.1.2023

[1] **Amtl. Anm.:** Dieses Gesetz dient der Umsetzung der Richtlinie 2013/55/EU des Europäischen Parlaments und des Rates vom 20. November 2013 zur Änderung der Richtlinie 2005/36/EG über die Anerkennung von Berufsqualifikationen und der Verordnung (EU) Nr. 1024/2012 über die Verwaltungszusammenarbeit mit Hilfe des Binnenmarkt-Informationssystems („IMI-Verordnung") (ABl. L 354 vom 28.12.2013, S. 132).

[2] **Amtl. Anm.:** Dieses Gesetz dient der Umsetzung der Richtlinie 92/85/EWG des Rates vom 19. Oktober 1992 über die Durchführung von Maßnahmen zur Verbesserung der Sicherheit und des Gesundheitsschutzes von schwangeren Arbeitnehmerinnen, Wöchnerinnen und stillenden Arbeitnehmerinnen am Arbeitsplatz (zehnte Einzelrichtlinie im Sinne des Artikels 16 Absatz 1 der Richtlinie 89/391/EWG) (ABl. L 348 vom 28.11.1992, S. 1), die zuletzt durch die Richtlinie 2014/27/EU (ABl. L 65 vom 5.3.2014, S. 1) geändert worden ist.

[3] **Amtl. Anm.:** (ABl. L 26 vom 2.2.2016, S. 19)

Inhaltsübersicht[1)]

Teil 1. Allgemeiner Teil

Kapitel 1. Vorschriften für alle Versicherungszweige

Abschnitt 1. Allgemeine Vorschriften

Abschnitt 2. Anzeigepflicht, Gefahrerhöhung, andere Obliegenheiten

Abschnitt 3. Prämie

[1)] Inhaltsübersicht geänd. mWv 17.12.2009 durch G v. 25.6.2009 (BGBl. I S. 1574); geänd. mWv 11.6. 2010 durch G v. 29.7.2009 (BGBl. I S. 2355); geänd. mWv 23.2.2018 und mWv 1.7.2018 durch G v. 20.7.2017 (BGBl. I S. 2789).

Abschnitt 4. Versicherung für fremde Rechnung

Abschnitt 5. Vorläufige Deckung

Abschnitt 6. Laufende Versicherung

Abschnitt 7. Versicherungsvermittler, Versicherungsberater

Unterabschnitt 1. Mitteilungs- und Beratungspflichten

Unterabschnitt 2. Vertretungsmacht

Kapitel 2. Schadensversicherung

Abschnitt 1. Allgemeine Vorschriften

Abschnitt 2. Sachversicherung

(Fortsetzung nächstes Blatt)

(4) Bei Rentenversicherungen ist die Beendigung der Ansparphase der nach Absatz 3 Satz 2 maßgebliche Zeitpunkt.

§ 154[1)] **Modellrechnung.** (1) [1]Macht der Versicherer im Zusammenhang mit dem Angebot oder dem Abschluss einer Lebensversicherung bezifferte Angaben zur Höhe von möglichen Leistungen über die vertraglich garantierten Leistungen hinaus, hat er dem Versicherungsnehmer eine Modellrechnung zu übermitteln, bei der die mögliche Ablaufleistung unter Zugrundelegung der Rechnungsgrundlagen für die Prämienkalkulation mit drei verschiedenen Zinssätzen dargestellt wird. [2]Dies gilt nicht für Risikoversicherungen und Verträge, die Leistungen der in § 124 Absatz 2 Satz 2 des Versicherungsaufsichtsgesetzes bezeichneten Art vorsehen.

(2) Der Versicherer hat den Versicherungsnehmer klar und verständlich darauf hinzuweisen, dass es sich bei der Modellrechnung nur um ein Rechenmodell handelt, dem fiktive Annahmen zu Grunde liegen, und dass der Versicherungsnehmer aus der Modellrechnung keine vertraglichen Ansprüche gegen den Versicherer ableiten kann.

§ 155[2)] **Standmitteilung.** (1) [1]Bei Versicherungen mit Überschussbeteiligung hat der Versicherer den Versicherungsnehmer jährlich in Textform über den aktuellen Stand seiner Ansprüche unter Einbeziehung der Überschussbeteiligung zu unterrichten. [2]Dabei hat er mitzuteilen, inwieweit diese Überschussbeteiligung garantiert ist. [3]Im Einzelnen hat der Versicherer Folgendes anzugeben:

1. die vereinbarte Leistung bei Eintritt eines Versicherungsfalles zuzüglich Überschussbeteiligung zu dem in der Standmitteilung bezeichneten maßgeblichen Zeitpunkt,
2. die vereinbarte Leistung zuzüglich garantierter Überschussbeteiligung bei Ablauf des Vertrags oder bei Rentenbeginn unter der Voraussetzung einer unveränderten Vertragsfortführung,
3. die vereinbarte Leistung zuzüglich garantierter Überschussbeteiligung zum Ablauf des Vertrags oder zum Rentenbeginn unter der Voraussetzung einer prämienfreien Versicherung,
4. den Auszahlungsbetrag bei Kündigung des Versicherungsnehmers,
5. die Summe der gezahlten Prämien bei Verträgen, die ab dem 1. Juli 2018 abgeschlossen werden; im Übrigen kann über die Summe der gezahlten Prämien in Textform Auskunft verlangt werden.

(2) [1]Weitere Angaben bleiben dem Versicherer unbenommen. [2]Die Standmitteilung kann mit anderen jährlich zu machenden Mitteilungen verbunden werden.

(3) Hat der Versicherer bezifferte Angaben zur möglichen zukünftigen Entwicklung der Überschussbeteiligung gemacht, so hat er den Versicherungsnehmer auf Abweichungen der tatsächlichen Entwicklung von den anfänglichen Angaben hinzuweisen.

§ 156 Kenntnis und Verhalten der versicherten Person. Soweit nach diesem Gesetz die Kenntnis und das Verhalten des Versicherungsnehmers von rechtlicher Bedeutung sind, ist bei der Versicherung auf die Person eines anderen auch deren *Kenntnis und Verhalten zu berücksichtigen.*

[1)] § 154 Abs. 1 Satz 2 geänd. mWv 1.1.2016 durch G v. 1.4.2015 (BGBl. I S. 434).
[2)] § 155 neu gef. mWv 1.7.2018 durch G v. 20.7.2017 (BGBl. I S. 2789).

§ 157 Unrichtige Altersangabe. [1] Ist das Alter der versicherten Person unrichtig angegeben worden, verändert sich die Leistung des Versicherers nach dem Verhältnis, in welchem die dem wirklichen Alter entsprechende Prämie zu der vereinbarten Prämie steht. [2] Das Recht, wegen der Verletzung der Anzeigepflicht von dem Vertrag zurückzutreten, steht dem Versicherer abweichend von § 19 Abs. 2 nur zu, wenn er den Vertrag bei richtiger Altersangabe nicht geschlossen hätte.

§ 158 Gefahränderung. (1) Als Erhöhung der Gefahr gilt nur eine solche Änderung der Gefahrumstände, die nach ausdrücklicher Vereinbarung als Gefahrerhöhung angesehen werden soll; die Vereinbarung bedarf der Textform.

(2) [1] Eine Erhöhung der Gefahr kann der Versicherer nicht mehr geltend machen, wenn seit der Erhöhung fünf Jahre verstrichen sind. [2] Hat der Versicherungsnehmer seine Verpflichtung nach § 23 vorsätzlich oder arglistig verletzt, beläuft sich die Frist auf zehn Jahre.

(3) § 41 ist mit der Maßgabe anzuwenden, dass eine Herabsetzung der Prämie nur wegen einer solchen Minderung der Gefahrumstände verlangt werden kann, die nach ausdrücklicher Vereinbarung als Gefahrminderung angesehen werden soll.

§ 159 Bezugsberechtigung. (1) Der Versicherungsnehmer ist im Zweifel berechtigt, ohne Zustimmung des Versicherers einen Dritten als Bezugsberechtigten zu bezeichnen sowie an die Stelle des so bezeichneten Dritten einen anderen zu setzen.

(2) Ein widerruflich als bezugsberechtigt bezeichneter Dritter erwirbt das Recht auf die Leistung des Versicherers erst mit dem Eintritt des Versicherungsfalles.

(3) Ein unwiderruflich als bezugsberechtigt bezeichneter Dritter erwirbt das Recht auf die Leistung des Versicherers bereits mit der Bezeichnung als Bezugsberechtigter.

§ 160 Auslegung der Bezugsberechtigung. (1) [1] Sind mehrere Personen ohne Bestimmung ihrer Anteile als Bezugsberechtigte bezeichnet, sind sie zu gleichen Teilen bezugsberechtigt. [2] Der von einem Bezugsberechtigten nicht erworbene Anteil wächst den übrigen Bezugsberechtigten zu.

(2) [1] Soll die Leistung des Versicherers nach dem Tod des Versicherungsnehmers an dessen Erben erfolgen, sind im Zweifel diejenigen, welche zur Zeit des Todes als Erben berufen sind, nach dem Verhältnis ihrer Erbteile bezugsberechtigt. [2] Eine Ausschlagung der Erbschaft hat auf die Berechtigung keinen Einfluss.

(3) Wird das Recht auf die Leistung des Versicherers von dem bezugsberechtigten Dritten nicht erworben, steht es dem Versicherungsnehmer zu.

(4) Ist der Fiskus als Erbe berufen, steht ihm ein Bezugsrecht im Sinn des Absatzes 2 Satz 1 nicht zu.

§ 161 Selbsttötung. (1) [1] Bei einer Versicherung für den Todesfall ist der Versicherer nicht zur Leistung verpflichtet, wenn die versicherte Person sich vor Ablauf von drei Jahren nach Abschluss des Versicherungsvertrags vorsätzlich selbst getötet hat. [2] Dies gilt nicht, wenn die Tat in einem die freie Willensbestimmung ausschließenden Zustand krankhafter Störung der Geistestätigkeit begangen worden ist.

(2) Die Frist nach Absatz 1 Satz 1 kann durch Einzelvereinbarung erhöht werden.

(3) Ist der Versicherer nicht zur Leistung verpflichtet, hat er den Rückkaufswert einschließlich der Überschussanteile nach § 169 zu zahlen.

§ 162 Tötung durch Leistungsberechtigten. (1) Ist die Versicherung für den Fall des Todes eines anderen als des Versicherungsnehmers genommen, ist der Versicherer nicht zur Leistung verpflichtet, wenn der Versicherungsnehmer vorsätzlich durch eine widerrechtliche Handlung den Tod des anderen herbeiführt.

(2) Ist ein Dritter als Bezugsberechtigter bezeichnet, gilt die Bezeichnung als nicht erfolgt, wenn der Dritte vorsätzlich durch eine widerrechtliche Handlung den Tod der versicherten Person herbeiführt.

§ 163 Prämien- und Leistungsänderung. (1) [1]Der Versicherer ist zu einer Neufestsetzung der vereinbarten Prämie berechtigt, wenn

1. sich der Leistungsbedarf nicht nur vorübergehend und nicht voraussehbar gegenüber den Rechnungsgrundlagen der vereinbarten Prämie geändert hat,
2. die nach den berichtigten Rechnungsgrundlagen neu festgesetzte Prämie angemessen und erforderlich ist, um die dauernde Erfüllbarkeit der Versicherungsleistung zu gewährleisten, und
3. ein unabhängiger Treuhänder die Rechnungsgrundlagen und die Voraussetzungen der Nummern 1 und 2 überprüft und bestätigt hat.

[2]Eine Neufestsetzung der Prämie ist insoweit ausgeschlossen, als die Versicherungsleistungen zum Zeitpunkt der Erst- oder Neukalkulation unzureichend kalkuliert waren und ein ordentlicher und gewissenhafter Aktuar dies insbesondere anhand der zu diesem Zeitpunkt verfügbaren statistischen Kalkulationsgrundlagen hätte erkennen müssen.

(2) [1]Der Versicherungsnehmer kann verlangen, dass an Stelle einer Erhöhung der Prämie nach Absatz 1 die Versicherungsleistung entsprechend herabgesetzt wird. [2]Bei einer prämienfreien Versicherung ist der Versicherer unter den Voraussetzungen des Absatzes 1 zur Herabsetzung der Versicherungsleistung berechtigt.

(3) Die Neufestsetzung der Prämie und die Herabsetzung der Versicherungsleistung werden zu Beginn des zweiten Monats wirksam, der auf die Mitteilung der Neufestsetzung oder der Herabsetzung und der hierfür maßgeblichen Gründe an den Versicherungsnehmer folgt.

(4) Die Mitwirkung des Treuhänders nach Absatz 1 Satz 1 Nr. 3 entfällt, wenn die Neufestsetzung oder die Herabsetzung der Versicherungsleistung der Genehmigung der Aufsichtsbehörde bedarf.

§ 164 Bedingungsanpassung. (1) [1]Ist eine Bestimmung in Allgemeinen Versicherungsbedingungen des Versicherers durch höchstrichterliche Entscheidung oder durch bestandskräftigen Verwaltungsakt für unwirksam erklärt worden, kann sie der Versicherer durch eine neue Regelung ersetzen, wenn dies zur Fortführung des Vertrags notwendig ist oder wenn das Festhalten an dem Vertrag ohne neue Regelung für eine Vertragspartei auch unter Berücksichtigung der Interessen der anderen Vertragspartei eine unzumutbare Härte darstellen würde. [2]Die neue Regelung ist nur wirksam, wenn sie unter Wahrung des Vertragsziels die Belange der Versicherungsnehmer angemessen berücksichtigt.

(2) Die neue Regelung nach Absatz 1 wird zwei Wochen, nachdem die neue Regelung und die hierfür maßgeblichen Gründe dem Versicherungsnehmer mitgeteilt worden sind, Vertragsbestandteil.

§ 165 Prämienfreie Versicherung. (1) [1] Der Versicherungsnehmer kann jederzeit für den Schluss der laufenden Versicherungsperiode die Umwandlung der Versicherung in eine prämienfreie Versicherung verlangen, sofern die dafür vereinbarte Mindestversicherungsleistung erreicht wird. [2] Wird diese nicht erreicht, hat der Versicherer den auf die Versicherung entfallenden Rückkaufswert einschließlich der Überschussanteile nach § 169 zu zahlen.

(2) Die prämienfreie Leistung ist nach anerkannten Regeln der Versicherungsmathematik mit den Rechnungsgrundlagen der Prämienkalkulation unter Zugrundelegung des Rückkaufswertes nach § 169 Abs. 3 bis 5 zu berechnen und im Vertrag für jedes Versicherungsjahr anzugeben.

(3) [1] Die prämienfreie Leistung ist für den Schluss der laufenden Versicherungsperiode unter Berücksichtigung von Prämienrückständen zu berechnen. [2] Die Ansprüche des Versicherungsnehmers aus der Überschussbeteiligung bleiben unberührt.

§ 166 Kündigung des Versicherers. (1) [1] Kündigt der Versicherer das Versicherungsverhältnis, wandelt sich mit der Kündigung die Versicherung in eine prämienfreie Versicherung um. [2] Auf die Umwandlung ist § 165 anzuwenden.

(2) Im Fall des § 38 Abs. 2 ist der Versicherer zu der Leistung verpflichtet, die er erbringen müsste, wenn sich mit dem Eintritt des Versicherungsfalles die Versicherung in eine prämienfreie Versicherung umgewandelt hätte.

(3) Bei der Bestimmung einer Zahlungsfrist nach § 38 Abs. 1 hat der Versicherer auf die eintretende Umwandlung der Versicherung hinzuweisen.

(4) Bei einer Lebensversicherung, die vom Arbeitgeber zugunsten seiner Arbeitnehmerinnen und Arbeitnehmer abgeschlossen worden ist, hat der Versicherer die versicherte Person über die Bestimmung der Zahlungsfrist nach § 38 Abs. 1 und die eintretende Umwandlung der Versicherung in Textform zu informieren und ihnen eine Zahlungsfrist von mindestens zwei Monaten einzuräumen.

§ 167 Umwandlung zur Erlangung eines Pfändungsschutzes. [1] Der Versicherungsnehmer einer Lebensversicherung kann jederzeit für den Schluss der laufenden Versicherungsperiode die Umwandlung der Versicherung in eine Versicherung verlangen, die den Anforderungen des § 851c Abs. 1 der Zivilprozessordnung[1)] entspricht. [2] Die Kosten der Umwandlung hat der Versicherungsnehmer zu tragen.

§ 168[2)] Kündigung des Versicherungsnehmers. (1) Sind laufende Prämien zu zahlen, kann der Versicherungsnehmer das Versicherungsverhältnis jederzeit für den Schluss der laufenden Versicherungsperiode kündigen.

(2) Bei einer Versicherung, die Versicherungsschutz für ein Risiko bietet, bei dem der Eintritt der Verpflichtung des Versicherers gewiss ist, steht das Kündigungsrecht dem Versicherungsnehmer auch dann zu, wenn die Prämie in einer einmaligen Zahlung besteht.

(3) Die Absätze 1 und 2 sind nicht auf einen für die Altersvorsorge bestimmten Versicherungsvertrag anzuwenden,

---

[1)] Nr. **100**.

[2)] § 168 Abs. 3 Satz 2 angef. mWv 18.12.2007 durch G v. 10.12.2007 (BGBl. I S. 2833); Abs. 3 Satz 1 geänd. mWv 17.4.2010 durch G v. 14.4.2010 (BGBl. I S. 410); Abs. 3 neu gef. mWv 1.1.2023 durch G v. 16.12.2022 (BGBl. I S. 2328).

1. wenn die Vertragsparteien bei einem nach § 5a des Altersvorsorgeverträge-Zertifizierungsgesetzes[1] zertifizierten Basisrentenvertrag die Verwertung der Ansprüche gemäß § 10 Absatz 1 Nummer 2 Satz 1 Buchstabe b des Einkommensteuergesetzes ausgeschlossen haben oder
2. soweit die Vertragsparteien eine Verwertung unwiderruflich ausgeschlossen haben und dieser Ausschluss erforderlich ist, um den Pfändungsschutz nach § 851c der Zivilprozessordnung[2] oder § 851d der Zivilprozessordnung herbeizuführen.

§ 169[3] **Rückkaufswert.** (1) Wird eine Versicherung, die Versicherungsschutz für ein Risiko bietet, bei dem der Eintritt der Verpflichtung des Versicherers gewiss ist, durch Kündigung des Versicherungsnehmers oder durch Rücktritt oder Anfechtung des Versicherers aufgehoben, hat der Versicherer den Rückkaufswert zu zahlen.

(2) [1] Der Rückkaufswert ist nur insoweit zu zahlen, als dieser die Leistung bei einem Versicherungsfall zum Zeitpunkt der Kündigung nicht übersteigt. [2] Der danach nicht gezahlte Teil des Rückkaufswertes ist für eine prämienfreie Versicherung zu verwenden. [3] Im Fall des Rücktrittes oder der Anfechtung ist der volle Rückkaufswert zu zahlen.

(3) [1] Der Rückkaufswert ist das nach anerkannten Regeln der Versicherungsmathematik mit den Rechnungsgrundlagen der Prämienkalkulation zum Schluss

(Fortsetzung nächstes Blatt)

---

[1] **Aichberger, SGB Nr. 6/80.**
[2] Nr. **100**.
[3] § 169 Abs. 4 Satz 1 geänd. mWv 1.1.2016 durch G v. 1.4.2015 (BGBl. I S. 434).

Inhaltsübersicht[1)]

[1)] Inhaltsübersicht geänd. mWv 1.1.2002 und mWv 1.1.2005 durch G v. 13.12.2001 (BGBl. I S. 3656); mWv 26.7.2002 durch G v. 19.7.2002 (BGBl. I S. 2681); mWv 1.7.2004 durch G v. 5.5.2004 (BGBl. I S. 718); mWv 15.12.2004 durch G v. 9.12.2004 (BGBl. I S. 3232); mWv 1.7.2006 durch G v. 21.6.2006 (BGBl. I S. 1318); mWv 1.9.2008 durch G v. 7.7.2008 (BGBl. I S. 1191); mWv 1.10.2009 durch G v. *31.7.2009 (BGBl. I S. 2521);* mWv 3.12.2011 durch G v. 24.11.2011 (BGBl. I S. 2302); mWv 1.1.2014 durch G v. 31.8.2013 (BGBl. I S. 3533); mWv 1.7.2016 und mWv 1.10.2016 durch G v. 4.4.2016 (BGBl. I S. 558); mWv 25.5.2018 durch G v. 17.7.2017 (BGBl. I S. 2541); mWv 15.12.2018, mWv 14.1.2019 und mWv 1.5.2020 durch G v. 11.12.2018 (BGBl. I S. 2357); mWv 1.5.2022 durch G v. 10.8.2021 (BGBl. I S. 3490); sie wurde nichtamtlich an nachträgliche Änderungen angepasst.

Teil 3. Verfahren in Markenangelegenheiten

Teil 1. Anwendungsbereich

§ 1 Geschützte Marken und sonstige Kennzeichen. Nach diesem Gesetz werden geschützt:

1. Marken,
2. geschäftliche Bezeichnungen,
3. geographische Herkunftsangaben.

§ 2 Anwendung anderer Vorschriften. Der Schutz von Marken, geschäftlichen Bezeichnungen und geographischen Herkunftsangaben nach diesem Gesetz schließt die Anwendung anderer Vorschriften zum Schutz dieser Kennzeichen nicht aus.

Teil 2. Voraussetzungen, Inhalt und Schranken des Schutzes von Marken und geschäftlichen Bezeichnungen; Übertragung und Lizenz

Abschnitt 1. Marken und geschäftliche Bezeichnungen; Vorrang und Zeitrang

§ 3[1] Als Marke schutzfähige Zeichen. (1) Als Marke können alle Zeichen, insbesondere Wörter einschließlich Personennamen, Abbildungen, Buchstaben, Zahlen, Klänge, dreidimensionale Gestaltungen einschließlich der Form einer Ware oder ihrer Verpackung sowie sonstige Aufmachungen einschließlich Farben und Farbzusammenstellungen geschützt werden, die geeignet sind, Waren oder Dienstleistungen eines Unternehmens von denjenigen anderer Unternehmen zu unterscheiden.

(2) Dem Markenschutz nicht zugänglich sind Zeichen, die ausschließlich aus Formen oder anderen charakteristischen Merkmalen bestehen,

1. die durch die Art der Ware selbst bedingt sind,
2. die zur Erreichung einer technischen Wirkung erforderlich sind oder
3. die der Ware einen wesentlichen Wert verleihen.

§ 4[2] Entstehung des Markenschutzes. Der Markenschutz entsteht

1. durch die Eintragung eines Zeichens als Marke in das vom Deutschen Patent- und Markenamt geführte Register,
2. durch die Benutzung eines Zeichens im geschäftlichen Verkehr, soweit das Zeichen innerhalb beteiligter Verkehrskreise als Marke Verkehrsgeltung erworben hat, oder
3. durch die im Sinne des Artikels 6bis der Pariser Verbandsübereinkunft zum Schutz des gewerblichen Eigentums (Pariser Verbandsübereinkunft) notorische Bekanntheit einer Marke.

§ 5 Geschäftliche Bezeichnungen. (1) Als geschäftliche Bezeichnungen werden Unternehmenskennzeichen und Werktitel geschützt.

(2) [1] Unternehmenskennzeichen sind Zeichen, die im geschäftlichen Verkehr als Name, als *Firma* oder als besondere Bezeichnung eines Geschäftsbetriebs oder

---

[1] § 3 Abs. 1 geänd., Abs. 2 neu gef. mWv 14.1.2019 durch G v. 11.12.2018 (BGBl. I S. 2357).
[2] § 4 Nr. 1 geänd. mWv 14.1.2019 durch G v. 11.12.2018 (BGBl. I S. 2357).

eines Unternehmens benutzt werden. [2]Der besonderen Bezeichnung eines Geschäftsbetriebs stehen solche Geschäftsabzeichen und sonstige zur Unterscheidung des Geschäftsbetriebs von anderen Geschäftsbetrieben bestimmte Zeichen gleich, die innerhalb beteiligter Verkehrskreise als Kennzeichen des Geschäftsbetriebs gelten.

(3) Werktitel sind die Namen oder besonderen Bezeichnungen von Druckschriften, Filmwerken, Tonwerken, Bühnenwerken oder sonstigen vergleichbaren Werken.

§ 6 Vorrang und Zeitrang. (1) Ist im Falle des Zusammentreffens von Rechten im Sinne der §§ 4, 5 und 13 nach diesem Gesetz für die Bestimmung des

(Fortsetzung nächstes Blatt)

§ 26[1)] Benutzung der Marke. (1) Soweit die Geltendmachung von Ansprüchen aus einer eingetragenen Marke oder die Aufrechterhaltung der Eintragung davon abhängig ist, daß die Marke benutzt worden ist, muß sie von ihrem Inhaber für die Waren oder Dienstleistungen, für die sie eingetragen ist, im Inland ernsthaft benutzt worden sein, es sei denn, daß berechtigte Gründe für die Nichtbenutzung vorliegen.

(2) Die Benutzung der Marke mit Zustimmung des Inhabers gilt als Benutzung durch den Inhaber.

(3) Als Benutzung einer eingetragenen Marke gilt, unabhängig davon, ob die Marke in der benutzten Form auch auf den Namen des Inhabers eingetragen ist, auch die Benutzung der Marke in einer Form, die von der Eintragung abweicht, soweit die Abweichung den kennzeichnenden Charakter der Marke nicht verändert.

(4) Als Benutzung im Inland gilt auch das Anbringen der Marke auf Waren oder deren Aufmachung oder Verpackung im Inland, wenn die Waren ausschließlich für die Ausfuhr bestimmt sind.

(5) Soweit die Benutzung innerhalb von fünf Jahren ab dem Zeitpunkt, ab dem kein Widerspruch mehr gegen die Marke möglich ist, erforderlich ist, tritt in den Fällen, in denen gegen die Eintragung Widerspruch erhoben worden ist, an die Stelle des Ablaufs der Widerspruchsfrist der Zeitpunkt, ab dem die das Widerspruchsverfahren beendende Entscheidung Rechtskraft erlangt hat oder der Widerspruch zurückgenommen wurde.

Abschnitt 5. Marken als Gegenstand des Vermögens

§ 27[2)] Rechtsübergang. (1) Das durch die Eintragung, die Benutzung oder die notorische Bekanntheit einer Marke begründete Recht kann für alle oder für einen Teil der Waren oder Dienstleistungen, für die die Marke Schutz genießt, auf andere übertragen werden oder übergehen.

(2) [1] Gehört die Marke zu einem Geschäftsbetrieb oder zu einem Teil eines Geschäftsbetriebs, so wird das durch die Eintragung, die Benutzung oder die notorische Bekanntheit der Marke begründete Recht im Zweifel von der Übertragung oder dem Übergang des Geschäftsbetriebs oder des Teils des Geschäftsbetriebs, zu dem die Marke gehört, erfaßt. [2] Dies gilt entsprechend für die rechtsgeschäftliche Verpflichtung zur Übertragung eines Geschäftsbetriebs oder eines Teils eines Geschäftsbetriebs.

(3) Der Übergang des durch die Eintragung einer Marke begründeten Rechts wird auf Antrag eines Beteiligten in das Register eingetragen, wenn er dem Deutschen Patent- und Markenamt nachgewiesen wird.

(4) Betrifft der Rechtsübergang nur einen Teil der Waren oder Dienstleistungen, für die die Marke eingetragen ist, so sind die Vorschriften über die Teilung der Eintragung mit Ausnahme von § 46 Abs. 2 und 3 Satz 1 entsprechend anzuwenden.

[1)] § 26 Abs. 3 und 5 neu gef. mWv 14.1.2019 durch G v. 11.12.2018 (BGBl. I S. 2357).

[2)] § 27 Abs. 4 neu gef. durch G v. 19.7.1996 (BGBl. I S. 1014); Abs. 4 neu gef. mWv 1.1.2002 durch G v. 13.12.2001 (BGBl. I S. 3656); Abs. 4 geänd. mWv 1.7.2016 durch G v. 4.4.2016 (BGBl. I S. 558); Abs. 2 Satz 2 angef., Abs. 3 geänd. mWv 14.1.2019 durch G v. 11.12.2018 (BGBl. I S. 2357).

§ 28[1] Vermutung der Rechtsinhaberschaft; Zustellungen an den Inhaber. (1) Es wird vermutet, daß das durch die Eintragung einer Marke begründete Recht dem im Register als Inhaber Eingetragenen zusteht.

(2) [1] Ist das durch die Eintragung einer Marke begründete Recht auf einen anderen übertragen worden oder übergegangen, so kann der Rechtsnachfolger in einem Verfahren vor dem Deutschen Patent- und Markenamt, einem Beschwerdeverfahren vor dem Bundespatentgericht oder einem Rechtsbeschwerdeverfahren vor dem Bundesgerichtshof den Anspruch auf Schutz dieser Marke und das durch die Eintragung begründete Recht erst von dem Zeitpunkt an geltend machen, in dem dem Deutschen Patent- und Markenamt der Antrag auf Eintragung des Rechtsübergangs zugegangen ist. [2] Satz 1 gilt entsprechend für sonstige Verfahren vor dem Deutschen Patent- und Markenamt, Beschwerdeverfahren vor dem Bundespatentgericht oder Rechtsbeschwerdeverfahren vor dem Bundesgerichtshof, an denen der Inhaber einer Marke beteiligt ist. [3] Übernimmt der Rechtsnachfolger ein Verfahren nach Satz 1 oder 2, so ist die Zustimmung der übrigen Verfahrensbeteiligten nicht erforderlich.

(3) [1] Verfügungen und Beschlüsse des Deutschen Patent- und Markenamts, die der Zustellung an den Inhaber der Marke bedürfen, sind dem als Inhaber Eingetragenen zuzustellen. [2] Ist dem Deutschen Patent- und Markenamt ein Antrag auf Eintragung eines Rechtsübergangs zugegangen, so sind die in Satz 1 genannten Verfügungen und Beschlüsse auch dem Rechtsnachfolger zuzustellen.

§ 29[2] Dingliche Rechte; Zwangsvollstreckung; Insolvenzverfahren.

(1) Das durch die Eintragung, die Benutzung oder die notorische Bekanntheit einer Marke begründete Recht kann

1. verpfändet werden oder Gegenstand eines sonstigen dinglichen Rechts sein oder
2. Gegenstand von Maßnahmen der Zwangsvollstreckung sein.

(2) Betreffen die in Absatz 1 Nr. 1 genannten Rechte oder die in Absatz 1 Nr. 2 genannten Maßnahmen das durch die Eintragung einer Marke begründete Recht, so werden sie auf Antrag eines Beteiligten in das Register eingetragen, wenn sie dem Deutschen Patent- und Markenamt nachgewiesen werden.

(3) [1] Wird das durch die Eintragung einer Marke begründete Recht durch ein Insolvenzverfahren erfaßt, so wird dies auf Antrag des Insolvenzverwalters oder auf Ersuchen des Insolvenzgerichts in das Register eingetragen. [2] Im Falle der Eigenverwaltung (§ 270 der Insolvenzordnung[3]) tritt der Sachwalter an die Stelle des Insolvenzverwalters.

§ 30[4] Lizenzen. (1) Das durch die Eintragung, die Benutzung oder die notorische Bekanntheit einer Marke begründete Recht kann für alle oder für einen Teil der Waren oder Dienstleistungen, für die die Marke Schutz genießt, Gegenstand von ausschließlichen oder nicht ausschließlichen Lizenzen für das Gebiet der Bundesrepublik Deutschland insgesamt oder einen Teil dieses Gebiets sein.

---

[1] § 28 Abs. 2 Satz 3 angef. mWv 1.1.2002 durch G v. 13.12.2001 (BGBl. I S. 3656); Abs. 2 Sätze 1 und 2, Abs. 3 Sätze 1 und 2 geänd. mWv 14.1.2019 durch G v. 11.12.2018 (BGBl. I S. 2357).

[2] § 29 Abs. 3 neu gef. durch G v. 19.7.1996 (BGBl. I S. 1014); Überschrift geänd. mWv 15.12.2004 durch G v. 9.12.2004 (BGBl. I S. 3232); Abs. 2 geänd. mWv 14.1.2019 durch G v. 11.12.2018 (BGBl. I S. 2357).

[3] Nr. **110**.

[4] § 30 Abs. 3 Satz 2 und Abs. 6 angef. mWv 14.1.2019 durch G v. 11.12.2018 (BGBl. I S. 2357).

(2) Zur Erhebung der Klage sind befugt:

1. in den Fällen des Antrags auf Erklärung des Verfalls jede Person,
2. in den Fällen des Antrags auf Erklärung der Nichtigkeit wegen des Bestehens von Rechten mit älterem Zeitrang die Inhaber der in den §§ 9 bis 13 aufgeführten Rechte,
3. in den Fällen des Antrags auf Erklärung der Nichtigkeit wegen des Bestehens einer geographischen Herkunftsangabe mit älterem Zeitrang (§ 13 Abs. 2 Nr. 5) die nach § 8 Abs. 3 des Gesetzes gegen den unlauteren Wettbewerb[1] zur Geltendmachung von Ansprüchen Berechtigten.

(3) [1] Ist die Klage auf Erklärung der Nichtigkeit vom Inhaber einer eingetragenen Marke mit älterem Zeitrang erhoben worden, so hat er auf Einrede des Beklagten nachzuweisen, dass die Marke innerhalb der letzten fünf Jahre vor Erhebung der Klage gemäß § 26 benutzt worden ist, sofern zu diesem Zeitpunkt seit mindestens fünf Jahren kein Widerspruch mehr gegen sie möglich war. [2] Endet der Zeitraum von fünf Jahren der Nichtbenutzung nach Erhebung der Klage, so hat der Kläger auf Einrede des Beklagten nachzuweisen, daß die Marke innerhalb der letzten fünf Jahre vor dem Schluß der mündlichen Verhandlung gemäß § 26 benutzt worden ist. [3] War die Marke mit älterem Zeitrang am Anmelde- oder Prioritätstag der jüngeren Marke bereits seit mindestens fünf Jahren eingetragen, so hat der Kläger auf Einrede des Beklagten ferner nachzuweisen, dass die Eintragung der Marke mit älterem Zeitrang an diesem Tag nicht nach § 49 Absatz 1 hätte für verfallen erklärt und gelöscht werden können. [4] Bei der Entscheidung werden nur die Waren oder Dienstleistungen berücksichtigt, für die die Benutzung nachgewiesen worden ist.

(4) [1] Ist vor oder nach Erhebung der Klage das durch die Eintragung der Marke begründete Recht auf einen anderen übertragen worden oder übergegangen, so ist die Entscheidung in der Sache selbst auch gegen den Rechtsnachfolger wirksam und vollstreckbar. [2] Für die Befugnis des Rechtsnachfolgers, in den Rechtsstreit einzutreten, gelten die §§ 66 bis 74 und 76 der Zivilprozeßordnung entsprechend.

(5) [1] Das Gericht teilt dem Deutschen Patent- und Markenamt den Tag der Erhebung der Klage mit. [2] Das Deutsche Patent- und Markenamt vermerkt den Tag der Erhebung der Klage im Register. [3] Das Gericht übermittelt dem Deutschen Patent- und Markenamt eine Ausfertigung des rechtskräftigen Urteils. [4] Das Deutsche Patent- und Markenamt trägt das Ergebnis des Verfahrens mit dem Datum der Rechtskraft in das Register ein.

Abschnitt 4.[2] Allgemeine Vorschriften für das Verfahren vor dem Deutschen Patent- und Markenamt

§ 56[3] Zuständigkeiten im Deutschen Patent- und Markenamt. (1) Im Deutschen Patent- und Markenamt werden zur Durchführung der Verfahren in Markenangelegenheiten Markenstellen und Markenabteilungen gebildet.

(2) [1] Die Markenstellen sind für die Prüfung von angemeldeten Marken und für die Beschlußfassung im Eintragungsverfahren zuständig. [2] Die Aufgaben einer Markenstelle nimmt ein Mitglied des Deutschen Patent- und Markenamts (Prüfer) wahr. [3] Die Aufgaben können auch von einem Beamten des gehobenen Dienstes oder von einem vergleichbaren Angestellten wahrgenommen werden. [4] Beamte des gehobenen Diens-

---

[1] Nr. **73**.

[2] Abschnitt 4 Überschrift neu gef. mWv 14.1.2019 durch G v. 11.12.2018 (BGBl. I S. 2357).

[3] § 56 Überschrift, Abs. 1, 2 Sätze 2 und 4, Abs. 3 Sätze 2 und 3 geänd. mWv 14.1.2019 durch G v. 11.12. 2018 (BGBl. I S. 2357).

tes und vergleichbare Angestellte sind jedoch nicht befugt, eine Beeidigung anzuordnen, einen Eid abzunehmen oder ein Ersuchen nach § 95 Abs. 2 an das Bundespatentgericht zu richten.

(3) [1] Die Markenabteilungen sind für die Angelegenheiten zuständig, die nicht in die Zuständigkeit der Markenstellen fallen. [2] Die Aufgaben einer Markenabteilung werden in der Besetzung mit mindestens drei Mitgliedern des Deutschen Patent- und Markenamts wahrgenommen. [3] Der Vorsitzende einer Markenabteilung kann alle in die Zuständigkeit der Markenabteilung fallenden Angelegenheiten mit Ausnahme der Entscheidung über die Erklärung des Verfalls oder der Nichtigkeit einer Marke nach § 53 allein bearbeiten oder diese Angelegenheiten einem Angehörigen der Markenabteilung zur Bearbeitung übertragen.

§ 57[1)] Ausschließung und Ablehnung. (1) Für die Ausschließung und Ablehnung der Prüfer und der Mitglieder der Markenabteilungen sowie der mit der Wahrnehmung von Angelegenheiten, die den Markenstellen oder den Markenabteilungen obliegen, betrauten Beamten und Beamtinnen des gehobenen und mittleren Dienstes oder Angestellten gelten die §§ 41 bis 44, 45 Abs. 2 Satz 2, §§ 47 bis 49 der Zivilprozeßordnung[2)] über die Ausschließung und Ablehnung der Gerichtspersonen entsprechend.

(2) Über das Ablehnungsgesuch entscheidet, soweit es einer Entscheidung bedarf, eine Markenabteilung.

§ 58[3)] Gutachten. (1) Das Deutsche Patent- und Markenamt ist verpflichtet, auf Ersuchen der Gerichte oder der Staatsanwaltschaften über Fragen, die angemeldete oder eingetragene Marken betreffen, Gutachten abzugeben, wenn in dem Verfahren voneinander abweichende Gutachten mehrerer Sachverständiger vorliegen.

(2) Im übrigen ist das Deutsche Patent- und Markenamt nicht befugt, ohne Genehmigung des Bundesministeriums der Justiz und für Verbraucherschutz außerhalb seines gesetzlichen Aufgabenbereichs Beschlüsse zu fassen oder Gutachten abzugeben.

§ 59[4)] Ermittlung des Sachverhalts; rechtliches Gehör. (1) [1] Das Deutsche Patent- und Markenamt ermittelt den Sachverhalt von Amts wegen. [2] Es ist an das Vorbringen und die Beweisanträge der Beteiligten nicht gebunden.

(2) Soll die Entscheidung des Deutschen Patent- und Markenamts auf Umstände gestützt werden, die dem Anmelder oder Inhaber der Marke oder einem anderen am Verfahren Beteiligten noch nicht mitgeteilt waren, so ist ihm vorher Gelegenheit zu geben, sich dazu innerhalb einer bestimmten Frist zu äußern.

§ 60[5)] Ermittlungen; Anhörungen; Niederschrift. (1) [1] Das Deutsche Patent- und Markenamt kann jederzeit die Beteiligten laden und anhören, Zeugen, Sachverständige und Beteiligte eidlich oder uneidlich vernehmen, Augenschein nehmen, die Beweiskraft einer vorgelegten Urkunde würdigen sowie andere zur Aufklärung der Sache erforderlichen Ermittlungen anstellen. [2] Die Vorschriften des Buches 2 der Zivilprozessordnung[2)] zu diesen Beweismitteln sowie § 128a der Zivilprozessordnung sind entsprechend anzuwenden.

---

1) § 57 Abs. 1 geänd. mWv 14.1.2019 durch G v. 11.12.2018 (BGBl. I S. 2357).

2) Nr. **100**.

3) § 58 Abs. 2 geänd. mWv 8.9.2015 durch VO v. 31.8.2015 (BGBl. I S. 1474); Abs. 1 und 2 geänd. mWv 14.1.2019 durch G v. 11.12.2018 (BGBl. I S. 2357).

4) § 59 Abs. 1 Satz 1 und Abs. 2 geänd. mWv 14.1.2019 durch G v. 11.12.2018 (BGBl. I S. 2357).

5) § 60 Abs. 1 neu gef., Abs. 2 Satz 2 geänd., Satz 4 angef. mWv 14.1.2019 durch G v. 11.12.2018 (BGBl. I S. 2357); Abs. 1 Satz 2 geänd. mWv 1.5.2022 durch G v. 10.8.2021 (BGBl. I S. 3490).

(2) [1] Bis zum Beschluß, mit dem das Verfahren abgeschlossen wird, ist der Anmelder oder Inhaber der Marke oder ein anderer an dem Verfahren Beteiligter auf Antrag anzuhören, wenn dies sachdienlich ist. [2] Hält das Deutsche Patent- und Markenamt die Anhörung nicht für sachdienlich, so weist es den Antrag zurück. [3] Der Beschluß, durch den der Antrag zurückgewiesen wird, ist selbständig nicht anfechtbar. [4] Im Verfalls- oder Nichtigkeitsverfahren findet eine Anhörung statt, wenn ein Beteiligter dies beantragt oder das Deutsche Patent- und Markenamt dies für sachdienlich erachtet.

(3) [1] Über die Anhörungen und Vernehmungen ist eine Niederschrift zu fertigen, die den wesentlichen Gang der Verhandlung wiedergeben und die rechtserheblichen Erklärungen der Beteiligten enthalten soll. [2] Die §§ 160a, 162 und 163 der Zivilprozeßordnung sind entsprechend anzuwenden. [3] Die Beteiligten erhalten eine Abschrift der Niederschrift.

§ 61[1)] Beschlüsse; Rechtsmittelbelehrung. (1) [1] Die Beschlüsse des Deutschen Patent- und Markenamts sind, auch wenn sie nach Satz 3 verkündet worden sind, zu begründen und den Beteiligten von Amts wegen in Abschrift zuzustellen; eine Beglaubigung der Abschrift ist nicht erforderlich. [2] Ausfertigungen werden nur auf Antrag eines Beteiligten und nur in Papierform erteilt. [3] Falls eine Anhörung stattgefunden hat, können sie auch am Ende der Anhörung verkündet werden. [4] Einer Begründung bedarf es nicht, wenn am Verfahren nur der Anmelder oder Inhaber der Marke beteiligt ist und seinem Antrag stattgegeben wird.

(2) [1] Mit Zustellung des Beschlusses sind die Beteiligten über das Rechtsmittel, das gegen den Beschluss gegeben ist, über die Stelle, bei der das Rechtsmittel einzulegen ist, über die Rechtsmittelfrist und, sofern für das Rechtsmittel eine Gebühr nach dem Patentkostengesetz[2)] zu zahlen ist, über die Gebühr zu belehren. [2] Die Frist für das Rechtsmittel beginnt nur zu laufen, wenn die Beteiligten nach Satz 1 belehrt worden sind. [3] Ist die Belehrung unterblieben oder unrichtig erteilt, so ist die Einlegung des Rechtsmittels nur innerhalb eines Jahres seit Zustellung des Beschlusses zulässig, außer wenn der Beteiligte schriftlich dahingehend belehrt worden ist, daß ein Rechtsmittel nicht gegeben sei. [4] § 91 ist entsprechend anzuwenden. [5] Die Sätze 1 bis 4 gelten entsprechend für den Rechtsbehelf der Erinnerung nach § 64.

§ 62[3)] Akteneinsicht; Registereinsicht. (1) Das Deutsche Patent- und Markenamt gewährt auf Antrag Einsicht in die Akten von Anmeldungen von Marken, wenn ein berechtigtes Interesse glaubhaft gemacht wird.

(2) Nach der Eintragung der Marke wird Einsicht in die Akten der eingetragenen Marke gewährt.

(3) Die Einsicht in die Akten nach Absatz 2 kann bei elektronisch geführten Akten auch über das Internet gewährt werden.

(4) Die Akteneinsicht nach den Absätzen 1 bis 3 ist ausgeschlossen, soweit

1. ihr eine Rechtsvorschrift entgegensteht,
2. das schutzwürdige Interesse der betroffenen Person im Sinne des Artikels 4 Nummer 1 der Verordnung (EU) 679/2016[4)] des Europäischen Parlaments und des Rates

---

[1)] § 61 Abs. 1 Satz 1 neu gef., Satz 2 eingef., bish. Sätze 2 und 3 werden Sätze 3 und 4, Abs. 2 Satz 1 neu gef., Satz 2 geänd. mWv 1.10.2016 durch G v. 4.4.2016 (BGBl. I S. 558).

[2)] ***Habersack, Deutsche Gesetze ErgBd. Nr. 70b.***

[3)] § 62 Abs. 3, 4 eingef., bish. Abs. 3 wird Abs. 5 mWv 25.10.2013 durch G v. 19.10.2013 (BGBl. I S. 3830); Abs. 2 und 3 geänd. mWv 1.7.2016 durch G v. 4.4.2016 (BGBl. I S. 558); Abs. 1 geänd. mWv 14.1.2019 durch G v. 11.12.2018 (BGBl. I S. 2357); Abs. 4 neu gef. mWv 18.8.2021 durch G v. 10.8.2021 (BGBl. I S. 3490).

[4)] **Sartorius Nr. 246.**

vom 27. April 2016 zum Schutz natürlicher Personen bei der Verarbeitung personenbezogener Daten, zum freien Datenverkehr und zur Aufhebung der Richtlinie 95/46/EG (Datenschutz-Grundverordnung) (ABl. L 119 vom 4.5.2016, S. 1; L 314 vom 22.11.2016, S. 72; L 127 vom 23.5.2018, S. 2) in der jeweils geltenden Fassung offensichtlich überwiegt oder

3. sie auf Akteninhalte bezogen ist, die offensichtlich gegen die öffentliche Ordnung oder die guten Sitten verstoßen.

(5) Die Einsicht in das Register steht jeder Person frei.

§ 62a[1)] Datenschutz. [1] Soweit personenbezogene Daten im Register oder in öffentlich zugänglichen elektronischen Informationsdiensten des Deutschen Patent- und Markenamtes enthalten sind, bestehen nicht

1. das Recht auf Auskunft gemäß Artikel 15 Absatz 1 Buchstabe c der Verordnung (EU) 2016/679[2)],
2. die Mitteilungspflicht gemäß Artikel 19 Satz 2 der Verordnung (EU) 2016/679 und
3. das Recht auf Widerspruch gemäß Artikel 21 Absatz 1 der Verordnung (EU) 2016/679.

[2] Das Recht auf Erhalt einer Kopie nach Artikel 15 Absatz 3 der Verordnung (EU) 2016/679 wird dadurch erfüllt, dass die betroffene Person Einsicht in das Register oder in öffentlich zugängliche elektronische Informationsdienste des Deutschen Patent- und Markenamtes nehmen kann.

§ 63[3)] Kosten der Verfahren. (1) [1] Sind an dem Verfahren mehrere Personen beteiligt, so kann das Deutsche Patent- und Markenamt in der Entscheidung bestimmen, daß die Kosten des Verfahrens einschließlich der Auslagen des Deutschen Patent- und Markenamts und der den Beteiligten erwachsenen Kosten, soweit sie zur zweckentsprechenden Wahrung der Ansprüche und Rechte notwendig waren, einem Beteiligten ganz oder teilweise zur Last fallen, wenn dies der Billigkeit entspricht. [2] Die Bestimmung kann auch getroffen werden, wenn der Beteiligte die Erinnerung, die Anmeldung der Marke, den Widerspruch oder den Antrag auf Erklärung des Verfalls oder der Nichtigkeit ganz oder teilweise zurücknimmt oder wenn die Eintragung der Marke wegen Verzichts oder wegen Nichtverlängerung der Schutzdauer ganz oder teilweise im Register gelöscht wird. [3] Soweit eine Bestimmung über die Kosten nicht getroffen wird, trägt jeder Beteiligte die ihm erwachsenen Kosten selbst.

(2) [1] Wenn eine Entscheidung nach Absatz 1 ergeht, setzt das Deutsche Patent- und Markenamt den Gegenstandswert fest; § 23 Absatz 3 Satz 2 und § 33 Absatz 1

(Fortsetzung nächstes Blatt)

[1)] § 62a eingef. mWv 25.5.2018 durch G v. 17.7.2017 (BGBl. I S. 2541).

[2)] **Sartorius Nr. 246.**

[3)] § 63 Abs. 2 neu gef. mWv 1.1.2002 durch G v. 13.12.2001 (BGBl. I S. 3656); Abs. 3 Satz 4 geänd. mWv 1.6.2004 durch G v. 12.3.2004 (BGBl. I S. 390); Abs. 3 Satz 2 neu gef. mWv 1.7.2006 durch G v. 21.6.2006 (BGBl. I S. 1318); Abs. 2 eingef., bish. Abs. 2 und 3 werden Abs. 3 und 4 mWv 1.7.2016 durch G v. 4.4.2016 (BGBl. I S. 558); Abs. 1 Sätze 1 und 2, Abs. 3, Abs. 4 Sätze 1 und 5 geänd. mWv 14.1.2019 durch G v. 11.12.2018 (BGBl. I S. 2357).

Teil 6.[1] Schutz von Marken nach dem Protokoll zum Madrider Markenabkommen; Unionsmarken

Abschnitt 1.[2] Schutz von Marken nach dem Protokoll zum Madrider Markenabkommen

§ 107[3] Anwendung der Vorschriften dieses Gesetzes; Sprachen. (1) Die Vorschriften dieses Gesetzes sind auf internationale Registrierungen von Marken nach dem Protokoll vom 27. Juni 1989 zum Madrider Abkommen über die internationale Registrierung von Marken (BGBl. 1995 II S. 1016, 1017), das zuletzt durch die Verordnung vom 24. August 2008 (BGBl. 2008 II S. 822) geändert worden ist (Protokoll zum Madrider Markenabkommen), die durch Vermittlung des Deutschen Patent- und Markenamts vorgenommen werden oder deren Schutz sich auf das Gebiet der Bundesrepublik Deutschland erstreckt, entsprechend anzuwenden, soweit in diesem Abschnitt oder im Protokoll zum Madrider Markenabkommen nichts anderes bestimmt ist.

(2) Sämtliche Anträge sowie sonstige Mitteilungen im Verfahren der internationalen Registrierung und das Verzeichnis der Waren und Dienstleistungen sind nach Wahl des Antragstellers in französischer oder in englischer Sprache einzureichen.

§ 108[3] Antrag auf internationale Registrierung. (1) [1]Der Antrag auf internationale Registrierung einer zur Eintragung in das Register angemeldeten Marke oder einer in das Register eingetragenen Marke nach Artikel 3 des Protokolls zum Madrider Markenabkommen ist beim Deutschen Patent- und Markenamt zu stellen. [2]Der Antrag kann vor der Eintragung der Marke gestellt werden, wenn die internationale Registrierung auf der Grundlage einer im Register eingetragenen Marke vorgenommen werden soll.

(2) Soll die internationale Registrierung auf der Grundlage einer im Register eingetragenen Marke vorgenommen werden und wird der Antrag auf internationale Registrierung vor der Eintragung der Marke in das Register gestellt, so gilt er als am Tag der Eintragung der Marke zugegangen.

(3) Mit dem Antrag ist das Verzeichnis der Waren und Dienstleistungen, nach Klassen geordnet in der Reihenfolge der internationalen Klassifikation von Waren und Dienstleistungen, einzureichen.

§ 109[3] Gebühren. (1) Soll die internationale Registrierung auf der Grundlage einer im Register eingetragenen Marke vorgenommen werden und ist der Antrag auf internationale Registrierung vor der Eintragung der Marke in das Register gestellt worden, so wird die nationale Gebühr nach dem Patentkostengesetz für die internationale Registrierung am Tag der Eintragung fällig.

(2) [1]Die nationale Gebühr nach dem Patentkostengesetz für die internationale Registrierung ist innerhalb eines Monats nach Fälligkeit zu zahlen. [2]Die Fälligkeit richtet sich nach § 3 Absatz 1 des Patentkostengesetzes[4] oder nach Absatz 1.

---

[1] Früherer Teil 5 Überschrift geänd. durch G v. 19.7.1996 (BGBl. I S. 1014); bish. Teil 5 wird Teil 6 und Überschrift neu gef. mWv 14.1.2019 durch G v. 11.12.2018 (BGBl. I S. 2357); Überschrift geänd. *mWv 1.5.2022 durch G v. 10.8.2021* (BGBl. I S. 3490).

[2] Teil 6 Abschnitt 1 (§§ 107–118) aufgeh., bish. Abschnitt 2 (§§ 119–125) wird Abschnitt 1 (§§ 107–118) und neu gef. mWv 1.5.2022 durch G v. 10.8.2021 (BGBl. I S. 3490).

[3] §§ 107–118 neu gef. mWv 1.5.2022 durch G v. 10.8.2021 (BGBl. I S. 3490).

[4] **Habersack, Deutsche Gesetze ErgBd. Nr. 70b.**

§ 110[1)] Vermerk in den Akten, Eintragung im Register. (1) Ist die internationale Registrierung auf der Grundlage einer zur Eintragung in das Register angemeldeten Marke vorgenommen worden, so sind der Tag und die Nummer der internationalen Registrierung in den Akten der angemeldeten Marke zu vermerken.

(2) [1] Der Tag und die Nummer der internationalen Registrierung, die auf der Grundlage einer im Register eingetragenen Marke vorgenommen worden ist, sind in das Register einzutragen. [2] Satz 1 ist auch anzuwenden, wenn die internationale Registrierung auf der Grundlage einer zur Eintragung in das Register angemeldeten Marke vorgenommen worden ist und die Anmeldung zur Eintragung geführt hat.

§ 111[1)] Nachträgliche Schutzerstreckung. (1) [1] Der Antrag auf nachträgliche Schutzerstreckung einer international registrierten Marke nach Artikel 3ter Absatz 2 des Protokolls zum Madrider Markenabkommen kann beim Deutschen Patent- und Markenamt gestellt werden. [2] Soll der Schutz auf der Grundlage einer im Register eingetragenen Marke nachträglich erstreckt werden und wird der Antrag schon vor der Eintragung der Marke gestellt, so gilt er als am Tag der Eintragung zugegangen.

(2) Die nationale Gebühr nach dem Patentkostengesetz für die nachträgliche Schutzerstreckung ist innerhalb eines Monats nach Fälligkeit (§ 3 Absatz 1 des Patentkostengesetzes[2)]) zu zahlen.

§ 112[1)] Wirkung der internationalen Registrierung und der nachträglichen Schutzerstreckung. (1) [1] Die internationale Registrierung oder die nachträgliche Schutzerstreckung einer Marke, deren Schutz nach Artikel 3 und 3ter des Protokolls zum Madrider Markenabkommen auf das Gebiet der Bundesrepublik Deutschland erstreckt worden ist, hat dieselbe Wirkung, wie wenn die Marke am Tag der internationalen Registrierung nach Artikel 3 Absatz 4 des Protokolls zum Madrider Markenabkommen oder am Tag der Eintragung der nachträglichen Schutzerstreckung nach Artikel 3ter Absatz 2 des Protokolls zum Madrider Markenabkommen zur Eintragung in das vom Deutschen Patent- und Markenamt geführte Register angemeldet und eingetragen worden wäre.

(2) Die in Absatz 1 bezeichnete Wirkung gilt als nicht eingetreten, wenn der international registrierten Marke nach den §§ 113 bis 115 der Schutz verweigert wird.

§ 113[1)] Prüfung auf absolute Schutzhindernisse. (1) [1] International registrierte Marken werden in gleicher Weise wie zur Eintragung in das Register angemeldete Marken nach § 37 auf absolute Schutzhindernisse geprüft. [2] § 37 Absatz 2 ist nicht anzuwenden.

(2) An die Stelle der Zurückweisung der Anmeldung (§ 37 Absatz 1) tritt die Verweigerung des Schutzes.

§ 114[1)] Widerspruch gegen eine international registrierte Marke.

(1) An die Stelle der Veröffentlichung der Eintragung (§ 41 Absatz 2) tritt für international registrierte Marken die Veröffentlichung in dem vom Internationalen Büro der Weltorganisation für geistiges Eigentum herausgegebenen Veröffentlichungsblatt.

[1)] §§ 107–118 neu gef. mWv 1.5.2022 durch G v. 10.8.2021 (BGBl. I S. 3490).
[2)] **Habersack, Deutsche Gesetze ErgBd. Nr. 70b.**

(2) Die Frist zur Erhebung des Widerspruchs (§ 42 Absatz 1) gegen die Schutzgewährung für international registrierte Marken beginnt mit dem ersten Tag des Monats, der dem Monat folgt, der als Ausgabemonat desjenigen Heftes des Veröffentlichungsblattes angegeben ist, in dem die Veröffentlichung der international registrierten Marke enthalten ist.

(3) An die Stelle der Löschung der Eintragung (§ 43 Absatz 2 Satz 1) tritt die Verweigerung des Schutzes.

§ 115[1] Schutzentziehung. (1) An die Stelle des Antrags (§ 49) oder der Klage (§ 55) auf Erklärung des Verfalls einer Marke oder des Antrags auf Erklärung der Nichtigkeit wegen absoluter Schutzhindernisse (§ 50) oder des Antrags oder der Klage auf Erklärung der Nichtigkeit wegen des Bestehens älterer Rechte (§ 51) tritt für international registrierte Marken der Antrag oder die Klage auf Schutzentziehung.

(2) Im Falle des Antrags oder der Klage auf Schutzentziehung nach § 49 Absatz 1 oder § 55 wegen mangelnder Benutzung tritt an die Stelle des Tages, ab dem kein Widerspruch mehr gegen die Marke möglich ist,

1. der Tag, an dem das Schutzerstreckungsverfahren abgeschlossen wurde, oder
2. der Tag, an dem die Frist des Artikels 5 Absatz 2a des Protokolls zum Madrider Markenabkommen abgelaufen ist, sofern bis zu diesem Zeitpunkt dem Internationalen Büro der Weltorganisation für geistiges Eigentum weder eine Mitteilung über die Schutzbewilligung noch eine Mitteilung über die vorläufige Schutzverweigerung zugegangen ist.

§ 116[1] Widerspruch aufgrund einer international registrierten Marke und Antrag oder Klage auf Erklärung der Nichtigkeit aufgrund einer international registrierten Marke. (1) Wird aufgrund einer international registrierten Marke Widerspruch gegen die Eintragung einer Marke erhoben, so ist § 43 Absatz 1 mit der Maßgabe anzuwenden, dass an die Stelle des Zeitpunkts, ab dem kein Widerspruch mehr gegen die Marke möglich war, einer der in § 115 Absatz 2 bezeichneten Tage tritt.

(2) Wird aufgrund einer international registrierten Marke ein Antrag auf Erklärung der Nichtigkeit einer eingetragenen Marke nach § 51 gestellt oder eine solche Klage erhoben, so sind § 53 Absatz 6 und § 55 Absatz 3 mit der Maßgabe anzuwenden, dass an die Stelle des Zeitpunkts, ab dem kein Widerspruch mehr gegen die Marke möglich war, einer der in § 115 Absatz 2 bezeichneten Tage tritt.

§ 117[1] Ausschluss von Ansprüchen wegen mangelnder Benutzung. Werden Ansprüche im Sinne der §§ 14 und 18 bis 19c wegen der Verletzung einer international registrierten Marke geltend gemacht, so ist § 25 mit der Maßgabe anzuwenden, dass an die Stelle des Zeitpunkts, ab dem kein Widerspruch mehr gegen die Marke möglich war, einer der in § 115 Absatz 2 bezeichneten Tage tritt.

§ 118[1] Umwandlung einer internationalen Registrierung. (1) Wird beim Deutschen Patent- und Markenamt ein Antrag nach Artikel 9quinquies des Protokolls zum Madrider Markenabkommen auf Umwandlung einer im internationalen Register gemäß Artikel 6 Absatz 4 des Protokolls zum Madrider Markenabkommen gelöschten Marke gestellt und geht der Antrag mit den erforderlichen Angaben dem Deutschen Patent- und Markenamt innerhalb einer Frist von drei

[1] §§ 107–118 neu gef. mWv 1.5.2022 durch G v. 10.8.2021 (BGBl. I S. 3490).

Monaten nach dem Tag der Löschung der Marke im internationalen Register zu, so ist der Tag der internationalen Registrierung dieser Marke nach Artikel 3 Absatz 4 des Protokolls zum Madrider Markenabkommen oder der Tag der Eintragung der nachträglichen Schutzerstreckung nach Artikel 3ter Absatz 2 des Protokolls zum Madrider Markenabkommen, gegebenenfalls mit der für die internationale Registrierung in Anspruch genommenen Priorität, für die Bestimmung des Zeitrangs im Sinne des § 6 Absatz 2 maßgebend.

(2) Der Antragsteller hat eine Bescheinigung des Internationalen Büros der Weltorganisation für geistiges Eigentum einzureichen, aus der sich die Marke und die Waren oder Dienstleistungen ergeben, für die sich der Schutz der internationalen Registrierung vor ihrer Löschung im internationalen Register auf die Bundesrepublik Deutschland erstreckt hatte.

(3) Der Antragsteller hat außerdem eine deutsche Übersetzung des Verzeichnisses der Waren oder Dienstleistungen, für die die Eintragung beantragt wird, einzureichen.

(4) [1] Der Antrag auf Umwandlung wird im Übrigen wie eine Anmeldung zur Eintragung einer Marke behandelt. War jedoch am Tag der Löschung der Marke im internationalen Register die Frist nach Artikel 5 Absatz 2a des Protokolls zum Madrider Markenabkommen zur Verweigerung des Schutzes bereits abgelaufen und war an diesem Tag kein Verfahren zur Schutzverweigerung oder zur Schutzentziehung anhängig, so wird die Marke ohne vorherige Prüfung unmittelbar nach § 41 Absatz 1 in das Register eingetragen. [2] Gegen die Eintragung einer Marke nach Satz 2 kann kein Widerspruch erhoben werden.

Abschnitt 2.[1)] Unionsmarken

§ 119[2)] Anwendung der Vorschriften dieses Gesetzes. Die Vorschriften dieses Gesetzes sind auf Marken, die nach der Verordnung (EU) 2017/1001 des Europäischen Parlaments und des Rates vom 14. Juni 2017 über die Unionsmarke (ABl. L 154 vom 16.6.2017, S. 1) angemeldet oder eingetragen worden sind, in den Fällen der Nummern 1 und 2 unmittelbar und in den Fällen der Nummern 3 bis 6 entsprechend wie folgt anzuwenden:

1. für die Anwendung des § 9 (relative Schutzhindernisse) sind angemeldete oder eingetragene Unionsmarken mit älterem Zeitrang den nach diesem Gesetz angemeldeten oder eingetragenen Marken mit älterem Zeitrang gleichgestellt, jedoch mit der Maßgabe, dass an die Stelle der Bekanntheit im Inland gemäß § 9 Absatz 1 Nummer 3 die Bekanntheit in der Union gemäß Artikel 9 Absatz 2 Buchstabe c der Verordnung (EU) 2017/1001 tritt;
2. dem Inhaber einer eingetragenen Unionsmarke stehen neben den Ansprüchen nach den Artikeln 9 bis 13 der Verordnung (EU) 2017/1001 die Ansprüche auf Schadensersatz (§ 14 Absatz 6 und 7), Vernichtung und Rückruf (§ 18), Auskunft (§ 19), Vorlage und Besichtigung (§ 19a), Sicherung von Schadensersatzansprüchen (§ 19b) und Urteilsbekanntmachung (§ 19c) zu;
3. werden Ansprüche aus einer eingetragenen Unionsmarke gegen die Benutzung einer nach diesem Gesetz eingetragenen Marke mit jüngerem Zeitrang geltend gemacht, so ist § 21 Absatz 1 entsprechend anzuwenden;

[1)] Früherer Abschnitt 3 (§§ 125a–125i) eingef. durch G v. 19.7.1996 (BGBl. I S. 1014); Überschrift neu gef. mWv 14.1.2019 durch G v. 11.12.2018 (BGBl. I S. 2357); bish. Abschnitt 3 wird Abschnitt 2 mWv 1.5.2022 durch G v. 10.8.2021 (BGBl. I S. 3490).

[2)] Bish. § 125b wird § 119 und neu gef. mWv 1.5.2022 durch G v. 10.8.2021 (BGBl. I S. 3490).

4. wird ein Widerspruch gegen die Eintragung einer Marke (§ 42) auf eine eingetragene Unionsmarke mit älterem Zeitrang gestützt, so ist § 43 Absatz 1 mit der Maßgabe entsprechend anzuwenden, dass an die Stelle der Benutzung der Marke mit älterem Zeitrang gemäß § 26 die Benutzung der Unionsmarke mit älterem Zeitrang nach Artikel 18 der Verordnung (EU) 2017/1001 tritt;
5. wird ein Antrag (§ 53 Absatz 1) oder eine Klage (§ 55 Absatz 1) auf Erklärung des Verfalls oder der Nichtigkeit der Eintragung einer Marke auf eine eingetragene Unionsmarke mit älterem Zeitrang gestützt, so
   a) ist § 51 Absatz 2 Satz 1 entsprechend anzuwenden;
   b) sind § 53 Absatz 6 und § 55 Absatz 3 mit der Maßgabe entsprechend anzuwenden, dass an die Stelle der Benutzung der Marke mit älterem Zeitrang gemäß § 26 die Benutzung der Unionsmarke nach Artikel 18 der Verordnung (EU) 2017/1001 tritt;
6. Anträge auf Beschlagnahme bei der Einfuhr und Ausfuhr können von Inhabern eingetragener Unionsmarken in gleicher Weise gestellt werden wie von Inhabern von nach diesem Gesetz eingetragenen Marken; die §§ 146 bis 149 sind entsprechend anzuwenden.

§ 120[1)] Nachträgliche Feststellung der Ungültigkeit einer Marke.

(1) [1] Ist für eine angemeldete oder eingetragene Unionsmarke der Zeitrang einer im Register des Deutschen Patent- und Markenamts eingetragenen Marke nach Artikel 39 oder Artikel 40 der Unionsmarkenverordnung in Anspruch genommen worden und ist die im Register des Deutschen Patent- und Markenamts eingetragene Marke wegen Nichtverlängerung der Schutzdauer nach § 47 Absatz 8 oder wegen Verzichts nach § 48 Absatz 1 gelöscht worden, so kann auf Antrag nachträglich die Ungültigkeit dieser Marke wegen Verfalls oder wegen Nichtigkeit festgestellt werden. [2] In diesem Fall entfaltet der Zeitrang keine Wirkung.

(2) [1] Die Feststellung der Ungültigkeit erfolgt unter den gleichen Voraussetzungen wie eine Erklärung des Verfalls oder der Nichtigkeit. [2] Jedoch kann die Ungültigkeit einer Marke wegen Verfalls nach § 49 Abs. 1 nur festgestellt werden, wenn die Voraussetzungen für die Erklärung des Verfalls nach dieser Vorschrift auch schon in dem Zeitpunkt gegeben waren, in dem die Marke wegen Nichtverlängerung der Schutzdauer oder wegen Verzichts gelöscht worden ist.

(3) Das Verfahren zur Feststellung der Ungültigkeit richtet sich nach den Vorschriften, die für das Verfalls- und Nichtigkeitsverfahren einer eingetragenen Marke gelten, mit der Maßgabe, daß an die Stelle der Erklärung des Verfalls oder der Nichtigkeit der Marke die Feststellung ihrer Ungültigkeit tritt.

§ 121[2)] Umwandlung von Unionsmarken. (1) Ist dem Deutschen Patent- und Markenamt ein Antrag auf Umwandlung einer angemeldeten oder eingetragenen Unionsmarke nach Artikel 139 Absatz 3 der Unionsmarkenverordnung übermittelt worden, so sind die Gebühr und die Klassengebühren nach dem

---

[1)] Früherer § 125c eingef. durch G v. 19.7.1996 (BGBl. I S. 1014); Abs. 1 neu gef., Abs. 2 Sätze 1 und 2, Abs. 3 geänd. mWv 14.1.2019 durch G v. 11.12.2018 (BGBl. I S. 2357); bish. § 125c wird § 120, Abs. 1 Satz 1 geänd. mWv 1.5.2022 durch G v. 10.8.2021 (BGBl. I S. 3490).

[2)] Früherer § 125d eingef. durch G v. 19.7.1996 (BGBl. I S. 1014); Abs. 1 neu gef. mWv 1.1.2002 *durch G v. 13.12.2001* (BGBl. I S. 3656); Abs. 2 aufgeh., bish. Abs. 3–5 werden Abs. 2–4 mWv 15.12.2004 durch G v. 9.12.2004 (BGBl. I S. 3232); Abs. 3 Satz 1 geänd. mWv 1.7.2016 durch G v. 4.4.2016 (BGBl. I S. 558); Überschrift geänd., Abs. 1 und 2 neu gef., Abs. 3 Satz 1 geänd. mWv 14.1.2019 durch G v. 11.12.2018 (BGBl. I S. 2357); bish. § 125d wird § 121 mWv 1.5.2022 durch G v. 10.8.2021 (BGBl. I S. 3490).

Patentkostengesetz[1] für das Umwandlungsverfahren mit Zugang des Umwandlungsantrages beim Deutschen Patent- und Markenamt fällig.

(2) [1] Betrifft der Umwandlungsantrag eine Marke, die noch nicht als Unionsmarke eingetragen war, so wird der Umwandlungsantrag wie die Anmeldung einer Marke zur Eintragung in das Register des Deutschen Patent- und Markenamts behandelt mit der Maßgabe, dass an die Stelle des Anmeldetages nach § 33 Absatz 1 der Anmeldetag der Unionsmarke nach Artikel 32 der Unionsmarkenverordnung oder der Tag einer für die Unionsmarke in Anspruch genommenen Priorität tritt. [2] War für die Anmeldung der Unionsmarke der Zeitrang einer im Register des Deutschen Patent- und Markenamts eingetragenen Marke nach Artikel 39 der Unionsmarkenverordnung in Anspruch genommen worden, so tritt dieser Zeitrang an die Stelle des nach Satz 1 maßgeblichen Tages.

(3) [1] Betrifft der Umwandlungsantrag eine Marke, die bereits als Unionsmarke eingetragen war, so trägt das Deutsche Patent- und Markenamt die Marke ohne weitere Prüfung unmittelbar nach § 41 Absatz 1 unter Wahrung ihres ursprünglichen Zeitrangs in das Register ein. [2] Gegen die Eintragung kann Widerspruch nicht erhoben werden.

(4) Im übrigen sind auf Umwandlungsanträge die Vorschriften dieses Gesetzes für die Anmeldung von Marken anzuwenden.

§ 122[2] Unionsmarkenstreitsachen; Unionsmarkengerichte. (1) Für alle Klagen, für die nach der Unionsmarkenverordnung die Unionsmarkengerichte im Sinne des Artikels 123 Absatz 1 der Unionsmarkenverordnung zuständig sind (Unionsmarkenstreitsachen), sind als Unionsmarkengerichte im ersten Rechtszug die Landgerichte ohne Rücksicht auf den Streitwert ausschließlich zuständig.

(2) Unionsmarkengericht zweiter Instanz ist das Oberlandesgericht, in dessen Bezirk das Unionsmarkengericht erster Instanz seinen Sitz hat.

(3) [1] Die Landesregierungen werden ermächtigt, durch Rechtsverordnung die Unionsmarkenstreitsachen für die Bezirke mehrerer Unionsmarkengerichte einem dieser Gerichte zuzuweisen. [2] Die Landesregierungen können diese Ermächtigung durch Rechtsverordnung auf die Landesjustizverwaltungen übertragen.

(4) Die Länder können durch Vereinbarung den Unionsmarkengerichten eines Landes obliegende Aufgaben ganz oder teilweise dem zuständigen Unionsmarkengericht eines anderen Landes übertragen.

(5) Auf Verfahren vor den Unionsmarkengerichten ist § 140 Absatz 4 und § 142 entsprechend anzuwenden.

§ 123[3] Unterrichtung der Kommission. Das Bundesministerium der Justiz und für Verbraucherschutz teilt der Kommission der Europäischen Gemeinschaften die Unionsmarkengerichte erster und zweiter Instanz sowie jede Änderung der Anzahl, der Bezeichnung oder der örtlichen Zuständigkeit der Gemeinschaftsmarkengerichte erster und zweiter Instanz mit.

---

[1] **Habersack, Deutsche Gesetze ErgBd. Nr. 70b.**

[2] Früherer § 125e eingef. durch G v. 19.7.1996 (BGBl. I S. 1014); Abs. 5 geänd. mWv 17.10.2013 durch G v. 10.10.2013 (BGBl. I S. 3799); Überschrift und Abs. 1 neu gef., Abs. 2, 3 Satz 1, Abs. 4 und 5 geänd. mWv 14.1.2019 durch G v. 11.12.2018 (BGBl. I S. 2357); bish. § 125e wird § 122 mWv 1.5.2022 durch G v. 10.8.2021 (BGBl. I S. 3490).

[3] Früherer § 125f eingef. durch G v. 19.7.1996 (BGBl. I S. 1014); geänd. mWv 8.9.2015 durch VO v. 31.8.2015 (BGBl. I S. 1474); geänd. mWv 14.1.2019 durch G v. 11.12.2018 (BGBl. I S. 2357); bish. § 125f wird § 123 mWv 1.5.2022 durch G v. 10.8.2021 (BGBl. I S. 3490).

§ 124[1] Örtliche Zuständigkeit der Unionsmarkengerichte. [1] Sind nach Artikel 125 der Unionsmarkenverordnung deutsche Unionsmarkengerichte international zuständig, so gelten für die örtliche Zuständigkeit dieser Gerichte die Vorschriften entsprechend, die anzuwenden wären, wenn es sich um eine beim Deutschen Patent- und Markenamt eingereichte Anmeldung einer Marke oder um eine im Register des Deutschen Patent- und Markenamts eingetragene Marke handelte. [2] Ist eine Zuständigkeit danach nicht begründet, so ist das Gericht örtlich zuständig, bei dem der Kläger seinen allgemeinen Gerichtsstand hat.

§ 125[2] Insolvenzverfahren. (1) Ist dem Insolvenzgericht bekannt, daß zur Insolvenzmasse eine angemeldete oder eingetragene Unionsmarke gehört, so ersucht es das Amt der Europäischen Union für geistiges Eigentum im unmittelbaren Verkehr,

1. die Eröffnung des Verfahrens und, soweit nicht bereits darin enthalten, die Anordnung einer Verfügungsbeschränkung,
2. die Freigabe oder die Veräußerung der Unionsmarke oder der Anmeldung der Unionsmarke,
3. die rechtskräftige Einstellung des Verfahrens und
4. die rechtskräftige Aufhebung des Verfahrens, im Falle einer Überwachung des Schuldners jedoch erst nach Beendigung dieser Überwachung, und einer Verfügungsbeschränkung

in das Register für Unionsmarken oder, wenn es sich um eine Anmeldung handelt, in die Akten der Anmeldung einzutragen.

(2) [1] Die Eintragung in das Register für Unionsmarken oder in die Akten der Anmeldung kann auch vom Insolvenzverwalter beantragt werden. [2] Im Falle der Eigenverwaltung (§ 270 der Insolvenzordnung[3]) tritt der Sachwalter an die Stelle des Insolvenzverwalters.

§ 125a[4] Erteilung der Vollstreckungsklausel. [1] Für die Erteilung der Vollstreckungsklausel nach Artikel 110 Absatz 2 Satz 3 der Unionsmarkenverordnung ist das Bundespatentgericht zuständig. [2] Die vollstreckbare Ausfertigung wird vom Urkundsbeamten der Geschäftsstelle des Bundespatentgerichts erteilt.

Teil 7.[5] Geographische Herkunftsangaben

Abschnitt 1. Schutz geographischer Herkunftsangaben

§ 126 Als geographische Herkunftsangaben geschützte Namen, Angaben oder Zeichen. (1) Geographische Herkunftsangaben im Sinne dieses Gesetzes sind die Namen von Orten, Gegenden, Gebieten oder Ländern sowie sons-

---

[1] Früherer § 125g eingef. durch G v. 19.7.1996 (BGBl. I S. 1014); Überschrift geänd., Satz 1 neu gef. mWv 14.1.2019 durch G v. 11.12.2018 (BGBl. I S. 2357); bish. § 125g wird § 124 mWv 1.5.2022 durch G v. 10.8.2021 (BGBl. I S. 3490).

[2] Früherer § 125h eingef. durch G v. 19.7.1996 (BGBl. I S. 1014); Abs. 1 einl. Satzteil, Nr. 2, abschl. Satzteil und Abs. 2 Satz 1 geänd. mWv 14.1.2019 durch G v. 11.12.2018 (BGBl. I S. 2357); bish. § 125h wird § 125 mWv 1.5.2022 durch G v. 10.8.2021 (BGBl. I S. 3490).

[3] Nr. **110**.

[4] Früherer § 125i eingef. mWv 20.12.2001 durch G v. 13.12.2001 (BGBl. I S. 3656); Satz 1 neu gef., Satz 2 geänd. mWv 14.1.2019 durch G v. 11.12.2018 (BGBl. I S. 2357); bish. § 125i wird § 125a mWv 1.5.2022 durch G v. 10.8.2021 (BGBl. I S. 3490).

[5] Bish. Teil 6 wird Teil 7 mWv 14.1.2019 durch G v. 11.12.2018 (BGBl. I S. 2357).

tige Angaben oder Zeichen, die im geschäftlichen Verkehr zur Kennzeichnung der geographischen Herkunft von Waren oder Dienstleistungen benutzt werden.

(2) [1]Dem Schutz als geographische Herkunftsangaben sind solche Namen, Angaben oder Zeichen im Sinne des Absatzes 1 nicht zugänglich, bei denen es sich um Gattungsbezeichnungen handelt. [2]Als Gattungsbezeichnungen sind solche Bezeichnungen anzusehen, die zwar eine Angabe über die geographische Herkunft im Sinne des Absatzes 1 enthalten oder von einer solchen Angabe abgeleitet sind, die jedoch ihre ursprüngliche Bedeutung verloren haben und als Namen von Waren oder Dienstleistungen oder als Bezeichnungen oder Angaben der Art, der Beschaffenheit, der Sorte oder sonstiger Eigenschaften oder Merkmale von Waren oder Dienstleistungen dienen.

§ 127 Schutzinhalt. (1) Geographische Herkunftsangaben dürfen im geschäftlichen Verkehr nicht für Waren oder Dienstleistungen benutzt werden, die nicht aus dem Ort, der Gegend, dem Gebiet oder dem Land stammen, das durch die geographische Herkunftsangabe bezeichnet wird, wenn bei der Benutzung solcher Namen, Angaben oder Zeichen für Waren oder Dienstleistungen anderer Herkunft eine Gefahr der Irreführung über die geographische Herkunft besteht.

(2) Haben die durch eine geographische Herkunftsangabe gekennzeichneten Waren oder Dienstleistungen besondere Eigenschaften oder eine besondere Qualität, so darf die geographische Herkunftsangabe im geschäftlichen Verkehr für die entsprechenden Waren oder Dienstleistungen dieser Herkunft nur benutzt werden, wenn die Waren oder Dienstleistungen diese Eigenschaften oder diese Qualität aufweisen.

(3) Genießt eine geographische Herkunftsangabe einen besonderen Ruf, so darf sie im geschäftlichen Verkehr für Waren oder Dienstleistungen anderer Herkunft auch dann nicht benutzt werden, wenn eine Gefahr der Irreführung über die geographische Herkunft nicht besteht, sofern die Benutzung für Waren oder Dienstleistungen anderer Herkunft geeignet ist, den Ruf der geographischen Herkunftsangabe oder ihre Unterscheidungskraft ohne rechtfertigenden Grund in unlauterer Weise auszunutzen oder zu beeinträchtigen.

(4) Die vorstehenden Absätze finden auch dann Anwendung, wenn Namen, Angaben oder Zeichen benutzt werden, die der geschützten geographischen Herkunftsangabe ähnlich sind oder wenn die geographische Herkunftsangabe mit Zusätzen benutzt wird, sofern

1. in den Fällen des Absatzes 1 trotz der Abweichung oder der Zusätze eine Gefahr der Irreführung über die geographische Herkunft besteht oder

(Fortsetzung nächstes Blatt)

Lfd. Nr.	Änderndes Gesetz	Datum	Fundstelle	Betroffen	Hinweis
75.	Art. 16, 17 G zur Einführung der elektronischen Akte in der Justiz und zur weiteren Förderung des elektronischen Rechtsverkehrs	5.7.2017	BGBl. I S. 2208	§ 46e	geänd. mWv 13.7.2017
				§§ 46a, 46d, 46e, 54, 55, 59, 81, 83a, 90, 95	geänd. mWv 1.1.2018
				§ 46e	geänd. mWv 1.1.2026
76.	Art. 11 Abs. 22 eIDAS-DurchführungsG[1) 2)]	18.7.2017	BGBl. I S. 2745	§ 46c	geänd. mWv 29.7.2017
77.	Art. 2 G zur Sicherung der tarifvertragl. Sozialkassenverfahren und zur Änd. des ArbeitsgerichtsG	1.9.2017	BGBl. I S. 3356	§ 98	geänd. mWv 8.9.2017
				§ 113	eingef. mWv 8.9.2017
78.	Art. 3, 5 Abs. 4 G über die Erweiterung der Medienöffentlichkeit in Gerichtsverfahren	8.10.2017	BGBl. I S. 3546	§ 112	geänd. mWv 19.10.2017
				§§ 52, 72	geänd. mWv 18.4.2018
79.	Art. 3 G zur Einführung einer zivilprozessualen Musterfeststellungsklage	12.7.2018	BGBl. I S. 1151	§ 46	geänd. mWv 1.11.2018
80.	Art. 5 Abs. 1 G zur Einführung einer Karte für Unionsbürger und Angehörige des Europäischen Wirtschaftsraums mit Funktion zum elektronischen Identitätsnachweis sowie zur Änd. des PersonalausweisG und weiterer Vorschriften[2) 3)]	21.6.2019	BGBl. I S. 846	§ 46f	geänd. mWv 1.11.2019
81.	Art. 4 G zur Änd. des Neunten und des Zwölften Buches Sozialgesetzbuch und anderer Rechtsvorschriften	30.11. 2019	BGBl. I S. 1948	§ 17	geänd. mWv 6.12.2019
82.	Art. 8 G zur Regelung der Wertgrenze für die Nichtzulassungsbeschwerde in Zivilsachen, zum Ausbau der Spezialisierung bei den Gerichten sowie zur Änd. weiterer prozessrechtl. Vorschr.	12.12. 2019	BGBl. I S. 2633	§ 46c	geänd. mWv 1.1.2020
83.	Art. 2 und 3 Sozialschutz-Paket II	20.5.2020	BGBl. I S. 1055	§ 114	eingef. mWv 29.5.2020
				§ 114	aufgeh. mit Ablauf des 31.12. 2020

[1)] **Amtl. Anm.:** Dieses Gesetz dient der Durchführung der Verordnung (EU) Nr. 910/2014 des Europäischen Parlaments und des Rates vom 23. Juli 2014 über elektronische Identifizierung und Vertrauensdienste für elektronische Transaktionen im Binnenmarkt und zur Aufhebung der Richtlinie 1999/93/EG.

[2)] **Amtl. Anm.:** Notifiziert gemäß der Richtlinie (EU) 2015/1535 des Europäischen Parlaments und des Rates vom 9. September 2015 über ein Informationsverfahren auf dem Gebiet der technischen Vorschriften und der Vorschriften für die Dienste der Informationsgesellschaft (ABl. L 241 vom 17.9.2015, S. 1).

[3)] Die Änd. des Inkrafttretens dieses G durch Art. 154a G v. 20.11.2019 (BGBl. I S. 1626) ist unbeachtlich, da das G bei Erlass des ÄndG bereits in Kraft getreten war.

Lfd. Nr.	Änderndes Gesetz	Datum	Fundstelle	Betroffen	Hinweis
84.	Art. 12 Siebtes G zur Änd. des Vierten Buches SGB und anderer G	12.6.2020	BGBl. I S. 1248	§ 2	geänd. mWv 24.6.2020
85.	Art. 18 G zur Neuregelung des Berufsrechts der anwaltlichen und steuerberatenden Berufsausübungsgesellschaften sowie zur Änd. weiterer Vorschriften im Bereich der rechtsberatenden Berufe	7.7.2021	BGBl. I S. 2363	§ 46c	geänd. mWv 1.8.2022
86.	Art. 7, 8, 9, 10 G zum Ausbau des elektronischen Rechtsverkehrs mit den Gerichten und zur Änd. weiterer Vorschriften[1]	5.10.2021	BGBl. I S. 4607	§§ 64, 72, 80, 87, 90, 92, 97, 98	geänd. mWv 12.10.2021
				§§ 46c, 46g, 50, 64, 72	geänd. mWv 1.1.2022
				§ 46g	geänd. mWv 1.1.2026
87.	Art. 3 Abs. 1 G zur Umsetzung der Bestimmungen der UmwandlungsRL über die Mitbestimmung der Arbeitnehmer bei grenzüberschreitenden Umwandlungen, Verschmelzungen und Spaltungen[2]	4.1.2023	BGBl. I Nr. 10	§ 2a, 10, 82, 83	geänd. mWv 31.1.2023

[1] **Amtl. Anm.:** Notifiziert gemäß der Richtlinie (EU) 2015/1535 des Europäischen Parlaments und des Rates vom 9. September 2015 über ein Informationsverfahren auf dem Gebiet der technischen Vorschriften und der Vorschriften für die Dienste der Informationsgesellschaft (ABl. L 241 vom 17.9.2015, S. 1).

[2] **Amtl. Anm.:** Dieses Gesetz dient der Umsetzung der Richtlinie (EU) 2019/2121 des Europäischen Parlaments und des Rates vom 27. November 2019 zur Änderung der Richtlinie (EU) 2017/1132 in Bezug auf grenzüberschreitende Umwandlungen, Verschmelzungen und Spaltungen (ABl. L 321 vom 12.12.2019, S. 1; L 20 vom 24.1.2020, S. 24).

Nichtamtliche Gliederungsübersicht

Erster Teil. Allgemeine Vorschriften

§ 1 Gerichte für Arbeitssachen. Die Gerichtsbarkeit in Arbeitssachen – §§ 2 bis 3 – wird ausgeübt durch die Arbeitsgerichte – §§ 14 bis 31 –, die Landesarbeitsgerichte – §§ 33 bis 39 – und das Bundesarbeitsgericht – §§ 40 bis 45 – (Gerichte für Arbeitssachen).

§ 2[1) 2)] Zuständigkeit im Urteilsverfahren. (1) Die Gerichte für Arbeitssachen sind ausschließlich zuständig für

1. bürgerliche Rechtsstreitigkeiten zwischen Tarifvertragsparteien oder zwischen diesen und Dritten aus Tarifverträgen oder über das Bestehen oder Nichtbestehen von Tarifverträgen;
2. bürgerliche Rechtsstreitigkeiten zwischen tariffähigen Parteien oder zwischen diesen und Dritten aus unerlaubten Handlungen, soweit es sich um Maßnahmen zum Zwecke des Arbeitskampfes oder um Fragen der Vereinigungsfreiheit einschließlich des hiermit im Zusammenhang stehenden Betätigungsrechts der Vereinigungen handelt;
3. bürgerliche Rechtsstreitigkeiten zwischen Arbeitnehmern und Arbeitgebern
   a) aus dem Arbeitsverhältnis;
   b) über das Bestehen oder Nichtbestehen eines Arbeitsverhältnisses;
   c) aus Verhandlungen über die Eingehung eines Arbeitsverhältnisses und aus dessen Nachwirkungen;

---

1) § 2 Überschrift geänd. durch G v. 17.12.1990 (BGBl. I S. 2809); Abs. 1 bish. Nr. 6 wird Nr. 5 und neu gef., bish. Nr. 5 wird Nr. 6 und geänd. durch G v. 26.6.1990 (BGBl. I S. 1206); Abs. 1 Nr. 10 neu gef. mWv 1.7.2001 durch G v. 19.6.2001 (BGBl. I S. 1046); Abs. 1 Nr. 8 neu gef. mWv 1.6.2008 durch G v. *16.5.2008 (BGBl. I S. 842)*; Abs. 1 Nr. 8a eingef. mWv 3.5.2011 durch G v. 28.4.2011 (BGBl. I S. 687); Abs. 1 Nr. 10 geänd. mWv 1.1.2018 durch G v. 23.12.2016 (BGBl. I S. 3234); Abs. 1 Nr. 4 Buchst. b geänd. mWv 24.6.2020 durch G v. 12.6.2020 (BGBl. I S. 1248).

2) Vgl. hierzu auch Art. 56 Zusatzabkommen zum NATO-Truppenstatut v. 3.8.1959 (BGBl. 1961 II S. 1218), zuletzt geänd. durch Abk. v. 28.9.1994 (BGBl. II S. 2598).

d) aus unerlaubten Handlungen, soweit diese mit dem Arbeitsverhältnis im Zusammenhang stehen;

e) über Arbeitspapiere;

4. bürgerliche Rechtsstreitigkeiten zwischen Arbeitnehmern oder ihren Hinterbliebenen und

a) Arbeitgebern über Ansprüche, die mit dem Arbeitsverhältnis in rechtlichem oder unmittelbar wirtschaftlichem Zusammenhang stehen;

b) gemeinsamen Einrichtungen der Tarifvertragsparteien oder Sozialeinrichtungen des privaten Rechts oder Versorgungseinrichtungen, soweit Letztere reine Beitragszusagen nach § 1 Absatz 2 Nummer 2a des Betriebsrentengesetzes[1] durchführen, über Ansprüche aus dem Arbeitsverhältnis oder Ansprüche, die mit dem Arbeitsverhältnis in rechtlichem oder unmittelbar wirtschaftlichem Zusammenhang stehen,

soweit nicht die ausschließliche Zuständigkeit eines anderen Gerichts gegeben ist;

5. bürgerliche Rechtsstreitigkeiten zwischen Arbeitnehmern oder ihren Hinterbliebenen und dem Träger der Insolvenzsicherung über Ansprüche auf Leistungen der Insolvenzsicherung nach dem Vierten Abschnitt des Ersten Teils des Gesetzes zur Verbesserung der betrieblichen Altersversorgung;

6. bürgerliche Rechtsstreitigkeiten zwischen Arbeitgebern und Einrichtungen nach Nummer 4 Buchstabe b und Nummer 5 sowie zwischen diesen Einrichtungen, soweit nicht die ausschließliche Zuständigkeit eines anderen Gerichts gegeben ist;

7. bürgerliche Rechtsstreitigkeiten zwischen Entwicklungshelfern und Trägern des Entwicklungsdienstes nach dem Entwicklungshelfergesetz;

8. bürgerliche Rechtsstreitigkeiten zwischen den Trägern des freiwilligen sozialen oder ökologischen Jahres oder den Einsatzstellen und Freiwilligen nach dem Jugendfreiwilligendienstegesetz;

8a. bürgerliche Rechtsstreitigkeiten zwischen dem Bund oder den Einsatzstellen des Bundesfreiwilligendienstes oder deren Trägern und Freiwilligen nach dem Bundesfreiwilligendienstgesetz;

9. bürgerliche Rechtsstreitigkeiten zwischen Arbeitnehmern aus gemeinsamer Arbeit und aus unerlaubten Handlungen, soweit diese mit dem Arbeitsverhältnis im Zusammenhang stehen;

10. bürgerliche Rechtsstreitigkeiten zwischen behinderten Menschen im Arbeitsbereich von Werkstätten für behinderte Menschen und den Trägern der Werkstätten aus den in § 221 des Neunten Buches Sozialgesetzbuch[2] geregelten arbeitnehmerähnlichen Rechtsverhältnissen.

(2) Die Gerichte für Arbeitssachen sind auch zuständig für bürgerliche Rechtsstreitigkeiten zwischen Arbeitnehmern und Arbeitgebern,

a) die ausschließlich Ansprüche auf Leistung einer festgestellten oder festgesetzten Vergütung für eine Arbeitnehmererfindung oder für einen technischen Verbesserungsvorschlag nach § 20 Abs. 1 des Gesetzes über Arbeitnehmererfindungen[3] zum Gegenstand haben;

---

[1] **Loseblatt-Textsammlung Arbeitsrecht Nr. 180.**
[2] **Aichberger, SGB Nr. 9.**
[3] **Loseblatt-Textsammlung Arbeitsrecht Nr. 170.**

b) die als Urheberrechtsstreitsachen aus Arbeitsverhältnissen ausschließlich Ansprüche auf Leistung einer vereinbarten Vergütung zum Gegenstand haben.

(3) Vor die Gerichte für Arbeitssachen können auch nicht unter die Absätze 1 und 2 fallende Rechtsstreitigkeiten gebracht werden, wenn der Anspruch mit einer bei einem Arbeitsgericht anhängigen oder gleichzeitig anhängig werdenden bürgerlichen Rechtsstreitigkeit der in den Absätzen 1 und 2 bezeichneten Art in rechtlichem oder unmittelbar wirtschaftlichem Zusammenhang steht und für seine Geltendmachung nicht die ausschließliche Zuständigkeit eines anderen Gerichts gegeben ist.

(4) Auf Grund einer Vereinbarung können auch bürgerliche Rechtsstreitigkeiten zwischen juristischen Personen des Privatrechts und Personen, die kraft Gesetzes allein oder als Mitglieder des Vertretungsorgans der juristischen Person zu deren Vertretung berufen sind, vor die Gerichte für Arbeitssachen gebracht werden.

(5) In Rechtsstreitigkeiten nach diesen Vorschriften findet das Urteilsverfahren statt.

§ 2a[1] Zuständigkeit im Beschlußverfahren. (1) Die Gerichte für Arbeitssachen sind ferner ausschließlich zuständig für

1. Angelegenheiten aus dem Betriebsverfassungsgesetz, soweit nicht für Maßnahmen nach seinen §§ 119 bis 121 die Zuständigkeit eines anderen Gerichts gegeben ist;
2. Angelegenheiten aus dem Sprecherausschußgesetz, soweit nicht für Maßnahmen nach seinen §§ 34 bis 36 die Zuständigkeit eines anderen Gerichts gegeben ist;
3. Angelegenheiten aus dem Mitbestimmungsgesetz, dem Mitbestimmungsergänzungsgesetz und dem Drittelbeteiligungsgesetz, soweit über die Wahl von Vertretern der Arbeitnehmer in den Aufsichtsrat und über ihre Abberufung mit Ausnahme der Abberufung nach § 103 Abs. 3 des Aktiengesetzes[2] zu entscheiden ist;

3a. Angelegenheiten aus den §§ 177, 178 und 222 des Neunten Buches Sozialgesetzbuch[3];

3b. Angelegenheiten aus dem Gesetz über Europäische Betriebsräte, soweit nicht für Maßnahmen nach seinen §§ 43 bis 45 die Zuständigkeit eines anderen Gerichts gegeben ist;

---

[1] § 2a Überschrift geänd. durch G v. 17.12.1990 (BGBl. I S. 2809); Abs. 1 Nr. 2 geänd. durch G v. 19.12.1985 (BGBl. I S. 2355); Abs. 1 Nr. 2 eingef., bish. Nr. 2, 3 werden Nr. 3, 4 durch G v. 20.12.1988 (BGBl. I S. 2312); Abs. 1 Nr. 3b eingef. durch G v. 28.10.1996 (BGBl. I S. 1548, ber. S. 2022); Abs. 1 Nr. 3a neu gef. mWv 1.7.2001 durch G v. 19.6.2001 (BGBl. I S. 1046); Abs. 1 Nr. 3c eingef. mWv 15.8. 2002 durch G v. 8.8.2002 (BGBl. I S. 3140); Abs. 1 Nr. 3 geänd. mWv 1.7.2004 durch G v. 18.5.2004 (BGBl. I S. 974); Abs. 1 Nr. 3d eingef. mWv 29.12.2004 durch G v. 22.12.2004 (BGBl. I S. 3674); Abs. 1 Nr. 3c geänd. mWv 1.4.2005 durch G v. 23.3.2005 (BGBl. I S. 931); Abs. 1 Nr. 3d geänd., Nr. 3e eingef. mWv 18.8.2006 durch G v. 14.8.2006 (BGBl. I S. 1911); Abs. 1 Nr. 3f eingef. mWv 29.12.2006 durch G v. 21.12.2006 (BGBl. I S. 3332); Abs. 1 Nr. 3d eingef., bish. Nr. 3d–3f werden Nr. 3e–3g mWv 3.5.2011 durch G v. 28.4.2011 (BGBl. I S. 687); Abs. 1 Nr. 4 geänd., Nr. 5 angef. mWv 16.8.2014 durch G v. 11.8. *2014 (BGBl. I S. 1348); Abs. 1 Nr.* 5 geänd., Nr. 6 angef. mWv 10.7.2015 durch G v. 3.7.2015 (BGBl. I S. 1130); Abs. 1 Nr. 3a geänd. mWv 1.1.2018 durch G v. 23.12.2016 (BGBl. I S. 3234); Abs. 1 Nr. 3g geänd., Nr. 3h eingef mWv 31.1.2023 durch G v. 4.1.2023 (BGBl. I Nr. 10).

[2] Nr. **51**.

[3] **Aichberger, SGB Nr. 9.**

3c. Angelegenheiten aus § 51 des Berufsbildungsgesetzes[1];

3d. Angelegenheiten aus § 10 des Bundesfreiwilligendienstgesetzes[2];

3e. Angelegenheiten aus dem SE-Beteiligungsgesetz vom 22. Dezember 2004 (BGBl. I S. 3675, 3686) mit Ausnahme der §§ 45 und 46 und nach den §§ 34 bis 39 nur insoweit, als über die Wahl von Vertretern der Arbeitnehmer in das Aufsichts- oder Verwaltungsorgan sowie deren Abberufung mit Ausnahme der Abberufung nach § 103 Abs. 3 des Aktiengesetzes zu entscheiden ist;

3f. Angelegenheiten aus dem SCE-Beteiligungsgesetz vom 14. August 2006 (BGBl. I S. 1911, 1917) mit Ausnahme der §§ 47 und 48 und nach den §§ 34 bis 39 nur insoweit, als über die Wahl von Vertretern der Arbeitnehmer in das Aufsichts- oder Verwaltungsorgan sowie deren Abberufung zu entscheiden ist;

3g. Angelegenheiten aus dem Gesetz über die Mitbestimmung der Arbeitnehmer bei einer grenzüberschreitenden Verschmelzung vom 21. Dezember 2006 (BGBl. I S. 3332) in der jeweils geltenden Fassung mit Ausnahme der §§ 34 und 35 und nach den §§ 23 bis 28 nur insoweit, als über die Wahl von Vertretern der Arbeitnehmer in das Aufsichts- oder Verwaltungsorgan sowie deren Abberufung mit Ausnahme der Abberufung nach § 103 Abs. 3 des Aktiengesetzes zu entscheiden ist;

3h. Angelegenheiten aus dem Gesetz über die Mitbestimmung der Arbeitnehmer bei grenzüberschreitendem Formwechsel und grenzüberschreitender Spaltung vom 4. Januar 2023 (BGBl. 2023 I Nr. 10) in der jeweils geltenden Fassung mit Ausnahme der §§ 38 und 39 und nach den §§ 25 bis 30 nur insoweit, als über die Wahl von Vertretern der Arbeitnehmer in das Aufsichts- oder Verwaltungsorgan sowie deren Abberufung mit Ausnahme der Abberufung nach § 103 Absatz 3 des Aktiengesetzes zu entscheiden ist;

4. die Entscheidung über die Tariffähigkeit und die Tarifzuständigkeit einer Vereinigung;

5. die Entscheidung über die Wirksamkeit einer Allgemeinverbindlicherklärung nach § 5 des Tarifvertragsgesetzes[3], einer Rechtsverordnung nach § 7 oder § 7a des Arbeitnehmer-Entsendegesetzes[4] und einer Rechtsverordnung nach § 3a des Arbeitnehmerüberlassungsgesetzes[5];

6. die Entscheidung über den nach § 4a Absatz 2 Satz 2 des Tarifvertragsgesetzes im Betrieb anwendbaren Tarifvertrag.

(2) In Streitigkeiten nach diesen Vorschriften findet das Beschlußverfahren statt.

§ 3 Zuständigkeit in sonstigen Fällen. Die in den §§ 2 und 2a begründete Zuständigkeit besteht auch in den Fällen, in denen der Rechtsstreit durch einen Rechtsnachfolger oder durch eine Person geführt wird, die kraft Gesetzes an Stelle des sachlich Berechtigten oder Verpflichteten hierzu befugt ist.

§ 4 Ausschluß der Arbeitsgerichtsbarkeit. In den Fällen des § 2 Abs. 1 und 2 kann die Arbeitsgerichtsbarkeit nach Maßgabe der §§ 101 bis 110 ausgeschlossen werden.

---

[1] **Sartorius ErgBd. Nr. 422.**
[2] **Sartorius Nr. 627.**
[3] **Habersack, Deutsche Gesetze ErgBd. Nr. 81.**
[4] **Loseblatt-Textsammlung Arbeitsrecht Nr. 506.**
[5] **Habersack, Deutsche Gesetze ErgBd. Nr. 84a.**

§ 5[1] Begriff des Arbeitnehmers. (1) [1]Arbeitnehmer im Sinne dieses Gesetzes sind Arbeiter und Angestellte sowie die zu ihrer Berufsausbildung Beschäftigten. [2]Als Arbeitnehmer gelten auch die in Heimarbeit Beschäftigten und die ihnen Gleichgestellten (§ 1 des Heimarbeitsgesetzes[2] vom 14. März 1951 – Bundesgesetzbl. I S. 191 –) sowie sonstige Personen, die wegen ihrer wirtschaftlichen Unselbständigkeit als arbeitnehmerähnliche Personen anzusehen sind. [3]Als Arbeitnehmer gelten nicht in Betrieben einer juristischen Person oder einer Personengesamtheit Personen, die kraft Gesetzes, Satzung oder Gesellschaftsvertrags allein oder als Mitglieder des Vertretungsorgans zur Vertretung der juristischen Person oder der Personengesamtheit berufen sind.

(2) Beamte sind als solche keine Arbeitnehmer.

(3) [1]Handelsvertreter gelten nur dann als Arbeitnehmer im Sinne dieses Gesetzes, wenn sie zu dem Personenkreis gehören, für den nach § 92a des Handelsgesetzbuchs[3] die untere Grenze der vertraglichen Leistungen des Unternehmers festgesetzt werden kann, und wenn sie während der letzten sechs Monate des Vertragsverhältnisses, bei kürzerer Vertragsdauer während dieser, im Durchschnitt monatlich nicht mehr als 1 000 Euro auf Grund des Vertragsverhältnisses an Vergütung einschließlich Provision und Ersatz für im regelmäßigen Geschäftsbetrieb entstandene Aufwendungen bezogen haben. [2]Das Bundesministerium für Arbeit und Soziales und das Bundesministerium der Justiz und für Verbraucherschutz können im Einvernehmen mit dem Bundesministerium für Wirtschaft und Energie die in Satz 1 bestimmte Vergütungsgrenze durch Rechtsverordnung, die nicht der Zustimmung des Bundesrates bedarf, den jeweiligen Lohn- und Preisverhältnissen anpassen.

§ 6 Besetzung der Gerichte für Arbeitssachen. (1) Die Gerichte für Arbeitssachen sind mit Berufsrichtern und mit ehrenamtlichen Richtern aus den Kreisen der Arbeitnehmer und Arbeitgeber besetzt.

(2) (weggefallen)

§ 6a Allgemeine Vorschriften über das Präsidium und die Geschäftsverteilung. Für die Gerichte für Arbeitssachen gelten die Vorschriften des Zweiten Titels des Gerichtsverfassungsgesetzes[4] nach Maßgabe der folgenden Vorschriften entsprechend:

1. [1]Bei einem Arbeitsgericht mit weniger als drei Richterplanstellen werden die Aufgaben des Präsidiums durch den Vorsitzenden oder, wenn zwei Vorsitzende bestellt sind, im Einvernehmen der Vorsitzenden wahrgenommen. [2]Einigen sich die Vorsitzenden nicht, so entscheidet das Präsidium des Landesarbeitsgerichts oder, soweit ein solches nicht besteht, der Präsident dieses Gerichts.
2. Bei einem Landesarbeitsgericht mit weniger als drei Richterplanstellen werden die Aufgaben des Präsidiums durch den Präsidenten, soweit ein zweiter Vorsitzender vorhanden ist, im Benehmen mit diesem wahrgenommen.
3. Der aufsichtführende Richter bestimmt, welche richterlichen Aufgaben er wahrnimmt.

---

[1] § 5 Abs. 3 Satz 1 geänd. mWv 1.1.2002 durch G v. 21.12.2000 (BGBl. I S. 1983); Abs. 3 Satz 2 geänd. mWv 7.11.2001 durch VO v. 29.10.2001 (BGBl. I S. 2785); mWv 28.11.2003 durch VO v. 25.11.2003 (BGBl. I S. 2304); mWv 8.11.2006 durch VO v. 31.10.2006 (BGBl. I S. 2407) und mWv 8.9.2015 durch VO v. 31.8.2015 (BGBl. I S. 1474).

[2] **Loseblatt-Textsammlung Arbeitsrecht Nr. 450.**

[3] Nr. **50**.

[4] Nr. **95**.

4. Jeder ehrenamtliche Richter kann mehreren Spruchkörpern angehören.
5. Den Vorsitz in den Kammern der Arbeitsgerichte führen die Berufsrichter.

§ 7[1)] Geschäftsstelle, Aufbringung der Mittel. (1) [1]Bei jedem Gericht für Arbeitssachen wird eine Geschäftsstelle eingerichtet, die mit der erforderlichen Zahl von Urkundsbeamten besetzt wird. [2]Die Einrichtung der Geschäftsstelle bestimmt bei dem Bundesarbeitsgericht das Bundesministerium für Arbeit und Soziales im Benehmen mit dem Bundesministerium der Justiz und für Verbraucherschutz. [3]Die Einrichtung der Geschäftsstelle bestimmt bei den Arbeitsgerichten und Landesarbeitsgerichten die zuständige oberste Landesbehörde.

(2) [1]Die Kosten der Arbeitsgerichte und der Landesarbeitsgerichte trägt das Land, das sie errichtet. [2]Die Kosten des Bundesarbeitsgerichts trägt der Bund.

§ 8[2)] Gang des Verfahrens. (1) Im ersten Rechtszug sind die Arbeitsgerichte zuständig, soweit durch Gesetz nichts anderes bestimmt ist.

(2) Gegen die Urteile der Arbeitsgerichte findet die Berufung an die Landesarbeitsgerichte nach Maßgabe des § 64 Abs. 1 statt.

(3) Gegen die Urteile der Landesarbeitsgerichte findet die Revision an das Bundesarbeitsgericht nach Maßgabe des § 72 Abs. 1 statt.

(4) Gegen die Beschlüsse der Arbeitsgerichte und ihrer Vorsitzenden im Beschlußverfahren findet die Beschwerde an das Landesarbeitsgericht nach Maßgabe des § 87 statt.

(5) Gegen die Beschlüsse der Landesarbeitsgerichte im Beschlußverfahren findet die Rechtsbeschwerde an das Bundesarbeitsgericht nach Maßgabe des § 92 statt.

§ 9[3)] Allgemeine Verfahrensvorschriften und Rechtsschutz bei überlangen Gerichtsverfahren. (1) Das Verfahren ist in allen Rechtszügen zu beschleunigen.

(2) [1]Die Vorschriften des Gerichtsverfassungsgesetzes über Zustellungs- und Vollstreckungsbeamte, über die Aufrechterhaltung der Ordnung in der Sitzung, über die Gerichtssprache, über die Wahrnehmung richterlicher Geschäfte durch Referendare und über Beratung und Abstimmung gelten in allen Rechtszügen entsprechend. [2]Die Vorschriften des Siebzehnten Titels des Gerichtsverfassungsgesetzes sind mit der Maßgabe entsprechend anzuwenden, dass an die Stelle des Oberlandesgerichts das Landesarbeitsgericht, an die Stelle des Bundesgerichtshofs das Bundesarbeitsgericht und an die Stelle der Zivilprozessordnung das Arbeitsgerichtsgesetz tritt.

(3) [1]Die Vorschriften über die Wahrnehmung der Geschäfte bei den ordentlichen Gerichten durch Rechtspfleger gelten in allen Rechtszügen entsprechend. [2]Als Rechtspfleger können nur Beamte bestellt werden, die die Rechtspflegerprüfung oder die Prüfung für den gehobenen Dienst bei der Arbeitsgerichtsbarkeit bestanden haben.

[1)] § 7 Abs. 1 neu gef. durch G v. 26.6.1990 (BGBl. I S. 1206); Abs. 1 Satz 4 aufgeh. mWv 1.5.2000 durch G v. 30.3.2000 (BGBl. I S. 333); Abs. 1 Satz 2 geänd. mWv 7.11.2001 durch VO v. 29.10.2001 (BGBl. I S. 2785); mWv 28.11.2003 durch VO v. 25.11.2003 (BGBl. I S. 2304); mWv 8.11.2006 durch VO v. 31.10.2006 (BGBl. I S. 2407); und mWv 8.9.2015 durch VO v. 31.8.2015 (BGBl. I S. 1474).

[2)] § 8 Abs. 1 geänd. mWv 16.8.2014 durch G v. 11.8.2014 (BGBl. I S. 1348).

[3)] § 9 Abs. 1 Satz 2 aufgeh. durch G v. 28.10.1996 (BGBl. I S. 1546); Abs. 4 geänd. mWv 1.7.2004 durch G v. 5.5.2004 (BGBl. I S. 718); Überschrift geänd., Abs. 2 Satz 2 angef. mWv 3.12.2011 durch G v. 24.11.2011 (BGBl. I S. 2302).

(4) Zeugen und Sachverständige erhalten eine Entschädigung oder Vergütung nach dem Justizvergütungs- und -entschädigungsgesetz.

(5) [1] Alle mit einem befristeten Rechtsmittel anfechtbaren Entscheidungen enthalten die Belehrung über das Rechtsmittel. [2] Soweit ein Rechtsmittel nicht gegeben ist, ist eine entsprechende Belehrung zu erteilen. [3] Die Frist für ein Rechtsmittel beginnt nur, wenn die Partei oder der Beteiligte über das Rechtsmittel und das Gericht, bei dem das Rechtsmittel einzulegen ist, die Anschrift des Gerichts und die einzuhaltende Frist und Form schriftlich belehrt worden ist. [4] Ist die Belehrung unterblieben oder unrichtig erteilt, so ist die Einlegung des Rechtsmittels nur innerhalb eines Jahres seit Zustellung der Entscheidung zulässig, außer wenn die Einlegung vor Ablauf der Jahresfrist infolge höherer Gewalt unmöglich war oder eine Belehrung dahin erfolgt ist, daß ein Rechtsmittel nicht gegeben sei; § 234 Abs. 1, 2 und § 236 Abs. 2 der Zivilprozeßordnung[1)] gelten für den Fall höherer Gewalt entsprechend.

§ 10[2)] Parteifähigkeit. [1] Parteifähig im arbeitsgerichtlichen Verfahren sind auch Gewerkschaften und Vereinigungen von Arbeitgebern sowie Zusammenschlüsse solcher Verbände; in den Fällen des § 2a Abs. 1 Nr. 1 bis 3f sind auch die nach dem Betriebsverfassungsgesetz, dem Sprecherausschussgesetz, dem Mitbestimmungsgesetz, dem Mitbestimmungsergänzungsgesetz, dem Drittelbeteiligungsgesetz, dem § 222 des Neunten Buches Sozialgesetzbuch[3)], dem § 51 des Berufsbildungsgesetzes[4)] und den zu diesen Gesetzen ergangenen Rechtsverordnungen sowie die nach dem Gesetz über Europäische Betriebsräte, dem SE-Beteiligungsgesetz, dem SCE-Beteiligungsgesetz, dem Gesetz über die Mitbestimmung der Arbeitnehmer bei einer grenzüberschreitenden Verschmelzung und dem Gesetz über die Mitbestimmung der Arbeitnehmer bei grenzüberschreitendem Formwechsel und grenzüberschreitender Spaltung beteiligten Personen und Stellen Beteiligte. [2] Parteifähig im arbeitsgerichtlichen Verfahren sind in den Fällen des § 2a Abs. 1 Nr. 4 auch die beteiligten Vereinigungen von Arbeitnehmern und Arbeitgebern sowie die oberste Arbeitsbehörde des Bundes oder derjenigen Länder, auf deren Bereich sich die Tätigkeit der Vereinigung erstreckt. [3] Parteifähig im arbeitsgerichtlichen Verfahren sind in den Fällen des § 2a Absatz 1 Nummer 5 auch die oberste Arbeitsbehörde des Bundes oder die oberste Arbeitsbehörde eines Landes, soweit ihr nach § 5 Absatz 6 des Tarifvertragsgesetzes[5)] Rechte übertragen sind.

§ 11[6)] Prozessvertretung. (1) [1] Die Parteien können vor dem Arbeitsgericht den Rechtsstreit selbst führen. [2] Parteien, die eine fremde oder ihnen zum Zweck der Einziehung auf fremde Rechnung abgetretene Geldforderung geltend machen, müssen sich durch einen Rechtsanwalt als Bevollmächtigten vertreten lassen, soweit sie nicht nach Maßgabe des Absatzes 2 zur Vertretung des Gläubigers befugt wären oder eine Forderung einziehen, deren ursprünglicher Gläubiger sie sind.

[1)] Nr. **100**.

[2)] § 10 neu gef. mWv 29.12.2004 durch G v. 22.12.2004 (BGBl. I S. 3675); Satz 1 geänd. mWv 1.4. 2005 durch G v. 23.3.2005 (BGBl. I S. 931); mWv 18.8.2006 durch G v. 14.8.2006 (BGBl. I S. 1911) und mWv 29.12.2006 durch G v. 21.12.2006 (BGBl. I S. 3332); Satz 3 angef. mWv 16.8.2014 durch G v. 11.8.2014 (BGBl. I S. 1348); Satz 1 geänd. mWv 1.1.2018 durch G v. 23.12.2016 (BGBl. I S. 3234) und mWv 31.1.2023 durch G v. 4.1.2023 (BGBl. I Nr. 10).

[3)] **Aichberger, SGB Nr. 9.**

[4)] **Sartorius ErgBd. Nr. 422.**

[5)] **Habersack, Deutsche Gesetze ErgBd. Nr. 81.**

[6)] § 11 neu gef. mWv 1.7.2008 durch G v. 12.12.2007 (BGBl. I S. 2840).

(2) [1] Die Parteien können sich durch einen Rechtsanwalt als Bevollmächtigten vertreten lassen. [2] Darüber hinaus sind als Bevollmächtigte vor dem Arbeitsgericht vertretungsbefugt nur

1. Beschäftigte der Partei oder eines mit ihr verbundenen Unternehmens (§ 15 des Aktiengesetzes[1)]); Behörden und juristische Personen des öffentlichen Rechts einschließlich der von ihnen zur Erfüllung ihrer öffentlichen Aufgaben gebildeten Zusammenschlüsse können sich auch durch Beschäftigte anderer Behörden oder juristischer Personen des öffentlichen Rechts einschließlich der von ihnen zur Erfüllung ihrer öffentlichen Aufgaben gebildeten Zusammenschlüsse vertreten lassen,
2. volljährige Familienangehörige (§ 15 der Abgabenordnung, § 11 des Lebenspartnerschaftsgesetzes[2)]), Personen mit Befähigung zum Richteramt und Streitgenossen, wenn die Vertretung nicht im Zusammenhang mit einer entgeltlichen Tätigkeit steht,
3. selbständige Vereinigungen von Arbeitnehmern mit sozial- oder berufspolitischer Zwecksetzung für ihre Mitglieder,
4. Gewerkschaften und Vereinigungen von Arbeitgebern sowie Zusammenschlüsse solcher Verbände für ihre Mitglieder oder für andere Verbände oder Zusammenschlüsse mit vergleichbarer Ausrichtung und deren Mitglieder,
5. juristische Personen, deren Anteile sämtlich im wirtschaftlichen Eigentum einer der in Nummer 4 bezeichneten Organisationen stehen, wenn die juristische Person ausschließlich die Rechtsberatung und Prozessvertretung dieser Organisation und ihrer Mitglieder oder anderer Verbände oder Zusammenschlüsse mit vergleichbarer Ausrichtung und deren Mitglieder entsprechend deren Satzung durchführt, und wenn die Organisation für die Tätigkeit der Bevollmächtigten haftet.

[3] Bevollmächtigte, die keine natürlichen Personen sind, handeln durch ihre Organe und mit der Prozessvertretung beauftragten Vertreter.

(3) [1] Das Gericht weist Bevollmächtigte, die nicht nach Maßgabe des Absatzes 2 vertretungsbefugt sind, durch unanfechtbaren Beschluss zurück. [2] Prozesshandlungen eines nicht vertretungsbefugten Bevollmächtigten und Zustellungen oder Mitteilungen an diesen Bevollmächtigten sind bis zu seiner Zurückweisung wirksam. [3] Das Gericht kann den in Absatz 2 Satz 2 Nr. 1 bis 3 bezeichneten Bevollmächtigten durch unanfechtbaren Beschluss die weitere Vertretung untersagen, wenn sie nicht in der Lage sind, das Sach- und Streitverhältnis sachgerecht darzustellen.

(4) [1] Vor dem Bundesarbeitsgericht und dem Landesarbeitsgericht müssen sich die Parteien, außer im Verfahren vor einem beauftragten oder ersuchten Richter und bei Prozesshandlungen, die vor dem Urkundsbeamten der Geschäftsstelle vorgenommen werden können, durch Prozessbevollmächtigte vertreten lassen. [2] Als Bevollmächtigte sind außer Rechtsanwälten nur die in Absatz 2 Satz 2 Nr. 4 und 5 bezeichneten Organisationen zugelassen. [3] Diese müssen in Verfahren vor dem Bundesarbeitsgericht durch Personen mit Befähigung zum Richteramt handeln. [4] Eine Partei, die nach Maßgabe des Satzes 2 zur Vertretung berechtigt ist, kann sich selbst vertreten; Satz 3 bleibt unberührt.

(5) [1] Richter dürfen nicht als Bevollmächtigte vor dem Gericht auftreten, dem sie angehören. [2] Ehrenamtliche Richter dürfen, außer in den Fällen des Absatzes 2

[1)] Nr. **51**.
[2)] **Habersack, Deutsche Gesetze ErgBd. Nr. 43.**

Satz 2 Nr. 1, nicht vor einem Spruchkörper auftreten, dem sie angehören. [3] Absatz 3 Satz 1 und 2 gilt entsprechend.

(6) [1] In der Verhandlung können die Parteien mit Beiständen erscheinen. [2] Beistand kann sein, wer in Verfahren, in denen die Parteien den Rechtsstreit selbst führen können, als Bevollmächtigter zur Vertretung in der Verhandlung befugt ist. [3] Das Gericht kann andere Personen als Beistand zulassen, wenn dies sachdienlich ist und hierfür nach den Umständen des Einzelfalls ein Bedürfnis besteht. [4] Absatz 3 Satz 1 und 3 und Absatz 5 gelten entsprechend. [5] Das von dem Beistand Vorgetragene gilt als von der Partei vorgebracht, soweit es nicht von dieser sofort widerrufen oder berichtigt wird.

§ 11a[1)] Beiordnung eines Rechtsanwalts, Prozeßkostenhilfe. (1) Die Vorschriften der Zivilprozessordnung über die Prozesskostenhilfe und über die grenzüberschreitende Prozesskostenhilfe innerhalb der Europäischen Union nach der Richtlinie 2003/8/EG gelten in Verfahren vor den Gerichten für Arbeitssachen entsprechend.

(2) Das Bundesministerium für Arbeit und Soziales wird ermächtigt, zur Vereinfachung und Vereinheitlichung des Verfahrens durch Rechtsverordnung mit Zustimmung des Bundesrates Formulare für die Erklärung der Partei über ihre persönlichen und wirtschaftlichen Verhältnisse (§ 117 Abs. 2 der Zivilprozeßordnung) einzuführen.

(Fortsetzung nächstes Blatt)

[1)] § 11a Überschrift geänd., Abs. 4 angef. durch G v. 13.6.1980 (BGBl. I S. 677); Abs. 4 geänd. mWv *7.11.2001 durch VO v. 29.10.2001* (BGBl. I S. 2785) und mWv 28.11.2003 durch VO v. 25.11.2003 (BGBl. I S. 2304); Abs. 3 neu gef. mWv 21.12.2004 durch G v. 15.12.2004 (BGBl. I S. 3392); Abs. 4 geänd. mWv 1.4.2005 durch G v. 22.3.2005 (BGBl. I S. 837) und mWv 8.11.2006 durch VO v. 31.10. 2006 (BGBl. I S. 2407); Abs. 1–2a aufgeh., bish. Abs. 3, 4 werden Abs. 1, 2 mWv 1.1.2014 durch G v. 31.8.2013 (BGBl. I S. 3533).

wenn die Rüge als unzulässig verworfen wird oder sich gegen eine Entscheidung richtet, die ohne Hinzuziehung der ehrenamtlichen Richter erlassen wurde.

(7) § 707 der Zivilprozessordnung ist unter der Voraussetzung entsprechend anzuwenden, dass der Beklagte glaubhaft macht, dass die Vollstreckung ihm einen nicht zu ersetzenden Nachteil bringen würde.

(8) Auf das Beschlussverfahren finden die Absätze 1 bis 7 entsprechende Anwendung.

Fünfter Unterabschnitt. Wiederaufnahme des Verfahrens

§ 79 [1] Die Vorschriften der Zivilprozeßordnung über die Wiederaufnahme des Verfahrens gelten für Rechtsstreitigkeiten nach § 2 Abs. 1 bis 4 entsprechend. [2] Die Nichtigkeitsklage kann jedoch nicht auf Mängel des Verfahrens bei der Berufung der ehrenamtlichen Richter oder auf Umstände, die die Berufung eines ehrenamtlichen Richters zu seinem Amt ausschließen, gestützt werden.

Zweiter Abschnitt. Beschlußverfahren

Erster Unterabschnitt. Erster Rechtszug

§ 80[1)] **Grundsatz.** (1) Das Beschlußverfahren findet in den in § 2a bezeichneten Fällen Anwendung.

(2) [1] Für das Beschlussverfahren des ersten Rechtszugs gelten die für das Urteilsverfahren des ersten Rechtszugs maßgebenden Vorschriften entsprechend, soweit sich aus den §§ 81 bis 84 nichts anderes ergibt. [2] Der Vorsitzende kann ein Güteverfahren ansetzen; die für das Urteilsverfahren des ersten Rechtszugs maßgebenden Vorschriften über das Güteverfahren gelten entsprechend.

(3) § 48 Abs. 1 findet entsprechende Anwendung.

§ 81[2)] **Antrag.** (1) Das Verfahren wird nur auf Antrag eingeleitet; der Antrag ist bei dem Arbeitsgericht schriftlich einzureichen oder bei seiner Geschäftsstelle mündlich zu Protokoll anzubringen.

(2) [1] Der Antrag kann jederzeit in derselben Form zurückgenommen werden. [2] In diesem Fall ist das Verfahren vom Vorsitzenden des Arbeitsgerichts einzustellen. [3] Von der Einstellung ist den Beteiligten Kenntnis zu geben, soweit ihnen der Antrag vom Arbeitsgericht mitgeteilt worden ist.

(3) [1] Eine Änderung des Antrags ist zulässig, wenn die übrigen Beteiligten zustimmen oder das Gericht die Änderung für sachdienlich hält. [2] Die Zustimmung der Beteiligten zu der Änderung des Antrags gilt als erteilt, wenn die Beteiligten sich, ohne zu widersprechen, in einem Schriftsatz oder in der mündlichen Verhandlung auf den geänderten Antrag eingelassen haben. [3] Die Entscheidung, daß eine Änderung des Antrags nicht vorliegt oder zugelassen wird, ist unanfechtbar.

§ 82[3)] **Örtliche Zuständigkeit.** (1) [1] Zuständig ist das Arbeitsgericht, in dessen Bezirk der Betrieb liegt. [2] In Angelegenheiten des Gesamtbetriebsrats, des Konzern-

---

1) § 80 Abs. 3 angef. durch G v. 17.12.1990 (BGBl. I S. 2809); Abs. 2 Satz 2 angef. mWv 1.5.2000 durch G v. 30.3.2000 (BGBl. I S. 333); Abs. 2 Satz 1 neu gef. mWv 12.10.2021 durch G v. 5.10.2021 (BGBl. I S. 4607).

2) *§ 81 Abs. 1 geänd. mWv 1.1.2018 durch G v. 5.7.2017 (BGBl. I S. 2208).*

3) § 82 neu gef. mWv 29.12.2004 durch G v. 22.12.2004 (BGBl. I S. 3674); Abs. 4 angef. mWv 18.8.2006 durch G v. 14.8.2006 (BGBl. I S. 1911); Abs. 5 angef. mWv 29.12.2006 durch G v. 21.12.2006 (BGBl. I S. 3332); Abs. 2 Satz 2 geänd. mWv 18.6.2011 durch G v. 14.6.2011 (BGBl. I S. 1050); Abs. 6 angef. mWv 31.1.2023 durch G v. 4.1.2023 (BGBl. I Nr. 10).

betriebsrats, der Gesamtjugendvertretung oder der Gesamt-Jugend- und Auszubildendenvertretung, des Wirtschaftsausschusses und der Vertretung der Arbeitnehmer im Aufsichtsrat ist das Arbeitsgericht zuständig, in dessen Bezirk das Unternehmen seinen Sitz hat. [3]Satz 2 gilt entsprechend in Angelegenheiten des Gesamtsprecherausschusses, des Unternehmenssprecherausschusses und des Konzernsprecherausschusses.

(2) [1]In Angelegenheiten eines Europäischen Betriebsrats, im Rahmen eines Verfahrens zur Unterrichtung und Anhörung oder des besonderen Verhandlungsgremiums ist das Arbeitsgericht zuständig, in dessen Bezirk das Unternehmen oder das herrschende Unternehmen nach § 2 des Gesetzes über Europäische Betriebsräte seinen Sitz hat. [2]Bei einer Vereinbarung nach § 41 Absatz 1 bis 7 des Gesetzes über Europäische Betriebsräte ist der Sitz des vertragschließenden Unternehmens maßgebend.

(3) In Angelegenheiten aus dem SE-Beteiligungsgesetz ist das Arbeitsgericht zuständig, in dessen Bezirk die Europäische Gesellschaft ihren Sitz hat; vor ihrer Eintragung ist das Arbeitsgericht zuständig, in dessen Bezirk die Europäische Gesellschaft ihren Sitz haben soll.

(4) In Angelegenheiten nach dem SCE-Beteiligungsgesetz ist das Arbeitsgericht zuständig, in dessen Bezirk die Europäische Genossenschaft ihren Sitz hat; vor ihrer Eintragung ist das Arbeitsgericht zuständig, in dessen Bezirk die Europäische Genossenschaft ihren Sitz haben soll.

(5) In Angelegenheiten nach dem Gesetz über die Mitbestimmung der Arbeitnehmer bei einer grenzüberschreitenden Verschmelzung ist das Arbeitsgericht zuständig, in dessen Bezirk die aus der grenzüberschreitenden Verschmelzung hervorgegangene Gesellschaft ihren Sitz hat; vor ihrer Eintragung ist das Arbeitsgericht zuständig, in dessen Bezirk die aus der grenzüberschreitenden Verschmelzung hervorgehende Gesellschaft ihren Sitz haben soll.

(6) In Angelegenheiten nach dem Gesetz über die Mitbestimmung der Arbeitnehmer bei grenzüberschreitendem Formwechsel und grenzüberschreitender Spaltung ist das Arbeitsgericht zuständig, in dessen Bezirk die aus dem grenzüberschreitenden Formwechsel oder der grenzüberschreitenden Spaltung hervorgegangene Gesellschaft ihren Sitz hat; vor ihrer Eintragung ist das Arbeitsgericht zuständig, in dessen Bezirk die aus dem grenzüberschreitenden Formwechsel oder der grenzüberschreitenden Spaltung hervorgehende Gesellschaft ihren Sitz haben soll.

§ 83[1)] Verfahren. (1) [1]Das Gericht erforscht den Sachverhalt im Rahmen der gestellten Anträge von Amts wegen. [2]Die am Verfahren Beteiligten haben an der Aufklärung des Sachverhalts mitzuwirken.

(1a) [1]Der Vorsitzende kann den Beteiligten eine Frist für ihr Vorbringen setzen. [2]Nach Ablauf einer nach Satz 1 gesetzten Frist kann das Vorbringen zurückgewiesen werden, wenn nach der freien Überzeugung des Gerichts seine Zulassung die Erledigung des Beschlussverfahrens verzögern würde und der Beteiligte die Verspätung nicht genügend entschuldigt. [3]Die Beteiligten sind über die Folgen der Versäumung einer nach Satz 1 gesetzten Frist zu belehren.

[1)] § 83 Abs. 1a eingef., Abs. 4 Satz 1 neu gef. mWv 1.5.2000 durch G v. 30.3.2000 (BGBl. I S. 333); Abs. 1a neu gef. mWv 1.1.2002 durch G v. 27.7.2001 (BGBl. I S. 1887); Abs. 3 neu gef. mWv 15.8.2002 durch G v. 8.8.2002 (BGBl. I S. 3140); Abs. 3 geänd. mWv 1.7.2004 durch G v. 18.5.2004 (BGBl. I S. 974); mWv 29.12.2004 durch G v. 22.12.2004 (BGBl. I S. 3674); mWv 18.8.2006 durch G v. 14.8.2006 (BGBl. I S. 1911); mWv 29.12.2006 durch G v. 21.12.2006 (BGBl. I S. 3332) und mWv 1.1.2018 durch G v. 23.12.2016 (BGBl. I S. 3234); Abs. 3 geänd. mWv 31.1.2023 durch G v. 4.1.2023 (BGBl. I Nr. 10).

(2) Zur Aufklärung des Sachverhalts können Urkunden eingesehen, Auskünfte eingeholt, Zeugen, Sachverständige und Beteiligte vernommen und der Augenschein eingenommen werden.

(3) In dem Verfahren sind der Arbeitgeber, die Arbeitnehmer und die Stellen zu hören, die nach dem Betriebsverfassungsgesetz, dem Sprecherausschussgesetz, dem Mitbestimmungsgesetz, dem Mitbestimmungsergänzungsgesetz, dem Drittelbeteiligungsgesetz, den §§ 177, 178 und 222 des Neunten Buches Sozialgesetzbuch, dem § 18a des Berufsbildungsgesetzes und den zu diesen Gesetzen ergangenen Rechtsverordnungen sowie nach dem Gesetz über Europäische Betriebsräte, dem SE-Beteiligungsgesetz, dem SCE-Beteiligungsgesetz, dem Gesetz über die Mitbestimmung der Arbeitnehmer bei einer grenzüberschreitenden Verschmelzung und dem Gesetz über die Mitbestimmung der Arbeitnehmer bei grenzüberschreitendem Formwechsel und grenzüberschreitender Spaltung im einzelnen Fall beteiligt sind.

(4) [1]Die Beteiligten können sich schriftlich äußern. [2]Bleibt ein Beteiligter auf Ladung unentschuldigt aus, so ist der Pflicht zur Anhörung genügt; hierauf ist in der Ladung hinzuweisen. [3]Mit Einverständnis der Beteiligten kann das Gericht ohne mündliche Verhandlung entscheiden.

(5) Gegen Beschlüsse und Verfügungen des Arbeitsgerichts oder seines Vorsitzenden findet die Beschwerde nach Maßgabe des § 78 statt.

§ 83a[1)] Vergleich, Erledigung des Verfahrens. (1) Die Beteiligten können, um das Verfahren ganz oder zum Teil zu erledigen, zu Protokoll des Gerichts oder des Vorsitzenden oder des Güterichters einen Vergleich schließen, soweit sie über den Gegenstand des Vergleichs verfügen können, oder das Verfahren für erledigt erklären.

(2) [1]Haben die Beteiligten das Verfahren für erledigt erklärt, so ist es vom Vorsitzenden des Arbeitsgerichts einzustellen. [2]§ 81 Abs. 2 Satz 3 ist entsprechend anzuwenden.

(3) [1]Hat der Antragsteller das Verfahren für erledigt erklärt, so sind die übrigen Beteiligten binnen einer von dem Vorsitzenden zu bestimmenden Frist von mindestens zwei Wochen aufzufordern, mitzuteilen, ob sie der Erledigung zustimmen. [2]Die Zustimmung gilt als erteilt, wenn sich der Beteiligte innerhalb der vom Vorsitzenden bestimmten Frist nicht äußert.

§ 84 Beschluß. [1]Das Gericht entscheidet nach seiner freien, aus dem Gesamtergebnis des Verfahrens gewonnenen Überzeugung. [2]Der Beschluß ist schriftlich abzufassen. [3]§ 60 ist entsprechend anzuwenden.

§ 85[2)] Zwangsvollstreckung. (1) [1]Soweit sich aus Absatz 2 nichts anderes ergibt, findet aus rechtskräftigen Beschlüssen der Arbeitsgerichte oder gerichtlichen Vergleichen, durch die einem Beteiligten eine Verpflichtung auferlegt wird, die Zwangsvollstreckung statt. [2]Beschlüsse der Arbeitsgerichte in vermögensrechtlichen Streitigkeiten sind vorläufig vollstreckbar; § 62 Abs. 1 Satz 2 bis 5 ist entsprechend anzuwenden. [3]Für die Zwangsvollstreckung gelten die Vorschriften des Achten Buches der Zivilprozeßordnung entsprechend mit der Maßgabe, daß der nach dem Beschluß Verpflichtete als Schuldner, derjenige, der die Erfüllung der Verpflichtung auf Grund des Beschlusses verlangen kann, als Gläubiger gilt und in den Fällen des

---

[1)] § 83a Abs. 1 geänd. mWv 26.7.2012 durch G v. 21.7.2012 (BGBl. I S. 1577); Abs. 1 geänd. mWv 1.1.2018 durch G v. 5.7.2017 (BGBl. I S. 2208).

[2)] § 85 Abs. 1 Satz 2 geänd. mWv 1.4.2008 durch G v. 26.3.2008 (BGBl. I S. 444); Abs. 2 Satz 3 angef. mWv 1.1.2016 durch G v. 10.10.2013 (BGBl. I S. 3786).

§ 23 Abs. 3, des § 98 Abs. 5 sowie der §§ 101 und 104 des Betriebsverfassungsgesetzes eine Festsetzung von Ordnungs- oder Zwangshaft nicht erfolgt.

(2) [1] Der Erlaß einer einstweiligen Verfügung ist zulässig. [2] Für das Verfahren gelten die Vorschriften des Achten Buches der Zivilprozeßordnung über die einstweilige Verfügung entsprechend mit der Maßgabe, daß die Entscheidungen durch Beschluß der Kammer ergehen, erforderliche Zustellungen von Amts wegen erfolgen und ein Anspruch auf Schadensersatz nach § 945 der Zivilprozeßordnung in Angelegenheiten des Betriebsverfassungsgesetzes nicht besteht. [3] Eine in das Schutzschriftenregister nach § 945a Absatz 1 der Zivilprozessordnung eingestellte Schutzschrift gilt auch als bei allen Arbeitsgerichten der Länder eingereicht.

§ 86 (weggefallen)

Zweiter Unterabschnitt. Zweiter Rechtszug

§ 87[1] Grundsatz. (1) Gegen die das Verfahren beendenden Beschlüsse der Arbeitsgerichte findet die Beschwerde an das Landesarbeitsgericht statt.

(2) [1] Für das Beschwerdeverfahren gelten die für das Berufungsverfahren maßgebenden Vorschriften sowie die Vorschrift des § 85 über die Zwangsvollstreckung entsprechend, soweit sich aus den §§ 88 bis 91 nichts anderes ergibt. [2] Für die Vertretung der Beteiligten gilt § 11 Abs. 1 bis 3 und 5 entsprechend. [3] Der Antrag kann jederzeit mit Zustimmung der anderen Beteiligten zurückgenommen werden; § 81 Abs. 2 Satz 2 und 3 und Absatz 3 ist entsprechend anzuwenden.

(3) [1] In erster Instanz zu Recht zurückgewiesenes Vorbringen bleibt ausgeschlossen. [2] Neues Vorbringen, das im ersten Rechtszug entgegen einer hierfür nach § 83 Abs. 1a gesetzten Frist nicht vorgebracht wurde, kann zurückgewiesen werden, wenn seine Zulassung nach der freien Überzeugung des Landesarbeitsgerichts die Erledigung des Beschlussverfahrens verzögern würde und der Beteiligte die Verzögerung nicht genügend entschuldigt. [3] Soweit neues Vorbringen nach Satz 2 zulässig ist, muss es der Beschwerdeführer in der Beschwerdebegründung, der Beschwerdegegner in der Beschwerdebeantwortung vortragen. [4] Wird es später vorgebracht, kann es zurückgewiesen werden, wenn die Möglichkeit es vorzutragen vor der Beschwerdebegründung oder der Beschwerdebeantwortung entstanden ist und das verspätete Vorbringen nach der freien Überzeugung des Landesarbeitsgerichts die Erledigung des Rechtsstreits verzögern würde und auf dem Verschulden des Beteiligten beruht.

(4) Die Einlegung der Beschwerde hat aufschiebende Wirkung; § 85 Abs. 1 Satz 2 bleibt unberührt.

§ 88[2] Beschränkung der Beschwerde. § 65 findet entsprechende Anwendung.

§ 89[3] Einlegung. (1) Für die Einlegung und Begründung der Beschwerde gilt § 11 Abs. 4 und 5 entsprechend.

---

[1] § 87 Abs. 2 Satz 4 angef. mWv 1.5.2000 durch G v. 30.3.2000 (BGBl. I S. 333); Abs. 2 Satz 4 aufgeh., Abs. 3 eingef., bish. Abs. 3 wird Abs. 4 mWv 1.1.2002 durch G v. 27.7.2001 (BGBl. I S. 1887, geänd. durch G v. 26.11.2001, BGBl. I S. 3138); Abs. 3 Satz 2 geänd. mWv 1.1.2002 durch G v. 26.11.2001 (BGBl. I S. 3138); Abs. 2 Satz 2 geänd. mWv 1.7.2008 durch G v. 12.12.2007 (BGBl. I S. 2840); Abs. 2 Satz 1 neu gef. mWv 12.10.2021 durch G v. 5.10.2021 (BGBl. I S. 4607).

[2] § 88 neu gef. durch G v. 17.12.1990 (BGBl. I S. 2809); Abs. 1 geänd. durch G v. 31.8.1998 (BGBl. I S. 2600).

[3] § 89 Abs. 3 Satz 4 angef. mWv 1.1.2002 durch G v. 27.7.2001 (BGBl. I S. 1887); Abs. 1 neu gef. mWv 1.7.2008 durch G v. 12.12.2007 (BGBl. I S. 2840); Abs. 3 Satz 1 und 2 neu gef. mWv 1.4.2008 durch G v. 26.3.2008 (BGBl. I S. 444).

(2) [1] Die Beschwerdeschrift muß den Beschluß bezeichnen, gegen den die Beschwerde gerichtet ist, und die Erklärung enthalten, daß gegen diesen Beschluß die Beschwerde eingelegt wird. [2] Die Beschwerdebegründung muß angeben, auf welche im einzelnen anzuführenden Beschwerdegründe sowie auf welche neuen Tatsachen die Beschwerde gestützt wird.

(3) [1] Ist die Beschwerde nicht in der gesetzlichen Form oder Frist eingelegt oder begründet, so ist sie als unzulässig zu verwerfen. [2] Der Beschluss kann ohne vorherige mündliche Verhandlung durch den Vorsitzenden ergehen; er ist unanfechtbar. [3] Er ist dem Beschwerdeführer zuzustellen. [4] § 522 Abs. 2 und 3 der Zivilprozessordnung[1)] ist nicht anwendbar.

(4) [1] Die Beschwerde kann jederzeit in der für ihre Einlegung vorgeschriebenen Form zurückgenommen werden. [2] Im Falle der Zurücknahme stellt der Vorsitzende das Verfahren ein. [3] Er gibt hiervon den Beteiligten Kenntnis, soweit ihnen die Beschwerde zugestellt worden ist.

§ 90[2)] Verfahren. (1) [1] Die Beschwerdeschrift und die Beschwerdebegründung werden den Beteiligten zur Äußerung zugestellt. [2] Die Äußerung erfolgt durch Einreichung eines Schriftsatzes beim Beschwerdegericht oder durch Erklärung zu Protokoll der Geschäftsstelle des Arbeitsgerichts, das den angefochtenen Beschluß erlassen hat.

(2) Für das Verfahren sind die §§ 83 und 83a entsprechend anzuwenden.

§ 91 Entscheidung. (1) [1] Über die Beschwerde entscheidet das Landesarbeitsgericht durch Beschluß. [2] Eine Zurückverweisung ist nicht zulässig. [3] § 84 Satz 2 gilt entsprechend.

(2) [1] Der Beschluß nebst Gründen ist von den Mitgliedern der Kammer zu unterschreiben und den Beteiligten zuzustellen. [2] § 69 Abs. 1 Satz 2 gilt entsprechend.

Dritter Unterabschnitt. Dritter Rechtszug

§ 92[3)] Rechtsbeschwerdeverfahren, Grundsatz. (1) [1] Gegen den das Verfahren beendenden Beschluß eines Landesarbeitsgerichts findet die Rechtsbeschwerde an das Bundesarbeitsgericht statt, wenn sie in dem Beschluß des Landesarbeitsgerichts oder in dem Beschluß des Bundesarbeitsgerichts nach § 92a Satz 2 zugelassen wird. [2] § 72 Abs. 1 Satz 2, Abs. 2 und 3 ist entsprechend anzuwenden. [3] In den Fällen des § 85 Abs. 2 findet die Rechtsbeschwerde nicht statt.

(2) [1] Für das Rechtsbeschwerdeverfahren gelten die für das Revisionsverfahren maßgebenden Vorschriften sowie die Vorschrift des § 85 über die Zwangsvollstreckung entsprechend, soweit sich aus den §§ 93 bis 96 nichts anderes ergibt. [2] Für die Vertretung der Beteiligten gilt § 11 Abs. 1 bis 3 und 5 entsprechend. [3] Der Antrag kann jederzeit mit Zustimmung der anderen Beteiligten zurückgenommen werden; § 81 Abs. 2 Satz 2 und 3 ist entsprechend anzuwenden.

(3) [1] Die Einlegung der Rechtsbeschwerde hat aufschiebende Wirkung. [2] § 85 Abs. 1 Satz 2 bleibt unberührt.

---

1) Nr. **100**.

2) § 90 Abs. 1 Satz 2 geänd. mWv 1.1.2018 durch G v. 5.7.2017 (BGBl. I S. 2208); Abs. 3 aufgeh. mWv 12.10.2021 durch G v. 5.10.2021 (BGBl. I S. 4607).

3) § 92 Abs. 1 Satz 2 geänd. mWv 1.5.2000 durch G v. 30.3.2000 (BGBl. I S. 333); Abs. 2 Satz 2 geänd. mWv 1.7.2008 durch G v. 12.12.2007 (BGBl. I S. 2840); Abs. 2 Satz 1 neu gef. mWv 12.10.2021 durch G v. 5.10.2021 (BGBl. I S. 4607).

§ 92a[1] Nichtzulassungsbeschwerde. [1]Die Nichtzulassung der Rechtsbeschwerde durch das Landesarbeitsgericht kann selbständig durch Beschwerde angefochten werden. [2]§ 72a Abs. 2 bis 7 ist entsprechend anzuwenden.

§ 92b[2] Sofortige Beschwerde wegen verspäteter Absetzung der Beschwerdeentscheidung. [1]Der Beschluss eines Landesarbeitsgerichts nach § 91 kann durch sofortige Beschwerde angefochten werden, wenn er nicht binnen fünf Monaten nach der Verkündung vollständig abgefasst und mit den Unterschriften sämtlicher Mitglieder der Kammer versehen der Geschäftsstelle übergeben worden ist. [2]§ 72b Abs. 2 bis 5 gilt entsprechend. [3]§ 92a findet keine Anwendung.

§ 93[3] Rechtsbeschwerdegründe. (1) [1]Die Rechtsbeschwerde kann nur darauf gestützt werden, daß der Beschluß des Landesarbeitsgerichts auf der Nichtanwendung oder der unrichtigen Anwendung einer Rechtsnorm beruht. [2]Sie kann nicht auf die Gründe des § 92b gestützt werden.

(2) § 65 findet entsprechende Anwendung.

§ 94[4] Einlegung. (1) Für die Einlegung und Begründung der Rechtsbeschwerde gilt § 11 Abs. 4 und 5 entsprechend.

(2) [1]Die Rechtsbeschwerdeschrift muß den Beschluß bezeichnen, gegen den die Rechtsbeschwerde gerichtet ist, und die Erklärung enthalten, daß gegen diesen Beschluß die Rechtsbeschwerde eingelegt werde. [2]Die Rechtsbeschwerdebegründung muß angeben, inwieweit die Abänderung des angefochtenen Beschlusses beantragt wird, welche Bestimmungen verletzt sein sollen und worin die Verletzung bestehen soll. [3]§ 74 Abs. 2 ist entsprechend anzuwenden.

(3) [1]Die Rechtsbeschwerde kann jederzeit in der für ihre Einlegung vorgeschriebenen Form zurückgenommen werden. [2]Im Falle der Zurücknahme stellt der Vorsitzende das Verfahren ein. [3]Er gibt hiervon den Beteiligten Kenntnis, soweit ihnen die Rechtsbeschwerde zugestellt worden ist.

§ 95[5] Verfahren. [1]Die Rechtsbeschwerdeschrift und die Rechtsbeschwerdebegründung werden den Beteiligten zur Äußerung zugestellt. [2]Die Äußerung erfolgt durch Einreichung eines Schriftsatzes beim Bundesarbeitsgericht oder durch Erklärung zu Protokoll der Geschäftsstelle des Landesarbeitsgerichts, das den angefochtenen Beschluß erlassen hat. [3]Geht von einem Beteiligten die Äußerung nicht rechtzeitig ein, so steht dies dem Fortgang des Verfahrens nicht entgegen. [4]§ 83a ist entsprechend anzuwenden.

§ 96[6] Entscheidung. (1) [1]Über die Rechtsbeschwerde entscheidet das Bundesarbeitsgericht durch Beschluß. [2]Die §§ 562, 563 der Zivilprozeßordnung gelten entsprechend.

(2) Der Beschluß nebst Gründen ist von sämtlichen Mitgliedern des Senats zu unterschreiben und den Beteiligten zuzustellen.

---

[1] § 92a neu gef. mWv 1.1.2005 durch G v. 9.12.2004 (BGBl. I S. 3220).
[2] § 92b eingef. mWv 1.1.2005 durch G v. 9.12.2004 (BGBl. I S. 3220).
[3] § 93 Abs. 2 neu gef. durch G v. 17.12.1990 (BGBl. I S. 2809); Abs. 1 Satz 2 angef. mWv 1.1.2005 durch G v. 9.12.2004 (BGBl. I S. 3220).
[4] § 94 Abs. 1 neu gef. mWv 1.7.2008 durch G v. 12.12.2007 (BGBl. I S. 2840).
[5] § 95 Satz 2 geänd. mWv 1.1.2018 durch G v. 5.7.2017 (BGBl. I S. 2208).
[6] § 96 Abs. 1 Satz 2 geänd. mWv 1.1.2002 durch G v. 27.7.2001 (BGBl. I S. 1887).

Lfd. Nr.	Änderndes Gesetz	Datum	Fundstelle	Betroffen	Hinweis
133.	Art. 1 G zur Änd. des StGB – Strafbarkeit des Betreibens krimineller Handelsplattformen im Internet[1]	12.8.2021	BGBl. I S. 3544	Inhaltsübersicht, §§ 5, 128, 129 § 127	geänd. mWv 1.10.2021 eingef. mWv 1.10.2021
134.	Art. 1 G zur Änd. des StGB – Verbesserung des strafrechtlichen Schutzes gegen sogenannte Feindeslisten, Strafbarkeit der Verbreitung und des Besitzes von Anleitungen zu sexuellem Missbrauch von Kindern und Verbesserung der Bekämpfung verhetzender Inhalte sowie Bekämpfung von Propagandamitteln und Kennzeichen verfassungswidriger und terroristischer Organisationen	14.9.2021	BGBl. I S. 4250	Inhaltsübersicht, §§ 5, 86, 86a, 89, 130, 130a, 193, 194, 201a §§ 126a, 176e, 192a	geänd. mWv 22.9.2021 eingef. mWv 22.9.2021
135.	Art. 3 G zur Verbesserung der Transparenzregeln für die Mitglieder des Deutschen Bundestages und zur Anhebung des Strafrahmens des § 108e des StGB	8.10.2021	BGBl. I S. 4650	§ 108e	geänd. mWv 19.10.2021
136.	Art. 2 G zur Änd. des InfektionsschutzG und weiterer Gesetze anlässlich der Aufhebung der Feststellung der epidemischen Lage von nationaler Tragweite	22.11. 2021	BGBl. I S. 4906	Inhaltsübersicht, §§ 275, 281 §§ 277, 278, 279	geänd. mWv 24.11.2021 neu gef. mWv 24.11.2021
137.	Art. 1 G zur Änd. des StGB – Aufhebung des Verbots der Werbung für den Schwangerschaftsabbruch (§ 219a StGB), zur Änd. des HeilmittelwerbeG, zur Änd. des SchwangerschaftskonfliktG, zur Änd. des EinführungsG zum StGB und zur Änd. des G zur strafrechtlichen Rehabilitierung der nach dem 8. Mai 1945 wegen einvernehmlicher homosexueller Handlungen verurteilten Personen	11.7.2022	BGBl. I S. 1082	Inhaltsübersicht, § 218b § 219a	geänd. mWv 19.7.2022 aufgeh. mit Ablauf des 18.7. 2022
138.	Art. 4 G zur Änd. des BundeszentralregisterG und des Strafgesetzbuches[2]	4.12.2022	BGBl. I S. 2146	§§ 5, 130, 192a	geänd. mWv 9.12.2022

[1] **Amtl. Anm.:** Notifiziert gemäß der Richtlinie (EU) 2015/1535 des Europäischen Parlaments und des Rates vom 9. September 2015 über ein Informationsverfahren auf dem Gebiet der technischen Vorschriften und der Vorschriften für die Dienste der Informationsgesellschaft (ABl. L 241 vom 17.9.2015, S. 1).

[2] **Amtl. Anm.:** Artikel 4 dieses Gesetzes dient der Umsetzung des Rahmenbeschlusses 2008/913/JI des Rates vom 28. November 2008 zur strafrechtlichen Bekämpfung bestimmter Formen und Ausdrucksweisen von Rassismus und Fremdenfeindlichkeit (ABl. L 328 vom 6.12.2008, S. 55).

§ 5[1] Auslandstaten mit besonderem Inlandsbezug. Das deutsche Strafrecht gilt, unabhängig vom Recht des Tatorts, für folgende Taten, die im Ausland begangen werden:

1. *(aufgehoben)*
2. Hochverrat (§§ 81 bis 83);
3. Gefährdung des demokratischen Rechtsstaates
   a) in den Fällen des § 86 Absatz 1 und 2, wenn Propagandamittel im Inland wahrnehmbar verbreitet oder der inländischen Öffentlichkeit zugänglich gemacht werden und der Täter Deutscher ist oder seine Lebensgrundlage im Inland hat,
   b) in den Fällen des § 86a Absatz 1 Nummer 1, wenn ein Kennzeichen im Inland wahrnehmbar verbreitet oder in einer der inländischen Öffentlichkeit zugänglichen Weise oder in einem im Inland wahrnehmbar verbreiteten Inhalt (§ 11 Absatz 3) verwendet wird und der Täter Deutscher ist oder seine Lebensgrundlage im Inland hat,
   c) in den Fällen der §§ 89, 90a Abs. 1 und des § 90b, wenn der Täter Deutscher ist und seine Lebensgrundlage im räumlichen Geltungsbereich dieses Gesetzes hat, und
   d) in den Fällen der §§ 90 und 90a Abs. 2;
4. Landesverrat und Gefährdung der äußeren Sicherheit (§§ 94 bis 100a);
5. Straftaten gegen die Landesverteidigung
   a) in den Fällen der §§ 109 und 109e bis 109g und
   b) in den Fällen der §§ 109a, 109d und 109h, wenn der Täter Deutscher ist und seine Lebensgrundlage im räumlichen Geltungsbereich dieses Gesetzes hat;

5a. Widerstand gegen die Staatsgewalt und Straftaten gegen die öffentliche Ordnung
   a) in den Fällen des § 111, wenn die Aufforderung im Inland wahrnehmbar ist und der Täter Deutscher ist oder seine Lebensgrundlage im Inland hat,
   b) in den Fällen des § 127, wenn der Zweck der Handelsplattform darauf ausgerichtet ist, die Begehung von rechtswidrigen Taten im Inland zu ermöglichen oder zu fördern und der Täter Deutscher ist oder seine Lebensgrundlage im Inland hat, und
   c) in den Fällen des § 130 Absatz 2 Nummer 1, auch in Verbindung mit Absatz 6, wenn ein in Absatz 2 Nummer 1 oder Absatz 3 bezeichneter Inhalt (§ 11 Absatz 3) in einer Weise, die geeignet ist, den öffentlichen Frieden zu stören, im Inland wahrnehmbar verbreitet oder der inländischen Öffentlichkeit zugänglich gemacht wird und der Täter Deutscher ist oder seine Lebensgrundlage im Inland hat;

---

[1] § 5 Nr. 15 geänd. mWv 1.8.2007 durch G v. 20.7.2007 (BGBl. I S. 1574); Überschrift und Nr. 6 neu gef., Nr. 6a aufgeh., Nr. 8 und 9 neu gef., Nr. 9a eingef. mWv 27.1.2015 durch G v. 21.1.2015 (BGBl. I S. 10); Nr. 14a aufgeh., Nr. 15 und 16 eingef., bish. Nr. 15 wird Nr. 17 mWv 26.11.2015 durch G v. 20.11.2015 (BGBl. I S. 2025); Nr. 8 geänd. mWv 10.11.2016 durch G v. 4.11.2016 (BGBl. I S. 2460); Nr. 1 aufgeh. mWv 1.1.2017 durch G v. 22.12.2016 (BGBl. I S. 3150); Nr. 10a eingef. mWv 19.4.2017 durch G v. 11.4.2017 (BGBl. I S. 815); Nr. 3 Buchst. a und b eingef., bish. Buchst. a und b werden Buchst. c und d, Nr. 5a eingef. mWv 1.1.2021 durch G v. 30.11.2020 (BGBl. I S. 2600); Nr. 5a Buchst. a geänd., Buchst. b eingef., bish. Buchst. b wird Buchst. c mWv 1.10.2021 durch G v. 12.8.2021 (BGBl. I S. 3544); Nr. 3 Buchst. a geänd. mWv 22.9.2021 durch G v. 14.9.2021 (BGBl. I S. 4250); Nr. 5a Buchst. c geänd. mWv 9.12.2022 durch G v. 4.12.2022 (BGBl. I S. 2146).

6. Straftaten gegen die persönliche Freiheit
   a) in den Fällen der §§ 234a und 241a, wenn die Tat sich gegen eine Person richtet, die zur Zeit der Tat Deutsche ist und ihren Wohnsitz oder gewöhnlichen Aufenthalt im Inland hat,
   b) in den Fällen des § 235 Absatz 2 Nummer 2, wenn die Tat sich gegen eine Person richtet, die zur Zeit der Tat ihren Wohnsitz oder gewöhnlichen Aufenthalt im Inland hat, und
   c) in den Fällen des § 237, wenn der Täter zur Zeit der Tat Deutscher ist oder wenn die Tat sich gegen eine Person richtet, die zur Zeit der Tat ihren Wohnsitz oder gewöhnlichen Aufenthalt im Inland hat;
7. Verletzung von Betriebs- oder Geschäftsgeheimnissen eines im räumlichen Geltungsbereich dieses Gesetzes liegenden Betriebs, eines Unternehmens, das dort seinen Sitz hat, oder eines Unternehmens mit Sitz im Ausland, das von einem Unternehmen mit Sitz im räumlichen Geltungsbereich dieses Gesetzes abhängig ist und mit diesem einen Konzern bildet;
8. Straftaten gegen die sexuelle Selbstbestimmung in den Fällen des § 174 Absatz 1, 2 und 4, der §§ 176 bis 178 und des § 182, wenn der Täter zur Zeit der Tat Deutscher ist;
9. Straftaten gegen das Leben
   a) in den Fällen des § 218 Absatz 2 Satz 2 Nummer 1 und Absatz 4 Satz 1, wenn der Täter zur Zeit der Tat Deutscher ist, und
   b) in den übrigen Fällen des § 218, wenn der Täter zur Zeit der Tat Deutscher ist und seine Lebensgrundlage im Inland hat;

9a. Straftaten gegen die körperliche Unversehrtheit
   a) in den Fällen des § 226 Absatz 1 Nummer 1 in Verbindung mit Absatz 2 bei Verlust der Fortpflanzungsfähigkeit, wenn der Täter zur Zeit der Tat Deutscher ist, und
   b) in den Fällen des § 226a, wenn der Täter zur Zeit der Tat Deutscher ist oder wenn die Tat sich gegen eine Person richtet, die zur Zeit der Tat ihren Wohnsitz oder gewöhnlichen Aufenthalt im Inland hat;

10. falsche uneidliche Aussage, Meineid und falsche Versicherung an Eides Statt (§§ 153 bis 156) in einem Verfahren, das im räumlichen Geltungsbereich dieses Gesetzes bei einem Gericht oder einer anderen deutschen Stelle anhängig ist, die zur Abnahme von Eiden oder eidesstattlichen Versicherungen zuständig ist;

10a. Sportwettbetrug und Manipulation von berufssportlichen Wettbewerben (§§ 265c und 265d), wenn sich die Tat auf einen Wettbewerb bezieht, der im Inland stattfindet;

11. Straftaten gegen die Umwelt in den Fällen der §§ 324, 326, 330 und 330a, die im Bereich der deutschen ausschließlichen Wirtschaftszone begangen werden, soweit völkerrechtliche Übereinkommen zum Schutze des Meeres ihre Verfolgung als Straftaten gestatten;

11a. Straftaten nach § 328 Abs. 2 Nr. 3 und 4, Abs. 4 und 5, auch in Verbindung mit § 330, wenn der Täter zur Zeit der Tat Deutscher ist;

12. Taten, die ein deutscher Amtsträger oder für den öffentlichen Dienst besonders Verpflichteter während eines dienstlichen Aufenthalts oder in Beziehung auf den Dienst begeht;

13. Taten, die ein Ausländer als Amtsträger oder für den öffentlichen Dienst besonders Verpflichteter begeht;

14. Taten, die jemand gegen einen Amtsträger, einen für den öffentlichen Dienst besonders Verpflichteten oder einen Soldaten der Bundeswehr während der Ausübung ihres Dienstes oder in Beziehung auf ihren Dienst begeht;
15. Straftaten im Amt nach den §§ 331 bis 337, wenn
    a) der Täter zur Zeit der Tat Deutscher ist,
    b) der Täter zur Zeit der Tat Europäischer Amtsträger ist und seine Dienststelle ihren Sitz im Inland hat,
    c) die Tat gegenüber einem Amtsträger, einem für den öffentlichen Dienst besonders Verpflichteten oder einem Soldaten der Bundeswehr begangen wird oder
    d) die Tat gegenüber einem Europäischen Amtsträger oder Schiedsrichter, der zur Zeit der Tat Deutscher ist, oder einer nach § 335a gleichgestellten Person begangen wird, die zur Zeit der Tat Deutsche ist;
16. Bestechlichkeit und Bestechung von Mandatsträgern (§ 108e), wenn
    a) der Täter zur Zeit der Tat Mitglied einer deutschen Volksvertretung oder Deutscher ist oder
    b) die Tat gegenüber einem Mitglied einer deutschen Volksvertretung oder einer Person, die zur Zeit der Tat Deutsche ist, begangen wird;
17. Organ- und Gewebehandel (§ 18 des Transplantationsgesetzes[1]), wenn der Täter zur Zeit der Tat Deutscher ist.

§ 6[2] Auslandstaten gegen international geschützte Rechtsgüter. Das deutsche Strafrecht gilt weiter, unabhängig vom Recht des Tatorts, für folgende Taten, die im Ausland begangen werden:

1. *(aufgehoben)*
2. Kernenergie-, Sprengstoff- und Strahlungsverbrechen in den Fällen der §§ 307 und 308 Abs. 1 bis 4, des § 309 Abs. 2 und des § 310;
3. Angriffe auf den Luft- und Seeverkehr (§ 316c);
4. Menschenhandel (§ 232);
5. unbefugter Vertrieb von Betäubungsmitteln;
6. Verbreitung pornographischer Inhalte in den Fällen der §§ 184a, 184b Absatz 1 und 2 und § 184c Absatz 1 und 2;
7. Geld- und Wertpapierfälschung (§§ 146, 151 und 152), Fälschung von Zahlungskarten mit Garantiefunktion (§ 152b Abs. 1 bis 4) sowie deren Vorbereitung (§§ 149, 151, 152 und 152b Abs. 5);
8. Subventionsbetrug (§ 264);
9. Taten, die auf Grund eines für die Bundesrepublik Deutschland verbindlichen zwischenstaatlichen Abkommens auch dann zu verfolgen sind, wenn sie im Ausland begangen werden.[3]

---

[1] **Sartorius ErgBd. Nr. 280.**

[2] § 6 Nr. 1 aufgeh. mWv 30.6.2002 durch G v. 26.6.2002 (BGBl. I S. 2254); Nr. 7 geänd. mWv 28.12. 2003 durch G v. 22.12.2003 (BGBl. I S. 2838); Nr. 6 geänd. mWv 1.4.2004 durch G v. 27.12.2003 (BGBl. I S. 3007); Nr. 6 geänd. mWv 5.11.2008 durch G v. 31.10.2008 (BGBl. I S. 2149); Nr. 6 geänd. mWv 27.1.2015 durch G v. 21.1.2015 (BGBl. I S. 10); Nr. 4 neu gef. mWv 15.10.2016 durch G v. 11.10. 2016 (BGBl. I S. 2226); Nr. 6 geänd. mWv 1.1.2021 durch G v. 30.11.2020 (BGBl. I S. 2600); Nr. 7 geänd. mWv 18.3.2021 durch G v. 10.3.2021 (BGBl. I S. 333).

[3] Wegen der Erweiterung des Geltungsbereichs des deutschen Strafrechts in den §§ 324, 326, 330 und 330a beachte Art. 12 Ausführungsgesetz Seerechtsübereinkommen 1982/1994 v. 6.6.1995 (BGBl. I S. 778), geänd. durch VO v. 31.8.2015 (BGBl. I S. 1474).

§ 7[1] Geltung für Auslandstaten in anderen Fällen. (1) Das deutsche Strafrecht gilt für Taten, die im Ausland gegen einen Deutschen begangen werden, wenn die Tat am Tatort mit Strafe bedroht ist oder der Tatort keiner Strafgewalt unterliegt.

(2) Für andere Taten, die im Ausland begangen werden, gilt das deutsche Strafrecht, wenn die Tat am Tatort mit Strafe bedroht ist oder der Tatort keiner Strafgewalt unterliegt und wenn der Täter

1. zur Zeit der Tat Deutscher war oder es nach der Tat geworden ist oder
2. zur Zeit der Tat Ausländer war, im Inland betroffen und, obwohl das Auslieferungsgesetz seine Auslieferung nach der Art der Tat zuließe, nicht ausgeliefert wird, weil ein Auslieferungsersuchen innerhalb angemessener Frist nicht gestellt oder abgelehnt wird oder die Auslieferung nicht ausführbar ist.

§ 8 Zeit der Tat. [1] Eine Tat ist zu der Zeit begangen, zu welcher der Täter oder der Teilnehmer gehandelt hat oder im Falle des Unterlassens hätte handeln müssen. [2] Wann der Erfolg eintritt, ist nicht maßgebend.

§ 9 Ort der Tat. (1) Eine Tat ist an jedem Ort begangen, an dem der Täter gehandelt hat oder im Falle des Unterlassens hätte handeln müssen oder an dem der zum Tatbestand gehörende Erfolg eingetreten ist oder nach der Vorstellung des Täters eintreten sollte.

(2) [1] Die Teilnahme ist sowohl an dem Ort begangen, an dem die Tat begangen ist, als auch an jedem Ort, an dem der Teilnehmer gehandelt hat oder im Falle des Unterlassens hätte handeln müssen oder an dem nach seiner Vorstellung die Tat begangen werden sollte. [2] Hat der Teilnehmer an einer Auslandstat im Inland gehandelt, so gilt für die Teilnahme das deutsche Strafrecht, auch wenn die Tat nach dem Recht des Tatorts nicht mit Strafe bedroht ist.

§ 10 Sondervorschriften für Jugendliche und Heranwachsende. Für Taten von Jugendlichen und Heranwachsenden gilt dieses Gesetz nur, soweit im Jugendgerichtsgesetz[2] nichts anderes bestimmt ist.

Zweiter Titel. Sprachgebrauch

§ 11[3] Personen- und Sachbegriffe. (1) Im Sinne dieses Gesetzes ist

1. Angehöriger:
   wer zu den folgenden Personen gehört:
   a) Verwandte und Verschwägerte gerader Linie, der Ehegatte, der Lebenspartner, der Verlobte, Geschwister, Ehegatten oder Lebenspartner der Geschwister, Geschwister der Ehegatten oder Lebenspartner, und zwar auch dann, wenn die Ehe oder die Lebenspartnerschaft, welche die Beziehung begründet hat, nicht mehr besteht oder wenn die Verwandtschaft oder Schwägerschaft erloschen ist,
   b) Pflegeeltern und Pflegekinder;

---

[1] § 7 Abs. 2 Nr. 2 geänd. mWv 1.9.2004 durch G v. 24.8.2004 (BGBl. I S. 2198).

[2] Nr. **89**.

[3] § 11 Abs. 1 Nr. 1 Buchst. a geänd. mWv 1.8.2001 durch G v. 16.2.2001 (BGBl. I S. 266); Abs. 1 Nr. 1 Buchst. a geänd. mWv 1.1.2005 durch G v. 15.12.2004 (BGBl. I S. 3396); Abs. 1 Nr. 2a eingef. mWv 26.11.2015 durch G v. 20.11.2015 (BGBl. I S. 2025); Abs. 1 Nr. 8 geänd. mWv 1.7.2017 durch G v. 13.4. 2017 (BGBl. I S. 872); Abs. 1 Nr. 1 Buchst. a geänd. mWv 22.12.2018 durch G v. 18.12.2018 (BGBl. I S. 2639); Abs. 3 neu gef. mWv 1.1.2021 durch G v. 30.11.2020 (BGBl. I S. 2600).

2. Amtsträger:
wer nach deutschem Recht
   a) Beamter oder Richter ist,
   b) in einem sonstigen öffentlich-rechtlichen Amtsverhältnis steht oder
   c) sonst dazu bestellt ist, bei einer Behörde oder bei einer sonstigen Stelle oder in deren Auftrag Aufgaben der öffentlichen Verwaltung unbeschadet der zur Aufgabenerfüllung gewählten Organisationsform wahrzunehmen;

2a. Europäischer Amtsträger:
wer
   a) Mitglied der Europäischen Kommission, der Europäischen Zentralbank, des Rechnungshofs oder eines Gerichts der Europäischen Union ist,
   b) Beamter oder sonstiger Bediensteter der Europäischen Union oder einer auf der Grundlage des Rechts der Europäischen Union geschaffenen Einrichtung ist oder
   c) mit der Wahrnehmung von Aufgaben der Europäischen Union oder von Aufgaben einer auf der Grundlage des Rechts der Europäischen Union geschaffenen Einrichtung beauftragt ist;

3. Richter:
wer nach deutschem Recht Berufsrichter oder ehrenamtlicher Richter ist;

4. für den öffentlichen Dienst besonders Verpflichteter:
wer, ohne Amtsträger zu sein,
   a) bei einer Behörde oder bei einer sonstigen Stelle, die Aufgaben der öffentlichen Verwaltung wahrnimmt, oder
   b) bei einem Verband oder sonstigen Zusammenschluß, Betrieb oder Unternehmen, die für eine Behörde oder für eine sonstige Stelle Aufgaben der öffentlichen Verwaltung ausführen,

   beschäftigt oder für sie tätig und auf die gewissenhafte Erfüllung seiner Obliegenheiten auf Grund eines Gesetzes förmlich verpflichtet ist;

5. rechtswidrige Tat:
nur eine solche, die den Tatbestand eines Strafgesetzes verwirklicht;

6. Unternehmen einer Tat:
deren Versuch und deren Vollendung;

7. Behörde:
auch ein Gericht;

8. Maßnahme:
jede Maßregel der Besserung und Sicherung, die Einziehung und die Unbrauchbarmachung;

9. Entgelt:
jede in einem Vermögensvorteil bestehende Gegenleistung.

(2) Vorsätzlich im Sinne dieses Gesetzes ist eine Tat auch dann, wenn sie einen gesetzlichen Tatbestand verwirklicht, der hinsichtlich der Handlung Vorsatz voraussetzt, hinsichtlich einer dadurch verursachten besonderen Folge jedoch Fahrlässigkeit ausreichen läßt.

(3) Inhalte im Sinne der Vorschriften, die auf diesen Absatz verweisen, sind solche, die in Schriften[1], auf Ton- oder Bildträgern, in Datenspeichern, Abbildungen oder anderen Verkörperungen enthalten sind oder auch unabhängig von einer Speicherung mittels Informations- oder Kommunikationstechnik übertragen werden.

§ 12 Verbrechen und Vergehen. (1) Verbrechen sind rechtswidrige Taten, die im Mindestmaß mit Freiheitsstrafe von einem Jahr oder darüber bedroht sind.

(2) Vergehen sind rechtswidrige Taten, die im Mindestmaß mit einer geringeren Freiheitsstrafe oder die mit Geldstrafe bedroht sind.

(3) Schärfungen oder Milderungen, die nach den Vorschriften des Allgemeinen Teils oder für besonders schwere oder minder schwere Fälle vorgesehen sind, bleiben für die Einteilung außer Betracht.

Zweiter Abschnitt. Die Tat

Erster Titel. Grundlagen der Strafbarkeit

§ 13 Begehen durch Unterlassen. (1) Wer es unterläßt, einen Erfolg abzuwenden, der zum Tatbestand eines Strafgesetzes gehört, ist nach diesem Gesetz nur dann strafbar, wenn er rechtlich dafür einzustehen hat, daß der Erfolg nicht eintritt, und wenn das Unterlassen der Verwirklichung des gesetzlichen Tatbestandes durch ein Tun entspricht.

(2) Die Strafe kann nach § 49 Abs. 1 gemildert werden.

§ 14[2] Handeln für einen anderen. (1) Handelt jemand

1. als vertretungsberechtigtes Organ einer juristischen Person oder als Mitglied eines solchen Organs,

---

[1] Für Druckschriften vgl. die Presse-/Mediengesetze der Länder, die an die Stelle des G über die Presse v. 7.5.1874 (RGBl. S. 65) getreten sind:
- **Baden-Württemberg:** G v. 14.1.1964 (GBl. S. 11), zuletzt geänd. durch G v. 24.4.2018 (GBl. S. 129)
- **Bayern:** G idF der Bek. v. 19.4.2000 (GVBl. S. 340), zuletzt geänd. durch V v. 26.3.2019 (GVBl. S. 98)
- **Berlin:** G v. 15.6.1965 (GVBl. S. 744), zuletzt geänd. durch G v. 27.9.2021 (GVBl. S. 1117)
- **Brandenburg:** G v. 13.5.1993 (GVBl. I S. 162), zuletzt geänd. durch G v. 16.12.2022 (GVBl. I Nr. 33)
- **Bremen:** G v. 16.3.1965 (Brem.GBl. S. 63, ber. 1993 S. 145, 216), zuletzt geänd. durch Bek. v. 20.10. 2020 (Brem.GBl. S. 1172)
- **Hamburg:** G v. 29.1.1965 (HmbGVBl. S. 15), zuletzt geänd. durch G v. 18.5.2018 (HmbGVBl. S. 184)
- **Hessen:** G idF der Bek. v. 12.12.2003 (GVBl. 2004 I S. 2), zuletzt geänd. durch G v. 3.5.2018 (GVBl. S. 82)
- **Mecklenburg-Vorpommern:** G v. 6.6.1993 (GVOBl. M-V S. 541), zuletzt geänd. durch G v. 22.5. 2018 (GVOBl. M-V S. 193)
- **Niedersachsen:** G v. 22.3.1965 (Nds. GVBl. S. 9), zuletzt geänd. durch G v. 16.5.2018 (Nds. GVBl. S. 66)
- **Nordrhein-Westfalen:** G v. 24.5.1966 (GV. NRW. S. 340), zuletzt geänd. durch G v. 4.5.2021 (GV. NRW. S. 597)
- **Rheinland-Pfalz:** G v. 19.12.2018 (GVBl. S. 431), zuletzt geänd. durch G v. 17.12.2020 (GVBl. S. 718)
- **Saarland:** G v. 27.2.2002 (Amtsbl. S. 498, ber. S. 754), zuletzt geänd. durch G v. 8.12.2021 (Amtsbl. I S. 2629)
- **Sachsen:** G v. 3.4.1992 (SächsGVBl. S. 125), zuletzt geänd. durch G v. 11.5.2019 (SächsGVBl. S. 358)
- **Sachsen-Anhalt:** G idF der Bek. v. 2.5.2013 (GVBl. LSA S. 198), zuletzt geänd. durch G v. 29.3.2018 (GVBl. LSA S. 22)
- **Schleswig-Holstein:** G idF der Bek. v. 31.1.2005 (GVOBl. Schl.-H. S. 105), zuletzt geänd. durch G v. 11.6.2019 (GVOBl. Schl.-H. S. 145)
- **Thüringen:** G v. 31.7.1991 (GVBl. S. 271), zuletzt geänd. durch G v. 6.6.2018 (GVBl. S. 229)

[2] § 14 Abs. 1 Nr. 2 geänd. mWv 30.8.2002 durch G v. 22.8.2002 (BGBl. I S. 3387).

2. als vertretungsberechtigter Gesellschafter einer rechtsfähigen Personengesellschaft oder

3. als gesetzlicher Vertreter eines anderen,

so ist ein Gesetz, nach dem besondere persönliche Eigenschaften, Verhältnisse oder Umstände (besondere persönliche Merkmale) die Strafbarkeit begründen, auch auf den Vertreter anzuwenden, wenn diese Merkmale zwar nicht bei ihm, aber bei dem Vertretenen vorliegen.

(2) [1] Ist jemand von dem Inhaber eines Betriebs oder einem sonst dazu Befugten

1. beauftragt, den Betrieb ganz oder zum Teil zu leiten, oder

2. ausdrücklich beauftragt, in eigener Verantwortung Aufgaben wahrzunehmen, die dem Inhaber des Betriebs obliegen,

und handelt er auf Grund dieses Auftrags, so ist ein Gesetz, nach dem besondere persönliche Merkmale die Strafbarkeit begründen, auch auf den Beauftragten anzuwenden, wenn diese Merkmale zwar nicht bei ihm, aber bei dem Inhaber des Betriebs vorliegen. [2] Dem Betrieb im Sinne des Satzes 1 steht das Unternehmen

(Fortsetzung nächstes Blatt)

Absatz 3 oder 4, jeweils soweit es sich um Verbrechen handelt, der §§ 234, 234a, 239a oder 239b,
6. einen Raub oder eine räuberische Erpressung (§§ 249 bis 251 oder 255),
7. ein gemeingefährliches Verbrechen in den Fällen der §§ 306 bis 306c oder 307 Abs. 1 bis 3, des § 308 Abs. 1 bis 3, des § 309 Abs. 1 bis 4, der §§ 313, 314 oder 315 Abs. 3, des § 315b Abs. 3, des § 316a Abs. 1 oder 3, des § 316c Abs. 1 oder 3 oder des § 318 Abs. 3 oder 4 oder
8. ein gemeingefährliches Vergehen in den Fällen des § 309 Abs. 6, des § 311 Abs. 1, des § 316b Abs. 1, des § 317 Abs. 1 oder des § 318 Abs. 1

androht, wird mit Freiheitsstrafe bis zu drei Jahren oder mit Geldstrafe bestraft.

(2) Ebenso wird bestraft, wer in einer Weise, die geeignet ist, den öffentlichen Frieden zu stören, wider besseres Wissen vortäuscht, die Verwirklichung einer der in Absatz 1 genannten rechtswidrigen Taten stehe bevor.

§ 126a[1)] Gefährdendes Verbreiten personenbezogener Daten. (1) Wer öffentlich, in einer Versammlung oder durch Verbreiten eines Inhalts (§ 11 Absatz 3) personenbezogene Daten einer anderen Person in einer Art und Weise verbreitet, die geeignet und nach den Umständen bestimmt ist, diese Person oder eine ihr nahestehende Person der Gefahr

1. eines gegen sie gerichteten Verbrechens oder
2. einer gegen sie gerichteten sonstigen rechtswidrigen Tat gegen die sexuelle Selbstbestimmung, die körperliche Unversehrtheit, die persönliche Freiheit oder gegen eine Sache von bedeutendem Wert

auszusetzen, wird mit Freiheitsstrafe bis zu zwei Jahren oder mit Geldstrafe bestraft.

(2) Handelt es sich um nicht allgemein zugängliche Daten, so ist die Strafe Freiheitsstrafe bis zu drei Jahren oder Geldstrafe.

(3) § 86 Absatz 4 gilt entsprechend.

§ 127[2)] Betreiben krimineller Handelsplattformen im Internet. (1) [1] Wer eine Handelsplattform im Internet betreibt, deren Zweck darauf ausgerichtet ist, die Begehung von rechtswidrigen Taten zu ermöglichen oder zu fördern, wird mit Freiheitsstrafe bis zu fünf Jahren oder mit Geldstrafe bestraft, wenn die Tat nicht in anderen Vorschriften mit schwererer Strafe bedroht ist. [2] Rechtswidrige Taten im Sinne des Satzes 1 sind

1. Verbrechen,
2. Vergehen nach
   a) den §§ 86, 86a, 91, 130, 147 und 148 Absatz 1 Nummer 3, den §§ 149, 152a und 176a Absatz 2, § 176b Absatz 2, § 180 Absatz 2, § 184b Absatz 1 Satz 2, § 184c Absatz 1, § 184l Absatz 1 und 3, den §§ 202a, 202b, 202c, 202d, 232 und 232a Absatz 1, 2, 5 und 6, nach § 232b Absatz 1, 2 und 4 in Verbindung mit § 232a Absatz 5, nach den §§ 233, 233a, 236, 259 und 260, nach § 261 Absatz 1 und 2 unter den in § 261 Absatz 5 Satz 2 genannten Voraussetzungen sowie nach den §§ 263, 263a, 267, 269, 275, 276, 303a und 303b,
   b) § 4 Absatz 1 bis 3 des Anti-Doping-Gesetzes,

[1)] § 126a eingef. mWv 22.9.2021 durch G v. 14.9.2021 (BGBl. I S. 4250).
[2)] § 127 eingef. mWv 1.10.2021 durch G v. 12.8.2021 (BGBl. I S. 3544).

c) § 29 Absatz 1 Satz 1 Nummer 1, auch in Verbindung mit Absatz 6, sowie Absatz 2 und 3 des Betäubungsmittelgesetzes[1)],
d) § 19 Absatz 1 bis 3 des Grundstoffüberwachungsgesetzes,
e) § 4 Absatz 1 und 2 des Neue-psychoaktive-Stoffe-Gesetzes,
f) § 95 Absatz 1 bis 3 des Arzneimittelgesetzes[2)],
g) § 52 Absatz 1 Nummer 1 und 2 Buchstabe b und c, Absatz 2 und 3 Nummer 1 und 7 sowie Absatz 5 und 6 des Waffengesetzes[3)],
h) § 40 Absatz 1 bis 3 des Sprengstoffgesetzes[4)],
i) § 13 des Ausgangsstoffgesetzes,
j) § 83 Absatz 1 Nummer 4 und 5 sowie Absatz 4 des Kulturgutschutzgesetzes,
k) den §§ 143, 143a und 144 des Markengesetzes[5)] sowie
l) den §§ 51 und 65 des Designgesetzes[6)].

(2) Handelsplattform im Internet im Sinne dieser Vorschrift ist jede virtuelle Infrastruktur im frei zugänglichen wie im durch technische Vorkehrungen zugangsbeschränkten Bereich des Internets, die Gelegenheit bietet, Menschen, Waren, Dienstleistungen oder Inhalte (§ 11 Absatz 3) anzubieten oder auszutauschen.

(3) Mit Freiheitsstrafe von sechs Monaten bis zu zehn Jahren wird bestraft, wer im Fall des Absatzes 1 gewerbsmäßig oder als Mitglied einer Bande handelt, die sich zur fortgesetzten Begehung solcher Taten verbunden hat.

(4) Mit Freiheitsstrafe von einem Jahr bis zu zehn Jahren wird bestraft, wer bei der Begehung einer Tat nach Absatz 1 beabsichtigt oder weiß, dass die Handelsplattform im Internet den Zweck hat, Verbrechen zu ermöglichen oder zu fördern.

§ 128[7)] Bildung bewaffneter Gruppen. Wer unbefugt eine Gruppe, die über Waffen oder andere gefährliche Werkzeuge verfügt, bildet oder befehligt oder wer sich einer solchen Gruppe anschließt, sie mit Waffen oder Geld versorgt oder sonst unterstützt, wird mit Freiheitsstrafe bis zu zwei Jahren oder mit Geldstrafe bestraft.

§ 129[8)] Bildung krimineller Vereinigungen. (1) [1] Mit Freiheitsstrafe bis zu fünf Jahren oder mit Geldstrafe wird bestraft, wer eine Vereinigung gründet oder sich an einer Vereinigung als Mitglied beteiligt, deren Zweck oder Tätigkeit auf die Begehung von Straftaten gerichtet ist, die im Höchstmaß mit Freiheitsstrafe von mindestens zwei Jahren bedroht sind. [2] Mit Freiheitsstrafe bis zu drei Jahren oder mit Geldstrafe wird bestraft, wer eine solche Vereinigung unterstützt oder für sie um Mitglieder oder Unterstützer wirbt.

(2) Eine Vereinigung ist ein auf längere Dauer angelegter, von einer Festlegung von Rollen der Mitglieder, der Kontinuität der Mitgliedschaft und der Ausprägung

---

[1)] **Habersack, Deutsche Gesetze ErgBd. Nr. 86.**
[2)] **Sartorius ErgBd. Nr. 272.**
[3)] **Sartorius Nr. 820.**
[4)] **Sartorius ErgBd. Nr. 822.**
[5)] Nr. 72.
[6)] **Habersack, Deutsche Gesetze ErgBd. Nr. 69.**
[7)] Bish. § 127 wird § 128 mWv 1.10.2021 durch G v. 12.8.2021 (BGBl. I S. 3544).
[8)] § 129 Abs. 1 neu gef., Abs. 2 eingef., bish. Abs. 2 wird Abs. 3, bish. Abs. 3 wird Abs. 4 und geänd., bish. Abs. 4 wird Abs. 5 und neu gef., bish. Abs. 5 wird Abs. 6 und geänd., bish. Abs. 6 wird Abs. 7 mWv 22.7.2017 durch G v. 17.7.2017 (BGBl. I S. 2440); Abs. 5 Satz 3 geänd. mWv 24.8.2017 durch G v. 17.8.2017 (BGBl. I S. 3202, ber. S. 3630); Abs. 5 Satz 3 geänd. mWv 1.7.2021 durch G v. 25.6.2021 (BGBl. I S. 2099); Abs. 5 Satz 3 geänd. mWv 1.10.2021 durch G v. 12.8.2021 (BGBl. I S. 3544) (aufgrund der vorhergehenden Änd. teilweise nicht ausführbar).

der Struktur unabhängiger organisierter Zusammenschluss von mehr als zwei Personen zur Verfolgung eines übergeordneten gemeinsamen Interesses.

(3) Absatz 1 ist nicht anzuwenden,

1. wenn die Vereinigung eine politische Partei ist, die das Bundesverfassungsgericht nicht für verfassungswidrig erklärt hat,
2. wenn die Begehung von Straftaten nur ein Zweck oder eine Tätigkeit von untergeordneter Bedeutung ist oder
3. soweit die Zwecke oder die Tätigkeit der Vereinigung Straftaten nach den §§ 84 bis 87 betreffen.

(4) Der Versuch, eine in Absatz 1 Satz 1 und Absatz 2 bezeichnete Vereinigung zu gründen, ist strafbar.

(5) [1] In besonders schweren Fällen des Absatzes 1 Satz 1 ist auf Freiheitsstrafe von sechs Monaten bis zu fünf Jahren zu erkennen. [2] Ein besonders schwerer Fall liegt in der Regel vor, wenn der Täter zu den Rädelsführern oder Hintermännern der Vereinigung gehört. [3] In den Fällen des Absatzes 1 Satz 1 ist auf Freiheitsstrafe von sechs Monaten bis zu zehn Jahren zu erkennen, wenn der Zweck oder die Tätigkeit der Vereinigung darauf gerichtet ist, in § 100b Absatz 2 Nummer 1 *Buchstabe a, c, d, e und g bis n*[1)], Nummer 2 bis 8 und 10 der Strafprozessordnung[2)] genannte Straftaten mit Ausnahme der in § 100b Absatz 2 Nummer 1 Buchstabe h der Strafprozessordnung genannten Straftaten nach den §§ 239a und 239b des Strafgesetzbuches zu begehen.

(6) Das Gericht kann bei Beteiligten, deren Schuld gering und deren Mitwirkung von untergeordneter Bedeutung ist, von einer Bestrafung nach den Absätzen 1 und 4 absehen.

(7) Das Gericht kann die Strafe nach seinem Ermessen mildern (§ 49 Abs. 2) oder von einer Bestrafung nach diesen Vorschriften absehen, wenn der Täter

1. sich freiwillig und ernsthaft bemüht, das Fortbestehen der Vereinigung oder die Begehung einer ihren Zielen entsprechenden Straftat zu verhindern, oder
2. freiwillig sein Wissen so rechtzeitig einer Dienststelle offenbart, daß Straftaten, deren Planung er kennt, noch verhindert werden können;

erreicht der Täter sein Ziel, das Fortbestehen der Vereinigung zu verhindern, oder wird es ohne sein Bemühen erreicht, so wird er nicht bestraft.

§ 129a[3)] Bildung terroristischer Vereinigungen. (1) Wer eine Vereinigung (§ 129 Absatz 2) gründet, deren Zwecke oder deren Tätigkeit darauf gerichtet sind,

1. Mord (§ 211) oder Totschlag (§ 212) oder Völkermord (§ 6 des Völkerstrafgesetzbuches[4)]) oder Verbrechen gegen die Menschlichkeit (§ 7 des Völkerstrafgesetzbuches) oder Kriegsverbrechen (§§ 8, 9, 10, 11 oder § 12 des Völkerstrafgesetzbuches) oder

---

[1)] Folgende Änderungsanweisung im G v. 12.8.2021 (BGBl. I S. 3544) ist mangels Textübereinstimmung („g bis m" statt „g bis n") nicht ausführbar: „In § 129 Absatz 5 Satz 3 werden die Wörter „§ 100b Absatz 2 Nummer 1 Buchstabe a, c, d, e und g bis m" durch die Wörter „§ 100b Absatz 2 Nummer 1 Buchstabe a, b, d bis f und h bis o" [...] ersetzt."

[2)] Nr. **90**.

[3)] § 129a Abs. 1 Nr. 1 geänd. mWv 30.6.2002 durch G v. 26.6.2002 (BGBl. I S. 2254); Abs. 1 Nr. 1 und 2 geänd., Nr. 3 aufgeh., Abs. 2 und 3 eingef., bish. Abs. 2, 4 und 7 werden Abs. 4, 6 und 9 und geänd., bish. Abs. 3 wird Abs. 5 und neu gef., bish. Abs. 5 und 6 werden Abs. 7 und 8 mWv 28.12.2003 durch G v. 22.12. 2003 (BGBl. I S. 2836); Abs. 9 geänd. mWv 30.7.2016 durch G v. 26.7.2016 (BGBl. I S. 1818); Abs. 1 einl. Satzteil und Abs. 7 geänd. mWv 22.7.2017 durch G v. 17.7.2017 (BGBl. I S. 2440).

[4)] **Habersack, Deutsche Gesetze ErgBd. Nr. 85g.**

2. Straftaten gegen die persönliche Freiheit in den Fällen des § 239a oder des § 239b

zu begehen, oder wer sich an einer solchen Vereinigung als Mitglied beteiligt, wird mit Freiheitsstrafe von einem Jahr bis zu zehn Jahren bestraft.

(2) Ebenso wird bestraft, wer eine Vereinigung gründet, deren Zwecke oder deren Tätigkeit darauf gerichtet sind,

1. einem anderen Menschen schwere körperliche oder seelische Schäden, insbesondere der in § 226 bezeichneten Art, zuzufügen,
2. Straftaten nach den §§ 303b, 305, 305a oder gemeingefährliche Straftaten in den Fällen der §§ 306 bis 306c oder 307 Abs. 1 bis 3, des § 308 Abs. 1 bis 4, des § 309 Abs. 1 bis 5, der §§ 313, 314 oder 315 Abs. 1, 3 oder 4, des § 316b Abs. 1 oder 3 oder des § 316c Abs. 1 bis 3 oder des § 317 Abs. 1,
3. Straftaten gegen die Umwelt in den Fällen des § 330a Abs. 1 bis 3,
4. Straftaten nach § 19 Abs. 1 bis 3, § 20 Abs. 1 oder 2, § 20a Abs. 1 bis 3, § 19 Abs. 2 Nr. 2 oder Abs. 3 Nr. 2, § 20 Abs. 1 oder 2 oder § 20a Abs. 1 bis 3, jeweils auch in Verbindung mit § 21, oder nach § 22a Abs. 1 bis 3 des Gesetzes über die Kontrolle von Kriegswaffen[1] oder
5. Straftaten nach § 51 Abs. 1 bis 3 des Waffengesetzes[2]

zu begehen, oder wer sich an einer solchen Vereinigung als Mitglied beteiligt, wenn eine der in den Nummern 1 bis 5 bezeichneten Taten bestimmt ist, die Bevölkerung auf erhebliche Weise einzuschüchtern, eine Behörde oder eine internationale Organisation rechtswidrig mit Gewalt oder durch Drohung mit Gewalt zu nötigen oder die politischen, verfassungsrechtlichen, wirtschaftlichen oder sozialen Grundstrukturen eines Staates oder einer internationalen Organisation zu beseitigen oder erheblich zu beeinträchtigen, und durch die Art ihrer Begehung oder ihre Auswirkungen einen Staat oder eine internationale Organisation erheblich schädigen kann.

(3) Sind die Zwecke oder die Tätigkeit der Vereinigung darauf gerichtet, eine der in Absatz 1 und 2 bezeichneten Straftaten anzudrohen, ist auf Freiheitsstrafe von sechs Monaten bis zu fünf Jahren zu erkennen.

(4) Gehört der Täter zu den Rädelsführern oder Hintermännern, so ist in den Fällen der Absätze 1 und 2 auf Freiheitsstrafe nicht unter drei Jahren, in den Fällen des Absatzes 3 auf Freiheitsstrafe von einem Jahr bis zu zehn Jahren zu erkennen.

(5) [1] Wer eine in Absatz 1, 2 oder Absatz 3 bezeichnete Vereinigung unterstützt, wird in den Fällen der Absätze 1 und 2 mit Freiheitsstrafe von sechs Monaten bis zu zehn Jahren, in den Fällen des Absatzes 3 mit Freiheitsstrafe bis zu fünf Jahren oder mit Geldstrafe bestraft. [2] Wer für eine in Absatz 1 oder Absatz 2 bezeichnete Vereinigung um Mitglieder oder Unterstützer wirbt, wird mit Freiheitsstrafe von sechs Monaten bis zu fünf Jahren bestraft.

(6) Das Gericht kann bei Beteiligten, deren Schuld gering und deren Mitwirkung *von untergeordneter Bedeutung* ist, in den Fällen der Absätze 1, 2, 3 und 5 die Strafe nach seinem Ermessen (§ 49 Abs. 2) mildern.

(7) § 129 Absatz 7 gilt entsprechend.

(8) Neben einer Freiheitsstrafe von mindestens sechs Monaten kann das Gericht die Fähigkeit, öffentliche Ämter zu bekleiden, und die Fähigkeit, Rechte aus öffentlichen Wahlen zu erlangen, aberkennen (§ 45 Abs. 2).

---

[1] **Sartorius Nr. 823.**
[2] **Sartorius Nr. 820.**

(9) In den Fällen der Absätze 1, 2, 4 und 5 kann das Gericht Führungsaufsicht anordnen (§ 68 Abs. 1).

§ 129b[1)] Kriminelle und terroristische Vereinigungen im Ausland; Einziehung. (1) [1]Die §§ 129 und 129a gelten auch für Vereinigungen im Ausland. [2]Bezieht sich die Tat auf eine Vereinigung außerhalb der Mitgliedstaaten der Europäischen Union, so gilt dies nur, wenn sie durch eine im räumlichen Geltungsbereich dieses Gesetzes ausgeübte Tätigkeit begangen wird oder wenn der Täter oder das Opfer Deutscher ist oder sich im Inland befindet. [3]In den Fällen des Satzes 2 wird die Tat nur mit Ermächtigung des Bundesministeriums der Justiz und für Verbraucherschutz verfolgt. [4]Die Ermächtigung kann für den Einzelfall oder allgemein auch für die Verfolgung künftiger Taten erteilt werden, die sich auf eine bestimmte Vereinigung beziehen. [5]Bei der Entscheidung über die Ermächtigung zieht das Ministerium in Betracht, ob die Bestrebungen der Vereinigung gegen die Grundwerte einer die Würde des Menschen achtenden staatlichen Ordnung oder gegen das friedliche Zusammenleben der Völker gerichtet sind und bei Abwägung aller Umstände als verwerflich erscheinen.

(2) In den Fällen der §§ 129 und 129a, jeweils auch in Verbindung mit Absatz 1, ist § 74a anzuwenden.

§ 130[2)] Volksverhetzung. (1) Wer in einer Weise, die geeignet ist, den öffentlichen Frieden zu stören,

1. gegen eine nationale, rassische, religiöse oder durch ihre ethnische Herkunft bestimmte Gruppe, gegen Teile der Bevölkerung oder gegen einen Einzelnen wegen dessen Zugehörigkeit zu einer vorbezeichneten Gruppe oder zu einem Teil der Bevölkerung zum Hass aufstachelt, zu Gewalt- oder Willkürmaßnahmen auffordert oder
2. die Menschenwürde anderer dadurch angreift, dass er eine vorbezeichnete Gruppe, Teile der Bevölkerung oder einen Einzelnen wegen dessen Zugehörigkeit zu einer vorbezeichneten Gruppe oder zu einem Teil der Bevölkerung beschimpft, böswillig verächtlich macht oder verleumdet,

wird mit Freiheitsstrafe von drei Monaten bis zu fünf Jahren bestraft.

(2) Mit Freiheitsstrafe bis zu drei Jahren oder mit Geldstrafe wird bestraft, wer

1. einen Inhalt (§ 11 Absatz 3) verbreitet oder der Öffentlichkeit zugänglich macht oder einer Person unter achtzehn Jahren einen Inhalt (§ 11 Absatz 3) anbietet, überlässt oder zugänglich macht, der
   a) zum Hass gegen eine in Absatz 1 Nummer 1 bezeichnete Gruppe, gegen Teile der Bevölkerung oder gegen einen Einzelnen wegen dessen Zugehörigkeit zu einer in Absatz 1 Nummer 1 bezeichneten Gruppe oder zu einem Teil der Bevölkerung aufstachelt,

---

[1)] § 129b eingef. mWv 30.8.2002 durch G v. 22.8.2002 (BGBl. I S. 3390); Abs. 1 Satz 3 geänd. mWv 8.9. 2015 durch VO v. 31.8.2015 (BGBl. I S. 1474); Überschrift und Abs. 2 geänd. mWv 1.7.2017 durch G v. 13.4.2017 (BGBl. I S. 872).

[2)] § 130 Abs. 3 geänd. mWv 30.6.2002 durch G v. 26.6.2002 (BGBl. I S. 2254); Abs. 4 eingef., bish. Abs. 4 und 5 werden Abs. 5 und 6 und geänd. mWv 1.4.2005 durch G v. 24.3.2005 (BGBl. I S. 969); Abs. 1 neu gef. mWv 22.3.2011 durch G v. 16.3.2011 (BGBl. I S. 418); Abs. 2 und 5 neu gef., Abs. 6 eingef., bish. Abs. 6 wird Abs. 7 mWv 27.1.2015 durch G v. 21.1.2015 (BGBl. I S. 10); Abs. 2 Nr. 1 einl. Satzteil und Buchst. c geänd., Nr. 2 aufgeh., bish. Nr. 3 wird Nr. 2 und neu gef., Abs. 5 neu gef., Abs. 6 und 7 geänd. mWv 1.1.2021 durch G v. 30.11.2020 (BGBl. I S. 2600); Abs. 7 geänd. mWv 22.9.2021 durch G v. 14.9. 2021 (BGBl. I S. 4250); Abs. 1 Nr. 1 und 2, Abs. 2 Nr. 1 Buchst. a geänd., Abs. 5 eingef., bish. Abs. 5–7 werden Abs. 6–8 und geänd. mWv 9.12.2022 durch G v. 4.12.2022 (BGBl. I S. 2146).

b) zu Gewalt- oder Willkürmaßnahmen gegen in Buchstabe a genannte Personen oder Personenmehrheiten auffordert oder

c) die Menschenwürde von in Buchstabe a genannten Personen oder Personenmehrheiten dadurch angreift, dass diese beschimpft, böswillig verächtlich gemacht oder verleumdet werden oder

2. einen in Nummer 1 Buchstabe a bis c bezeichneten Inhalt (§ 11 Absatz 3) herstellt, bezieht, liefert, vorrätig hält, anbietet, bewirbt oder es unternimmt, diesen ein- oder auszuführen, um ihn im Sinne der Nummer 1 zu verwenden oder einer anderen Person eine solche Verwendung zu ermöglichen.

(3) Mit Freiheitsstrafe bis zu fünf Jahren oder mit Geldstrafe wird bestraft, wer eine unter der Herrschaft des Nationalsozialismus begangene Handlung der in § 6 Abs. 1 des Völkerstrafgesetzbuches[1] bezeichneten Art in einer Weise, die geeignet ist, den öffentlichen Frieden zu stören, öffentlich oder in einer Versammlung billigt, leugnet oder verharmlost.

(4) Mit Freiheitsstrafe bis zu drei Jahren oder mit Geldstrafe wird bestraft, wer öffentlich oder in einer Versammlung den öffentlichen Frieden in einer die Würde der Opfer verletzenden Weise dadurch stört, dass er die nationalsozialistische Gewalt- und Willkürherrschaft billigt, verherrlicht oder rechtfertigt.

(5) Mit Freiheitsstrafe bis zu drei Jahren oder mit Geldstrafe wird bestraft, wer eine Handlung der in den §§ 6 bis 12 des Völkerstrafgesetzbuches bezeichneten Art gegen eine der in Absatz 1 Nummer 1 bezeichneten Personenmehrheiten oder gegen einen Einzelnen wegen dessen Zugehörigkeit zu einer dieser Personenmehrheiten öffentlich oder in einer Versammlung in einer Weise billigt, leugnet oder gröblich verharmlost, die geeignet ist, zu Hass oder Gewalt gegen eine solche Person oder Personenmehrheit aufzustacheln und den öffentlichen Frieden zu stören.

(6) Absatz 2 gilt auch für einen in den Absätzen 3 bis 5 bezeichneten Inhalt (§ 11 Absatz 3).

(7) In den Fällen des Absatzes 2 Nummer 1, auch in Verbindung mit Absatz 6, ist der Versuch strafbar.

(8) In den Fällen des Absatzes 2, auch in Verbindung mit den Absätzen 6 und 7, sowie in den Fällen der Absätze 3 bis 5 gilt § 86 Absatz 4 entsprechend.

§ 130a[2] Anleitung zu Straftaten. (1) Wer einen Inhalt (§ 11 Absatz 3), der geeignet ist, als Anleitung zu einer in § 126 Abs. 1 genannten rechtswidrigen Tat zu dienen, und dazu bestimmt ist, die Bereitschaft anderer zu fördern oder zu wecken, eine solche Tat zu begehen, verbreitet oder der Öffentlichkeit zugänglich macht, wird mit Freiheitsstrafe bis zu drei Jahren oder mit Geldstrafe bestraft.

(2) Ebenso wird bestraft, wer

1. einen Inhalt (§ 11 Absatz 3), der geeignet ist, als Anleitung zu einer in § 126 Abs. 1 genannten rechtswidrigen Tat zu dienen, verbreitet oder der Öffentlichkeit zugänglich macht oder
2. öffentlich oder in einer Versammlung zu einer in § 126 Abs. 1 genannten rechtswidrigen Tat eine Anleitung gibt,

---

[1] **Habersack, Deutsche Gesetze ErgBd. Nr. 85g.**

[2] § 130a Abs. 1 und Abs. 2 Nr. 1 geänd., Abs. 3 eingef., bish. Abs. 3 wird Abs. 4 mWv 27.1.2015 durch G v. 21.1.2015 (BGBl. I S. 10); Abs. 1 und Abs. 2 Nr. 1 geänd., Abs. 3 aufgeh., bish. Abs. 4 wird Abs. 3 mWv 1.1.2021 durch G v. 30.11.2020 (BGBl. I S. 2600); Abs. 3 geänd. mWv 22.9.2021 durch G v. 14.9.2021 (BGBl. I S. 4250).

1. eine körperliche Nachbildung eines Kindes oder eines Körperteiles eines Kindes, die nach ihrer Beschaffenheit zur Vornahme sexueller Handlungen bestimmt ist, herstellt, anbietet oder bewirbt oder
2. mit einer in Nummer 1 beschriebenen Nachbildung Handel treibt oder sie hierzu in oder durch den räumlichen Geltungsbereich dieses Gesetzes verbringt oder
3. ohne Handel zu treiben, eine in Nummer 1 beschriebene Nachbildung veräußert, abgibt oder sonst in Verkehr bringt.

[2] Satz 1 gilt nicht, wenn die Tat nach § 184b mit schwererer Strafe bedroht ist.

(2) [1] Mit Freiheitsstrafe bis zu drei Jahren oder Geldstrafe wird bestraft, wer eine in Absatz 1 Satz 1 Nummer 1 beschriebene Nachbildung erwirbt, besitzt oder in oder durch den räumlichen Geltungsbereich dieses Gesetzes verbringt. [2] Absatz 1 Satz 2 gilt entsprechend.

(3) In den Fällen des Absatzes 1 Satz 1 Nummer 2 und 3 ist der Versuch strafbar.

(4) Absatz 1 Satz 1 Nummer 3 und Absatz 2 gelten nicht für Handlungen, die ausschließlich der rechtmäßigen Erfüllung staatlicher Aufgaben oder dienstlicher oder beruflicher Pflichten dienen.

(5) [1] Gegenstände, auf die sich die Straftat bezieht, werden eingezogen. [2] § 74a ist anzuwenden.

Vierzehnter Abschnitt. Beleidigung

§ 185[1)] Beleidigung. Die Beleidigung wird mit Freiheitsstrafe bis zu einem Jahr oder mit Geldstrafe und, wenn die Beleidigung öffentlich, in einer Versammlung, durch Verbreiten eines Inhalts (§ 11 Absatz 3) oder mittels einer Tätlichkeit begangen wird, mit Freiheitsstrafe bis zu zwei Jahren oder mit Geldstrafe bestraft.

§ 186[2)] Üble Nachrede. Wer in Beziehung auf einen anderen eine Tatsache behauptet oder verbreitet, welche denselben verächtlich zu machen oder in der öffentlichen Meinung herabzuwürdigen geeignet ist, wird, wenn nicht diese Tatsache erweislich wahr ist, mit Freiheitsstrafe bis zu einem Jahr oder mit Geldstrafe und, wenn die Tat öffentlich, in einer Versammlung oder durch Verbreiten eines Inhalts (§ 11 Absatz 3) begangen ist, mit Freiheitsstrafe bis zu zwei Jahren oder mit Geldstrafe bestraft.

§ 187[3)] Verleumdung. Wer wider besseres Wissen in Beziehung auf einen anderen eine unwahre Tatsache behauptet oder verbreitet, welche denselben verächtlich zu machen oder in der öffentlichen Meinung herabzuwürdigen oder dessen Kredit zu gefährden geeignet ist, wird mit Freiheitsstrafe bis zu zwei Jahren oder mit Geldstrafe und, wenn die Tat öffentlich, in einer Versammlung oder durch Verbreiten eines Inhalts (§ 11 Absatz 3) begangen ist, mit Freiheitsstrafe bis zu fünf Jahren oder mit Geldstrafe bestraft.

§ 188[4)] Gegen Personen des politischen Lebens gerichtete Beleidigung, üble Nachrede und Verleumdung. (1) [1] Wird gegen eine im politischen Leben des Volkes

---

[1)] § 185 geänd. mWv 3.4.2021 durch G v. 30.3.2021 (BGBl. I S. 441, geänd. durch G v. 30.3.2021, BGBl. I S. 448).

[2)] § 186 geänd. mWv 1.1.2021 durch G v. 30.11.2020 (BGBl. I S. 2600); geänd. mWv 3.4.2021 durch G v. 30.3.2021 (BGBl. I S. 441, geänd. durch G v. 30.3.2021, BGBl. I S. 448).

[3)] § 187 geänd. mWv 1.1.2021 durch G v. 30.11.2020 (BGBl. I S. 2600).

[4)] § 188 Abs. 1 geänd. mWv 1.1.2021 durch G v. 30.11.2020 (BGBl. I S. 2600); Überschrift neu gef., Abs. 1 Satz 1 geänd., Satz 2 angef., Abs. 2 neu gef. mWv 3.4.2021 durch G v. 30.3.2021 (BGBl. I S. 441, geänd. durch G v. 30.3.2021, BGBl. I S. 448).

stehende Person öffentlich, in einer Versammlung oder durch Verbreiten eines Inhalts (§ 11 Absatz 3) eine Beleidigung (§ 185) aus Beweggründen begangen, die mit der Stellung des Beleidigten im öffentlichen Leben zusammenhängen, und ist die Tat geeignet, sein öffentliches Wirken erheblich zu erschweren, so ist die Strafe Freiheitsstrafe bis zu drei Jahren oder Geldstrafe. [2] Das politische Leben des Volkes reicht bis hin zur kommunalen Ebene.

(2) Unter den gleichen Voraussetzungen wird eine üble Nachrede (§ 186) mit Freiheitsstrafe von drei Monaten bis zu fünf Jahren und eine Verleumdung (§ 187) mit Freiheitsstrafe von sechs Monaten bis zu fünf Jahren bestraft.

§ 189 Verunglimpfung des Andenkens Verstorbener. Wer das Andenken eines Verstorbenen verunglimpft, wird mit Freiheitsstrafe bis zu zwei Jahren oder mit Geldstrafe bestraft.

§ 190 Wahrheitsbeweis durch Strafurteil. [1] Ist die behauptete oder verbreitete Tatsache eine Straftat, so ist der Beweis der Wahrheit als erbracht anzusehen, wenn der Beleidigte wegen dieser Tat rechtskräftig verurteilt worden ist. [2] Der Beweis der Wahrheit ist dagegen ausgeschlossen, wenn der Beleidigte vor der Behauptung oder Verbreitung rechtskräftig freigesprochen worden ist.

§ 191 (weggefallen)

§ 192 Beleidigung trotz Wahrheitsbeweises. Der Beweis der Wahrheit der behaupteten oder verbreiteten Tatsache schließt die Bestrafung nach § 185 nicht aus, wenn das Vorhandensein einer Beleidigung aus der Form der Behauptung oder Verbreitung oder aus den Umständen, unter welchen sie geschah, hervorgeht.

§ 192a[1] Verhetzende Beleidigung. Wer einen Inhalt (§ 11 Absatz 3), der geeignet ist, die Menschenwürde anderer dadurch anzugreifen, dass er eine durch ihre nationale, rassische, religiöse oder ethnische Herkunft, ihre Weltanschauung, ihre Behinderung oder ihre sexuelle Orientierung bestimmte Gruppe oder einen Einzelnen wegen dessen Zugehörigkeit zu einer dieser Gruppen beschimpft, böswillig verächtlich macht oder verleumdet, an eine andere Person, die zu einer der vorbezeichneten Gruppen gehört, gelangen lässt, ohne von dieser Person hierzu aufgefordert zu sein, wird mit Freiheitsstrafe bis zu zwei Jahren oder mit Geldstrafe bestraft.

§ 193[2] Wahrnehmung berechtigter Interessen. Tadelnde Urteile über wissenschaftliche, künstlerische oder gewerbliche Leistungen, desgleichen Äußerungen oder Tathandlungen nach § 192a, welche zur Ausführung oder Verteidigung von Rechten oder zur Wahrnehmung berechtigter Interessen vorgenommen werden, sowie Vorhaltungen und Rügen der Vorgesetzten gegen ihre Untergebenen, dienstliche Anzeigen oder Urteile von seiten eines Beamten und ähnliche Fälle sind nur insofern strafbar, als das Vorhandensein einer Beleidigung aus der Form der Äußerung oder aus den Umständen, unter welchen sie geschah, hervorgeht.

---

[1] § 192a eingef. mWv 22.9.2021 durch G v. 14.9.2021 (BGBl. I S. 4250); geänd. mWv 9.12.2022 durch G v. 4.12.2022 (BGBl. I S. 2146).

[2] § 193 geänd. mWv 22.9.2021 durch G v. 14 9.2021 (BGBl. I S. 4250).

Lfd. Nr.	Änderndes Gesetz	Datum	Fundstelle	Betroffen	Hinweis
63.	Art. 15 Abs. 7 G zur Reform des Vormundschafts- und Betreuungsrechts	4.5.2021	BGBl. I S. 882	§ 60	geänd. mWv 1.1.2023
64.	Art. 4 G zur Bekämpfung sexualisierter Gewalt gegen Kinder	16.6.2021	BGBl. I S. 1810	§§ 32, 33, 34, 41, 45, 46, 69	geänd. mWv 1.7.2022
65.	Art. 2 G zur Durchführung der VO (EU) 2019/816 sowie zur Änd. weiterer Vorschriften	10.8.2021	BGBl. I S. 3420	§§ 5, 21, 41	geänd. mWv 18.8.2021
				§ 20b	eingef. mWv 18.8.2021
				§§ 5, 21a, 32, 41, 57, 57a	geänd. mWv 1.10.2022
				2. Teil 8. Abschnitt (§§ 58a, 58b, 58c)	eingef. mWv 1.10.2022
66.	Art. 1 G zur Änd. des BundeszentralregisterG und des Strafgesetzbuches	4.12.2022	BGBl. I S. 2146	§§ 1, 5, 25, 30a, 30b, 30c, 39, 42, 42a, 49, 55, 56, 57a, 69	geänd. mWv 9.12.2022
				§ 57b	eingef. mWv 9.12.2022
				§ 58d	eingef. mWv 1.4.2023
				§ 17	geänd. mWv 1.10.2023

Nichtamtliche Inhaltsübersicht

Erster Teil. Registerbehörde

§ 1[1] **Bundeszentralregister.** (1) Für den Geltungsbereich dieses Gesetzes führt das Bundesamt für Justiz ein Zentralregister und ein Erziehungsregister (Bundeszentralregister).

(2) [1] Die näheren Bestimmungen trifft das Bundesministerium der Justiz. [2] Soweit die Bestimmungen die Erfassung und Aufbereitung der Daten sowie die Auskunftserteilung betreffen, werden sie von der Bundesregierung mit Zustimmung des Bundesrates erlassen.

§ 2[2] *(aufgehoben)*

Zweiter Teil. Das Zentralregister

Erster Abschnitt. Inhalt und Führung des Registers

§ 3[3] **Inhalt des Registers.** In das Register werden eingetragen
1. strafgerichtliche Verurteilungen (§§ 4 bis 7),
2. *(aufgehoben)*
3. Entscheidungen von Verwaltungsbehörden und Gerichten (§ 10),
4. gerichtliche Entscheidungen und Verfügungen von Strafverfolgungsbehörden wegen Schuldunfähigkeit (§ 11),
5. gerichtliche Feststellungen nach § 17 Abs. 2, § 18,
6. nachträgliche Entscheidungen und Tatsachen, die sich auf eine der in den Nummern 1 bis 4 genannten Eintragungen beziehen (§§ 12 bis 16, § 17 Abs. 1).

---

[1] § 1 neu gef. mWv 1.1.2007 durch G v. 17.12.2006 (BGBl. I S. 3171); Abs. 1 geänd. mWv 27.4.2012 durch G v. 15.12.2011 (BGBl. I S. 2714); Abs. 1 und 2 Satz 1 geänd. mWv 29.7.2017 durch G v. 18.7. 2017 (BGBl. I S. 2732); Abs. 2 Satz 1 geänd. mWv 9.12.2022 durch G v. 4.12.2022 (BGBl. I S. 2146).

[2] § 2 aufgeh. mWv 1.1.2007 durch G v. 17.12.2006 (BGBl. I S. 3171).

[3] § 3 Nr. 2 aufgeh., Nr. 6 geänd. durch G v. 12.9.1990 (BGBl. I S. 2002); Nr. 4 neu gef. mWv 29.7. 2017, Nr. 1 geänd. mWv 31.8.2020 durch G v. 18.7.2017 (BGBl. I S. 2732).

§ 4 Verurteilungen. In das Register sind die rechtskräftigen Entscheidungen einzutragen, durch die ein deutsches Gericht im Geltungsbereich dieses Gesetzes wegen einer rechtswidrigen Tat

1. auf Strafe erkannt,
2. eine Maßregel der Besserung und Sicherung angeordnet,
3. jemanden nach § 59 des Strafgesetzbuchs[1] mit Strafvorbehalt verwarnt oder
4. nach § 27 des Jugendgerichtsgesetzes[2] die Schuld eines Jugendlichen oder Heranwachsenden festgestellt

hat.

§ 5[3] Inhalt der Eintragung. (1) Einzutragen sind

1. die Personendaten der betroffenen Person; dazu gehören der Geburtsname, ein hiervon abweichender Familienname, die Vornamen, das Geschlecht, das Geburtsdatum, der Geburtsort, die Staatsangehörigkeit und die Anschrift sowie abweichende Personendaten,
2. die entscheidende Stelle samt Geschäftsnummer,
3. der Tag der (letzten) Tat,
4. der Tag des ersten Urteils; bei Strafbefehlen gilt als Tag des ersten Urteils der Tag der Unterzeichnung durch den Richter; ist gegen den Strafbefehl Einspruch eingelegt worden, so ist der Tag der auf den Einspruch ergehenden Entscheidung Tag des ersten Urteils, außer wenn der Einspruch verworfen wurde,
5. der Tag der Rechtskraft,
6. die rechtliche Bezeichnung der Tat, deren die verurteilte Person schuldig gesprochen worden ist, unter Angabe der angewendeten Strafvorschriften,
7. die verhängten Strafen, die nach § 59 des Strafgesetzbuchs[1] vorbehaltene Strafe sowie alle kraft Gesetzes eintretenden oder in der Entscheidung neben einer Strafe oder neben Freisprechung oder selbständig angeordneten oder vorbehaltenen Maßnahmen (§ 11 Abs. 1 Nr. 8 des Strafgesetzbuchs) und Nebenfolgen,
8. bei Drittstaatsangehörigen im Sinne des Artikels 3 Nummer 7 der Verordnung (EU) 2019/816 des Europäischen Parlaments und des Rates vom 17. April 2019 zur Einrichtung eines zentralisierten Systems für die Ermittlung der Mitgliedstaaten, in denen Informationen zu Verurteilungen von Drittstaatsangehörigen und Staatenlosen (ECRIS-TCN) vorliegen, zur Ergänzung des Europäischen Strafregisterinformationssystems und zur Änderung der Verordnung (EU) 2018/1726 (ABl. L 135 vom 22.5.2019, S. 1), die zuletzt durch die Verordnung (EU) 2021/1151 (ABl. L 249 vom 14.7.2021, S. 7) geändert worden ist, oder Personen, die neben einer Unionsstaatsangehörigkeit auch die Staatsangehörigkeit eines Drittstaats besitzen, die daktyloskopische Nummer, wenn sie für die Erstellung eines Datensatzes gemäß Artikel 5 Absatz 1 Buchstabe b der Verordnung (EU) 2019/816 erforderlich ist.

---

[1] Nr. **85**.
[2] Nr. **89**.
[3] § 5 Abs. 1 Nr. 7 geänd., Abs. 3 Satz 2 angef. durch G v. 15.7.1992 (BGBl. I S. 1302); Abs. 1 Nr. 1 neu gef. mWv 30.4.2002 durch G v. 23.4.2002 (BGBl. I S. 1406); Abs. 1 Nr. 7 geänd. mWv 28.8.2002 durch G v. 21.8.2002 (BGBl. I S. 3344); Abs. 1 Nr. 1 geänd. mWv 26.11.2019 durch G v. 20.11.2019 (BGBl. I S. 1626); Abs. 1 Nr. 6 geänd. mWv 18.8.2021, Nr. 7 geänd., Nr. 8 angef. mWv 1.10.2022 durch G v. 10.8.2021 (BGBl. I S. 3420); Abs. 1 Nr. 8 geänd. mWv 9.12.2022 durch G v. 4.12.2022 (BGBl. I S. 2146).

(2) Die Anordnung von Erziehungsmaßregeln und Zuchtmitteln sowie von Nebenstrafen und Nebenfolgen, auf die bei Anwendung von Jugendstrafrecht erkannt worden ist, wird in das Register eingetragen, wenn sie mit einem Schuldspruch nach § 27 des Jugendgerichtsgesetzes[1], einer Verurteilung zu Jugendstrafe oder der Anordnung einer Maßregel der Besserung und Sicherung verbunden ist.

(3) [1] Ist auf Geldstrafe erkannt, so sind die Zahl der Tagessätze und die Höhe eines Tagessatzes einzutragen. [2] Ist auf Vermögensstrafe erkannt, so sind deren Höhe und die Dauer der Ersatzfreiheitsstrafe einzutragen.

§ 6 Gesamtstrafe und Einheitsstrafe. Wird aus mehreren Einzelstrafen nachträglich eine Gesamtstrafe gebildet oder eine einheitliche Jugendstrafe festgesetzt, so ist auch diese in das Register einzutragen.

§ 7[2] Aussetzung zur Bewährung; Vorbehalt der Entscheidung über die Aussetzung. (1) [1] Wird die Vollstreckung einer Strafe oder eine Maßregel der Besserung und Sicherung zur Bewährung ausgesetzt oder wird die Entscheidung über die Aussetzung einer Jugendstrafe zur Bewährung im Urteil einem nachträglichen Beschluss vorbehalten, so ist dies in das Register einzutragen. [2] Dabei ist das Ende der Bewährungszeit, der Führungsaufsicht oder einer vom Gericht für die Entscheidung über die Aussetzung einer Jugendstrafe zur Bewährung gesetzten Frist zu vermerken.

(2) Hat das Gericht den Verurteilten nach § 56d des Strafgesetzbuchs[3] oder nach § 61b Absatz 1 Satz 2 des Jugendgerichtsgesetzes[1] der Aufsicht und Leitung eines Bewährungshelfers unterstellt, so ist auch diese Entscheidung einzutragen.

(3) Wird jemand mit Strafvorbehalt verwarnt (§ 59 des Strafgesetzbuchs) oder wird die Entscheidung über die Verhängung einer Jugendstrafe zur Bewährung ausgesetzt (§ 27 des Jugendgerichtsgesetzes), so ist das Ende der Bewährungszeit einzutragen.

§§ 8, 9[4] *(aufgehoben)*

§ 10[5] Entscheidungen von Verwaltungsbehörden und Gerichten.

(1) [1] In das Register sind die vollziehbaren und die nicht mehr anfechtbaren Entscheidungen einer Verwaltungsbehörde einzutragen, durch die

1. von einer deutschen Behörde die Entfernung eines Mitgliedes einer Truppe oder eines zivilen Gefolges der Stationierungsstreitkräfte nach Artikel III Abs. 5 des NATO-Truppenstatuts verlangt wird,
2. ein Paß versagt, entzogen oder in seinem Geltungsbereich beschränkt oder angeordnet wird, daß ein Personalausweis nicht zum Verlassen des Gebiets des Geltungsbereichs des Grundgesetzes[6] über eine Auslandsgrenze berechtigt,

---

[1] Nr. **89**.

[2] § 7 Überschrift und Abs. 1 neu gef., Abs. 2 geänd. durch G v. 18.7.2017 (BGBl. I S. 2732).

[3] Nr. **85**.

[4] § 8 aufgeh. mWv 31.8.2020 durch G v. 18.7.2017 (BGBl. I S. 2732); § 9 aufgeh. durch G v. 12.9. 1990 (BGBl. I S. 2002).

[5] § 10 Abs. 1 Nr. 1 und 2 aufgeh., bish. Nr. 3–5 werden Nr. 1–3 mWv 1.10.2002 durch G v. 23.4.2002 (BGBl. I S. 1406); Abs. 1 Nr. 3 Buchst. b geänd. mWv 1.9.2005 durch G v. 15.6.2005 (BGBl. I S. 1626); Abs. 1 Nr. 3 Buchst. a neu gef., Buchst. b geänd. mWv 27.4.2012 durch G v. 15.12.2011 (BGBl. I S. 2714); Abs. 1 Satz 2 angef., Abs. 2 Satz 1 Nr. 1 und 2, abschl. Satzteil geänd., Satz 2 angef. mWv 29.7. 2017 durch G v. 18.7.2017 (BGBl. I S. 2732).

[6] Nr. **1**.

3. a) nach dem Waffengesetz[1)] der Besitz und Erwerb von Waffen und Munition untersagt wird,
   b) die Erteilung einer Waffenbesitzkarte, eines Munitionserwerbscheins, eines Waffenscheins, eines Jagdscheins oder einer Erlaubnis nach § 27 des Sprengstoffgesetzes wegen Unzuverlässigkeit oder fehlender persönlicher Eignung abgelehnt oder nach § 34 des Sprengstoffgesetzes[2)] zurückgenommen oder widerrufen wird.

[2] Einzutragen sind auch der Verzicht auf die Erlaubnis zum Erwerb und Besitz von Waffen (§ 10 Absatz 1 des Waffengesetzes) oder Munition (§ 10 Absatz 3 des Waffengesetzes), zum Führen einer Waffe (§ 10 Absatz 4 des Waffengesetzes), zur Ausübung der Jagd (§ 15 des Bundesjagdgesetzes[3)]) sowie der Verzicht auf die Erlaubnis nach § 27 des Sprengstoffgesetzes, wenn der jeweilige Verzicht während eines Rücknahme- oder Widerrufsverfahrens wegen Unzuverlässigkeit oder fehlender persönlicher Eignung oder nach § 34 des Sprengstoffgesetzes erfolgt.

(2) [1] In das Register sind auch die vollziehbaren und die nicht mehr anfechtbaren Entscheidungen einer Verwaltungsbehörde sowie rechtskräftige gerichtliche Entscheidungen einzutragen, durch die wegen Unzuverlässigkeit, Ungeeignetheit oder Unwürdigkeit

1. ein Antrag auf Zulassung zu einem Beruf abgelehnt oder eine erteilte Erlaubnis zurückgenommen oder widerrufen,
2. die Ausübung eines Berufes untersagt,
3. die Befugnis zur Einstellung oder Ausbildung von Auszubildenden entzogen oder
4. die Beschäftigung, Beaufsichtigung, Anweisung oder Ausbildung von Kindern und Jugendlichen verboten

wird; richtet sich die Entscheidung nicht gegen eine natürliche Person, so ist die Eintragung bei der vertretungsberechtigten natürlichen Person vorzunehmen, die unzuverlässig, ungeeignet oder unwürdig ist. [2] Einzutragen sind auch Verzichte auf eine Zulassung zu einem Beruf während eines Rücknahme- oder Widerrufsverfahrens wegen Unzuverlässigkeit, Ungeeignetheit oder Unwürdigkeit.

(3) Wird eine nach Absatz 1 oder 2 eingetragene vollziehbare Entscheidung unanfechtbar, so ist dies in das Register einzutragen.

§ 11[4) 5)] Schuldunfähigkeit. (1) In das Register sind einzutragen

1. gerichtliche Entscheidungen und Verfügungen einer Strafverfolgungsbehörde, durch die ein Strafverfahren wegen erwiesener oder nicht auszuschließender Schuldunfähigkeit oder auf psychischer Krankheit beruhender Verhandlungsunfähigkeit ohne Verurteilung abgeschlossen wird,
2. gerichtliche Entscheidungen, durch die der Antrag der Staatsanwaltschaft, eine Maßregel der Besserung und Sicherung selbständig anzuordnen (§ 413 der Strafprozessordnung[6)]), mit der Begründung abgelehnt wird, dass von dem

---

[1)] **Sartorius Nr. 820.**
[2)] **Sartorius ErgBd. Nr. 822.**
[3)] **Sartorius Nr. 890.**
[4)] § 11 Abs. 1 neu gef., Abs. 2 eingef., bish. Abs. 2 wird Abs. 3 mWv 1.10.2002 durch G v. 23.4.2002 (BGBl. I S. 1406); Abs. 1 Satz 1 abschl. Satzteil geänd. mWv 31.8.2020 durch G v. 18.7.2017 (BGBl. I S. 2732); Abs. 2 geänd. mWv 26.11.2019 durch G v. 20.11.2019 (BGBl. I S. 1626).
[5)] Beachte hierzu Übergangsvorschrift in § 69 Abs. 3.
[6)] Nr. **90**.

Beschuldigten erhebliche rechtswidrige Taten nicht zu erwarten seien oder dass er für die Allgemeinheit trotzdem nicht gefährlich sei,

sofern die Entscheidung oder Verfügung auf Grund eines medizinischen Sachverständigengutachtens in einem Strafverfahren ergangen ist und das Gutachten bei der Entscheidung nicht älter als fünf Jahre ist. [2] Das Datum des Gutachtens ist einzutragen. [3] Verfügungen der Staatsanwaltschaft werden eingetragen, wenn auf Grund bestimmter Tatsachen davon auszugehen ist, dass weitere Ermittlungen zur Erhebung der öffentlichen Klage führen würden. [4] § 5 findet entsprechende Anwendung. [6] Ferner ist einzutragen, ob es sich bei der Tat um ein Vergehen oder ein Verbrechen handelt.

(2) Die Registerbehörde unterrichtet die betroffene Person von der Eintragung.

(3) Absatz 1 gilt nicht, wenn lediglich die fehlende Verantwortlichkeit eines Jugendlichen (§ 3 des Jugendgerichtsgesetzes[1)]) festgestellt wird oder nicht ausgeschlossen werden kann.

§ 12[2)] Nachträgliche Entscheidungen nach allgemeinem Strafrecht.

(1) In das Register sind einzutragen

1. die nachträgliche Aussetzung der Strafe, eines Strafrestes oder einer Maßregel der Besserung und Sicherung; dabei ist das Ende der Bewährungszeit oder der Führungsaufsicht zu vermerken,
2. die nachträgliche Unterstellung des Verurteilten unter die Aufsicht und Leitung eines Bewährungshelfers sowie die Abkürzung oder Verlängerung der Bewährungszeit oder der Führungsaufsicht,
3. der Erlaß oder Teilerlaß der Strafe,
4. die Überweisung des Täters in den Vollzug einer anderen Maßregel der Besserung und Sicherung,
5. der Widerruf der Aussetzung einer Strafe, eines Strafrestes oder einer Maßregel der Besserung und Sicherung zur Bewährung und der Widerruf des Straferlasses,
6. die Aufhebung der Unterstellung unter die Aufsicht und Leitung eines Bewährungshelfers,
7. der Tag des Ablaufs des Verlustes der Amtsfähigkeit, der Wählbarkeit und des Wahl- und Stimmrechts,
8. die vorzeitige Aufhebung der Sperre für die Erteilung der Fahrerlaubnis,
9. Entscheidungen über eine vorbehaltene Sicherungsverwahrung,
10. die nachträgliche Anordnung der Unterbringung in der Sicherungsverwahrung.

(2) [1] Wird nach einer Verwarnung mit Strafvorbehalt auf die vorbehaltene Strafe erkannt, so ist diese Entscheidung in das Register einzutragen. [2] Stellt das Gericht nach Ablauf der Bewährungszeit fest, daß es bei der Verwarnung sein Bewenden hat (§ 59b Abs. 2 des Strafgesetzbuchs[3)]), so wird die Eintragung über die Verwarnung mit Strafvorbehalt aus dem Register entfernt.

[1)] Nr. **89**.

[2)] § 12 Abs. 1 Nr. 8 geänd., Nr. 9 angef. mWv 28.8.2002 durch G v. 21.8.2002 (BGBl. I S. 3344); Abs. 1 Nr. 9 geänd., Nr. 10 angef. mWv 29.7.2004 durch G v. 23.7.2004 (BGBl. I S. 1838).

[3)] Nr. **85**.

§ 13[1)] Nachträgliche Entscheidungen nach Jugendstrafrecht. (1) In das Register sind einzutragen

1. die Aussetzung der Jugendstrafe zur Bewährung durch Beschluß; dabei ist das Ende der Bewährungszeit zu vermerken,
2. die Aussetzung des Strafrestes; dabei ist das Ende der Bewährungszeit zu vermerken,
3. die Abkürzung oder Verlängerung der Bewährungszeit,
4. der Erlaß oder Teilerlaß der Jugendstrafe,
5. die Beseitigung des Strafmakels,
6. der Widerruf der Aussetzung einer Jugendstrafe oder eines Strafrestes und der Beseitigung des Strafmakels,
7. Entscheidungen über eine vorbehaltene Sicherungsverwahrung,
8. die nachträgliche Anordnung der Unterbringung in der Sicherungsverwahrung.

(2) [1] Wird nach § 30 Abs. 1 des Jugendgerichtsgesetzes[2)] auf Jugendstrafe erkannt, so ist auch diese in das Register einzutragen; § 7 Abs. 1 gilt entsprechend. [2] Die Eintragung über einen Schuldspruch wird aus dem Register entfernt, wenn der Schuldspruch

1. nach § 30 Abs. 2 des Jugendgerichtsgesetzes getilgt wird oder
2. nach § 31 Abs. 2, § 66 des Jugendgerichtsgesetzes in eine Entscheidung einbezogen wird, die in das Erziehungsregister einzutragen ist.

(3) Die Eintragung über eine Verurteilung wird aus dem Register entfernt, wenn diese in eine Entscheidung einbezogen wird, die in das Erziehungsregister einzutragen ist.

§ 14 Gnadenerweise und Amnestien. In das Register sind einzutragen

1. die Aussetzung einer im Register eingetragenen Strafe oder einer Maßregel der Besserung und Sicherung sowie deren Widerruf; wird eine Bewährungszeit festgesetzt, so ist auch deren Ende zu vermerken,
2. die Unterstellung des Verurteilten unter die Aufsicht und Leitung eines Bewährungshelfers sowie die Abkürzung oder Verlängerung der Bewährungszeit,
3. der Erlaß, der Teilerlaß, die Ermäßigung oder die Umwandlung einer im Register eingetragenen Strafe oder einer Maßregel der Besserung und Sicherung sowie die Wiederverleihung von Fähigkeiten und Rechten, die der Verurteilte nach dem Strafgesetz infolge der Verurteilung verloren hatte,
4. die Aufhebung der Unterstellung unter die Aufsicht und Leitung eines Bewährungshelfers.

§ 15[3)] Eintragung der Vollstreckung und des Freiheitsentzugs. Ist eine Freiheitsstrafe, ein Strafarrest, eine Jugendstrafe oder eine Maßregel der Besserung und Sicherung zu vollstrecken, sind in das Register das Datum einzutragen,

---

[1)] § 13 Abs. 2 Satz 1 geänd. durch G v. 30.3.1990 (BGBl. I S. 1853); Abs. 1 Nr. 2 neu gef. mWv 30.4. 2002 durch G v. 23.4.2002 (BGBl. I S. 1406); Abs. 3 angef. mWv 27.4.2012 durch G v. 15.12.2011 (BGBl. I S. 2714); Abs. 1 Nr. 6 geänd., Nr. 7 und 8 angef. mWv 29.7.2017 durch G v. 18.7.2017 (BGBl. I S. 2732).

[2)] Nr. **89**.

[3)] 15 neu gef. mWv 27.4.2012 durch G v. 15.12.2011 (BGBl. I S. 2714); einl. Satzteil, Nr. 2 und 3 geänd., Nr. 4 angef. mWv 31.8.2020 durch G v. 18.7.2017 (BGBl. I S. 2732).

1. an dem die Vollstreckung der Freiheitsstrafe, des Strafarrests, der Jugendstrafe oder der Maßregel der Besserung und Sicherung endet oder in sonstiger Weise erledigt ist,
2. an dem nach einer Aussetzung zur Bewährung der Freiheitsentzug tatsächlich endet,
3. an dem eine Freiheitsstrafe und eine freiheitsentziehende Maßregel der Besserung und Sicherung, die auf Grund einer Entscheidung zu vollstrecken sind, jeweils beginnt oder endet und
4. an dem bei Anordnung einer Sperre für die Erteilung einer Fahrerlaubnis (§ 69a des Strafgesetzbuchs[1]) deren Ablauf der Sperre eintritt.

§ 16 Wiederaufnahme des Verfahrens. (1) In das Register ist der rechtskräftige Beschluß einzutragen, durch den das Gericht wegen einer registerpflichtigen Verurteilung die Wiederaufnahme des Verfahrens anordnet (§ 370 Abs. 2 der Strafprozeßordnung[2]).

(2) [1] Ist die endgültige Entscheidung in dem Wiederaufnahmeverfahren (§§ 371, 373 der Strafprozeßordnung) rechtskräftig geworden, so wird die Eintragung nach Absatz 1 aus dem Register entfernt. [2] Wird durch die Entscheidung das frühere Urteil aufrechterhalten, so wird dies im Register vermerkt. [3] Andernfalls wird die auf die erneute Hauptverhandlung ergangene Entscheidung in das Register eingetragen, wenn sie eine registerpflichtige Verurteilung enthält, die frühere Eintragung wird aus dem Register entfernt.

§ 17[3] Sonstige Entscheidungen und gerichtliche Feststellungen.

(1) [1] Wird die Vollstreckung einer Strafe, eines Strafrestes oder der Unterbringung in einer Entziehungsanstalt nach § 35 – auch in Verbindung mit § 38 – des Betäubungsmittelgesetzes[4] zurückgestellt, so ist dies in das Register einzutragen. [2] Dabei ist zu vermerken, bis zu welchem Tage die Vollstreckung zurückgestellt worden ist. [3] Wird nachträglich ein anderer Tag festgesetzt oder die Zurückstellung der Vollstreckung widerrufen, so ist auch dies mitzuteilen. ***[Satz 4 ab 1.10.2023:]*** *[4] Wird die Vollstreckung der Strafe, des Strafrestes oder die Unterbringung in einer Entziehungsanstalt ohne Widerruf der Zurückstellung begonnen oder fortgesetzt, so ist dies im Register zu vermerken.*

(2) Wird auf Freiheitsstrafe von nicht mehr als zwei Jahren erkannt und hat das Gericht festgestellt, daß der Verurteilte die Tat auf Grund einer Betäubungsmittelabhängigkeit begangen hat, so ist diese Feststellung in das Register einzutragen; dies gilt auch bei einer Gesamtstrafe von nicht mehr als zwei Jahren, wenn der Verurteilte alle oder den ihrer Bedeutung nach überwiegenden Teil der abgeurteilten Straftaten auf Grund einer Betäubungsmittelabhängigkeit begangen hat.

§ 18 Straftaten im Zusammenhang mit der Ausübung eines Gewerbes.

Ist eine Verurteilung im Falle des § 32 Abs. 4 in ein Führungszeugnis aufzunehmen, so ist dies in das Register einzutragen.

---

[1] Nr. **85**.
[2] Nr. **90**.
[3] § 17 Abs. 1 Satz 4 angef. **mWv 1.10.2023** durch G v. 4.12.2022 (BGBl. I S. 2146).
[4] **Habersack, Deutsche Gesetze ErgBd. Nr. 86.**

§ 19[1] **Aufhebung von Entscheidungen.** (1) Wird eine nach § 10 eingetragene Entscheidung aufgehoben oder durch eine neue Entscheidung gegenstandslos, so wird die Eintragung aus dem Register entfernt.

(2) Entsprechend wird verfahren, wenn

1. die Vollziehbarkeit einer nach § 10 eingetragenen Entscheidung aufgrund behördlicher oder gerichtlicher Entscheidung entfällt,
2. die Verwaltungsbehörde eine befristete Entscheidung erlassen oder in der Mitteilung an das Register bestimmt hat, daß die Entscheidung nur für eine bestimmte Frist eingetragen werden soll, und diese Frist abgelaufen ist,
3. ein nach § 10 Absatz 1 Satz 1 Nummer 3 Buchstabe b oder Absatz 2 Satz 2 eingetragener Verzicht durch eine spätere Entscheidung gegenstandslos wird.

§ 20[2] **Mitteilungen, Berichtigungen, Sperrvermerke.** (1) [1]Gerichte und Behörden teilen der Registerbehörde die in den §§ 4 bis 19 bezeichneten Entscheidungen, Feststellungen und Tatsachen mit. [2]Stellen sie fest, dass die mitgeteilten Daten unrichtig sind, haben sie der Registerbehörde dies und, soweit und sobald sie bekannt sind, die richtigen Daten unverzüglich anzugeben. [3]Stellt die Registerbehörde eine Unrichtigkeit fest, hat sie die mitteilende Stelle zu ersuchen, die richtigen Daten mitzuteilen. [4]In beiden Fällen hat die Registerbehörde die unrichtige Eintragung zu berichtigen. [5]Die mitteilende Stelle sowie Stellen, denen nachweisbar eine unrichtige Auskunft erteilt worden ist, sind hiervon zu unterrichten, sofern es sich nicht um eine offenbare Unrichtigkeit handelt. [6]Die Unterrichtung der mitteilenden Stelle unterbleibt, wenn seit Eingang der Mitteilung nach Satz 1 mehr als zehn Jahre verstrichen sind. [7]Dies gilt nicht bei Verurteilung zu lebenslanger Freiheitsstrafe sowie bei Anordnung der Unterbringung in der Sicherungsverwahrung oder in einem psychiatrischen Krankenhaus. [8]Die Frist verlängert sich bei Verurteilung zu Freiheitsstrafe, Strafarrest oder Jugendstrafe um deren Dauer.

(2) [1]Legt die betroffene Person schlüssig dar, dass eine Eintragung unrichtig ist, so hat die Registerbehörde die Eintragung mit einem Sperrvermerk zu versehen, solange sich weder die Richtigkeit noch die Unrichtigkeit der Eintragung feststellen lässt. [2]Die betroffene Person kann nur in diesem Fall abweichend von Artikel 18 Absatz 1 Buchstabe a der Verordnung (EU) 2016/679[3] des Europäischen Parlaments und des Rates vom 27. April 2016 zum Schutz natürlicher Personen bei der Verarbeitung personenbezogener Daten, zum freien Datenverkehr und zur Aufhebung der Richtlinie 95/46/EG (Datenschutz-Grundverordnung) (ABl. L 119 vom 4.5.2016, S. 1; L 314 vom 22.11.2016, S. 72; L 127 vom 23.5.2018, S. 2) in der jeweils geltenden Fassung die Einschränkung der Verarbeitung der gespeicherten Daten von der Registerbehörde verlangen. [3]Die Daten dürfen außer zur Prüfung der Richtigkeit und außer in den Fällen des Absatzes 3 Satz 1 ohne Einwilligung der betroffenen Person nicht verarbeitet werden. [4]Absatz 1 Satz 5 bis 8 gilt entsprechend.

(3) [1]Sind Eintragungen mit einem Sperrvermerk versehen, wird eine Auskunft über sie nur den in § 41 Abs. 1 Nr. 1, 3 bis 5 genannten Stellen erteilt. [2]In der

---

[1] § 19 neu gef. durch G v. 12.9.1990 (BGBl. I S. 2002); Abs. 2 Nr. 2 geänd., Nr. 3 angef. mWv 29.7. 2017 durch G v. 18.7.2017 (BGBl. I S. 2732).

[2] § 20 neu gef. mWv 1.10.2002 durch G v. 23.4.2002 (BGBl. I S. 1406); Abs. 1 Sätze 6–8 angef. mWv 1.9.2014 durch G v. 6.9.2013 (BGBl. I S. 3556); Abs. 2 neu gef. mWv 26.11.2019 durch G v. 20.11.2019 (BGBl. I S. 1626).

[3] **Sartorius Nr. 246.**

Auskunft ist auf den Sperrvermerk hinzuweisen. [3]Im Übrigen wird nur auf den Sperrvermerk hingewiesen.

§ 20a[1)] Änderung von Personendaten. (1) [1]Die Meldebehörden haben der Registerbehörde bei Änderung des Geburtsnamens, Familiennamens, Vornamens oder Geburtsdatums einer Person für die in den Absätzen 2 und 3 genannten Zwecke neben dem bisherigen Namen oder Geburtsdatum folgende weitere Daten zu übermitteln:

1. Geburtsname,
2. Familienname,
3. Vorname,
4. Geburtsdatum,
5. Geburtsort,
6. Anschrift,
7. Bezeichnung der Behörde, die die Änderung im Melderegister veranlaßt hat, sowie
8. Datum und Aktenzeichen des zugrundeliegenden Rechtsaktes.

[2]Die Mitteilung ist ungeachtet des Offenbarungsverbots nach § 5 Abs. 1 des Transsexuellengesetzes und des Adoptionsgeheimnisses nach § 1758 Abs. 1 des Bürgerlichen Gesetzbuchs[2)] zulässig.

(2) Enthält das Register eine Eintragung oder einen Suchvermerk über diejenige Person, deren Geburtsname, Familienname, Vorname oder Geburtsdatum sich geändert hat, ist der geänderte Name oder das geänderte Geburtsdatum in den Eintrag oder den Suchvermerk aufzunehmen.

(3) [1]Eine Mitteilung nach Absatz 1 darf nur für die in Absatz 2, § 494 Absatz 1 der Strafprozeßordnung[3)] oder in § 153a Abs. 2 der Gewerbeordnung[4)] genannten Zwecke verwendet werden. [2]Liegen diese Voraussetzungen nicht vor, so ist die Mitteilung von der Registerbehörde unverzüglich zu vernichten.

§ 20b[5)] Identifizierungsverfahren. [1]Soweit dies zur Durchführung der Aufgaben der Registerbehörde, insbesondere nach diesem Gesetz erforderlich ist, darf die Registerbehörde bei Zweifeln an der Identität einer Person, für die eine Eintragung im Bundeszentralregister gespeichert ist, ausschließlich zur Feststellung der Identität dieser Person, allein oder nebeneinander, insbesondere Auskünfte von den folgenden öffentlichen Stellen einholen:

1. aus dem Melderegister,
2. aus dem Ausländerzentralregister sowie
3. von Ausländerbehörden und Standesämtern.

[2]Im Rahmen eines solchen Auskunftsersuchens darf die Registerbehörde den ersuchten öffentlichen Stellen die hierzu erforderlichen personenbezogenen Daten

---

[1)] § 20a eingef. mWv 1.6.1998 durch G v. 18.6.1997 (BGBl. I S. 1430); Abs. 1 Satz 2 angef. mWv 30.4.2002 durch G v. 23.4.2002 (BGBl. I S. 1406); Abs. 1 Satz 1 geänd. mWv 1.9.2014 durch G v. 6.9.2013 (BGBl. I S. 3556); Überschrift neu gef., Abs. 1 Satz 1 einl. Satzteil und Nr. 7 geänd., Abs. 2 neu gef., Abs. 3 Satz 1 geänd. mWv 29.7.2017 durch G v. 18.7.2017 (BGBl. I S. 2732); Abs. 3 Satz 1 geänd. mWv *26.11.2019 durch G v. 20.11.2019* (BGBl. I S. 1724).

[2)] Nr. **20**.

[3)] Nr. **90**.

[4)] **Sartorius Nr. 800.**

[5)] § 20b eingef. mWv 18.8.2021 durch G v. 10.8.2021 (BGBl. I S. 3420).

übermitteln. [3] Die ersuchten öffentlichen Stellen haben die von der Registerbehörde übermittelten personenbezogenen Daten spätestens nach Erteilung der Auskunft unverzüglich zu löschen.

§ 21[1)] [2)] Automatisiertes Auskunftsverfahren. [1] Die Einrichtung eines automatisierten Anfrage- und Auskunftsverfahrens für die Übermittlung personenbezogener Daten ist zulässig, soweit diese Form der Datenübermittlung unter Berücksichtigung der schutzwürdigen Interessen der betroffenen Personen wegen der Vielzahl der Übermittlungen oder wegen ihrer besonderen Eilbedürftigkeit angemessen ist und wenn gewährleistet ist, dass die Daten gegen den unbefugten Zugriff Dritter bei der Übermittlung wirksam geschützt werden. [2] § 493 Absatz 2 und 3 Satz 1 und 2 der Strafprozessordnung[3)] gilt entsprechend; für Auskunftsersuchen der Verfassungsschutzbehörden des Bundes und der Länder, des Bundesnachrichtendienstes und des Militärischen Abschirmdienstes gelten darüber hinaus § 492 Absatz 4a der Strafprozessordnung und § 8 der Verordnung über den Betrieb des Zentralen Staatsanwaltschaftlichen Verfahrensregisters entsprechend.

§ 21a[4)] Protokollierungen. (1) Die Registerbehörde fertigt zu den von ihr erteilten Auskünften, Mitteilungen und Hinweisen Protokolle, die folgende Daten enthalten:

1. die Vorschrift, auf der die Auskunft oder der Hinweis beruht,
2. den Zweck der Auskunft,
3. die in der Anfrage und der Auskunft verarbeiteten Personendaten,
4. die Person oder Stelle, die um Erteilung der Auskunft ersucht hat, den Empfänger eines Hinweises sowie die Behörde in den Fällen des § 30 Absatz 5 oder deren Kennung,
5. den Zeitpunkt der Übermittlung,
6. die Namen der Bediensteten, die die Mitteilung gemacht haben, oder eine Kennung, außer bei Abrufen im automatisierten Verfahren,
7. das Aktenzeichen, außer bei Führungszeugnissen nach § 30 Absatz 1, den §§ 30a und 30b.

(2) [1] Die Protokolldaten nach Absatz 1 dürfen nur für Mitteilungen über Berichtigungen nach § 20, zu internen Prüfzwecken, zur Datenschutzkontrolle und zur Auskunft aus Protokolldaten entsprechend Absatz 3 verarbeitet werden. [2] Sie sind durch geeignete Vorkehrungen gegen Missbrauch zu schützen. [3] Protokolldaten, soweit sie sich nicht auf Datenverarbeitungsvorgänge nach Artikel 31 der Verordnung (EU) 2019/816 beziehen, sowie Nachweise nach § 30c Absatz 3 sind nach einem Jahr zu löschen, es sei denn, sie werden für Zwecke nach Satz 1 benötigt. [4] Danach sind sie unverzüglich zu löschen.

(3) [1] Soweit sich das Auskunftsrecht der betroffenen Person nach Artikel 15 der Verordnung (EU) 2016/679[5)] auf Auskünfte bezieht, die einer Stelle nach den

---

1) Früherer § 21a eingef. mWv 30.4.2002 durch G v. 23.4.2002 (BGBl. I S. 1406); Satz 2 neu gef. mWv 26.11.2015 durch G v. 20.11.2015 (BGBl. I S. 2017); bish. § 21a wird § 21 mWv 29.7.2017 durch G v. 18.7.2017 (BGBl. I S. 2732); Satz 1 geänd. mWv 26.11.2019 durch G v. 20.11.2019 (BGBl. I S. 1626); Satz 1 geänd. mWv 18.8.2021 durch G v. 10.8.2021 (BGBl. I S. 3420).

2) Beachte hierzu Übergangsvorschrift in § 69 Abs. 5.

3) Nr. **90**.

4) § 21a eingef. mWv 29.7.2017 durch G v. 18.7.2017 (BGBl. I S. 2732); Abs. 1 Nr. 3 und Abs. 2 Satz 1 geänd., Abs. 3 angef. mWv 26.11.2019 durch G v. 20.11.2019 (BGBl. I S. 1626); Abs. 2 Satz 3 geänd. mWv 1.10.2022 durch G v. 10.8.2021 (BGBl. I S. 3420).

5) **Sartorius Nr. 246.**

§§ 31 und 41 erteilt wurden, entscheidet die Registerbehörde über die Beschränkung des Auskunftsrechts nach Maßgabe des Bundesdatenschutzgesetzes[1)] im Einvernehmen mit dieser Stelle. [2] Für die Antragsberechtigung und das Verfahren gilt § 30 entsprechend. [3] Wird mit der Protokolldatenauskunft eine Selbstauskunft nach § 42 beantragt, gilt § 42 Satz 2 bis 5 entsprechend.

§ 22[2)] Hinweispflicht der Registerbehörde. (1) [1] Erhält das Register eine Mitteilung über

1. eine Verwarnung mit Strafvorbehalt,
2. die Aussetzung der Verhängung einer Jugendstrafe,
3. die Zurückstellung der Vollstreckung oder die Aussetzung einer Strafe, eines Strafrestes oder einer Maßregel der Besserung und Sicherung zur Bewährung,
4. den Erlaß oder Teilerlaß der Strafe,

so wird die Behörde, welche die Mitteilung gemacht hat, von der Registerbehörde unterrichtet, wenn eine Mitteilung über eine weitere Verurteilung eingeht, bevor sich aus dem Register ergibt, daß die Entscheidung nicht mehr widerrufen werden kann. [2] Ist eine Maßregel der Besserung und Sicherung ausgesetzt, so stehen in den Fällen der Nummer 3 Mitteilungen nach § 11 einer Mitteilung über eine Verurteilung gleich.

(2) Das Gleiche gilt, wenn eine Mitteilung über die Bewilligung einer weiteren in Absatz 1 bezeichneten Anordnung oder ein Suchvermerk eingeht.

(3) Wird eine in Absatz 1 bezeichnete Entscheidung widerrufen und ist im Register eine weitere Entscheidung nach Absatz 1 eingetragen, so hat die Registerbehörde die Behörde, welche die weitere Entscheidung mitgeteilt hat, von dem Widerruf zu benachrichtigen.

(4) Ist im Register eine Führungsaufsicht, aber noch nicht deren Beendigung eingetragen, unterrichtet die Registerbehörde, sobald sie eine Mitteilung über die Anordnung oder den Eintritt einer neuen Führungsaufsicht erhält, die Behörde, welche die bereits eingetragene Führungsaufsicht mitgeteilt hat, über die neue Eintragung.

§ 23 Hinweis auf Gesamtstrafenbildung. Ist bei Eintragung einer Verurteilung in das Register ersichtlich, daß im Register eine weitere Verurteilung eingetragen ist, bei der die Bildung einer Gesamtstrafe mit der neu einzutragenden Verurteilung in Betracht kommt, so weist die Registerbehörde die Behörde, welche die letzte Mitteilung gemacht hat, auf die Möglichkeit einer Gesamtstrafenbildung hin.

§ 24[3)] Entfernung von Eintragungen. (1) [1] Eintragungen über Personen, deren Tod der Registerbehörde amtlich mitgeteilt worden ist, werden drei Jahre nach dem Eingang der Mitteilung aus dem Register entfernt. [2] Während dieser Zeit darf nur den Gerichten und Staatsanwaltschaften Auskunft erteilt werden.

(2) Eintragungen, die eine über 90 Jahre alte Person betreffen, werden ebenfalls aus dem Register entfernt.

[1)] **Sartorius Nr. 245.**

[2)] § 22 Abs. 2 neu gef. mWv 30.4.2002 durch G v. 23.4.2002 (BGBl. I S. 1406); Abs. 4 angef. mWv 27.4.2012 durch G v. 15.12.2011 (BGBl. I S. 2714).

[3)] § 24 Abs. 1 neu gef., Abs. 3 und 4 angef. mWv 30.4.2002 durch G v. 23.4.2002 (BGBl. I S. 1406); Abs. 5 angef. mWv 31.8.2020 durch G v. 18.7.2017 (BGBl. I S. 2732).

(3) [1]Eintragungen nach § 11 werden bei Verfahren wegen eines Vergehens nach zehn Jahren, bei Verfahren wegen eines Verbrechens nach 20 Jahren aus dem Register entfernt. [2]Bei Straftaten nach den §§ 174 bis 180 oder § 182 des Strafgesetzbuches[1)] beträgt die Frist 20 Jahre. [3]Die Frist beginnt mit dem Tag der Entscheidung oder Verfügung.

(4) Sind im Register mehrere Eintragungen nach § 11 vorhanden, so ist die Entfernung einer Eintragung erst zulässig, wenn für alle Eintragungen die Voraussetzungen der Entfernung vorliegen.

(5) [1]Eine zu entfernende Eintragung nach § 11 wird ein Jahr nach Eintritt der Entfernungsreife aus dem Register gelöscht. [2]Während dieser Frist darf über die Eintragung nur der betroffenen Person Auskunft erteilt werden.

§ 25[2)] Anordnung der Entfernung. (1) [1]Die Registerbehörde kann auf Antrag oder von Amts wegen im Benehmen mit der Stelle, welche die Entscheidung getroffen hat, insbesondere im Interesse der Rehabilitierung der betroffenen Person anordnen, daß Eintragungen nach den §§ 10 und 11 vorzeitig aus dem Register entfernt werden, soweit nicht das öffentliche Interesse einer solchen Anordnung entgegensteht. [2]Vor ihrer Entscheidung soll sie in den Fällen des § 11 die Anhörung einer oder eines in der Psychiatrie erfahrenen medizinischen Sachverständigen durchführen.

(2) [1]Gegen die Ablehnung eines Antrags auf Entfernung einer Eintragung steht der antragstellenden Person innerhalb zwei Wochen nach der Bekanntgabe der Entscheidung die Beschwerde zu. [2]Hilft die Registerbehörde der Beschwerde nicht ab, so entscheidet das Bundesministerium der Justiz.

§ 26[3)] Zu Unrecht entfernte Eintragungen. Die Registerbehörde hat vor ihrer Entscheidung darüber, ob eine zu Unrecht aus dem Register entfernte Eintragung wieder in das Register aufgenommen wird, der betroffenen Person Gelegenheit zur Stellungnahme zu geben.

Zweiter Abschnitt.[4)] Suchvermerke

§ 27[5)] Speicherung. Auf Grund einer Ausschreibung zur Festnahme oder zur Feststellung des Aufenthalts einer Person wird auf Ersuchen einer Behörde ein Suchvermerk im Register gespeichert, wenn der Suchvermerk der Erfüllung hoheitlicher Aufgaben oder der Durchführung von Maßnahmen der Zentralen Behörde nach § 7 des Internationalen Familienrechtsverfahrensgesetzes[6)] vom 26. Januar 2005 (BGBl. I S. 162), § 4 Abs. 3 des Erwachsenenschutzübereinkommens-Ausführungsgesetzes vom 17. März 2007 (BGBl. I S. 314) oder nach den §§ 16 und 17 des Auslandsunterhaltsgesetzes vom 23. Mai 2011 (BGBl. I S. 898)

[1)] Nr. **85**.

[2)] § 25 Abs. 1 Sätze 1 und 2 geänd. durch G v. 12.9.1990 (BGBl. I S. 2002); Abs. 1 Satz 1, Abs. 2 Satz 2 geänd. mWv 30.4.2002 durch G v. 23.4.2002 (BGBl. I S. 1406); Abs. 1 Sätze 1 und 2, Abs. 2 Satz 2 geänd. mWv 1.1.2007 durch G v. 17.12.2006 (BGBl. I S. 3171); Abs. 1 Sätze 1 und 2, Abs. 2 Sätze 1 und 2 geänd. mWv 29.7.2017 durch G v. 18.7.2017 (BGBl. I S. 2732); Abs. 2 Satz 2 geänd. mWv 9.12.2022 durch G v. 4.12.2022 (BGBl. I S. 2146).

[3)] § 26 neu gef. mWv 1.1.2007 durch G v. 17.12.2006 (BGBl. I S. 3171); geänd. mWv 29.7.2017 durch G v. 18.7.2017 (BGBl. I S. 2732).

[4)] 2. Abschnitt Überschrift neu gef. mWv 30.4.2002 durch G v. 23.4.2002 (BGBl. I S. 1406).

[5)] § 27 neu gef. mWv 30.4.2002 durch G v. 23.4.2002 (BGBl. I S. 1406); geänd. mWv 1.3.2005 durch G v. 26.1.2005 (BGBl. I S. 162); mWv 1.1.2009 durch G v. 17.3.2007 (BGBl. I S. 314); mWv 18.6.2011 durch G v. 23.5.2011 (BGBl. I S. 898); mWv 29.7.2017 durch G v. 18.7.2017 (BGBl. I S. 2732).

[6)] **Habersack, Deutsche Gesetze ErgBd. Nr. 103n.**

dient und der Aufenthaltsort der betroffenen Person zum Zeitpunkt des Ersuchens unbekannt ist.

§ 28[1)] **Behandlung.** (1) [1] Enthält das Register eine Eintragung oder erhält es eine Mitteilung über die gesuchte Person, gibt die Registerbehörde der suchenden Behörde bekannt

1. das Datum und die Geschäftsnummer der Entscheidung,
2. die Behörde, die mitgeteilt hat, sowie
3. die letzte mitgeteilte Anschrift der gesuchten Person.

[2] Entsprechend ist zu verfahren, wenn ein Antrag auf Erteilung eines Führungszeugnisses oder auf Auskunft aus dem Register eingeht.

(2) [1] Liegen von verschiedenen Behörden Anfragen vor, welche dieselbe Person betreffen, so ist jeder Behörde von der Anfrage der anderen Behörde Mitteilung zu machen. [2] Entsprechendes gilt, wenn Anfragen von derselben Behörde unter verschiedenen Geschäftsnummern vorliegen.

§ 29[2)] **Erledigung.** (1) Erledigt sich ein Suchvermerk vor Ablauf von drei Jahren seit der Speicherung, so ist dies der Registerbehörde mitzuteilen.

(2) Der Suchvermerk wird entfernt, wenn seine Erledigung mitgeteilt wird, spätestens jedoch nach Ablauf von drei Jahren seit der Speicherung.

Dritter Abschnitt.[3)] Auskunft aus dem Register

1. Führungszeugnis

§ 30[4)] **Antrag.** (1) [1] Jeder Person, die das 14. Lebensjahr vollendet hat, wird auf Antrag ein Zeugnis über den sie betreffenden Inhalt des Registers erteilt (Führungszeugnis). [2] Hat sie eine gesetzliche Vertretung, ist auch diese antragsberechtigt. [3] Ist die Person geschäftsunfähig, ist nur ihre gesetzliche Vertretung antragsberechtigt.

(2) [1] Wohnt die antragstellende Person innerhalb des Geltungsbereichs dieses Gesetzes, ist der Antrag persönlich oder mit amtlich oder öffentlich beglaubigter Unterschrift schriftlich bei der Meldebehörde zu stellen. [2] Bei der Antragstellung sind die Identität und im Fall der gesetzlichen Vertretung die Vertretungsmacht nachzuweisen. [3] Die antragstellende Person und ihre gesetzliche Vertretung können sich bei der Antragstellung nicht durch Bevollmächtigte vertreten lassen. [4] Die Meldebehörde nimmt die Gebühr für das Führungszeugnis entgegen, behält davon zwei Fünftel ein und führt den Restbetrag an die Bundeskasse ab.

(3) [1] Wohnt die antragstellende Person außerhalb des Geltungsbereichs dieses Gesetzes, so kann sie den Antrag unmittelbar bei der Registerbehörde stellen. [2] Absatz 2 Satz 2 und 3 gilt entsprechend.

(4) Die Übersendung des Führungszeugnisses ist nur an die antragstellende Person zulässig.

[1)] § 28 Abs. 1 Satz 1 neu gef. mWv 29.7.2017 durch G v. 18.7.2017 (BGBl. I S. 2732).

[2)] § 29 Abs. 1 geänd., Abs. 2 neu gef. mWv 29.7.2017 durch G v. 18.7.2017 (BGBl. I S. 2732).

[3)] *3. Abschnitt Überschrift* geänd. mWv 27.4.2012 durch G v. 15.12.2011 (BGBl. I S. 2714).

[4)] § 30 Abs. 1 Satz 1 geänd. mWv 27.4.2012 durch G v. 15.12.2011 (BGBl. I S. 2714); Abs. 2 Satz 1 neu gef. mWv 14.9.2013 durch G v. 6.9.2013 (BGBl. I S. 3556); Abs. 1 Sätze 2, 3 und Abs. 2 neu gef., Abs. 3 Satz 1 geänd., Abs. 4 neu gef., Abs. 5 Sätze 2–6 geänd., Abs. 6 Satz 1 neu gef. mWv 29.7.2017 durch G v. 18.7.2017 (BGBl. I S. 2732).

(5) [1] Wird das Führungszeugnis zur Vorlage bei einer Behörde beantragt, so ist es der Behörde unmittelbar zu übersenden. [2] Die Behörde hat der antragstellenden Person auf Verlangen Einsicht in das Führungszeugnis zu gewähren. [3] Die antragstellende Person kann verlangen, daß das Führungszeugnis, wenn es Eintragungen enthält, zunächst an ein von ihr benanntes Amtsgericht zur Einsichtnahme durch sie übersandt wird. [4] Die Meldebehörde hat die antragstellende Person in den Fällen, in denen der Antrag bei ihr gestellt wird, auf diese Möglichkeit hinzuweisen. [5] Das Amtsgericht darf die Einsicht nur der antragstellenden Person persönlich gewähren. [6] Nach Einsichtnahme ist das Führungszeugnis an die Behörde weiterzuleiten oder, falls die antragstellende Person dem widerspricht, vom Amtsgericht zu vernichten.

(6) [1] Wohnt die antragstellende Person außerhalb des Geltungsbereichs dieses Gesetzes, so kann sie verlangen, dass das Führungszeugnis, wenn es Eintragungen enthält, zunächst an eine von ihr benannte amtliche Vertretung der Bundesrepublik Deutschland zur Einsichtnahme durch sie übersandt wird. [2] Absatz 5 Satz 5 und 6 gilt für die amtliche Vertretung der Bundesrepublik Deutschland entsprechend.

§ 30a[1)] Antrag auf ein erweitertes Führungszeugnis. (1) Einer Person wird auf Antrag ein erweitertes Führungszeugnis erteilt,

1. wenn die Erteilung in gesetzlichen Bestimmungen unter Bezugnahme auf diese Vorschrift vorgesehen ist oder
2. wenn dieses Führungszeugnis benötigt wird für
   a) eine berufliche oder ehrenamtliche Beaufsichtigung, Betreuung, Erziehung oder Ausbildung Minderjähriger oder
   b) eine Tätigkeit, die in einer Buchstabe a vergleichbaren Weise geeignet ist, Kontakt zu Minderjährigen aufzunehmen.

(2) [1] Wer einen Antrag auf Erteilung eines erweiterten Führungszeugnisses stellt, hat eine schriftliche Aufforderung vorzulegen, in der die Person, die das erweiterte Führungszeugnis von der antragstellenden Person verlangt, bestätigt, dass die Voraussetzungen nach Absatz 1 vorliegen. [2] Im Übrigen gilt § 30 entsprechend.

(3) [1] Die Daten aus einem erweiterten Führungszeugnis dürfen von der entgegennehmenden Stelle nur verarbeitet werden, soweit dies zur Prüfung der Eignung der Person für eine Tätigkeit, die Anlass zu der Vorlage des Führungszeugnisses gewesen ist, erforderlich ist. [2] Die Daten sind vor dem Zugriff Unbefugter zu schützen. [3] Sie sind unverzüglich zu löschen, wenn die Person die Tätigkeit, die Anlass zu der Vorlage des Führungszeugnisses gewesen ist, nicht ausübt. [4] Die Daten sind spätestens sechs Monate nach der letztmaligen Ausübung der Tätigkeit zu löschen.

§ 30b[2)] *Europäisches Führungszeugnis.* (1) [1] Sofern der Mitgliedstaat eine Übermittlung nach seinem Recht vorsieht, wird in das Führungszeugnis nach § 30 oder § 30a Absatz 1 die Mitteilung über Eintragungen in den Strafregistern anderer Mitgliedstaaten der Europäischen Union vollständig und in der übermittelten

---

[1)] § 30a eingef. mWv 1.5.2010 durch G v. 16.7.2009 (BGBl. I S. 1952); Abs. 1 Nr. 2 Buchst. a aufgeh., bish. Buchst. b und c werden Buchst. a und b und geänd., Abs. 2 Satz 1 geänd. mWv 29.7.2017 durch G v. 18.7.2017 (BGBl. I S. 2732); Abs. 3 angef. mWv 9.12.2022 durch G v. 4.12.2022 (BGBl. I S. 2146).

[2)] § 30b neu gef. mWv 17.7.2020 durch G v. 10.7.2020 (BGBl. I S. 1648); Abs. 1a eingef., Abs. 3 neu gef., Abs. 4 Satz 2 geänd. mWv 9.12.2022 durch G v. 4.12.2022 (BGBl. I S. 2146).

Sprache (Europäisches Führungszeugnis) für die folgenden Personen aufgenommen:

1. für Personen, die die Staatsangehörigkeit eines anderen Mitgliedstaates der Europäischen Union besitzen, sowie
2. für Drittstaatsangehörige.

[2] Nicht aufgenommen werden Entscheidungen deutscher Gerichte. [3] § 30 gilt entsprechend.

(1a) [1] Absatz 1 gilt entsprechend für die Mitteilung über Eintragungen im Strafregister eines Partnerstaates zu dessen Staatsangehörigen. [2] Partnerstaat nach Satz 1 ist ein Drittstaat, mit dem die Europäische Union in einem Abkommen den elektronischen Austausch von Strafregisterinformationen vereinbart hat.

(2) Ersuchen der Registerbehörde um Übermittlung der nach Absatz 1 in das Führungszeugnis zusätzlich aufzunehmenden Eintragungen für ein Europäisches Führungszeugnis von Personen, die die Staatsangehörigkeit eines anderen Mitgliedstaates der Europäischen Union besitzen, sind an den Herkunftsmitgliedstaat zu richten.

(3) Ersuchen der Registerbehörde um Übermittlung der nach Absatz 1 oder Absatz 1a in das Führungszeugnis zusätzlich aufzunehmenden Eintragungen für ein Führungszeugnis von Drittstaatsangehörigen sind zu richten

1. im Fall des Absatzes 1 unter Nutzung von ECRIS-TCN an die in diesem System ausgewiesenen Mitgliedstaaten der Europäischen Union und
2. im Fall des Absatzes 1a an den jeweiligen Partnerstaat, dessen Staatsangehörigkeit die Person besitzt.

(4) [1] Das Führungszeugnis soll spätestens 20 Werktage nach der Übermittlung der Ersuchen der Registerbehörde erteilt werden. [2] Haben die Mitgliedstaaten oder hat der Partnerstaat keine Auskunft aus ihrem Strafregister erteilt, ist hierauf im Führungszeugnis hinzuweisen.

§ 30c[1)] Elektronische Antragstellung. (1) [1] Erfolgt die Antragstellung abweichend von § 30 Absatz 2 oder Absatz 3 elektronisch, ist der Antrag unter Nutzung des im Internet angebotenen Zugangs unmittelbar bei der Registerbehörde oder über das Nutzerkonto nach § 3 Absatz 2 Satz 1 des Onlinezugangsgesetzes zu stellen. [2] Die antragstellende Person kann sich nicht durch Bevollmächtigte vertreten lassen. [3] Handelt sie in gesetzlicher Vertretung, hat sie ihre Vertretungsmacht nachzuweisen.

(2) [1] Der elektronische Identitätsnachweis nach § 18 des Personalausweisgesetzes[2)], nach § 12 des eID-Karte-Gesetzes oder nach § 78 Absatz 5 des Aufenthaltsgesetzes[3)] ist zu führen. [2] Der Nachweis ist ausschließlich über elektronische Identifizierungssysteme zulässig, die mit dem Vertrauensniveau „hoch" im Sinne des Artikels 8 Absatz 2 Buchstabe c der Verordnung (EU) Nr. 910/2014 des Europäischen Parlaments und des Rates vom 23. Juli 2014 über elektronische Identifizierung und Vertrauensdienste für elektronische Transaktionen im Binnenmarkt und

---

[1)] § 30c eingef. mWv 1.9.2014 durch G v. 6.9.2013 (BGBl. I S. 3556); Abs. 1 Sätze 2 und 3 neu gef. mWv 29.7.2017 durch G v. 18.7.2017 (BGBl. I S. 2732); Abs. 2 Sätze 1, 2 einl. Satzteil und Nr. 1 geänd. mWv 1.11.2019 durch G v. 21.6.2019 (BGBl. I S. 846); Abs. 1 Satz 1 geänd., Abs. 2 Satz 2 eingef., bish. Satz 2 wird Satz 3 und einl. Satzteil geänd., bish. Sätze 3 und 4 werden Sätze 4 und 5 mWv 9.12.2022 durch G v. 4.12.2022 (BGBl. I S. 2146).

[2)] **Sartorius Nr. 255.**

[3)] **Sartorius Nr. 565.**

zur Aufhebung der Richtlinie 1999/93/EG (ABl. L 257 vom 28.8.2014, S. 73; L 23 vom 29.1.2015, S. 19; L 155 vom 14.6.2016, S. 44) notifiziert sind. [3]Um den elektronischen Identitätsnachweis führen zu können, müssen aus dem elektronischen Speicher- und Verarbeitungsmedium des Personalausweises, der eID-Karte oder des elektronischen Aufenthaltstitels oder aus einem elektronischen Speicher- und Verarbeitungsmedium eines mobilen Endgeräts an die Registerbehörde übermittelt werden:

1. die Daten nach § 18 Absatz 3 Satz 1 des Personalausweisgesetzes, nach § 12 Absatz 3 Satz 2 des eID-Karte-Gesetzes in Verbindung mit § 18 Absatz 3 Satz 1 des Personalausweisgesetzes oder nach § 78 Absatz 5 Satz 2 des Aufenthaltsgesetzes in Verbindung mit § 18 Absatz 3 Satz 1 des Personalausweisgesetzes und
2. Familienname, Geburtsname, Vornamen, Geburtsort sowie Geburtsdatum, Staatsangehörigkeit und Anschrift.

[4]Lässt das elektronische Speicher- und Verarbeitungsmedium die Übermittlung des Geburtsnamens nicht zu, ist der Geburtsname im Antrag anzugeben und nachzuweisen. [5]Bei der Datenübermittlung ist ein dem jeweiligen Stand der Technik entsprechendes sicheres Verfahren zu verwenden, das die Vertraulichkeit und Integrität des elektronisch übermittelten Datensatzes gewährleistet.

(3) [1]Vorzulegende Nachweise sind gleichzeitig mit dem Antrag elektronisch einzureichen und ihre Echtheit sowie inhaltliche Richtigkeit sind an Eides statt zu versichern. [2]Bei vorzulegenden Schriftstücken kann die Registerbehörde im Einzelfall die Vorlage des Originals verlangen.

(4) [1]Die näheren Einzelheiten des elektronischen Verfahrens regelt die Registerbehörde. [2]Im Übrigen gilt § 30 entsprechend.

§ 31[1)] Erteilung des Führungszeugnisses und des erweiterten Führungszeugnisses an Behörden. (1) [1]Behörden erhalten über eine bestimmte Person ein Führungszeugnis, soweit sie es zur Erledigung ihrer hoheitlichen Aufgaben benötigen und eine Aufforderung an die betroffene Person, ein Führungszeugnis vorzulegen, nicht sachgemäß ist oder erfolglos bleibt. [2]Die Behörde hat der betroffenen Person auf Verlangen Einsicht in das Führungszeugnis zu gewähren.

(2) [1]Behörden erhalten zum Zweck des Schutzes Minderjähriger ein erweitertes Führungszeugnis unter den Voraussetzungen des Absatzes 1. [2]Absatz 1 Satz 2 gilt entsprechend.

§ 32[2)] Inhalt des Führungszeugnisses. (1) [1]In das Führungszeugnis werden die in den §§ 4 bis 16 bezeichneten Eintragungen aufgenommen. [2]Soweit in Absatz 2 Nr. 3 bis 9 hiervon Ausnahmen zugelassen werden, gelten diese nicht bei

---

[1)] § 31 Überschrift neu gef., Abs. 2 angef. mWv 1.5.2010 durch G v. 16.7.2009 (BGBl. I S. 1952); Abs. 1 Sätze 1 und 2 geänd. mWv 29.7.2017 durch G v. 18.7.2017 (BGBl. I S. 2732).

[2)] § 32 Abs. 2 Nr. 10 aufgeh. durch G v. 12.9.1990 (BGBl. I S. 2002); Abs. 1 Satz 2 angef. durch G v. 26.1.1998 (BGBl. I S. 160); Abs. 2 Nr. 10 eingef., Abs. 3 Nr. 3 neu gef., Nr. 4 angef. mWv 1.10.2002 durch G v. 23.4.2002 (BGBl. I S. 1406); Abs. 2 Nr. 11 geänd., Nr. 12 angef. mWv 28.8.2002 durch G v. 21.8.2002 (BGBl. I S. 3344); Abs. 5 angef. mWv 1.5.2010 durch G v. 16.7.2009 (BGBl. I S. 1952); Abs. 5 geänd. mWv 27.1.2015 durch G v. 21.1.2015 (BGBl. I S. 10); Abs. 5 geänd. mWv 15.10.2016 durch G v. 11.10.2016 (BGBl. I S. 2226); Abs. 5 geänd. mWv 10.11.2016 durch G v. 4.11.2016 (BGBl. I S. 2460); Abs. 3 Nr. 2, Abs. 4 Nr. 2 Buchst. b und abschl. Satzteil geänd. mWv 29.7.2017 durch G v. 18.7.2017 (BGBl. I S. 2732); Abs. 5 geänd. mWv 1.1.2021 durch G v. 9.10.2020 (BGBl. I S. 2075); Abs. 5 geänd. mWv 1.7.2022 durch G v. 16.6.2021 (BGBl. I S. 1810); Abs. 2 Nr. 10 geänd. mWv 1.10.2022 durch G v. 10.8.2021 (BGBl. I S. 3420).

Verurteilungen wegen einer Straftat nach den §§ 174 bis 180 oder 182 des Strafgesetzbuches[1].

(2) Nicht aufgenommen werden

1. die Verwarnung mit Strafvorbehalt nach § 59 des Strafgesetzbuchs,
2. der Schuldspruch nach § 27 des Jugendgerichtsgesetzes[2],
3. Verurteilungen, durch die auf Jugendstrafe von nicht mehr als zwei Jahren erkannt worden ist, wenn die Vollstreckung der Strafe oder eines Strafrestes gerichtlich oder im Gnadenwege zur Bewährung ausgesetzt oder nach § 35 des Betäubungsmittelgesetzes[3] zurückgestellt und diese Entscheidung nicht widerrufen worden ist,
4. Verurteilungen, durch die auf Jugendstrafe erkannt worden ist, wenn der Strafmakel gerichtlich oder im Gnadenwege als beseitigt erklärt und die Beseitigung nicht widerrufen worden ist,
5. Verurteilungen, durch die auf
   a) Geldstrafe von nicht mehr als neunzig Tagessätzen,
   b) Freiheitsstrafe oder Strafarrest von nicht mehr als drei Monaten

   erkannt worden ist, wenn im Register keine weitere Strafe eingetragen ist,
6. Verurteilungen, durch die auf Freiheitsstrafe von nicht mehr als zwei Jahren erkannt worden ist, wenn die Vollstreckung der Strafe oder eines Strafrestes
   a) nach § 35 oder § 36 des Betäubungsmittelgesetzes zurückgestellt oder zur Bewährung ausgesetzt oder
   b) nach § 56 oder § 57 des Strafgesetzbuchs zur Bewährung ausgesetzt worden ist und sich aus dem Register ergibt, daß der Verurteilte die Tat oder bei Gesamtstrafen alle oder den ihrer Bedeutung nach überwiegenden Teil der Taten auf Grund einer Betäubungsmittelabhängigkeit begangen hat,

   diese Entscheidungen nicht widerrufen worden sind und im Register keine weitere Strafe eingetragen ist,
7. Verurteilungen, durch die neben Jugendstrafe oder Freiheitsstrafe von nicht mehr als zwei Jahren die Unterbringung in einer Entziehungsanstalt angeordnet worden ist, wenn die Vollstreckung der Strafe, des Strafrestes oder der Maßregel nach § 35 des Betäubungsmittelgesetzes zurückgestellt worden ist und im übrigen die Voraussetzungen der Nummer 3 oder 6 erfüllt sind,
8. Verurteilungen, durch die Maßregeln der Besserung und Sicherung, Nebenstrafen oder Nebenfolgen allein oder in Verbindung miteinander oder in Verbindung mit Erziehungsmaßregeln oder Zuchtmitteln angeordnet worden sind,
9. Verurteilungen, bei denen die Wiederaufnahme des gesamten Verfahrens vermerkt ist; ist die Wiederaufnahme nur eines Teils des Verfahrens angeordnet, so ist im Führungszeugnis darauf hinzuweisen,
10. abweichende Personendaten gemäß § 5 Abs. 1 Nr. 1 und die Angabe nach § 5 Absatz 1 Nummer 8,
11. Eintragungen nach den §§ 10 und 11,
12. die vorbehaltene Sicherungsverwahrung, falls von der Anordnung der Sicherungsverwahrung rechtskräftig abgesehen worden ist.

---

[1] Nr. **85**.
[2] Nr. **89**.
[3] **Habersack, Deutsche Gesetze ErgBd. Nr. 86.**

(3) In ein Führungszeugnis für Behörden (§ 30 Abs. 5, § 31) sind entgegen Absatz 2 auch aufzunehmen

1. Verurteilungen, durch die eine freiheitsentziehende Maßregel der Besserung und Sicherung angeordnet worden ist,
2. Eintragungen nach § 10, wenn die Entscheidung oder der Verzicht nicht länger als zehn Jahre zurückliegt,
3. Eintragungen nach § 11, wenn die Entscheidung oder Verfügung nicht länger als fünf Jahre zurückliegt,
4. abweichende Personendaten gemäß § 5 Abs. 1 Nr. 1, sofern unter diesen Daten Eintragungen erfolgt sind, die in ein Führungszeugnis für Behörden aufzunehmen sind.

(4) In ein Führungszeugnis für Behörden (§ 30 Abs. 5, § 31) sind ferner die in Absatz 2 Nr. 5 bis 9 bezeichneten Verurteilungen wegen Straftaten aufzunehmen, die

1. bei oder in Zusammenhang mit der Ausübung eines Gewerbes oder dem Betrieb einer sonstigen wirtschaftlichen Unternehmung oder
2. bei der Tätigkeit in einem Gewerbe oder einer sonstigen wirtschaftlichen Unternehmung
   a) von einem Vertreter oder Beauftragten im Sinne des § 14 des Strafgesetzbuchs oder
   b) von einer Person, die in einer Rechtsvorschrift ausdrücklich als verantwortlich bezeichnet ist,

begangen worden sind, wenn das Führungszeugnis für die in § 149 Abs. 2 Satz 1 Nr. 1 der Gewerbeordnung[1] bezeichneten Entscheidungen bestimmt ist.

(5) Soweit in Absatz 2 Nummer 3 bis 9 Ausnahmen für die Aufnahme von Eintragungen zugelassen werden, gelten diese nicht bei einer Verurteilung wegen einer Straftat nach den §§ 171, 180a, 181a, 183 bis 184g, 184i bis 184l, 201a Absatz 3, den §§ 225, 232 bis 233a, 234, 235 oder § 236 des Strafgesetzbuchs, wenn ein erweitertes Führungszeugnis nach § 30a oder § 31 Absatz 2 erteilt wird.

§ 33[2] Nichtaufnahme von Verurteilungen nach Fristablauf. (1) Nach Ablauf einer bestimmten Frist werden Verurteilungen nicht mehr in das Führungszeugnis aufgenommen.

(2) Dies gilt nicht bei Verurteilungen, durch die

1. auf lebenslange Freiheitsstrafe erkannt worden ist, wenn der Strafrest nicht nach § 57a Abs. 3 Satz 2 in Verbindung mit § 56g des Strafgesetzbuches[3] oder im Gnadenwege erlassen ist,
2. Sicherungsverwahrung angeordnet worden ist,
3. die Unterbringung in einem psychiatrischen Krankenhaus angeordnet worden ist, wenn ein Führungszeugnis für Behörden (§ 30 Abs. 5, § 31) beantragt wird oder
4. wegen einer Straftat nach den §§ 176c oder 176d des Strafgesetzbuches erkannt worden ist
   a) auf Freiheitsstrafe von mindestens fünf Jahren oder

---

[1] **Sartorius Nr. 800.**

[2] § 33 Abs. 2 Nr. 3 ber. durch BGBl. 1985 I S. 195; Abs. 2 Nr. 2 und 3 geänd., Nr. 4 angef. mWv 1.7. 2022 durch G v. 16.6.2021 (BGBl. I S. 1810).

[3] Nr. **85**.

b) auf Freiheitsstrafe von mindestens drei Jahren bei zwei oder mehr im Register eingetragenen Verurteilungen nach den §§ 176c oder 176d des Strafgesetzbuches,

wenn ein erweitertes Führungszeugnis oder ein erweitertes Führungszeugnis für Behörden (§ 30 Absatz 5, § 31) beantragt wird.

§ 34[1] **Länge der Frist.** (1) Die Frist, nach deren Ablauf eine Verurteilung nicht mehr in das Führungszeugnis aufgenommen wird, beträgt

1. drei Jahre bei
   a) Verurteilungen zu
      aa) Geldstrafe und
      bb) Freiheitsstrafe oder Strafarrest von nicht mehr als drei Monaten,
      wenn die Voraussetzungen des § 32 Absatz 2 nicht vorliegen,
   b) Verurteilungen zu Freiheitsstrafe oder Strafarrest von mehr als drei Monaten, aber nicht mehr als einem Jahr, wenn die Vollstreckung der Strafe oder eines Strafrestes gerichtlich oder im Gnadenweg zur Bewährung ausgesetzt, diese Entscheidung nicht widerrufen worden und im Register nicht außerdem Freiheitsstrafe, Strafarrest oder Jugendstrafe eingetragen ist,
   c) Verurteilungen zu Jugendstrafe von nicht mehr als einem Jahr, wenn die Voraussetzungen des § 32 Absatz 2 nicht vorliegen,
   d) Verurteilungen zu Jugendstrafe von mehr als zwei Jahren, wenn ein Strafrest nach Ablauf der Bewährungszeit gerichtlich oder im Gnadenweg erlassen worden ist,
2. zehn Jahre bei Verurteilungen wegen einer Straftat nach den §§ 174 bis 180 oder 182 des Strafgesetzbuches[2] zu einer Freiheitsstrafe oder Jugendstrafe von mehr als einem Jahr,
3. fünf Jahre in den übrigen Fällen.

(2) Die Frist, nach deren Ablauf eine Verurteilung wegen einer Straftat nach den §§ 171, 174 bis 180a, 181a, 182 bis 184g, 184i bis 184l, 201a Absatz 3, den §§ 225, 232 bis 233a, 234, 235 oder § 236 des Strafgesetzbuches nicht mehr in ein erweitertes Führungszeugnis aufgenommen wird, beträgt

1. zehn Jahre
   a) bei Verurteilungen zu Geldstrafe oder Freiheitsstrafe oder Strafarrest oder Jugendstrafe,
   b) bei einer Verurteilung, durch die eine freiheitsentziehende Maßregel der Besserung und Sicherung allein angeordnet worden ist,
2. zwanzig Jahre bei einer Verurteilung wegen einer Straftat nach den §§ 176 bis 176d des Strafgesetzbuches zu Freiheitsstrafe oder Jugendstrafe von mehr als einem Jahr.

(3) [1] In den Fällen des Absatzes 1 Nummer 1 Buchstabe d, Nummer 2 und 3 verlängert sich die Frist um die Dauer der Freiheitsstrafe, des Strafarrests oder der Jugendstrafe. [2] In den Fällen des Absatzes 2 verlängert sich die Frist bei einer

---

[1] § 34 Abs. 2 geänd. durch G v. 15.7.1992 (BGBl. I S. 1302); Abs. 1 Nr. 2 eingef., bish. Nr. 2 wird Nr. 3, Abs. 2 Satz 1 geänd. durch G v. 26.1.1998 (BGBl. I S. 160); Abs. 2 eingef., bish. Abs. 2 wird Abs. 3 mWv 1.5.2010 durch G v. 16.7.2009 (BGBl. I S. 1952); Abs. 1 Nr. 1 neu gef. mWv 29.7.2017 durch G v. 18.7.2017 (BGBl. I S. 2732); Abs. 2 und 3 Satz 1 neu gef., Satz 2 eingef., bish. Satz 2 wird Satz 3 mWv 1.7.2022 durch G v. 16.6.2021 (BGBl. I S. 1810).

[2] Nr. **85**.

Verurteilung zu einer Freiheitsstrafe oder Jugendstrafe von mehr als einem Jahr um die Dauer der Freiheitsstrafe oder der Jugendstrafe. [3] Bei Erlaß des Restes einer lebenslangen Freiheitsstrafe verlängert sich die Frist um den zwischen dem Tag des ersten Urteils und dem Ende der Bewährungszeit liegenden Zeitraum, mindestens jedoch um zwanzig Jahre.

§ 35[1)] Gesamtstrafe, Einheitsstrafe und Nebenentscheidungen. (1) Ist eine Gesamtstrafe oder eine einheitliche Jugendstrafe gebildet oder ist nach § 30 Abs. 1 des Jugendgerichtsgesetzes[2)] auf Jugendstrafe erkannt worden, so ist allein die neue Entscheidung für § 32 Abs. 2 und § 34 maßgebend.

(2) Bei der Feststellung der Frist nach § 34 bleiben Nebenstrafen, Nebenfolgen und neben Freiheitsstrafe oder Strafarrest ausgesprochene Geldstrafen sowie Maßregeln der Besserung und Sicherung unberücksichtigt.

§ 36 Beginn der Frist. [1] Die Frist beginnt mit dem Tag des ersten Urteils (§ 5 Abs. 1 Nr. 4). [2] Dieser Tag bleibt auch maßgebend, wenn

1. eine Gesamtstrafe oder eine einheitliche Jugendstrafe gebildet,
2. nach § 30 Abs. 1 des Jugendgerichtsgesetzes[2)] auf Jugendstrafe erkannt wird oder
3. eine Entscheidung im Wiederaufnahmeverfahren ergeht, die eine registerpflichtige Verurteilung enthält.

§ 37[3)] Ablaufhemmung. (1) Haben Verurteilte infolge der Verurteilung die Fähigkeit, öffentliche Ämter zu bekleiden und Rechte aus öffentlichen Wahlen zu erlangen, oder das Recht, in öffentlichen Angelegenheiten zu wählen oder zu stimmen, verloren, so läuft die Frist nicht ab, solange sie diese Fähigkeit oder dieses Recht nicht wiedererlangt haben.

(2) Die Frist läuft ferner nicht ab, solange sich aus dem Register ergibt, daß die Vollstreckung einer Strafe oder eine der in § 61 des Strafgesetzbuchs[4)] aufgeführten Maßregeln der Besserung und Sicherung mit Ausnahme der Sperre für die Erteilung einer Fahrerlaubnis noch nicht erledigt oder die Strafe noch nicht erlassen ist.

§ 38 Mehrere Verurteilungen. (1) Sind im Register mehrere Verurteilungen eingetragen, so sind sie alle in das Führungszeugnis aufzunehmen, solange eine von ihnen in das Zeugnis aufzunehmen ist.

(2) Außer Betracht bleiben

1. Verurteilungen, die nur in ein Führungszeugnis für Behörden aufzunehmen sind (§ 32 Abs. 3, 4, § 33 Abs. 2 Nr. 3),
2. Verurteilungen in den Fällen des § 32 Abs. 2 Nr. 1 bis 4,
3. Verurteilungen, durch die auf Geldstrafe von nicht mehr als neunzig Tagessätzen oder auf Freiheitsstrafe oder Strafarrest von nicht mehr als drei Monaten erkannt worden ist.

---

1) § 35 Abs. 2 neu gef. mWv 29.7.2017 durch G v. 18.7.2017 (BGBl. I S. 2732).

2) Nr. **89**.

3) § 37 Abs. 2 geänd. mWv 1.10.2002 durch G v. 23.4.2002 (BGBl. I S. 1406); Abs. 1 geänd. mWv 29.7.2017 durch G v. 18.7.2017 (BGBl. I S. 2732).

4) Nr. **85**.

§ 39[1)] Anordnung der Nichtaufnahme. (1) [1] Die Registerbehörde kann auf Antrag oder von Amts wegen anordnen, daß Verurteilungen und Eintragungen nach § 11 entgegen diesem Gesetz nicht in das Führungszeugnis aufgenommen werden. [2] Dies gilt nicht, soweit das öffentliche Interesse der Anordnung entgegensteht. [3] Die Anordnung kann auf Führungszeugnisse ohne Einbeziehung der Führungszeugnisse für Behörden, auf Führungszeugnisse ohne Einbeziehung der erweiterten Führungszeugnisse, auf Führungszeugnisse ohne Einbeziehung der erweiterten Führungszeugnisse für Behörden oder auf die einmalige Erteilung eines Führungszeugnisses beschränkt werden. [4] Die Registerbehörde soll das erkennende Gericht und die sonst zuständige Behörde hören. [5] Betrifft die Eintragung eine solche der in § 11 bezeichneten Art oder eine Verurteilung, durch die eine freiheitsentziehende Maßregel der Besserung und Sicherung angeordnet worden ist, soll sie auch die Stellungnahme eines oder einer in der Psychiatrie erfahrenen medizinischen Sachverständigen einholen.

(2) Haben Verurteilte infolge der Verurteilung durch ein Gericht im Geltungsbereich dieses Gesetzes die Fähigkeit, öffentliche Ämter zu bekleiden und Rechte aus öffentlichen Wahlen zu erlangen, oder das Recht, in öffentlichen Angelegenheiten zu wählen oder zu stimmen, verloren, so darf eine Anordnung nach Absatz 1 nicht ergehen, solange sie diese Fähigkeit oder dieses Recht nicht wiedererlangt haben.

(3) [1] Gegen die Ablehnung einer Anordnung nach Absatz 1 steht der antragstellenden Person innerhalb zwei Wochen nach der Bekanntgabe der Entscheidung die Beschwerde zu. [2] Hilft die Registerbehörde der Beschwerde nicht ab, so entscheidet das Bundesministerium der Justiz.

§ 40[2)] Nachträgliche Eintragung. [1] Wird eine weitere Verurteilung im Register eingetragen oder erfolgt eine weitere Eintragung nach § 11, so kommt der betroffenen Person eine Anordnung nach § 39 nicht zugute, solange die spätere Eintragung in das Führungszeugnis aufzunehmen ist. [2] § 38 Abs. 2 gilt entsprechend.

2.[3)] Unbeschränkte Auskunft aus dem Register

§ 41[4)] Umfang der Auskunft. (1) Eintragungen, die in ein Führungszeugnis nicht aufgenommen werden, sowie Suchvermerke dürfen, unbeschadet der §§ 42 und 57, nur zur Kenntnis gegeben werden

---

[1)] § 39 Überschrift, Abs. 1 Satz 1, Abs. 3 Satz 2 geänd., Abs. 1 Satz 4 neu gef. mWv 30.4.2002 durch G v. 23.4.2002 (BGBl. I S. 1406); Abs. 1 Sätze 1, 4, Abs. 3 Satz 2 geänd. mWv 1.1.2007 durch G v. 17.12.2006 (BGBl. I S. 3171); Abs. 1 Satz 3 eingef., bish. Sätze 3, 4 werden Sätze 4, 5 mWv 1.5.2010 durch G v. 16.7.2009 (BGBl. I S. 1952); Abs. 1 Satz 4 neu gef., Satz 5, Abs. 2, Abs. 3 Sätze 1, 2 geänd. mWv 29.7.2017 durch G v. 18.7.2017 (BGBl. I S. 2732); Abs. 3 Satz 2 geänd. mWv 9.12.2022 durch G v. 4.12.2022 (BGBl. I S. 2146).

[2)] § 40 neu gef. mWv 30.4.2002 durch G v. 23.4.2002 (BGBl. I S. 1406); Satz 1 geänd. mWv 29.7.2017 durch G v. 18.7.2017 (BGBl. I S. 2732).

[3)] 2. UAbschnitt Überschrift geänd. mWv 27.4.2012 durch G v. 15.12.2011 (BGBl. I S. 2714).

[4)] § 41 Abs. 2 aufgeh. durch G v. 12.9.1990 (BGBl. I S. 2002); Abs. 1 Nr. 10 geänd. durch G v. 24.6.1994 (BGBl. I S. 1416); Abs. 1 Nr. 9 neu gef. durch G v. 23.11.1994 (BGBl. I S. 3475); Abs. 3 Satz 2 angef. durch G v. 26.1.1998 (BGBl. I S. 160); Abs. 1 Nr. 10 geänd., Nr. 11 eingef. durch G v. 31.8.1998 (BGBl. I S. 2600); Abs. 1 Nr. 13 angef. mWv 1.1.2002 durch G v. 9.1.2002 (BGBl. I S. 361); Abs. 1 einl. *Satzteil, Nr. 1, 3, 7 und* 9 geänd., Nr. 12 eingef. mWv 30.4.2002 durch G v. 23.4.2002 (BGBl. I S. 1406); Abs. 1 Nr. 13 geänd. mWv 15.1.2005 durch G v. 11.1.2005 (BGBl. I S. 78); Abs. 1 Nr. 7 geänd. mWv 28.8.2007 durch G v. 19.8.2007 (BGBl. I S. 1970); Abs. 3 Satz 2 neu gef., Abs. 5 geänd. mWv 1.5.2010 durch G v. 16.7.2009 (BGBl. I S. 1952); Abs. 5 aufgeh. mWv 27.4.2012 durch G v. 15.12.2011 (BGBl. I S. 2714); Abs. 1 Nr. 4 und Abs. 4 Satz 1 geänd. mWv 14.9.2013 durch G v. 6.9.2013 (BGBl. I S. 3556); →

1. den Gerichten, Gerichtsvorständen, Staatsanwaltschaften, dem nationalen Mitglied nach Maßgabe des § 5 Absatz 1 Nummer 2 des Eurojust-Gesetzes, den Aufsichtsstellen nach § 68a des Strafgesetzbuchs[1] sowie der Bewährungshilfe für Zwecke der Rechtspflege sowie den Justizvollzugsbehörden für Zwecke des Strafvollzugs einschließlich der Überprüfung aller im Strafvollzug tätigen Personen,
2. den obersten Bundes- und Landesbehörden,
3. den Verfassungsschutzbehörden des Bundes und der Länder, dem Bundesnachrichtendienst und dem Militärischen Abschirmdienst für die diesen Behörden übertragenen Sicherheitsaufgaben,
4. den Finanzbehörden für die Verfolgung von Straftaten, die zu ihrer Zuständigkeit gehören,
5. den Kriminaldienst verrichtenden Dienststellen der Polizei für Zwecke der Verhütung und Verfolgung von Straftaten,
6. den Einbürgerungsbehörden für Einbürgerungsverfahren,
7. den Ausländerbehörden, den mit der polizeilichen Kontrolle des grenzüberschreitenden Verkehrs beauftragten Behörden und dem Bundesamt für Migration und Flüchtlinge, wenn sich die Auskunft auf einen Ausländer bezieht,
8. den Gnadenbehörden für Gnadensachen,
9. den für waffenrechtliche oder sprengstoffrechtliche Erlaubnisse, für die Erteilung von Jagdscheinen, für Erlaubnisse zum Halten eines gefährlichen Hundes oder für Erlaubnisse für das Bewachungsgewerbe und die Überprüfung des Bewachungspersonals zuständigen Behörden,
10. dem Bundesinstitut für Arzneimittel und Medizinprodukte im Rahmen des Erlaubnisverfahrens nach dem Betäubungsmittelgesetz[2],
11. den Rechtsanwaltskammern oder der Patentanwaltskammer für Entscheidungen in Zulassungs-, Aufnahme- und Aufsichtsverfahren nach der Bundesrechtsanwaltsordnung[3], der Patentanwaltsordnung, dem Gesetz über die Tätigkeit europäischer Rechtsanwälte in Deutschland[4] oder dem Gesetz über die Tätigkeit europäischer Patentanwälte in Deutschland[5],
12. dem Bundesamt für die Sicherheit der nuklearen Entsorgung, dem Eisenbahn-Bundesamt und den zuständigen Landesbehörden im Rahmen der atom- und strahlenschutzrechtlichen Zuverlässigkeitsüberprüfung nach dem Atomgesetz[6] und dem Strahlenschutzgesetz,

---

(Fortsetzung der Anm. von voriger Seite)
Abs. 3 Satz 2 geänd. mWv 27.1.2015 durch G v. 21.1.2015 (BGBl. I S. 10); Abs. 3 Satz 2 geänd. mWv 15.10.2016 durch G v. 11.10.2016 (BGBl. I S. 2226); Abs. 3 Satz 2 geänd. mWv 10.11.2016 durch G v. 4.11.2016 (BGBl. I S. 2460); Abs. 1 Satz 1 Nr 13 geänd., Nr. 14 angef. mWv 26.6.2017 durch G v. 23.6. 2017 (BGBl. I S. 1822); Abs. 1 einl. Satzteil und Nr. 11 neu gef., Nr. 1 geänd., bish. Abs. 3 wird Abs. 2 und Satz 1 geänd., bish. Abs. 4 wird Abs. 3 und Satz 1 geänd. mWv 29.7.2017 durch G v. 18.7.2017 (BGBl. I S. 2732); Abs. 1 Nr. 1 geänd. mWv 12.12.2019 durch G v. 9.12.2019 (BGBl. I S. 2010); Abs. 2 Satz 2 geänd. mWv 1.1.2021 durch G v. 9.10 2020 (BGBl. I S. 2075); Abs. 1 Nr. 12 neu gef. mWv 1.1. 2021 durch G v. 7.12.2020 (BGBl. I S. 2760); Abs. 2 Satz 2 geänd. mWv 1.7.2022 durch G v. 16.6.2021 (BGBl. I S. 1810); Abs. 1 Nr. 1 geänd. mWv 18.8.2021, Abs. 1 Nr. 7 geänd., Abs. 2 Satz 3 angef. mWv 1.10.2022 durch G v. 10.8.2021 (BGBl. I S. 3420).

[1] Nr. **85**.
[2] **Habersack, Deutsche Gesetze ErgBd. Nr. 86.**
[3] **Habersack, Deutsche Gesetze ErgBd. Nr. 98.**
[4] **Habersack, Deutsche Gesetze ErgBd. Nr. 98/4.**
[5] **Habersack, Deutsche Gesetze ErgBd. Nr. 98/5.**
[6] **Sartorius Nr. 835.**

13. den Luftsicherheitsbehörden für Zwecke der Zuverlässigkeitsüberprüfung nach § 7 des Luftsicherheitsgesetzes[1)],
14. der Zentralstelle für Finanztransaktionsuntersuchungen zur Erfüllung ihrer Aufgaben nach dem Geldwäschegesetz[2)].

(2) [1]Eintragungen nach § 17 und Verurteilungen zu Jugendstrafe, bei denen der Strafmakel als beseitigt erklärt ist, dürfen nicht nach Absatz 1 mitgeteilt werden; über sie wird nur noch den Strafgerichten und Staatsanwaltschaften für ein Strafverfahren gegen die betroffene Person Auskunft erteilt. [2]Dies gilt nicht für Verurteilungen wegen einer Straftat nach den §§ 171, 174 bis 180a, 181a, 182 bis 184g, 184i bis 184l, 201a Absatz 3, den §§ 225, 232 bis 233a, 234, 235 oder § 236 des Strafgesetzbuchs. [3]Die Angabe nach § 5 Absatz 1 Nummer 8 darf nicht nach Absatz 1 mitgeteilt werden.

(3) [1]Die Auskunft nach den Absätzen 1 und 2 wird nur auf ausdrückliches Ersuchen erteilt. [2]Die in Absatz 1 genannten Stellen haben den Zweck anzugeben, für den die Auskunft benötigt wird; sie darf nur für diesen Zweck verwertet werden.

§ 42[3)] Auskunft an die betroffene Person. [1]Das Auskunftsrecht nach Artikel 15 Absatz 1 der Verordnung (EU) 2016/679[4)] wird dadurch gewährleistet, dass der betroffenen Person mitgeteilt wird, welche Eintragungen über sie im Register enthalten sind. [2]Für die Antragsberechtigung und das Verfahren gilt § 30 Absatz 1 entsprechend. [3]Erfolgt die Mitteilung nicht durch Einsichtnahme bei der Registerbehörde, so ist sie an ein von ihr benanntes Amtsgericht zu senden, bei dem sie die Mitteilung persönlich einsehen kann. [4]Befindet sich die betroffene Person in amtlichem Gewahrsam einer Justizbehörde, so tritt die Anstaltsleitung an die Stelle des Amtsgerichts. [5]Wohnt die antragstellende Person außerhalb des Geltungsbereichs dieses Gesetzes, so kann sie die Mitteilung auch an eine von ihr benannte amtliche Vertretung der Bundesrepublik Deutschland senden lassen, bei der sie die Mitteilung persönlich einsehen kann. [6]Nach Einsichtnahme ist die Mitteilung vom Amtsgericht, der Anstaltsleitung oder der amtlichen Vertretung der Bundesrepublik Deutschland zu vernichten. [7]Zum Schutz der betroffenen Personen ist die Aushändigung der Mitteilung oder einer Kopie unzulässig.

§ 42a[5)] Auskunft für wissenschaftliche Zwecke. (1) [1]Die Übermittlung personenbezogener Daten aus dem Register an Hochschulen, andere Einrichtungen, die wissenschaftliche Forschung betreiben, und öffentliche Stellen ist zulässig, soweit

---

[1)] **Sartorius ErgBd. Nr. 976.**

[2)] **Habersack, Deutsche Gesetze ErgBd. Nr. 88a.**

[3)] § 42 Überschrift neu gef., Abs. 2 aufgeh., bish. Abs. 1 Satz 3 neu gef. und Satz 5 geänd. mWv 30.4. 2002 durch G v. 23.4.2002 (BGBl. I S. 1406); Satz 5 geänd. mWv 14.9.2013 durch G v. 6.9.2013 (BGBl. I S. 3556); Überschrift, Sätze 3–5 geänd., Satz 7 angef. mWv 29.7.2017 durch G v. 18.7.2017 (BGBl. I S. 2732); Überschrift geänd., Sätze 1 und 2 neu gef., Satz 7 geänd. mWv 26.11.2019 durch G v. 20.11. 2019 (BGBl. I S. 1626); Satz 2 geänd. mWv 17.7.2020 durch G v. 10.7.2020 (BGBl. I S. 1648); Sätze 2, 3 und 5 geänd. mWv 9.12.2022 durch G v. 4.12.2022 (BGBl. I S. 2146).

[4)] **Sartorius Nr. 246.**

[5)] § 42a eingef. mWv 1.10.2002 durch G v. 23.4.2002 (BGBl. I S. 1406); Abs. 3 Satz 2 und Abs. 6 Satz 2 geänd. mWv 1.1.2007 durch G v. 17.12.2006 (BGBl. I S. 3171); Abs. 1a eingef., Abs. 3 Satz 2 neu gef. mWv 22.12.2011 durch G v. 15.12.2011 (BGBl. I S. 2714); Abs. 1 Satz 1 Nr. 3, Abs. 1a Satz 1 einl. Satzteil geänd. mWv 29.7.2017 durch G v. 18.7.2017 (BGBl. I S. 2732); Abs. 3 Sätze 1 und 2, Abs. 4 Satz 2 geänd., Abs. 7 neu gef. mWv 26.11.2019 durch G v. 20.11.2019 (BGBl. I S. 1626); Abs. 1a Satz 1 einl. Satzteil geänd. mWv 9.12.2022 durch G v. 4.12.2022 (BGBl. I S. 2146).

1. dies für die Durchführung bestimmter wissenschaftlicher Forschungsarbeiten erforderlich ist,
2. eine Nutzung anonymisierter Daten zu diesem Zweck nicht möglich oder die Anonymisierung mit einem unverhältnismäßigen Aufwand verbunden ist und
3. das öffentliche Interesse an der Forschungsarbeit das schutzwürdige Interesse der betroffenen Person an dem Ausschluss der Übermittlung erheblich überwiegt.

2 Bei der Abwägung nach Satz 1 Nr. 3 ist im Rahmen des öffentlichen Interesses das wissenschaftliche Interesse an dem Forschungsvorhaben besonders zu berücksichtigen.

(1a) 1 Die mehrfache Übermittlung von personenbezogenen Daten für eine wissenschaftliche Forschungsarbeit kann für einen angemessenen Zeitraum nach Anhörung des Bundesbeauftragten für den Datenschutz und die Informationsfreiheit mit Zustimmung des Bundesministeriums der Justiz zugelassen werden, wenn

1. die Voraussetzungen von Absatz 1 Nummer 1 und 2 vorliegen,
2. ein bedeutendes öffentliches Interesse an der Forschungsarbeit besteht und
3. das bedeutende öffentliche Interesse an der Forschungsarbeit das schutzwürdige Interesse der betroffenen Personen an dem Ausschluss der Übermittlung erheblich überwiegt.

2 Die übermittelten Daten sollen pseudonymisiert werden; ein Verzicht auf eine Pseudonymisierung ist nur zulässig, wenn dies zur Erreichung des Forschungszweckes unerlässlich ist. 3 Absatz 1 Satz 2 gilt entsprechend. 4 Der Zeitraum ist insbesondere unter Berücksichtigung des Forschungszweckes, einer beabsichtigten Pseudonymisierung der Daten, der Schwere der untersuchten Straftaten und der Länge der gesetzlichen Tilgungsfristen festzusetzen; ein Übermittlungszeitraum, der im Ergebnis die Tilgungsfristen mehr als verdoppelt, ist in der Regel nicht mehr angemessen. 5 Die Sätze 1 bis 4 gelten entsprechend, wenn bei einmaliger Übermittlung personenbezogene Daten mit früher übermittelten, noch nicht anonymisierten Daten eines anderen Forschungsvorhabens zusammengeführt werden sollen.

(2) 1 Personenbezogene Daten werden nur an solche Personen übermittelt, die Amtsträger oder für den öffentlichen Dienst besonders Verpflichtete sind oder die zur Geheimhaltung verpflichtet worden sind. 2 § 1 Abs. 2, 3 und Abs. 4 Nr. 2 des Verpflichtungsgesetzes findet auf die Verpflichtung zur Geheimhaltung entsprechende Anwendung.

(3) 1 Die personenbezogenen Daten dürfen nur für den Zweck verarbeitet werden, für den sie übermittelt worden sind. 2 Die Verarbeitung für andere Forschungsvorhaben oder die Weitergabe richtet sich nach den Absätzen 1 und 2 und bedarf der Zustimmung der Registerbehörde; Absatz 1a gilt entsprechend, wenn mehrfach von der Registerbehörde übermittelte personenbezogene Daten verknüpft werden sollen.

(4) 1 Die Daten sind gegen unbefugte Kenntnisnahme durch Dritte zu schützen. 2 Die wissenschaftliche Forschung betreibende Stelle hat dafür zu sorgen, dass die Verarbeitung der personenbezogenen Daten räumlich und organisatorisch getrennt von der Erfüllung solcher Verwaltungsaufgaben oder Geschäftszwecke erfolgt, für die diese Daten gleichfalls von Bedeutung sein können.

(5) 1 Sobald der Forschungszweck es erlaubt, sind die personenbezogenen Daten zu anonymisieren. 2 Solange dies noch nicht möglich ist, sind die Merkmale gesondert aufzubewahren, mit denen Einzelangaben über persönliche oder sachli-

che Verhältnisse einer bestimmten oder bestimmbaren Person zugeordnet werden können. [3] Sie dürfen mit den Einzelangaben nur zusammengeführt werden, soweit der Forschungszweck dies erfordert.

(6) [1] Wer nach den Absätzen 1 und 2 personenbezogene Daten erhalten hat, darf diese nur veröffentlichen, wenn dies für die Darstellung von Forschungsergebnissen über Ereignisse der Zeitgeschichte unerlässlich ist. [2] Die Veröffentlichung bedarf der Zustimmung der Registerbehörde.

(7) Ist der Empfänger eine nichtöffentliche Stelle, finden die Vorschriften der Verordnung (EU) 2016/679[1)] auch Anwendung für die nichtautomatisierte Verarbeitung personenbezogener Daten, die nicht in einem Dateisystem gespeichert sind oder gespeichert werden sollen.

(8) Ist es der Registerbehörde mit vertretbarem Aufwand möglich, kann sie mit den Registerdaten vorbereitende Analysen durchführen.

§ 42b[2)] Auskünfte zur Vorbereitung von Rechtsvorschriften und allgemeinen Verwaltungsvorschriften. [1] Die Registerbehörde kann öffentlichen Stellen zur Vorbereitung und Überprüfung von Rechtsvorschriften und allgemeinen Verwaltungsvorschriften Auskünfte in anonymisierter Form erteilen. [2] § 42a Abs. 8 gilt entsprechend.

§ 42c[3)] *(aufgehoben)*

§ 43 Weiterleitung von Auskünften. Oberste Bundes- oder Landesbehörden dürfen Eintragungen, die in ein Führungszeugnis nicht aufgenommen werden, einer nachgeordneten oder ihrer Aufsicht unterstehenden Behörde nur mitteilen, wenn dies zur Vermeidung von Nachteilen für den Bund oder ein Land unerläßlich ist oder wenn andernfalls die Erfüllung öffentlicher Aufgaben erheblich gefährdet oder erschwert würde.

3. Auskünfte an Behörden

§ 43a[4)] Verfahrensübergreifende Mitteilungen von Amts wegen. (1) In Verfahren nach den §§ 25, 39, 49, 55 Absatz 2 und § 63 Absatz 3 ist die Übermittlung personenbezogener Daten zulässig, wenn die Kenntnis der Daten aus der Sicht der übermittelnden Stelle

1. zur Verfolgung einer Straftat,
2. zur Abwehr eines erheblichen Nachteils für das Gemeinwohl oder einer Gefahr für die öffentliche Sicherheit,
3. zur Abwehr einer schwerwiegenden Beeinträchtigung der Rechte einer anderen Person,
4. zur Abwehr einer erheblichen Gefährdung des Wohls einer minderjährigen Person oder
5. zur Erledigung eines Suchvermerks

erforderlich ist.

(2) Die §§ 18 bis 22 des Einführungsgesetzes zum Gerichtsverfassungsgesetz[5)] gelten entsprechend.

[1)] ***Sartorius Nr. 246.***
[2)] § 42b eingef. mWv 1.10.2002 durch G v. 23.4.2002 (BGBl. I S. 1406).
[3)] § 42c aufgeh. mWv 29.7.2017 durch G v. 18.7.2017 (BGBl. I S. 2732).
[4)] § 43a eingef. mWv 22.12.2011 durch G v. 15.12.2011 (BGBl. I S. 2714).
[5)] Nr. **95a**.

§ 44[1] **Vertrauliche Behandlung der Auskünfte.** Auskünfte aus dem Register an Behörden (§ 30 Abs. 5, §§ 31, 41, 43) dürfen nur den mit der Entgegennahme oder Bearbeitung betrauten Bediensteten zur Kenntnis gebracht werden.

4.[2] Versagung der Auskunft zu Zwecken des Zeugenschutzes

§ 44a[3] **Versagung der Auskunft.** (1) Die Registerbehörde sperrt den Datensatz einer im Register eingetragenen Person für die Auskunftserteilung, wenn eine Zeugenschutzstelle mitteilt, dass dies zum Schutz der Person als Zeuge oder Zeugin erforderlich ist.

(2) [1] Die Registerbehörde soll die Erteilung einer Auskunft aus dem Register über die gesperrten Personendaten versagen, soweit entgegenstehende öffentliche Interessen oder schutzwürdige Interessen Dritter nicht überwiegen. [2] Sie gibt der Zeugenschutzstelle zuvor Gelegenheit zur Stellungnahme; die Beurteilung der Zeugenschutzstelle, dass die Versagung der Auskunft für Zwecke des Zeugenschutzes erforderlich ist, ist für die Registerbehörde bindend. [3] Die Versagung der Auskunft bedarf keiner Begründung.

(3) [1] Die Registerbehörde legt über eine Person, über die keine Eintragung vorhanden ist, einen besonders gekennzeichneten Personendatensatz an, wenn die Zeugenschutzstelle darlegt, dass dies zum Schutze dieser Person als Zeuge oder Zeugin vor Ausforschung durch missbräuchliche Auskunftsersuchen erforderlich ist. [2] Über diesen Datensatz werden Auskünfte nicht erteilt. [3] Die Registerbehörde unterrichtet die Zeugenschutzstelle über jeden Antrag auf Erteilung einer Auskunft, der zu dieser Person oder zu sonst von der Zeugenschutzstelle bestimmten Daten eingeht.

(4) Die §§ 161, 161a der Strafprozessordnung[4] bleiben unberührt.

Vierter Abschnitt. Tilgung

§ 45[5] **Tilgung nach Fristablauf.** (1) Eintragungen über Verurteilungen (§ 4) werden nach Ablauf einer bestimmten Frist getilgt.

(2) [1] Eine zu tilgende Eintragung wird ein Jahr nach Eintritt der Tilgungsreife aus dem Register entfernt. [2] Während dieser Zeit darf über die Eintragung nur der betroffenen Person Auskunft erteilt werden.

(3) Absatz 1 gilt nicht

1. bei Verurteilungen zu lebenslanger Freiheitsstrafe,
2. bei Anordnung der Unterbringung in der Sicherungsverwahrung oder in einem psychiatrischen Krankenhaus oder
3. bei Verurteilungen wegen einer Straftat nach den §§ 176c oder 176d des Strafgesetzbuches[6], durch die erkannt worden ist
   a) auf Freiheitsstrafe von mindestens fünf Jahren oder

---

[1] § 44 geänd. mWv 27.4.2012 durch G v. 15.12.2011 (BGBl. I S. 2714).

[2] 4. UAbschnitt (§ 44a) eingef. mWv 30.4.2002 durch G v. 23.4.2002 (BGBl. I S. 1406).

[3] § 44a eingef. mWv 30.4.2002 durch G v. 23.4.2002 (BGBl. I S. 1406); Abs. 2 Satz 1 geänd. mWv 27.4.2012 durch G v. 15.12.2011 (BGBl. I S. 2714); Abs. 1 und 3 Satz 1 geänd. mWv 29.7.2017 durch G v. 18.7.2017 (BGBl. I S. 2732).

[4] Nr. **90**.

[5] § 45 Abs. 3 Nr. 2 ber. durch BGBl. 1985 I S. 195; Abs. 2 Satz 2 geänd. mWv 29.7.2017 durch G v. 18.7.2017 (BGBl. I S. 2732); Abs. 3 Nr. 2 geänd., Nr. 3 angef. mWv 1.7.2022 durch G v. 16.6.2021 (BGBl. I S. 1810).

[6] Nr. **85**.

b) auf Freiheitsstrafe von mindestens drei Jahren bei zwei oder mehr im Register eingetragenen Verurteilungen nach den §§ 176c oder 176d des Strafgesetzbuches.

§ 46[1)] Länge der Tilgungsfrist. (1) Die Tilgungsfrist beträgt

1. fünf Jahre
   bei Verurteilungen
   a) zu Geldstrafe von nicht mehr als neunzig Tagessätzen, wenn keine Freiheitsstrafe, kein Strafarrest und keine Jugendstrafe im Register eingetragen ist,
   b) zu Freiheitsstrafe oder Strafarrest von nicht mehr als drei Monaten, wenn im Register keine weitere Strafe eingetragen ist,
   c) zu Jugendstrafe von nicht mehr als einem Jahr,
   d) zu Jugendstrafe von nicht mehr als zwei Jahren, wenn die Vollstreckung der Strafe oder eines Strafrestes gerichtlich oder im Gnadenwege zur Bewährung ausgesetzt worden ist,
   e) zu Jugendstrafe von mehr als zwei Jahren, wenn ein Strafrest nach Ablauf der Bewährungszeit gerichtlich oder im Gnadenwege erlassen worden ist,
   f) zu Jugendstrafe, wenn der Strafmakel gerichtlich oder im Gnadenwege als beseitigt erklärt worden ist,
   g) durch welche eine Maßnahme (§ 11 Abs. 1 Nr. 8 des Strafgesetzbuchs[2)]) mit Ausnahme der Sperre für die Erteilung einer Fahrerlaubnis für immer und des Berufsverbots für immer, eine Nebenstrafe oder eine Nebenfolge allein oder in Verbindung miteinander oder in Verbindung mit Erziehungsmaßregeln oder Zuchtmitteln angeordnet worden ist,

1a. zehn Jahre
   bei Verurteilungen wegen einer Straftat nach den §§ 171, 174 bis 180a, 181a, 182 bis 184g, 184i bis 184l, 201a Absatz 3, den §§ 225, 232 bis 233a, 234, 235 oder § 236 des Strafgesetzbuches, wenn
   a) es sich um Fälle der Nummer 1 Buchstabe a bis f handelt,
   b) durch sie allein die Unterbringung in einer Entziehungsanstalt angeordnet worden ist,

2. zehn Jahre
   bei Verurteilungen zu
   a) Geldstrafe und Freiheitsstrafe oder Strafarrest von nicht mehr als drei Monaten, wenn die Voraussetzungen der Nummer 1 Buchstabe a und b nicht vorliegen,
   b) Freiheitsstrafe oder Strafarrest von mehr als drei Monaten, aber nicht mehr als einem Jahr, wenn die Vollstreckung der Strafe oder eines Strafrestes gerichtlich oder im Gnadenwege zur Bewährung ausgesetzt worden und im Register nicht außerdem Freiheitsstrafe, Strafarrest oder Jugendstrafe eingetragen ist,

---

[1)] § 46 Abs. 3 geänd. durch G v. 15.7.1992 (BGBl. I S. 1302); Abs. 1 Nr. 3 eingef., bish. Nr. 3 wird Nr. 4, Abs. 3 geänd. durch G v. 26.1.1998 (BGBl. I S. 160); Abs. 1 Nr. 2 Buchst. d angef., Abs. 3 geänd. mWv 1.5.2010 durch G v. 16.7.2009 (BGBl. I S. 1952); Abs. 3 geänd. mWv 27.4.2012 durch G v. 15.12.2011 (BGBl. I S. 2714); Abs. 1 Nr. 2 Buchst. a und c, Abs. 3 geänd. mWv 14.9.2013 durch G v. 6.9.2013 (BGBl. I S. 3556); Abs. 1 Nr. 1a eingef., Nr. 2 Buchst. d aufgeh., Abs. 3 Satz 1 geänd., Satz 2 angef. mWv 1.7.2022 durch G v. 16.6.2021 (BGBl. I S. 1810).

[2)] Nr. **85**.

c) Jugendstrafe von mehr als einem Jahr, außer in den Fällen der Nummer 1 Buchstabe d bis f,

3. zwanzig Jahre bei Verurteilungen wegen einer Straftat nach den §§ 174 bis 180 oder 182 des Strafgesetzbuches zu einer Freiheitsstrafe oder Jugendstrafe von mehr als einem Jahr,
4. fünfzehn Jahre
in allen übrigen Fällen.

(2) Die Aussetzung der Strafe oder eines Strafrestes zur Bewährung oder die Beseitigung des Strafmakels bleiben bei der Berechnung der Frist unberücksichtigt, wenn diese Entscheidungen widerrufen worden sind.

(3) [1] In den Fällen des Absatzes 1 Nr. 1 Buchstabe e, Nr. 2 Buchstabe c sowie Nummer 3 und 4 verlängert sich die Frist um die Dauer der Freiheitsstrafe, des Strafarrestes oder der Jugendstrafe. [2] In den Fällen des Absatzes 1 Nummer 1a verlängert sich die Frist bei einer Verurteilung zu einer Jugendstrafe von mehr als einem Jahr um die Dauer der Jugendstrafe.

§ 47[1)] Feststellung der Frist und Ablaufhemmung. (1) Für die Feststellung und Berechnung der Frist gelten die §§ 35, 36 entsprechend.

(2) [1] Die Tilgungsfrist läuft nicht ab, solange sich aus dem Register ergibt, daß die Vollstreckung einer Strafe oder eine der in § 61 des Strafgesetzbuchs[2)] aufgeführten Maßregeln der Besserung und Sicherung noch nicht erledigt oder die Strafe noch nicht erlassen ist. [2] § 37 Abs. 1 gilt entsprechend.

(3) [1] Sind im Register mehrere Verurteilungen eingetragen, so ist die Tilgung einer Eintragung erst zulässig, wenn für alle Verurteilungen die Voraussetzungen der Tilgung vorliegen. [2] Die Eintragung einer Verurteilung, durch die eine Sperre für die Erteilung der Fahrerlaubnis für immer angeordnet worden ist, hindert die Tilgung anderer Verurteilungen nur, wenn zugleich auf eine Strafe erkannt worden ist, für die allein die Tilgungsfrist nach § 46 noch nicht abgelaufen wäre.

§ 48[3)] Anordnung der Tilgung wegen Gesetzesänderung. Ist die Verurteilung ausschließlich wegen einer Handlung eingetragen, für die das nach der Verurteilung geltende Gesetz keine Strafe mehr vorsieht, oder droht das neue Gesetz für die Handlung nur noch Geldbuße allein oder Geldbuße in Verbindung mit einer Nebenfolge an, wird die Eintragung auf Antrag der betroffenen Person getilgt.

§ 49[4)] Anordnung der Tilgung in besonderen Fällen. (1) [1] Die Registerbehörde kann auf Antrag oder von Amts wegen anordnen, daß Eintragungen entgegen den §§ 45, 46 zu tilgen sind, falls die Vollstreckung erledigt ist und das öffentliche Interesse der Anordnung nicht entgegensteht. [2] Die Registerbehörde soll das erkennende Gericht und die sonst zuständige Behörde hören. [3] Betrifft die Eintragung eine Verurteilung, durch welche eine freiheitsentziehende Maßregel der Besserung und Sicherung angeordnet worden ist, so soll sie auch die Stellung-

---

[1)] § 47 Abs. 2 Satz 1 geänd. mWv 30.4.2002 durch G v. 23.4.2002 (BGBl. I S. 1406).

[2)] Nr. **85**.

[3)] § 48 neu gef. mWv 29.7.2017 durch G v. 18.7.2017 (BGBl. I S. 2732).

[4)] § 49 Abs. 3 Satz 2 geänd. mWv 30.4.2002 durch G v. 23.4.2002 (BGBl. I S. 1406); Abs. 1 Sätze 1, 2 und 3, Abs. 3 Satz 2 geänd. mWv 1.1.2007 durch G v. 17.12.2006 (BGBl. I S. 3171); Abs. 1 Satz 2 neu gef., Satz 3 und Abs. 3 Satz 2 geänd. mWv 29.7.2017 durch G v. 18.7.2017 (BGBl. I S. 2732); Abs. 3 Satz 2 geänd. mWv 9.12.2022 durch G v. 4.12.2022 (BGBl. I S. 2146).

nahme eines oder einer in der Psychiatrie erfahrenen medizinischen Sachverständigen einholen.

(2) Hat der Verurteilte infolge der Verurteilung durch ein Gericht im Geltungsbereich dieses Gesetzes die Fähigkeit, öffentliche Ämter zu bekleiden und Rechte aus öffentlichen Wahlen zu erlangen, oder das Recht, in öffentlichen Angelegenheiten zu wählen oder zu stimmen, verloren, so darf eine Anordnung nach Absatz 1 nicht ergehen, solange er diese Fähigkeit oder dieses Recht nicht wiedererlangt hat.

(3) [1] Gegen die Ablehnung einer Anordnung nach Absatz 1 steht dem Antragsteller innerhalb zwei Wochen nach der Bekanntgabe der Entscheidung die Beschwerde zu. [2] Hilft die Registerbehörde der Beschwerde nicht ab, so entscheidet das Bundesministerium der Justiz.

§ 50[1)] Zu Unrecht getilgte Eintragungen. Die Registerbehörde hat vor ihrer Entscheidung darüber, ob eine zu Unrecht im Register getilgte Eintragung wieder in das Register aufgenommen wird, der betroffenen Person Gelegenheit zur Stellungnahme zu geben.

Fünfter Abschnitt. Rechtswirkungen der Tilgung

§ 51[2)] Verwertungsverbot. (1) Ist die Eintragung über eine Verurteilung im Register getilgt worden oder ist sie zu tilgen, so dürfen die Tat und die Verurteilung der betroffenen Person im Rechtsverkehr nicht mehr vorgehalten und nicht zu ihrem Nachteil verwertet werden.

(2) Aus der Tat oder der Verurteilung entstandene Rechte Dritter, gesetzliche Rechtsfolgen der Tat oder der Verurteilung und Entscheidungen von Gerichten oder Verwaltungsbehörden, die im Zusammenhang mit der Tat oder der Verurteilung ergangen sind, bleiben unberührt.

§ 52[3)] Ausnahmen. (1) Die frühere Tat darf abweichend von § 51 Abs. 1 nur berücksichtigt werden, wenn

1. die Sicherheit der Bundesrepublik Deutschland oder eines ihrer Länder eine Ausnahme zwingend gebietet,
2. in einem erneuten Strafverfahren ein Gutachten über die Voraussetzungen der §§ 20, 21, 63, 64, 66, 66a oder 66b des Strafgesetzbuchs[4)] zu erstatten ist, falls die Umstände der früheren Tat für die Beurteilung der Schuldfähigkeit oder Gefährlichkeit der betroffenen Person von Bedeutung sind,
3. die Wiederaufnahme des früheren Verfahrens beantragt wird,
4. die betroffene Person die Zulassung zu einem Beruf oder einem Gewerbe, die Einstellung in den öffentlichen Dienst oder die Erteilung einer Waffenbesitzkarte, eines Munitionserwerbscheins, Waffenscheins, Jagdscheins oder einer Erlaubnis nach § 27 des Sprengstoffgesetzes[5)] beantragt, falls die Zulassung, Einstellung

---

[1)] § 50 neu gef. mWv 1.1.2007 durch G v. 17.12.2006 (BGBl. I S. 3171); geänd. mWv 29.7.2017 durch G v. 18.7.2017 (BGBl. I S. 2732).

[2)] § 51 Abs. 1 geänd. mWv 29.7.2017 durch G v. 18.7.2017 (BGBl. I S. 2732).

[3)] § 52 Abs. 2 neu gef. durch G v. 24.4.1998 (BGBl. I S. 747); Abs. 2 Satz 2 geänd. mWv 30.4.2002 durch G v. 23.4.2002 (BGBl. I S. 1406); Abs. 2 Satz 1 neu gef. mWv 5.12.2014 durch G v. 28.11.2014 (BGBl. I S. 1802); Abs. 1 Nr. 2–4 geänd., Nr. 5 angef. mWv 29.7.2017 durch G v. 18.7.2017 (BGBl. I S. 2732).

[4)] Nr. **85**.

[5)] **Sartorius ErgBd. Nr. 822.**

oder Erteilung der Erlaubnis sonst zu einer erheblichen Gefährdung der Allgemeinheit führen würde; das gleiche gilt, wenn die betroffene Person die Aufhebung einer die Ausübung eines Berufes oder Gewerbes untersagenden Entscheidung beantragt oder

5. dies in gesetzlichen Bestimmungen unter Bezugnahme auf diese Vorschrift vorgesehen ist.

(2) [1] Abweichend von § 51 Absatz 1 darf eine frühere Tat ferner

1. in einem Verfahren, das die Erteilung oder Entziehung einer Fahrerlaubnis zum Gegenstand hat,
2. zur Ergreifung von Maßnahmen nach dem Fahreignungs-Bewertungssystem nach § 4 Absatz 5 des Straßenverkehrsgesetzes[1)]

berücksichtigt werden, solange die Verurteilung nach den Vorschriften der §§ 28 bis 30b des Straßenverkehrsgesetzes verwertet werden darf. [2] Außerdem dürfen für die Prüfung der Berechtigung zum Führen von Kraftfahrzeugen Entscheidungen der Gerichte nach den §§ 69 bis 69b des Strafgesetzbuches verwertet werden.

Sechster Abschnitt. Begrenzung von Offenbarungspflichten des Verurteilten

§ 53[2)] Offenbarungspflicht bei Verurteilungen. (1) Verurteilte dürfen sich als unbestraft bezeichnen und brauchen den der Verurteilung zugrunde liegenden Sachverhalt nicht zu offenbaren, wenn die Verurteilung

1. nicht in das Führungszeugnis oder nur in ein Führungszeugnis nach § 32 Abs. 3, 4 aufzunehmen oder
2. zu tilgen ist.

(2) Soweit Gerichte oder Behörden ein Recht auf unbeschränkte Auskunft haben, können Verurteilte ihnen gegenüber keine Rechte aus Absatz 1 Nr. 1 herleiten, falls sie hierüber belehrt werden.

Siebter Abschnitt.[3)] Internationaler Austausch von Registerinformationen

§ 53a[4)] Grenzen der internationalen Zusammenarbeit. [1] Die Eintragung einer Verurteilung, die nicht durch ein deutsches Gericht im Geltungsbereich dieses Gesetzes ergangen ist, in das Register oder die Erteilung einer Auskunft aus dem Register an eine Stelle eines anderen Staates oder an eine über- und zwischenstaatliche Stelle ist unzulässig, wenn die Verurteilung oder die Erteilung der Auskunft wesentlichen Grundsätzen der deutschen Rechtsordnung widerspricht. [2] Liegt eine Verurteilung oder ein Ersuchen eines Mitgliedstaates der Europäischen Union vor, ist die Eintragung der Verurteilung oder die Erledigung des Ersuchens unzulässig, wenn die Verurteilung oder die Erledigung des Ersuchens im Widerspruch zur Charta der Grundrechte der Europäischen Union[5)] steht.

[1)] Nr. **35**.
[2)] § 53 Abs. 1 einl. Satzteil und Abs. 2 geänd. mWv 29.7.2017 durch G v. 18.7.2017 (BGBl. I S. 2732).
[3)] 7. Abschnitt Überschrift neu gef. mWv 27.4.2012 durch G v. 15.12.2011 (BGBl. I S. 2714).
[4)] § 53a eingef. mWv 27.4.2012 durch G v. 15.12.2011 (BGBl. I S. 2714).
[5)] **Sartorius Nr. 1002.**

§ 54[1)] Eintragungen in das Register. (1) Strafrechtliche Verurteilungen, die nicht durch deutsche Gerichte im Geltungsbereich dieses Gesetzes ergangen sind, werden in das Register eingetragen, wenn

1. die verurteilte Person die deutsche Staatsangehörigkeit besitzt oder im Geltungsbereich dieses Gesetzes geboren oder wohnhaft ist,
2. wegen des der Verurteilung zugrunde liegenden oder sinngemäß umgestellten Sachverhalts auch nach dem im Geltungsbereich dieses Gesetzes geltenden Recht, ungeachtet etwaiger Verfahrenshindernisse, eine Strafe oder eine Maßregel der Besserung und Sicherung hätte verhängt werden können,
3. die Entscheidung rechtskräftig ist.

(2) Erfüllt eine Verurteilung die Voraussetzungen des Absatzes 1 Nr. 2 nur hinsichtlich eines Teils der abgeurteilten Tat oder Taten, so wird die ganze Verurteilung eingetragen.

(3) [1] Ist eine Verurteilung einzutragen oder ist sie bereits eingetragen, wird auch Folgendes eingetragen:

1. als Folgemaßnahmen spätere Entscheidungen oder sonstige Tatsachen, die sich auf die Verurteilung beziehen,
2. bei der Übermittlung einer Strafnachricht mitgeteilte Bedingungen, die die Verwendung des Mitgeteilten beschränken,
3. soweit es sich um eine Verurteilung aus einem Mitgliedstaat der Europäischen Union handelt, Mitteilungen zu
   a) der Tilgung,
   b) dem Ort der Tatbegehung und
   c) den Rechtsverlusten, die sich aus der Verurteilung ergeben,
4. eine deutsche Entscheidung, durch die die ausländische Freiheitsstrafe oder Maßregel der Besserung und Sicherung für vollstreckbar erklärt wurde.

[2] Wird eine eingetragene Verurteilung durch die Eintragung einer Folgemaßnahme ergänzt, ist § 55 Absatz 2 nicht anzuwenden.

§ 55[2)] Verfahren bei der Eintragung. (1) Die Registerbehörde trägt eine Verurteilung, die nicht durch ein deutsches Gericht im Geltungsbereich dieses Gesetzes ergangen ist, ein, wenn ihr die Verurteilung von einer Behörde des Staates, der sie ausgesprochen hat, mitgeteilt worden ist und sich aus der Mitteilung nicht ergibt, daß die Voraussetzungen des § 54 nicht vorliegen.

(2) [1] Die betroffene Person soll unverzüglich zu der Eintragung gehört werden, wenn ihr Aufenthalt feststellbar ist. [2] Ergibt sich, daß bei einer Verurteilung oder einem abtrennbaren Teil einer Verurteilung die Voraussetzungen des § 54 Abs. 1 nicht vorliegen, so ist die Eintragung insoweit zu entfernen. [3] Lehnt die Registerbehörde einen Antrag der betroffenen Person auf Entfernung der Eintragung ab, so steht der betroffenen Person innerhalb von zwei Wochen nach der Bekanntgabe der Entscheidung die Beschwerde zu. [4] Hilft die Registerbehörde der Beschwerde nicht ab, so entscheidet das Bundesministerium der Justiz.

[1)] § 54 Abs. 3 angef. mWv 27.4.2012 durch G v. 15.12.2011 (BGBl. I S. 2714); Abs. 1 Nr. 1 geänd. mWv 29.7.2017 durch G v. 18.7.2017 (BGBl. I S. 2732).

[2)] § 55 Abs. 2 Satz 4 geänd. mWv 30.4.2002 durch G v. 23.4.2002 (BGBl. I S. 1406); Abs. 2 Sätze 3 und 4 geänd. mWv 1.1.2007 durch G v. 17.12.2006 (BGBl. I S. 3171); Abs. 2 Sätze 1, 3 und 4 geänd. mWv 29.7.2017 durch G v. 18.7.2017 (BGBl. I S. 2732); Abs. 2 Satz 4 geänd. mWv 9.12.2022 durch G v. 4.12.2022 (BGBl. I S. 2146).

§ 56[1)] Behandlung von Eintragungen. (1) [1]Eintragungen nach § 54 werden bei der Anwendung dieses Gesetzes wie Eintragungen von Verurteilungen durch deutsche Gerichte im Geltungsbereich dieses Gesetzes behandelt. [2]Hierbei steht eine Rechtsfolge der im Geltungsbereich dieses Gesetzes geltenden Rechtsfolge gleich, der sie am meisten entspricht; Nebenstrafen und Nebenfolgen haben für die Anwendung dieses Gesetzes keine Rechtswirkung.

(2) [1]Für die Nichtaufnahme einer nach § 54 eingetragenen Verurteilung in das Führungszeugnis und für die Tilgung der Eintragung bedarf es nicht der Erledigung der Vollstreckung. [2]Satz 1 gilt nicht, soweit die Verurteilung im Geltungsbereich dieses Gesetzes vollstreckt wird.

(3) Die §§ 39 und 49 gelten entsprechend.

§ 56a[2)] *(aufgehoben)*

§ 56b[3)] Speicherung zum Zweck der Auskunftserteilung an Mitgliedstaaten der Europäischen Union. (1) [1]Übermittelt eine Zentralbehörde eines anderen Mitgliedstaates eine strafrechtliche Verurteilung über eine Person, die die deutsche Staatsangehörigkeit besitzt, und ist die Eintragung der Verurteilung nicht zulässig, weil die Voraussetzungen des § 54 Absatz 1 Nummer 2 nicht vorliegen, werden die Verurteilung sowie eintragungsfähige Folgemaßnahmen im Register gesondert gespeichert. [2]Speicherungen nach dieser Vorschrift dürfen an einen anderen Mitgliedstaat nur zur Unterstützung eines strafrechtlichen Verfahrens in diesem Staat auf Grund eines Ersuchens übermittelt werden.

(2) Die §§ 42 und 55 Absatz 2 gelten entsprechend.

(3) Die Speicherung wird im Register gelöscht, wenn

1. mitgeteilt wird, dass eine Tilgung durch den Urteilsmitgliedstaat erfolgt ist, oder
2. fünf Jahre abgelaufen sind; § 47 Absatz 1 gilt bei der Fristberechnung entsprechend.

§ 57[4)] Auskunft an ausländische sowie über- und zwischenstaatliche Stellen. (1) Ersuchen von Stellen eines anderen Staates sowie von über- und zwischenstaatlichen Stellen um Erteilung einer unbeschränkten Auskunft aus dem Register oder um Erteilung eines Führungszeugnisses an Behörden werden nach den hierfür geltenden völkerrechtlichen Verträgen, soweit an ihnen nach Artikel 59 Absatz 2 Satz 1 des Grundgesetzes[5)] die gesetzgebenden Körperschaften mitgewirkt haben, von der Registerbehörde ausgeführt.

(2) [1]Soweit kein völkerrechtlicher Vertrag im Sinne des Absatzes 1 vorliegt, kann die Registerbehörde als ausführende Behörde den in Absatz 1 genannten Stellen für die gleichen Zwecke und in gleichem Umfang eine unbeschränkte Auskunft aus dem Register oder ein Führungszeugnis an Behörden erteilen wie vergleichbaren deutschen Stellen. [2]Die empfangende Stelle ist darauf hinzuweisen,

---

[1)] § 56 Abs. 3 angef. mWv 27.4.2012 durch G v. 15.12.2011 (BGBl. I S. 2714); Abs. 2 Satz 2 angef. mWv 9.12.2022 durch G v. 4.12.2022 (BGBl I S. 2146).

[2)] § 56a aufgeh. mWv 29.7.2017 durch G v 18.7.2017 (BGBl. I S. 2732).

[3)] § 56b eingef. mWv 27.4.2012 durch G v. 15.12.2011 (BGBl. I S. 2714).

[4)] § 57 neu gef. mWv 30.4.2002 durch G v. 23.4.2002 (BGBl. I S. 1406); Abs. 1 und 2 Satz 1 neu gef., Abs. 3 Satz 1 geänd., Satz 3 und Abs. 5 angef. mWv 27.4.2012 durch G v. 15.12.2011 (BGBl. I S. 2714); Abs. 2 Sätze 2 und 3, Abs. 3 Satz 3 geänd. mWv 29.7.2017 durch G v. 18.7.2017 (BGBl. I S. 2732); Abs. 2 Satz 3 neu gef. mWv 26.11.2019 durch G v. 20.11.2019 (BGBl. I S. 1626); Abs. 6 angef. mWv 1.10.2022 durch G v. 10.8.2021 (BGBl. I S. 3420).

[5)] Nr. **1**.

dass sie die Auskunft nur zu dem Zweck verwenden darf, für den sie erteilt worden ist. [3]Die Übermittlung personenbezogener Daten muss im Einklang mit Kapitel V der Verordnung (EU) 2016/679[1)] und den sonstigen allgemeinen datenschutzrechtlichen Vorschriften stehen.

(3) [1]Regelmäßige Benachrichtigungen über strafrechtliche Verurteilungen und nachfolgende Maßnahmen, die im Register eingetragen werden (Strafnachrichten), werden nach den hierfür geltenden völkerrechtlichen Verträgen, die der Mitwirkung der gesetzgebenden Körperschaften nach Artikel 59 Abs. 2 des Grundgesetzes bedurften, erstellt und übermittelt. [2]Absatz 2 Satz 2 gilt entsprechend. [3]Ist eine Strafnachricht übermittelt worden, wird der empfangenden Stelle auch die Entfernung der Eintragung aus dem Register mitgeteilt.

(4) Die Verantwortung für die Zulässigkeit der Übermittlung trägt die übermittelnde Stelle.

(5) [1]Eine nach § 54 Absatz 3 Satz 1 Nummer 2 eingetragene Bedingung ist bei der Ausführung von Ersuchen nach den Absätzen 1 und 2 zu beachten. [2]Ist im Register zu einer nach § 54 eingetragenen Verurteilung eines anderen Mitgliedstaates die Tilgung der Verurteilung im Urteilsmitgliedstaat eingetragen, unterbleibt eine Auskunft aus dem Register über diese Verurteilung.

(6) Die Registerbehörde erteilt Eurojust die Zustimmung gemäß Artikel 17 Absatz 3 der Verordnung (EU) 2019/816, wenn ein Ersuchen des anfragenden Drittstaates oder einer internationalen Organisation nach den Absätzen 1 bis 5 voraussichtlich beantwortet werden würde.

§ 57a[2)] Austausch von Registerinformationen mit Mitgliedstaaten der Europäischen Union. (1) [1]Strafnachrichten über Personen, die die Staatsangehörigkeit eines anderen Mitgliedstaates der Europäischen Union besitzen, werden erstellt und der Registerbehörde des Mitgliedstaates übermittelt, dessen Staatsangehörigkeit die verurteilte Person besitzt. [2]Besitzt die Person die Staatsangehörigkeit mehrerer Mitgliedstaaten, ist jedem betroffenen Mitgliedstaat eine Strafnachricht zu übermitteln. [3]Die Sätze 1 und 2 sind auch anzuwenden, wenn die verurteilte Person zugleich die deutsche Staatsangehörigkeit besitzt. [4]§ 57 Absatz 3 Satz 3 gilt entsprechend.

(2) [1]Ersuchen eines anderen Mitgliedstaates um Erteilung einer unbeschränkten Auskunft aus dem Register zur Unterstützung eines strafrechtlichen Verfahrens werden von der Registerbehörde erledigt; in die Auskunft sind auch die Eintragungen nach § 56b aufzunehmen. [2]§ 57 Absatz 5 gilt entsprechend.

(3) [1]Für Ersuchen eines anderen Mitgliedstaates um Erteilung einer unbeschränkten Auskunft aus dem Register oder um Erteilung eines Führungszeugnisses an Behörden zur Unterstützung eines nichtstrafrechtlichen Verfahrens oder eines Verfahrens wegen einer Ordnungswidrigkeit gilt § 57 Absatz 1, 2 und 5 entsprechend. [2]Enthält die im Register eingetragene Verurteilung eines anderen Mitgliedstaates eine nach § 54 Absatz 3 Satz 1 Nummer 2 eingetragene Bedingung, die die Verwendung der Mitteilung der Verurteilung auf strafrechtliche Verfahren beschränkt, wird dem ersuchenden Mitgliedstaat, falls dem Ersuchen stattgegeben wird, nur mitgeteilt,

---

[1)] ***Sartorius Nr. 246.***

[2)] § 57a eingef. mWv 27.4.2012 durch G v. 15.12.2011 (BGBl. I S. 2714); Abs. 5 Satz 2 eingef., bish. Sätze 2 und 3 werden Sätze 3 und 4 mWv 17.7.2020 durch G v. 10.7.2020 (BGBl. I S. 1648); Abs. 5 Satz 1 geänd. mWv 1.10.2022 durch G v. 10.8.2021 (BGBl. I S. 3420); Abs. 5 Satz 2 aufgeh., bish. Satz 3 wird Satz 2, bish. Satz 4 wird Satz 3 und geänd. mWv 9.12.2022 durch G v. 4.12.2022 (BGBl. I S. 2146).

1. dass eine strafrechtliche Verurteilung eines anderen Mitgliedstaates vorhanden ist, deren Verwendung auf strafrechtliche Verfahren beschränkt ist, und
2. in welchem Mitgliedstaat die Verurteilung ergangen ist.

(4) [1] Ersuchen eines Mitgliedstaates der Europäischen Union um Erteilung einer Auskunft aus dem Register für nichtstrafrechtliche Zwecke, deren Art oder Umfang in diesem Gesetz nicht vorgesehen ist, erledigt die Registerbehörde, soweit die Erteilung nach Maßgabe von Rechtsakten der Europäischen Union geboten ist, es sei denn, dass eine besondere fachliche Bewertung zur Beschränkung der Auskunft erforderlich ist. [2] Ist eine solche Bewertung erforderlich, erhält die für die internationale Amtshilfe zuständige Behörde eine Auskunft aus dem Register. [3] § 57 Absatz 1, 2 und 4 sowie § 8e des Verwaltungsverfahrensgesetzes[1)] gelten entsprechend.

(5) [1] Zur Aufnahme von deutschen Registerinformationen in das Führungszeugnis eines anderen Mitgliedstaates ist diesem auf sein Ersuchen ein Führungszeugnis für Private oder zur Vorlage bei einer Behörde nach § 30 über eine Person zu erteilen. [2] Aus dem Ersuchen muss hervorgehen, dass ein entsprechender Antrag der Person im ersuchenden Mitgliedstaat vorliegt. [3] Ein Führungszeugnis nach § 30a wird zu dem in Satz 1 genannten Zweck erteilt, wenn die Voraussetzungen nach § 30a Absatz 1 und 2 Satz 2 vorliegen.

(6) Die Verantwortung für die Zulässigkeit der Übermittlung trägt die übermittelnde Stelle.

(7) Ersuchen, die ausschließlich die Erteilung einer Auskunft aus dem Strafregister eines anderen Mitgliedstaates der Europäischen Union zum Inhalt haben und ihrem Umfang nach einer unbeschränkten Auskunft nach § 41 oder einem Behördenführungszeugnis nach § 31 vergleichbar sind, werden über die Registerbehörde an die Zentralbehörde des ersuchten Mitgliedstaates gerichtet.

§ 57b[2)] Speicherung und Austausch von Registerinformationen im Zusammenhang mit einem Partnerstaat. Die §§ 56b und 57a Absatz 1 bis 3 und 5 bis 7 gelten entsprechend für die Speicherung und den Austausch von Registerinformationen im Zusammenhang mit einem Partnerstaat.

§ 58[3)] Berücksichtigung von Verurteilungen. [1] Eine strafrechtliche Verurteilung gilt, auch wenn sie nicht nach § 54 in das Register eingetragen ist, als tilgungsreif, sobald eine ihr vergleichbare Verurteilung im Geltungsbereich dieses Gesetzes tilgungsreif wäre. [2] § 53 gilt auch zugunsten der außerhalb des Geltungsbereichs dieses Gesetzes Verurteilten.

Achter Abschnitt.[4)] Verarbeitung personenbezogener Daten zu den Zwecken der Verordnung (EU) 2019/816 und der Verordnung (EU) 2019/818

§ 58a[4)] Ersuchen um Übermittlung personenbezogener Daten von ECRIS-TCN. Die Registerbehörde darf das zentralisierte System zur Ermittlung der Mitgliedstaaten, in denen Informationen zu Verurteilungen von Drittstaatsangehörigen und Staatenlosen vorliegen (ECRIS-TCN), um Übermittlung der erforderlichen personenbezogenen Daten ersuchen und die empfangenen per-

[1)] **Sartorius Nr. 100.**
[2)] § 57b eingef. mWv 9.12.2022 durch G v. 4.12.2022 (BGBl. I S. 2146).
[3)] § 58 Satz 2 geänd. mWv 29.7.2017 durch G v. 18.7.2017 (BGBl. I S. 2732).
[4)] 8. Abschnitt (§§ 58a–58c) eingef. mWv 1.10.2022 durch G v. 10.8.2021 (BGBl. I S. 3420).

sonenbezogenen Daten verarbeiten, soweit dies neben den Zwecken der Verordnung (EU) 2019/816 erforderlich ist

1. für die Erteilung einer Auskunft aus dem Register für nichtstrafrechtliche Zwecke oder
2. für die Erteilung eines Führungszeugnisses.

§ 58b[1] Austausch von personenbezogenen Daten zwischen der Registerbehörde und dem Bundeskriminalamt. (1) Die Registerbehörde darf das Bundeskriminalamt zu Zwecken der Verordnung (EU) 2019/816 um Übermittlung der nach § 81b oder § 163b Absatz 1 Satz 3 der Strafprozessordnung[2] aufgenommenen Fingerabdrücke ersuchen.

(2) [1] Die Registerbehörde darf die auf Ersuchen nach Absatz 1 übermittelten Fingerabdrücke erheben, speichern und verwenden, soweit dies zu Zwecken der Verordnung (EU) 2019/816 erforderlich ist. [2] Ist eine Verwendung zu diesen Zwecken nicht mehr erforderlich, so sind die Fingerabdrücke unverzüglich zu löschen.

(3) [1] Werden der Registerbehörde bei Ersuchen nach § 57a Absatz 2 bis 4 infolge eines Treffers in ECRIS-TCN Fingerabdrücke der betroffenen Person übermittelt, darf die Registerbehörde dem Bundeskriminalamt die erforderlichen personenbezogenen Daten einschließlich der Fingerabdrücke übermitteln und um einen Abgleich der Identität ersuchen. [2] Dies gilt auch zur Prüfung von Mehrfachidentitäten nach Artikel 29 der Verordnung (EU) 2019/818 des Europäischen Parlaments und des Rates vom 20. Mai 2019 zur Errichtung eines Rahmens für die Interoperabilität zwischen EU-Informationssystemen (polizeiliche und justizielle Zusammenarbeit, Asyl und Migration) und zur Änderung der Verordnungen (EU) 2018/1726, (EU) 2018/1862 und (EU) 2019/816 (ABl. L 135 vom 22.5. 2019, S. 85; L 10 vom 15.1.2020, S. 5).

(4) Das Bundeskriminalamt darf

1. auf Ersuchen nach Absatz 1 zu Zwecken der Verordnung (EU) 2019/816 die nach § 81b oder § 163b Absatz 1 Satz 3 der Strafprozessordnung aufgenommenen Fingerabdrücke an die Registerbehörde übermitteln,
2. auf Ersuchen nach Absatz 3 Amtshilfe bei der Auswertung der in Absatz 3 genannten Daten zur Identitätsfeststellung leisten und das Ergebnis der Auswertung der Registerbehörde übermitteln.

§ 58c[1] Ablauf der Speicherfrist in ECRIS-TCN. Die Speicherfrist nach Artikel 8 der Verordnung (EU) 2019/816 endet mit dem Eintritt der Tilgungsreife.

§ 58d[3] Kennzeichnung eines Datensatzes. (1) Zur Kennzeichnung eines Datensatzes in ECRIS-TCN nach Artikel 5 Absatz 1 Buchstabe c der Verordnung (EU) 2019/816 unterrichtet die für die Mitteilung nach § 20 Absatz 1 Satz 1 zuständige Stelle die Registerbehörde darüber, ob eine strafgerichtliche Verurteilung aufgrund einer terroristischen oder aufgrund einer sonstigen Straftat erfolgt ist, die

1. mit einer Freiheitsstrafe im Höchstmaß von mindestens drei Jahren bedroht ist und

---

[1] 8. Abschnitt (§§ 58a–58c) eingef. mWv 1.10.2022 durch G v. 10.8.2021 (BGBl. I S. 3420).
[2] Nr. **90**.
[3] § 58d eingef. mWv 1.4.2023 durch G v. 4.12.2022 (BGBl. I S. 2146).

2. zu einer der im Anhang zur Verordnung (EU) 2018/1240 des Europäischen Parlaments und des Rates vom 12. September 2018 über die Einrichtung eines Europäischen Reiseinformations- und -genehmigungssystems (ETIAS) und zur Änderung der Verordnungen (EU) Nr. 1077/2011, (EU) Nr. 515/2014, (EU) 2016/399, (EU) 2016/1624 und (EU) 2017/2226 (ABl. L 236 vom 19.9.2018, S. 1; L 323 vom 19.12.2018, S. 37; L 193 vom 17.6.2020, S. 16), die zuletzt durch die Verordnung (EU) 2021/1152 (ABl. L 249 vom 14.7.2021, S. 15) geändert worden ist, aufgeführten Deliktsgruppen gehört.

(2) [1] Die Registerbehörde darf die nach Absatz 1 übermittelten personenbezogenen Daten erheben, speichern und verwenden, soweit dies zu Zwecken der Verordnung (EU) 2019/816 erforderlich ist. [2] Ist eine Verwendung zu diesen Zwecken nicht mehr erforderlich, so sind die personenbezogenen Daten unverzüglich zu löschen.

Dritter Teil. Das Erziehungsregister

§ 59[1)] Führung des Erziehungsregisters. Für das Erziehungsregister gelten die Vorschriften des Zweiten Teils, soweit die §§ 60 bis 64 nicht etwas anderes bestimmen.

§ 60[2)] Eintragungen in das Erziehungsregister. (1) In das Erziehungsregister werden die folgenden Entscheidungen und Anordnungen eingetragen, soweit sie nicht nach § 5 Abs. 2 in das Zentralregister einzutragen sind:

1. die Anordnung von Maßnahmen nach § 3 Satz 2 des Jugendgerichtsgesetzes[3)],
2. die Anordnung von Erziehungsmaßregeln oder Zuchtmitteln sowie eines diesbezüglich verhängten Ungehorsamsarrestes (§§ 9 bis 16 des Jugendgerichtsgesetzes), Nebenstrafen oder Nebenfolgen (§ 8 Abs. 3, § 76 des Jugendgerichtsgesetzes) allein oder in Verbindung miteinander,
3. der Schuldspruch, der nach § 13 Absatz 2 Satz 2 aus dem Zentralregister entfernt worden ist, sowie die Entscheidung, die nach § 13 Absatz 3 aus dem Zentralregister entfernt worden ist,
4. Entscheidungen, in denen das Gericht die Auswahl und Anordnung von Erziehungsmaßregeln dem Familiengericht überläßt (§§ 53, 104 Abs. 4 des Jugendgerichtsgesetzes),
5. Anordnungen des Familiengerichts, die auf Grund einer Entscheidung nach Nummer 4 ergehen,
6. der Freispruch wegen mangelnder Reife und die Einstellung des Verfahrens aus diesem Grunde (§ 3 Satz 1 des Jugendgerichtsgesetzes),
7. das Absehen von der Verfolgung nach § 45 des Jugendgerichtsgesetzes und die Einstellung des Verfahrens nach § 47 des Jugendgerichtsgesetzes,
8. *(aufgehoben)*

[1)] § 59 Satz 1 aufgeh. mWv 27.4.2012 durch G v. 15.12.2011 (BGBl. I S. 2714).

[2)] § 60 Abs. 1 Nr. 8, Abs. 3 und 4 aufgeh. durch G v. 26.6.1990 (BGBl. I S. 1163); Abs. 2 geänd. durch G v. 30.8.1990 (BGBl. I S. 1853); Abs. 1 Nr. 4 und 5 geänd., Nr. 9 neu gef. durch G v. 16.12.1997 (BGBl. I S. 2942); Abs. 1 Nr. 4, 5 und 9 geänd. mWv 1.9.2009 durch G v. 17.12.2008 (BGBl. I S. 2586); Abs. 1 Nr. 2 geänd. mWv 15.12.2010 durch G v. 8.12.2010 (BGBl. I S. 1864); Abs. 1 Nr. 3 neu gef., Abs. 3 angef. mWv 27.4.2012 durch G v. 15.12.2011 (BGBl. I S. 2714); Abs. 1 Nr. 2 und 4, Abs. 2 geänd. mWv 29.7.2017, Abs. 1 Nr. 3 geänd. mWv 31.8.2020 durch G v. 18.7.2017 (BGBl. I S. 2732); Abs. 1 Nr. 9 geänd. mWv 1.1.2023 durch G v. 4.5.2021 (BGBl. I S. 882).

[3)] Nr. **89**.

9. vorläufige und endgültige Entscheidungen des Familiengerichts nach § 1666 Abs. 1 und § 1666a des Bürgerlichen Gesetzbuchs sowie Entscheidungen des Familiengerichts nach § 1802 Absatz 2 Satz 3 in Verbindung mit § 1666 Abs. 1 und § 1666a des Bürgerlichen Gesetzbuchs, welche die Sorge für die Person des Minderjährigen betreffen; ferner die Entscheidungen, durch welche die vorgenannten Entscheidungen aufgehoben oder geändert werden.

(2) In den Fällen des Absatzes 1 Nr. 7 ist zugleich die vom Gericht nach § 45 Abs. 3 oder § 47 Abs. 1 Satz 1 Nr. 3 des Jugendgerichtsgesetzes getroffene Maßnahme einzutragen.

(3) Ist ein Jugendarrest angeordnet worden, wird auch seine vollständige Nichtvollstreckung eingetragen.

§ 61[1] **Auskunft aus dem Erziehungsregister.** (1) Eintragungen im Erziehungsregister dürfen – unbeschadet der §§ 21a, 42a – nur mitgeteilt werden

1. den Strafgerichten und Staatsanwaltschaften für Zwecke der Rechtspflege sowie den Justizvollzugsbehörden für Zwecke des Strafvollzugs einschließlich der Überprüfung aller im Strafvollzug tätigen Personen,
2. den Familiengerichten für Verfahren, welche die Sorge für die Person des im Register Geführten betreffen,
3. den Jugendämtern und den Landesjugendämtern für die Wahrnehmung von Erziehungsaufgaben der Jugendhilfe,
4. den Gnadenbehörden für Gnadensachen,
5. den für waffen- und sprengstoffrechtliche Erlaubnisse sowie den für luftsicherheitsrechtliche Zuverlässigkeitsüberprüfungen zuständigen Behörden mit der Maßgabe, dass nur Entscheidungen und Anordnungen nach § 60 Abs. 1 Nr. 1 bis 7 mitgeteilt werden dürfen,
6. den Verfassungsschutzbehörden des Bundes und der Länder, dem Bundesnachrichtendienst und dem Militärischen Abschirmdienst für die diesen Behörden übertragenen Sicherheitsaufgaben, wenn eine Auskunft nach § 41 Absatz 1 Nummer 3 im Einzelfall nicht ausreicht, und mit der Maßgabe, dass nur Entscheidungen und Anordnungen nach § 60 Absatz 1 Nummer 1 bis 7 mitgeteilt werden dürfen.

(2) Soweit Behörden sowohl aus dem Zentralregister als auch aus dem Erziehungsregister Auskunft zu erteilen ist, werden auf ein Ersuchen um Auskunft aus dem Zentralregister (§ 41 Absatz 3) auch die in das Erziehungsregister aufgenommenen Eintragungen mitgeteilt.

(3) Auskünfte aus dem Erziehungsregister dürfen nicht an andere als die in Absatz 1 genannten Behörden weitergeleitet werden.

§ 62[2] **Suchvermerke.** Im Erziehungsregister können Suchvermerke unter den Voraussetzungen des § 27 nur von den Behörden gespeichert werden, denen Auskunft aus dem Erziehungsregister erteilt wird.

---

[1] § 61 Abs. 1 einl. Satzteil und Nr. 1 geänd. mWv 30.4.2002 durch G v. 23.4.2002 (BGBl. I S. 1406); Abs. 1 Nr. 4 geänd., Nr. 5 angef. mWv 1.4.2003 durch G v. 11.10.2002 (BGBl. I S. 3970); Abs. 1 Nr. 5 geänd. mWv 1.9.2005 durch G v. 15.6.2005 (BGBl. I S. 1626); Abs. 1 Nr. 2 geänd. mWv 1.9.2009 durch G v. 17.12.2008 (BGBl. I S. 2586); Abs. 1 Nr. 5 geänd., Nr. 6 angef. mWv 21.11.2015 durch G v. 17.11. 2015 (BGBl. I S. 1938); Abs. 1 einl. Satzteil und Abs. 2 geänd. mWv 29.7.2017 durch G v. 18.7.2017 (BGBl. I S. 2732); Abs. 1 Nr. 5 geänd. mWv 1.5.2020 durch G v. 22.4.2020 (BGBl. I S. 840).

[2] § 62 neu gef. mWv 30.4.2002 durch G v. 23.4.2002 (BGBl. I S. 1406); geänd. mWv 29.7.2017 durch G v. 18.7.2017 (BGBl. I S. 2732).

§ 63[1] Entfernung von Eintragungen. (1) Eintragungen im Erziehungsregister werden entfernt, sobald die betroffene Person das 24. Lebensjahr vollendet hat.

(2) Die Entfernung unterbleibt, solange im Zentralregister eine Verurteilung zu Freiheitsstrafe, Strafarrest oder Jugendstrafe oder eine freiheitsentziehende Maßregel der Besserung und Sicherung eingetragen ist.

(3) [1] Die Registerbehörde kann auf Antrag oder von Amts wegen anordnen, daß Eintragungen vorzeitig entfernt werden, wenn die Vollstreckung erledigt ist und das öffentliche Interesse einer solchen Anordnung nicht entgegensteht. [2] § 49 Abs. 3 ist anzuwenden.

(4) Die §§ 51, 52 gelten entsprechend.

§ 64[2] Begrenzung von Offenbarungspflichten der betroffenen Person.

(1) Eintragungen in das Erziehungsregister und die ihnen zugrunde liegenden Sachverhalte braucht die betroffene Person nicht zu offenbaren.

(2) Soweit Gerichte oder Behörden ein Recht auf Auskunft aus dem Erziehungsregister haben, kann die betroffene Person ihnen gegenüber keine Rechte aus Absatz 1 herleiten, falls sie hierüber belehrt wird.

Vierter Teil.[3] Übernahme des Strafregisters beim Generalstaatsanwalt der Deutschen Demokratischen Republik

§ 64a[4] Strafregister der Deutschen Demokratischen Republik. (1) Die Registerbehörde ist für das Speichern, Verändern, Übermitteln, Sperren und Löschen der Eintragungen und der zugrunde liegenden Unterlagen des bisher beim Generalstaatsanwalt der Deutschen Demokratischen Republik geführten Strafregisters zuständig; sie trägt als speichernde Stelle insoweit die datenschutzrechtliche Verantwortung.

(2) [1] Eintragungen des bisher beim Generalstaatsanwalt der Deutschen Demokratischen Republik geführten Strafregisters werden in das Zentralregister oder das Erziehungsregister übernommen. [2] Die Übernahme der Eintragungen in das Zentralregister oder das Erziehungsregister erfolgt spätestens anlässlich der Bearbeitung einer Auskunft aus dem Zentralregister oder dem Erziehungsregister nach Prüfung durch die Registerbehörde unter Beachtung von Absatz 3. [3] Die Entscheidung über die Übernahme aller Eintragungen hat innerhalb von drei Jahren zu erfolgen.

(3) [1] Nicht übernommen werden Eintragungen

1. über Verurteilungen oder Erkenntnisse, bei denen der zugrunde liegende Sachverhalt im Zeitpunkt der Übernahme dieses Gesetzes nicht mehr mit Strafe bedroht oder mit Ordnungsmitteln belegt ist,
2. über Verurteilungen oder Erkenntnisse, bei denen sich ergibt, daß diese mit rechtsstaatlichen Maßstäben nicht vereinbar sind,

---

[1] § 63 Abs. 1 ber. durch BGBl. 1985 I S. 195; Abs. 3 Satz 1 geänd. mWv 1.1.2007 durch G v. 17.12.2006 (BGBl. I S. 3171); Abs. 1 geänd. mWv 29.7.2017 durch G v. 18.7.2017 (BGBl. I S. 2732).

[2] § 64 Abs. 1 und 2 geänd. mWv 29.7.2017 durch G v. 18.7.2017 (BGBl. I S. 2732); Überschrift geänd. mWv 26.11.2019 durch G v. 20.11.2019 (BGBl. I S. 1626).

[3] 4. Teil (§§ 64a und 64b) eingef. aufgrund EVertr. v. 31.8.1990 (BGBl. II S. 889, 956)

[4] § 64a eingef. aufgrund EVertr. v. 31.8.1990 (BGBl. II S. 889, 956); Abs. 3 Satz 2 angef. durch G v. 16.6.1995 (BGBl. I S. 818); Abs. 1 geänd. mWv 1.1.2007 durch G v. 17.12.2006 (BGBl. I S. 3171); Abs. 1, 2 Satz 1, Abs. 4 Sätze 1 und 3 geänd., Abs 2 Satz 2 neu gef. mWv 27.4.2012 durch G v. 15.12.2011 (BGBl. I S. 2714).

3. von Untersuchungsorganen und von Staatsanwaltschaften im Sinne des Strafregistergesetzes der Deutschen Demokratischen Republik.

[2] Für Verurteilungen, die nicht übernommen wurden, gelten die §§ 51 bis 53.

(4) [1] Bis zur Entscheidung über die Übernahme sind die Eintragungen nach Absatz 1 außerhalb des Zentralregisters oder des Erziehungsregisters zu speichern und für Auskünfte nach diesem Gesetz zu sperren. [2] Dies gilt auch für Eintragungen, deren Übernahme abgelehnt worden ist. [3] Die in das Zentralregister oder das Erziehungsregister zu übernehmenden Eintragungen werden vom Zeitpunkt der Übernahmeentscheidung an nach den Vorschriften dieses Gesetzes behandelt.

(5) [1] Die Tilgungsfrist berechnet sich weiterhin nach den bisherigen Bestimmungen (§§ 26 bis 34 des Strafregistergesetzes der Deutschen Demokratischen Republik). [2] Erfolgt eine Neueintragung nach Übernahme des Bundeszentralregistergesetzes, gelten für die Feststellung und Berechnung der Tilgungsfrist die Vorschriften dieses Gesetzes.

§ 64b[1] Eintragungen und Eintragungsunterlagen. (1) [1] Die nach § 64a Absatz 1 gespeicherten Eintragungen und Eintragungsunterlagen aus dem ehemaligen Strafregister der Deutschen Demokratischen Republik dürfen den für die Rehabilitierung zuständigen Stellen für Zwecke der Rehabilitierung übermittelt werden. [2] Eine Verarbeitung für andere Zwecke ist nur mit Einwilligung der betroffenen Person zulässig.

(2) [1] Auf Anforderung darf den zuständigen Stellen mitgeteilt werden, welche Eintragungen gemäß § 64a Abs. 3 nicht in das Zentralregister oder das Erziehungsregister übernommen worden sind, soweit dies bei Richtern und Staatsanwälten wegen ihrer dienstlichen Tätigkeit in der Deutschen Demokratischen Republik für dienstrechtliche Maßnahmen oder zur Rehabilitierung betroffener Personen erforderlich ist. [2] Die Mitteilung kann alle Eintragungen, die die anfordernde Stelle für ihre Entscheidung nach Satz 1 benötigt, oder nur solche Eintragungen umfassen, die bestimmte, von der anfordernden Stelle vorgegebene Eintragungsmerkmale erfüllen.

Fünfter Teil.[2] Übergangs- und Schlußvorschriften

§ 65[3] Übernahme von Eintragungen in das Zentralregister. (1) Eintragungen, die vor dem Inkrafttreten dieses Gesetzes in das Strafregister aufgenommen worden sind, werden in das Zentralregister übernommen.

(2) Nicht übernommen werden Eintragungen über Verurteilungen zu

1. Geldstrafe, die mehr als zwei Jahre vor dem Inkrafttreten dieses Gesetzes ausgesprochen worden ist, wenn die Ersatzfreiheitsstrafe nicht mehr als drei Monate beträgt und keine weitere Eintragung im Register enthalten ist,
2. Geldstrafe, bei der die Voraussetzungen der Nummer 1 nicht vorliegen, Freiheitsstrafe und Jugendstrafe von nicht mehr als neun Monaten sowie Strafarrest,

---

[1] § 64b eingef. aufgrund EVertr. v. 31.8.1990 (BGBl. II S. 889, 956); neu gef. durch G v. 29.10.1992 (BGBl. I S. 1814); Abs. 1 neu gef. mWv 1.1.2000 durch G v. 17.12.1999 (BGBl. I S. 2662); Abs. 2 Satz 1 geänd. mWv 27.4.2012 durch G v. 15.12.2011 (BGBl. I S. 2714); Abs. 1 Satz 3 geänd. mWv 29.7.2017 durch G v. 18.7.2017 (BGBl. I S. 2732); Abs. 1 Satz 3 und Abs. 2 Satz 1 geänd. mWv 26.11.2019 durch G v. 20.11.2019 (BGBl. I S. 1626); Abs. 1 Satz 1 neu gef., Satz 2 aufgeh., bish. Satz 3 wird Satz 2 mWv 29.11.2019 durch G v. 22.11.2019 (BGBl. I S. 1752).

[2] Bish. 4. Teil wird 5. Teil aufgrund EVertr. v. 31.8.1990 (BGBl. II S. 889, 956).

[3] § 65 Abs. 3 Nr. 1 und 2 geänd. mWv 29.7.2017 durch G v. 18.7.2017 (BGBl. I S. 2732).

wenn die Strafe mehr als fünf Jahre vor dem Inkrafttreten dieses Gesetzes ausgesprochen worden ist,
3. Freiheitsstrafe und Jugendstrafe von mehr als neun Monaten, aber nicht mehr als drei Jahren, die mehr als zehn Jahre vor dem Inkrafttreten dieses Gesetzes ausgesprochen worden ist,
4. Freiheitsstrafe und Jugendstrafe von mehr als drei, aber nicht mehr als fünf Jahren, die mehr als fünfzehn Jahre vor dem Inkrafttreten dieses Gesetzes ausgesprochen worden ist.

(3) Absatz 2 gilt nicht, wenn
1. die betroffene Person als gefährlicher Gewohnheitsverbrecher oder innerhalb der letzten zehn Jahre vor dem Inkrafttreten dieses Gesetzes zu Freiheitsstrafe oder Jugendstrafe von mehr als neun Monaten verurteilt worden ist,
2. gegen die betroffene Person auf Unterbringung in einer Heil- oder Pflegeanstalt oder auf Untersagung der Erteilung der Fahrerlaubnis für immer erkannt worden ist.

(4) Nicht übernommen werden ferner Eintragungen über Entscheidungen von Verwaltungsbehörden aus der Zeit bis zum 23. Mai 1945.

(5) Die in das Zentralregister zu übernehmenden Eintragungen werden nach den Vorschriften dieses Gesetzes behandelt.

§ 66 Bei Inkrafttreten dieses Gesetzes getilgte oder tilgungsreife Eintragungen. Für die Verurteilungen, die bei dem Inkrafttreten dieses Gesetzes im Strafregister getilgt oder tilgungsreif sind oder die nach § 65 Abs. 2 nicht in das Zentralregister übernommen werden, gelten die §§ 51 bis 53.

§ 67 Eintragungen in der Erziehungskartei. Die bei dem Inkrafttreten dieses Gesetzes vorhandenen Eintragungen in der gerichtlichen Erziehungskartei sind in das Erziehungsregister zu übernehmen.

§ 68 Bestimmungen und Bezeichnungen in anderen Vorschriften. Soweit in anderen Vorschriften auf das Gesetz über beschränkte Auskunft aus dem Strafregister und die Tilgung von Strafvermerken oder auf Bestimmungen des Jugendgerichtsgesetzes[1], welche die Behandlung von Verurteilungen nach Jugendstrafrecht im Strafregister betreffen, verwiesen wird oder Bezeichnungen verwendet werden, die durch dieses Gesetz aufgehoben oder geändert werden, treten an ihre Stelle die entsprechenden Bestimmungen und Bezeichnungen dieses Gesetzes.

§ 69[2] Übergangsvorschriften. (1) Sind strafrechtliche Verurteilungen, die nicht durch deutsche Gerichte im Geltungsbereich dieses Gesetzes ergangen sind, vor dem 1. August 1984 in das Zentralregister oder das Erziehungsregister eingetragen worden, so ist die Eintragung nach den bis zum Inkrafttreten des Zweiten Gesetzes zur Änderung des Bundeszentralregistergesetzes vom 17. Juli 1984 (BGBl. I S. 990) geltenden Vorschriften zu behandeln.

---

[1] Nr. **89**.

[2] § 69 neu gef. mWv 1.10.2002 durch G v. 23.4.2002 (BGBl. I S. 1406); Abs. 1 eingef., bish. Abs. 1 und 2 werden Abs. 2 und 3 mWv 25.4.2006 durch G v. 19.4.2006 (BGBl. I S. 866); Abs. 4 angef. mWv 1.5.2010 durch G v. 16.7.2009 (BGBl. I S. 1952); Abs. 1 und Abs. 3 Satz 1 geänd. mWv 27.4.2012 durch G v. 15.12.2011 (BGBl. I S. 2714); Abs. 5 angef. mWv 26.11.2015 durch G v. 20.11.2015 (BGBl. I S. 2017); Abs. 5 neu gef. mWv 26.11.2019 durch G v. 20.11.2019 (BGBl. I S. 1626); Abs. 4 neu gef. mWv 1.7.2022 durch G v. 16.6.2021 (BGBl. I S. 1810); Abs. 4 geänd. mWv 9.12.2022 durch G v. 4.12.2022 (BGBl. I S. 2146).

(2) [1] Verurteilungen wegen einer Straftat nach den §§ 174 bis 180 oder § 182 des Strafgesetzbuches[1)] zu einer Freiheitsstrafe oder Jugendstrafe, die vor dem 1. Juli 1998 in das Zentralregister eingetragen wurden, werden nach den Vorschriften dieses Gesetzes in der ab dem 1. Juli 1998 gültigen Fassung behandelt. [2] In ein Führungszeugnis oder eine unbeschränkte Auskunft werden vor dem 30. Januar 1998 erfolgte Verurteilungen nur aufgenommen, soweit sie zu diesem Zeitpunkt in ein Führungszeugnis oder eine unbeschränkte Auskunft aufzunehmen waren.

(3) [1] Eintragungen nach § 11, die vor dem 1. Oktober 2002 erfolgt sind, werden nach 20 Jahren aus dem Zentralregister entfernt. [2] Die Frist beginnt mit dem Tag der Entscheidung oder Verfügung. [3] § 24 Abs. 4 gilt entsprechend.

(4) Verurteilungen wegen einer Straftat nach den §§ 171, 174 bis 180a, 181a, 182 bis 184g, 184i bis 184l, 201a Absatz 3, den §§ 225, 232 bis 233a, 234, 235 oder § 236 des Strafgesetzbuches, die vor dem 1. Juli 2022 in das Zentralregister eingetragen wurden, werden nach den Vorschriften dieses Gesetzes in der ab 1. Juli 2022 geltenden Fassung behandelt.

(5) [1] § 21 Satz 2 in der ab dem 29. Juli 2017 geltenden Fassung ist erst ab dem 1. Mai 2018 anzuwenden. [2] Bis zum 30. April 2018 ist § 21a Satz 2 in der am 20. November 2015 geltenden Fassung weiter anzuwenden.

§§ 70, 71[2)] *(aufgehoben)*

[1)] Nr. **85**.
[2)] §§ 70 und 71 aufgeh. mWv 30.4.2002 durch G v. 23.4.2002 (BGBl. I S. 1406).

Lfd. Nr.	Änderndes Gesetz	Datum	Fund-stelle	Betroffen	Hinweis
154.	Art. 8 G zur Neuregelung des Berufsrechts der anwaltlichen und steuerberatenden Berufsausübungsgesellschaften sowie zur Änd. weiterer Vorschriften im Bereich der rechtsberatenden Berufe	7.7.2021	BGBl. I S. 2363	§ 172	geänd. mWv 1.8.2022
155.	Art. 5 SanktionsdurchsetzungsG II	19.12. 2022	BGBl. I S. 2606	§ 74c	geänd. mWv 28.12.2022

(5) Im Rahmen der Absätze 1, 3 und 4 erstreckt sich der Bezirk des Landgerichts auf den Bezirk des Oberlandesgerichts.

§ 74b [Zuständigkeit in Jugendschutzsachen] [1] In Jugendschutzsachen (§ 26 Abs. 1 Satz 1) ist neben der für allgemeine Strafsachen zuständigen Strafkammer auch die Jugendkammer als erkennendes Gericht des ersten Rechtszuges zuständig. [2] § 26 Abs. 2 und §§ 73 und 74 gelten entsprechend.

§ 74c[1) 2)] [Zuständigkeit der Wirtschaftsstrafkammer] (1) [1] Für Straftaten

1. nach dem Patentgesetz[3)], dem Gebrauchsmustergesetz[4)], dem Halbleiterschutzgesetz, dem Sortenschutzgesetz, dem Markengesetz[5)], dem Designgesetz[6)], dem Urheberrechtsgesetz[7)], dem Gesetz gegen den unlauteren Wettbewerb[8)], dem Gesetz zum Schutz von Geschäftsgeheimnissen[9)], der Insolvenzordnung[10)], dem Unternehmensstabilisierungs- und -restrukturierungsgesetz[11)], dem Aktiengesetz[12)], dem Gesetz über die Rechnungslegung von bestimmten Unternehmen und Konzernen[13)], dem Gesetz betreffend die Gesellschaften mit beschränkter Haftung[14)], dem Handelsgesetzbuch[15)], dem SE-Ausführungsgesetz, dem Gesetz zur Ausführung der EWG-Verordnung über die Europäische wirtschaftliche Interessenvereinigung, dem Genossenschaftsgesetz[16)], dem SCE-Ausführungsgesetz und dem Umwandlungsgesetz[17)],

---

[1)] § 74c neu gef. durch G v. 5.10.1978 (BGBl. I S. 1645); Abs. 1 Nr. 1 geänd., Nr. 5 neu gef. durch G v. 15.5.1986 (BGBl. I S. 721); Abs. 1 Nr. 1 geänd. durch G v. 14.4.1988 (BGBl. I S. 514), G v. 7.3.1990 (BGBl. I S. 422), G v. 25.10.1994 (BGBl. I S. 3082) und G v. 28.10.1994 (BGBl. I S. 3210); Abs. 1 abschl. Satzteil geänd. durch G v. 11.1.1993 (BGBl. I S. 50); Abs. 1 Nr. 2 geänd. durch G v. 26.7.1994 (BGBl. I S. 1749); Abs. 1 Nr. 5a eingef. durch G v. 13.8.1997 (BGBl. I S. 2038); Abs. 1 Nr. 5 geänd. mWv 1.11.2000 durch G v. 2.8.2000 (BGBl. I S. 1253); Abs. 1 Nr. 6 neu gef. mWv 1.8.2002 durch G v. 23.7.2002 (BGBl. I S. 2787); Abs. 1 Nr. 6 Buchst. b geänd. mWv 1.8.2004 durch G v. 23.7.2004 (BGBl. I S. 1842); Abs. 1 Nr. 1 geänd. mWv 29.12.2004 durch G v. 22.12.2004 (BGBl. I S. 3675); Abs. 1 Nr. 1 geänd. mWv 18.8.2006 durch G v. 14.8.2006 (BGBl. I S. 1911); Abs. 1 Satz 2 angef. mWv 31.12.2006 durch G v. 22.12.2006 (BGBl. I S. 3416); Abs. 1 Satz 1 Nr. 1 geänd. mWv 1.11.2008 durch G v. 23.10.2008 (BGBl. I S. 2026); Abs. 1 Satz 1 Nr. 2, 5, 6 Buchst. a und b geänd. mWv 1.1.2012 durch G v. 6.12.2011 (BGBl. I S. 2554); Abs. 1 Satz 1 Nr. 1 geänd. mWv 1.1.2014 durch G v. 10.10.2013 (BGBl. I S. 3799); Abs. 1 Satz 2 geänd. mWv 1.9.2014 durch G v. 23.4.2014 (BGBl. I S. 410); Abs. 1 Satz 1 Nr. 5a geänd. mWv 4.6.2016 durch G v. 30.5.2016 (BGBl. I S. 1254); Abs. 1 Satz 1 Nr. 1 geänd. mWv 26.4.2019 durch G v. 18.4.2019 (BGBl. I S. 466); Abs. 1 Satz 1 Nr. 6 Buchst. b geänd. mWv 28.6.2019 durch G v. 19.6.2019 (BGBl. I S. 844); Abs. 1 Satz 1 Nr. 1 geänd. mWv 1.1.2021 durch G v. 22.12.2020 (BGBl. I S. 3256); Abs. 1 Satz 1 Nr. 6 Buchst. a geänd. mWv 18.3.2021 durch G v. 9.3.2021 (BGBl. I S. 327); Abs. 1 Satz 1 Nr. 5a geänd. mWv 1.7.2021 durch G v. 25.6.2021 (BGBl. I S. 2099); Abs. 1 Satz 1 Nr. 3 geänd. mWv 28.12.2022 durch G v. 19.12.2022 (BGBl. I S. 2606).

[2)] Beachte hierzu Übergangsvorschrift in § 41 EGGVG (Nr. **95a**).

[3)] **Habersack, Deutsche Gesetze ErgBd. Nr. 70.**

[4)] **Habersack, Deutsche Gesetze ErgBd. Nr. 71.**

[5)] Nr. **72**.

[6)] **Habersack, Deutsche Gesetze ErgBd. Nr. 69.**

[7)] Nr. **65**.

[8)] Nr. **73**.

[9)] **Habersack, Deutsche Gesetze ErgBd. Nr. 75.**

[10)] Nr. **110**.

[11)] **Habersack, Deutsche Gesetze ErgBd. Nr. 110e.**

[12)] Nr. **51**.

[13)] Nr. **52b**.

[14)] Nr. **52**.

[15)] Nr. **50**.

[16)] Nr. **53**.

[17)] Nr. **52a**.

2. nach den Gesetzen über das Bank-, Depot-, Börsen- und Kreditwesen sowie nach dem Versicherungsaufsichtsgesetz, dem Zahlungsdiensteaufsichtsgesetz und dem Wertpapierhandelsgesetz[1],
3. nach dem Wirtschaftsstrafgesetz 1954[2], dem Außenwirtschaftsgesetz, dem Sanktionsdurchsetzungsgesetz, den Devisenbewirtschaftungsgesetzen sowie dem Finanzmonopol-, Steuer- und Zollrecht, auch soweit dessen Strafvorschriften nach anderen Gesetzen anwendbar sind; dies gilt nicht, wenn dieselbe Handlung eine Straftat nach dem Betäubungsmittelgesetz[3] darstellt, und nicht für Steuerstraftaten, welche die Kraftfahrzeugsteuer betreffen,
4. nach dem Weingesetz und dem Lebensmittelrecht,
5. des Subventionsbetruges, des Kapitalanlagebetruges, des Kreditbetruges, des Bankrotts, der Verletzung der Buchführungspflicht, der Gläubigerbegünstigung und der Schuldnerbegünstigung,

5a. der wettbewerbsbeschränkenden Absprachen bei Ausschreibungen, der Bestechlichkeit und Bestechung im geschäftlichen Verkehr, der Bestechlichkeit im Gesundheitswesen, der Bestechung im Gesundheitswesen, der Bestechlichkeit und der Bestechung ausländischer und internationaler Bediensteter sowie nach dem Gesetz zur Bekämpfung internationaler Bestechung,

6. a) der Geldwäsche, des Betruges, des Computerbetruges, der Untreue, des Vorenthaltens und Veruntreuens von Arbeitsentgelt, des Wuchers, der Vorteilsannahme, der Bestechlichkeit, der Vorteilsgewährung und der Bestechung,
   b) nach dem Arbeitnehmerüberlassungsgesetz[4], dem EU-Finanzschutzstärkungsgesetz und dem Schwarzarbeitsbekämpfungsgesetz[5],

   soweit zur Beurteilung des Falles besondere Kenntnisse des Wirtschaftslebens erforderlich sind,

ist, soweit nach § 74 Abs. 1 als Gericht des ersten Rechtszuges und nach § 74 Abs. 3 für die Verhandlung und Entscheidung über das Rechtsmittel der Berufung gegen die Urteile des Schöffengerichts das Landgericht zuständig ist, eine Strafkammer als Wirtschaftsstrafkammer zuständig. ²Die §§ 120 und 120b bleiben unberührt.

(2) In den Sachen, in denen die Wirtschaftsstrafkammer nach Absatz 1 zuständig ist, trifft sie auch die in § 73 Abs. 1 bezeichneten Entscheidungen.

(3) ¹Die Landesregierungen werden ermächtigt, zur sachdienlichen Förderung oder schnelleren Erledigung der Verfahren durch Rechtsverordnung[6] einem Land-

---

[1] **Habersack, Deutsche Gesetze ErgBd. Nr. 58.**
[2] Nr. **88.**
[3] **Habersack, Deutsche Gesetze ErgBd. Nr. 86.**
[4] **Habersack, Deutsche Gesetze ErgBd. Nr. 84a.**
[5] **Habersack, Deutsche Gesetze ErgBd. Nr. 94b.**
[6] Siehe hierzu ua:
- **Baden-Württemberg:** SubdelegationsVO Justiz v. 2.4.2019 (GBl. S. 109), geänd. durch VO v. 20.9.2022 (GBl. S. 485)
- **Bayern:** Gerichtliche ZuständigkeitsVO Justiz v. 11.6.2012 (GVBl. S. 295), zuletzt geänd. durch V v. 13.12.2022 (GVBl. S. 727)
- **Berlin:** JustizG Berlin v. 22.1.2021 (GVBl. S. 75), geänd. durch G v. 8.12.2022 (GVBl. S. 719)
- **Brandenburg:** GerichtszuständigkeitsVO v. 2.9.2014 (GVBl. II Nr. 62), zuletzt geänd. durch G v. 30.6.2022 (GVBl. I Nr. 16)
- **Bremen:** VO über die Strafkammer und die Strafvollstreckungskammer in Bremerhaven v. 3.12.2019 (Brem.GBl. S. 698)
- **Hessen:** JustizzuständigkeitsVO v. 3.6.2013 (GVBl. S. 386), zuletzt geänd. durch G v. 14.12.2022 (GVBl. S. 782)
- **Nordrhein-Westfalen:** JustizG Nordrhein-Westfalen v. 26.1.2010 (GV. NRW. S. 30), zuletzt geänd. durch G v. 6.12.2022 (GV. NRW. S. 1072)

gericht für die Bezirke mehrerer Landgerichte ganz oder teilweise Strafsachen zuzuweisen, welche die in Absatz 1 bezeichneten Straftaten zum Gegenstand haben. [2]Die Landesregierungen können die Ermächtigung durch Rechtsverordnung auf die Landesjustizverwaltungen übertragen.

(4) Im Rahmen des Absatzes 3 erstreckt sich der Bezirk des danach bestimmten Landgerichts auf die Bezirke der anderen Landgerichte.

§ 74d[1)] [Strafkammer als gemeinsames Schwurgericht] (1) [1]Die Landesregierungen werden ermächtigt, durch Rechtsverordnung einem Landgericht für die Bezirke mehrerer Landgerichte die in § 74 Abs. 2 bezeichneten Strafsachen zuzuweisen, sofern dies der sachlichen Förderung der Verfahren dient. [2]Die Landesregierungen können die Ermächtigung auf die Landesjustizverwaltungen übertragen.

(2) *(aufgehoben)*

§ 74e[2)] [Vorrang bei Zuständigkeitsüberschneidungen] Unter verschiedenen nach den Vorschriften der §§ 74 bis 74d zuständigen Strafkammern kommt

1. in erster Linie dem Schwurgericht (§ 74 Abs. 2, § 74d),
2. in zweiter Linie der Wirtschaftsstrafkammer (§ 74c),
3. in dritter Linie der Strafkammer nach § 74a

der Vorrang zu.

§ 74f[3) 4)] [Zuständigkeit bei vorbehaltener oder nachträglicher Anordnung der Sicherungsverwahrung] (1) Hat im ersten Rechtszug eine Strafkammer die Anordnung der Sicherungsverwahrung vorbehalten oder im Fall des § 66b des Strafgesetzbuches[5)] als Tatgericht entschieden, ist diese Strafkammer im ersten Rechtszug für die Verhandlung und Entscheidung über die im Urteil vorbehaltene oder die nachträgliche Anordnung der Sicherungsverwahrung zuständig.

(2) Hat im Fall des § 66b des Strafgesetzbuches im ersten Rechtszug ausschließlich das Amtsgericht als Tatgericht entschieden, ist im ersten Rechtszug eine Strafkammer des ihm übergeordneten Landgerichts für die Verhandlung und Entscheidung über die nachträgliche Anordnung der Sicherungsverwahrung zuständig.

(3) Im Fall des § 66b des Strafgesetzbuches gilt § 462a Absatz 3 Satz 2 und 3 der Strafprozessordnung entsprechend.

(Fortsetzung der Anm. von voriger Seite)
– **Rheinland-Pfalz:** LandesVO über die gerichtliche Zuständigkeit in Strafsachen und Bußgeldverfahren v. 19.11.1985 (GVBl. S. 265), zuletzt geänd. durch VO v. 7.11.2022 (GVBl. S. 439)
– **Sachsen:** Sächsisches JustizG **(Habersack II Nr. 245c)**
– **Sachsen-Anhalt:** VO über die amtsgerichtliche Zuständigkeit in Wirtschaftssachen v. 12.7.2004 (GVBl. LSA S. 391)
– **Schleswig-Holstein:** JustizzuständigkeitsVO v. 15.11.2019 (GVOBl. Schl.-H. S. 546, 548), zuletzt geänd. durch VO v. 4.1.2023 (GVOBl. Schl.-H. S. 47)
– **Thüringen:** Thüringer VO über gerichtliche Zuständigkeiten in der ordentlichen Gerichtsbarkeit v. 17.11.2011 (GVBl. S. 511), zuletzt geänd. durch VO v. 22.12.2022 (GVBl. 2023 S. 13)

1) § 74d Abs. 2 aufgeh. durch G v. 5.10.1978 (BGBl. I S. 1645).

2) § 74e eingef. durch G v. 5.10.1978 (BGBl. I S. 1645).

3) § 74f eingef. mWv 29.7.2004 durch G v. 23.7.2004 (BGBl. I S. 1838); Abs. 1 geänd. mWv 12.7.2008 durch G v. 8.7.2008 (BGBl. I S. 1212); Abs. 1–3 geänd. mWv 1.1.2011 durch G v. 22.12.2010 (BGBl. I S. 2300); Abs. 3 neu gef., Abs. 4 angef. mWv 1.1.2012 durch G v. 6.12.2011 (BGBl. I S. 2554).

4) Beachte hierzu Übergangsvorschrift in § 41 EGGVG (Nr. **95a**).

5) Nr. **85**.

(4) [1]In Verfahren, in denen über die im Urteil vorbehaltene oder die nachträgliche Anordnung der Sicherungsverwahrung zu entscheiden ist, ist die große Strafkammer mit drei Richtern einschließlich des Vorsitzenden und zwei Schöffen besetzt. [2]Bei Entscheidungen außerhalb der Hauptverhandlung wirken die Schöffen nicht mit.

§ 75 [Besetzung der Zivilkammern] Die Zivilkammern sind, soweit nicht nach den Vorschriften der Prozeßgesetze an Stelle der Kammer der Einzelrichter zu entscheiden hat, mit drei Mitgliedern einschließlich des Vorsitzenden besetzt.

§ 76[1) 2)] [Besetzung der Strafkammern] (1) [1]Die Strafkammern sind mit drei Richtern einschließlich des Vorsitzenden und zwei Schöffen (große Strafkammer), in Verfahren über Berufungen gegen ein Urteil des Strafrichters oder des Schöffengerichts mit dem Vorsitzenden und zwei Schöffen (kleine Strafkammer) besetzt. [2]Bei Entscheidungen außerhalb der Hauptverhandlung wirken die Schöffen nicht mit.

(2) [1]Bei der Eröffnung des Hauptverfahrens beschließt die große Strafkammer über ihre Besetzung in der Hauptverhandlung. [2]Ist das Hauptverfahren bereits eröffnet, beschließt sie hierüber bei der Anberaumung des Termins zur Hauptverhandlung. [3]Sie beschließt eine Besetzung mit drei Richtern einschließlich des Vorsitzenden und zwei Schöffen, wenn

1. sie als Schwurgericht zuständig ist,
2. die Anordnung der Unterbringung in der Sicherungsverwahrung, deren Vorbehalt oder die Anordnung der Unterbringung in einem psychiatrischen Krankenhaus zu erwarten ist oder
3. nach dem Umfang oder der Schwierigkeit der Sache die Mitwirkung eines dritten Richters notwendig erscheint.

[4]Im Übrigen beschließt die große Strafkammer eine Besetzung mit zwei Richtern einschließlich des Vorsitzenden und zwei Schöffen.

(3) Die Mitwirkung eines dritten Richters nach Absatz 2 Satz 3 Nummer 3 ist in der Regel notwendig, wenn die Hauptverhandlung voraussichtlich länger als zehn Tage dauern wird oder die große Strafkammer als Wirtschaftsstrafkammer zuständig ist.

(4) Hat die Strafkammer eine Besetzung mit zwei Richtern einschließlich des Vorsitzenden und zwei Schöffen beschlossen und ergeben sich vor Beginn der Hauptverhandlung neue Umstände, die nach Maßgabe der Absätze 2 und 3 eine Besetzung mit drei Richtern einschließlich des Vorsitzenden und zwei Schöffen erforderlich machen, beschließt sie eine solche Besetzung.

(5) Ist eine Sache vom Revisionsgericht zurückverwiesen oder ist die Hauptverhandlung ausgesetzt worden, kann die jeweils zuständige Strafkammer erneut nach Maßgabe der Absätze 2 und 3 über ihre Besetzung beschließen.

(6) [1]In Verfahren über Berufungen gegen ein Urteil des erweiterten Schöffengerichts (§ 29 Abs. 2) ist ein zweiter Richter hinzuzuziehen. [2]Außerhalb der Hauptverhandlung entscheidet der Vorsitzende allein.

[1)] § 76 neu gef. durch G v. 27.1.1987 (BGBl. I S. 475); Abs. 1 Satz 1 geänd., Abs. 2 und 3 angef. mWv 1.3.1993, Abs. 2 aufgeh. mWv 1.1.2012 durch G v. 11.1.1993 (BGBl. I S. 50, geänd. durch G v. 22.12.1997, BGBl. I S. 3223, G v. 19.12.2000, BGBl. I S. 1756, G v. 23.7.2002, BGBl. I S. 2850, G v. 24.8.2004, BGBl. I S. 2198, G v. 22.12.2006, BGBl. I S. 3416, G v. 7.12.2008, BGBl. I S. 2348); Abs. 2 neu gef., Abs. 3–5 eingef., bish. Abs. 3 wird Abs. 6 mWv 1.1.2012 durch G v. 6.12.2011 (BGBl. I S. 2554).

[2)] Beachte hierzu Übergangsvorschrift in § 41 EGGVG (Nr. **95a**).

3. wenn der Kläger im Inland ein zur Deckung der Prozesskosten hinreichendes Grundvermögen oder dinglich gesicherte Forderungen besitzt;
4. bei Widerklagen;
5. bei Klagen, die auf Grund einer öffentlichen Aufforderung erhoben werden.

§ 111 Nachträgliche Prozesskostensicherheit. Der Beklagte kann auch dann Sicherheit verlangen, wenn die Voraussetzungen für die Verpflichtung zur Sicherheitsleistung erst im Laufe des Rechtsstreits eintreten und nicht ein zur Deckung ausreichender Teil des erhobenen Anspruchs unbestritten ist.

§ 112 Höhe der Prozesskostensicherheit. (1) Die Höhe der zu leistenden Sicherheit wird von dem Gericht nach freiem Ermessen festgesetzt.

(2) [1] Bei der Festsetzung ist derjenige Betrag der Prozesskosten zugrunde zu legen, den der Beklagte wahrscheinlich aufzuwenden haben wird. [2] Die dem Beklagten durch eine Widerklage erwachsenden Kosten sind hierbei nicht zu berücksichtigen.

(3) Ergibt sich im Laufe des Rechtsstreits, dass die geleistete Sicherheit nicht hinreicht, so kann der Beklagte die Leistung einer weiteren Sicherheit verlangen, sofern nicht ein zur Deckung ausreichender Teil des erhobenen Anspruchs unbestritten ist.

§ 113 Fristbestimmung für Prozesskostensicherheit. [1] Das Gericht hat dem Kläger bei Anordnung der Sicherheitsleistung eine Frist zu bestimmen, binnen der die Sicherheit zu leisten ist. [2] Nach Ablauf der Frist ist auf Antrag des Beklagten, wenn die Sicherheit bis zur Entscheidung nicht geleistet ist, die Klage für zurückgenommen zu erklären oder, wenn über ein Rechtsmittel des Klägers zu verhandeln ist, dieses zu verwerfen.

Titel 7. Prozesskostenhilfe[1)] und Prozesskostenvorschuss

§ 114[2)] Voraussetzungen. (1) [1] Eine Partei, die nach ihren persönlichen und wirtschaftlichen Verhältnissen die Kosten der Prozessführung nicht, nur zum Teil oder nur in Raten aufbringen kann, erhält auf Antrag Prozesskostenhilfe, wenn die beabsichtigte Rechtsverfolgung oder Rechtsverteidigung hinreichende Aussicht auf Erfolg bietet und nicht mutwillig erscheint. [2] Für die grenzüberschreitende Prozesskostenhilfe innerhalb der Europäischen Union gelten ergänzend die §§ 1076 bis 1078.

(2) Mutwillig ist die Rechtsverfolgung oder Rechtsverteidigung, wenn eine Partei, die keine Prozesskostenhilfe beansprucht, bei verständiger Würdigung aller Umstände von der Rechtsverfolgung oder Rechtsverteidigung absehen würde, obwohl eine hinreichende Aussicht auf Erfolg besteht.

[1)] Vgl. Art. 20 bis 24 Haager Übereinkommen über den Zivilprozess v. 1.3.1954 (BGBl. 1958 II S. 576, 577). Siehe ferner § 11 G über die Rechtsstellung heimatloser Ausländer im Bundesgebiet **(Sartorius Nr. 563)** und für Mitglieder der in der Bundesrepublik stationierten ausländischen Truppen vgl. Art. 31 Zusatzabkommen zum NATO-Truppenstatut v. 3.8.1959 (BGBl. 1961 II S. 1218), zuletzt geänd. durch Abk. v. 28.9.1994 (BGBl. II S. 2598).

[2)] § 114 Abs. 2 angef. mWv 1.1.2014 durch G v. 31.8.2013 (BGBl. I S. 3533).

§ 115[1] Einsatz von Einkommen und Vermögen. (1) [1]Die Partei hat ihr Einkommen einzusetzen. [2]Zum Einkommen gehören alle Einkünfte in Geld oder Geldeswert. [3]Von ihm sind abzusetzen:

1. a) die in § 82 Abs. 2 des Zwölften Buches Sozialgesetzbuch[2] bezeichneten Beträge;
   b) bei Parteien, die ein Einkommen aus Erwerbstätigkeit erzielen, ein Betrag in Höhe von 50 vom Hundert des Regelsatzes, der für den alleinstehenden oder alleinerziehenden Leistungsberechtigten vom Bund gemäß der Regelbedarfsstufe 1 nach der Anlage zu § 28 des Zwölften Buches Sozialgesetzbuch festgesetzt oder fortgeschrieben worden ist;
2. a) für die Partei und ihren Ehegatten oder ihren Lebenspartner jeweils ein Betrag in Höhe des um 10 vom Hundert erhöhten Regelsatzes, der für den alleinstehenden oder alleinerziehenden Leistungsberechtigten vom Bund gemäß der Regelbedarfsstufe 1 nach der Anlage zu § 28 des Zwölften Buches Sozialgesetzbuch festgesetzt oder fortgeschrieben worden ist;
   b) bei weiteren Unterhaltsleistungen auf Grund gesetzlicher Unterhaltspflicht für jede unterhaltsberechtigte Person jeweils ein Betrag in Höhe des um 10 vom Hundert erhöhten Regelsatzes, der für eine Person ihres Alters vom Bund gemäß den Regelbedarfsstufen 3 bis 6 nach der Anlage zu § 28 des Zwölften Buches Sozialgesetzbuch festgesetzt oder fortgeschrieben worden ist;
3. die Kosten der Unterkunft und Heizung, soweit sie nicht in einem auffälligen Missverhältnis zu den Lebensverhältnissen der Partei stehen;

---

[1] § 115 Abs. 1 Satz 3 Nr. 1 Buchst. b, Nr. 2 und Satz 5 neu gef. mWv 30.3.2011 durch G v. 24.3.2011 (BGBl. I S. 453); Abs. 1 Satz 3 Nr. 4 eingef., bish. Nr. 4 wird Nr. 5, Abs. 2 neu gef. mWv 1.1.2014 durch G v. 31.8.2013 (BGBl. I S. 3533); Abs. 1 Satz 5 geänd. mWv 8.9.2015 durch VO v. 31.8.2015 (BGBl. I S. 1474); Abs. 1 Satz 3 Nr. 1 Buchst. b, Nr. 2 Buchst. a und b geänd., Satz 5 eingef., bish. Sätze 5–8 werden Sätze 6–9, neuer Satz 6 geänd. mWv 1.1.2021 durch G v. 21.12.2020 (BGBl. I S. 3229).

[2] § 82 Abs. 2 und 3 des Zwölften Buches Sozialgesetzbuch **(Sartorius ErgBd. Nr. 412)** lauten:

„(2) [1]Von dem Einkommen sind abzusetzen
1. auf das Einkommen entrichtete Steuern,
2. Pflichtbeiträge zur Sozialversicherung einschließlich der Beiträge zur Arbeitsförderung,
3. Beiträge zu öffentlichen oder privaten Versicherungen oder ähnlichen Einrichtungen, soweit diese Beiträge gesetzlich vorgeschrieben oder nach Grund und Höhe angemessen sind, sowie geförderte Altersvorsorgebeiträge nach § 82 des Einkommensteuergesetzes, soweit sie den Mindesteigenbeitrag nach § 86 des Einkommensteuergesetzes nicht überschreiten, und
4. die mit der Erzielung des Einkommens verbundenen notwendigen Ausgaben.

[2]Erhält eine leistungsberechtigte Person aus einer Tätigkeit Bezüge oder Einnahmen, die als Taschengeld nach § 2 Nummer 4 des Bundesfreiwilligendienstgesetzes oder nach § 2 Absatz 1 Nummer 4 des Jugendfreiwilligendienstgesetzes gezahlt werden, ist abweichend von Satz 1 Nummer 2 bis 4 und den Absätzen 3 und 6 ein Betrag von bis zu 250 Euro monatlich nicht als Einkommen zu berücksichtigen. [3]Soweit ein Betrag nach Satz 2 in Anspruch genommen wird, gelten die Beträge nach Absatz 3 Satz 1 zweiter Halbsatz und nach Absatz 6 Satz 1 zweiter Halbsatz insoweit als ausgeschöpft.

(3) [1]Bei der Hilfe zum Lebensunterhalt und Grundsicherung im Alter und bei Erwerbsminderung ist ferner ein Betrag in Höhe von 30 vom Hundert des Einkommens aus selbständiger und nichtselbständiger Tätigkeit der Leistungsberechtigten abzusetzen, höchstens jedoch 50 vom Hundert der Regelbedarfsstufe 1 nach der Anlage zu § 28. [2]Abweichend von Satz 1 ist bei einer Beschäftigung in einer Werkstatt für behinderte Menschen oder bei einem anderen Leistungsanbieter nach § 60 des Neunten Buches von dem Entgelt ein Achtel der Regelbedarfsstufe 1 nach der Anlage zu § 28 zuzüglich 50 vom Hundert des diesen Betrag übersteigenden Entgelts abzusetzen. [3]Im Übrigen kann in begründeten Fällen ein anderer als in Satz 1 festgelegter Betrag vom Einkommen abgesetzt werden."

4. Mehrbedarfe nach § 21 des Zweiten Buches Sozialgesetzbuch[1)] und nach § 30 des Zwölften Buches Sozialgesetzbuch[2)];
5. weitere Beträge, soweit dies mit Rücksicht auf besondere Belastungen angemessen ist; § 1610a des Bürgerlichen Gesetzbuchs[3)] gilt entsprechend.

[4]Maßgeblich sind die Beträge, die zum Zeitpunkt der Bewilligung der Prozesskostenhilfe gelten. [5]Soweit am Wohnsitz der Partei aufgrund einer Neufestsetzung oder Fortschreibung nach § 29 Absatz 2 bis 4 des Zwölften Buches Sozialgesetzbuch höhere Regelsätze gelten, sind diese heranzuziehen. [6]Das Bundesministerium der Justiz und für Verbraucherschutz gibt bei jeder Neufestsetzung oder jeder Fortschreibung die maßgebenden Beträge nach Satz 3 Nummer 1 Buchstabe b und Nummer 2 und nach Satz 5 im Bundesgesetzblatt bekannt.[4)] [7]Diese Beträge sind, soweit sie nicht volle Euro ergeben, bis zu 0,49 Euro abzurunden und von 0,50 Euro an aufzurunden. [8]Die Unterhaltsfreibeträge nach Satz 3 Nr. 2 vermindern sich um eigenes Einkommen der unterhaltsberechtigten Person. [9]Wird eine

---

[1)] **Sartorius ErgBd. Nr. 402.**
[2)] **Sartorius ErgBd. Nr. 412.**
[3)] Nr. **20**.
[4)] Siehe die Prozesskostenhilfebek. 2023 v. 22.12.2022 (BGBl. I S. 2843):

„Auf Grund des § 115 Absatz 1 Satz 6 der Zivilprozessordnung, der zuletzt durch Artikel 10 Nummer 3 des Gesetzes vom 21. Dezember 2020 (BGBl. I S. 3229) geändert worden ist, werden die ab dem 1. Januar 2023 maßgebenden Beträge, die nach § 115 Absatz 1 Satz 3 Nummer 1 Buchstabe b und Nummer 2 sowie Satz 5 der Zivilprozessordnung vom Einkommen der Partei abzusetzen sind, bekannt gemacht:

	Freibetrag Bund	Freibetrag im Landkreis Fürstenfeldbruck und Starnberg	Freibetrag im Landkreis München	Freibetrag in der Landeshauptstadt München
Parteien, die ein Einkommen aus Erwerbstätigkeit erzielen (§ 115 Abs. 1 Satz 3 Nr. 1 Buchstabe b ZPO)	251 €	265 €	259 €	264 €
Partei, Ehegatte oder Lebenspartner (§ 115 Abs. 1 Satz 3 Nr. 2 Buchstabe a ZPO)	552 €	582 €	569 €	580 €
Freibetrag für unterhaltsberechtigte Erwachsene (§ 115 Abs. 1 Satz 3 Nr. 2 Buchstabe b ZPO *Regelbedarfsstufe 3*)	442 €	466 €	445 €	463 €
Freibetrag für unterhaltsberechtigte Jugendliche vom Beginn des 15. bis zur Vollendung des 18. Lebensjahres (§ 115 Abs. 1 Satz 3 Nr. 2 Buchstabe b ZPO *Regelbedarfsstufe 4*)	462 €	484 €	475 €	483 €
Freibetrag für unterhaltsberechtigte Kinder vom Beginn des siebten bis zur Vollendung des 14. Lebensjahres (§ 115 Abs. 1 Satz 3 Nr. 2 Buchstabe b ZPO *Regelbedarfsstufe 5*)	383 €	397 €	394 €	397 €
Freibetrag für unterhaltsberechtigte Kinder bis zur Vollendung des sechsten Lebensjahres (§ 115 Abs. 1 Satz 3 Nr. 2 Buchstabe b ZPO *Regelbedarfsstufe 6*)	350 €	365 €	360 €	363 €“

Geldrente gezahlt, so ist sie anstelle des Freibetrages abzusetzen, soweit dies angemessen ist.

(2) [1] Von dem nach den Abzügen verbleibenden Teil des monatlichen Einkommens (einzusetzendes Einkommen) sind Monatsraten in Höhe der Hälfte des einzusetzenden Einkommens festzusetzen; die Monatsraten sind auf volle Euro abzurunden. [2] Beträgt die Höhe einer Monatsrate weniger als 10 Euro, ist von der Festsetzung von Monatsraten abzusehen. [3] Bei einem einzusetzenden Einkommen von mehr als 600 Euro beträgt die Monatsrate 300 Euro zuzüglich des Teils des einzusetzenden Einkommens, der 600 Euro übersteigt. [4] Unabhängig von der Zahl der Rechtszüge sind höchstens 48 Monatsraten aufzubringen.

(3) [1] Die Partei hat ihr Vermögen einzusetzen, soweit dies zumutbar ist. [2] § 90 des Zwölften Buches Sozialgesetzbuch gilt entsprechend.

(4) Prozesskostenhilfe wird nicht bewilligt, wenn die Kosten der Prozessführung der Partei vier Monatsraten und die aus dem Vermögen aufzubringenden Teilbeträge voraussichtlich nicht übersteigen.

§ 116[1)] Partei kraft Amtes; juristische Person; parteifähige Vereinigung.

[1] Prozesskostenhilfe erhalten auf Antrag

1. eine Partei kraft Amtes, wenn die Kosten aus der verwalteten Vermögensmasse nicht aufgebracht werden können und den am Gegenstand des Rechtsstreits wirtschaftlich Beteiligten nicht zuzumuten ist, die Kosten aufzubringen;
2. eine juristische Person oder parteifähige Vereinigung, die im Inland, in einem anderen Mitgliedstaat der Europäischen Union oder einem anderen Vertragsstaat des Abkommens über den Europäischen Wirtschaftsraum gegründet und dort ansässig ist, wenn die Kosten weder von ihr noch von den am Gegenstand des Rechtsstreits wirtschaftlich Beteiligten aufgebracht werden können und wenn die Unterlassung der Rechtsverfolgung oder Rechtsverteidigung allgemeinen Interessen zuwiderlaufen würde.

[2] § 114 Absatz 1 Satz 1 letzter Halbsatz und Absatz 2 ist anzuwenden. [3] Können die Kosten nur zum Teil oder nur in Teilbeträgen aufgebracht werden, so sind die entsprechenden Beträge zu zahlen.

§ 117[2)] Antrag. (1) [1] Der Antrag auf Bewilligung der Prozesskostenhilfe ist bei dem Prozessgericht zu stellen; er kann vor der Geschäftsstelle zu Protokoll erklärt werden. [2] In dem Antrag ist das Streitverhältnis unter Angabe der Beweismittel darzustellen. [3] Der Antrag auf Bewilligung von Prozesskostenhilfe für die Zwangsvollstreckung ist bei dem für die Zwangsvollstreckung zuständigen Gericht zu stellen.

(2) [1] Dem Antrag sind eine Erklärung der Partei über ihre persönlichen und wirtschaftlichen Verhältnisse (Familienverhältnisse, Beruf, Vermögen, Einkommen und Lasten) sowie entsprechende Belege beizufügen. [2] Die Erklärung und die Belege dürfen dem Gegner nur mit Zustimmung der Partei zugänglich gemacht werden;[3)] es sei denn, der Gegner hat gegen den Antragsteller nach den Vor-

---

[1)] § 116 Satz 2 geänd. mWv 31.12.2006 durch G v. 22.12.2006 (BGBl. I S. 3416); Satz 2 geänd. mWv 1.1.2014 durch G v. 31.8.2013 (BGBl. I S. 3533).

[2)] § 117 Abs. 2 Satz 2 geänd., Sätze 3 und 4 angef. mWv 1.9.2009 durch G v. 17.12.2008 (BGBl. I S. 2586); Abs. 3 Satz 2 angef. mWv 1.1.2014 durch G v. 31.8.2013 (BGBl. I S. 3533); Abs. 3 Satz 1 geänd. mWv 8.9.2015 durch VO v. 31.8.2015 (BGBl. I S. 1474).

[3)] Zeichensetzung amtlich.

108. Gesetz über die Zwangsversteigerung und die Zwangsverwaltung

In der Fassung der Bekanntmachung vom 20. Mai 1898[1)]
(RGBl. S. 713)

BGBl. III/FNA 310-14

Lfd. Nr.	Änderndes Gesetz	Datum	Fundstelle	Betroffen	Hinweis
1.–36.	Änderungsgesetze bis einschl. G v. 23.11.2007 (BGBl. I S. 2614) nur noch in den Anmerkungen nachgewiesen				
37.	Art. 32 FGG-ReformG	17.12.2008	BGBl. I S. 2586	§§ 140, 141, 181	geänd. mWv 1.9.2009
38.	Art. 8 G zur Reform des Kontopfändungsschutzes	7.7.2009	BGBl. I S. 1707	§§ 10, 163	geänd. mWv 11.7.2009
39.	Art. 4 Abs. 4a G zur Reform der Sachaufklärung in der Zwangsvollstreckung	29.7.2009	BGBl. I S. 2258	§ 68	geänd. mWv 1.8.2009
40.	Art. 6 G zur weiteren Erleichterung der Sanierung von Unternehmen	7.12.2011	BGBl. I S. 2582	§ 30d	geänd. mWv 1.3.2012
41.	Art. 146 Zehnte ZuständigkeitsanpassungsVO	31.8.2015	BGBl. I S. 1474	§ 152a	geänd. mWv 8.9.2015
42.	Art. 15 G zur Bereinigung des Rechts der Lebenspartner	20.11.2015	BGBl. I S. 2010	§ 180	geänd. mWv 26.11.2015
43.	Art. 9 WSV-ZuständigkeitsanpassungsG	24.5.2016	BGBl. I S. 1217	§ 163	geänd. mWv 1.6.2016
44.	Art. 5 Wohnungseigentumsmodernisierungsgesetz (WEMoG)	16.10.2020	BGBl. I S. 2187	§§ 10, 45, 156	geänd. mWv 1.12.2020
45.	Art. 4 Sanierungs- und InsolvenzrechtsfortentwicklungsG[2)]	22.12.2020	BGBl. I S. 3256	§ 30g	eingef. mWv 1.1.2021
46.	Art. 2 G zur Durchführung der EU-Verordnungen über grenzüberschreitende Zustellungen und grenzüberschreitende Beweisaufnahmen in Zivil- oder Handelssachen sowie zur Änd. sonstiger Vorschriften	24.6.2022	BGBl. I S. 959	§ 6	geänd. mWv 1.7.2022
47.	Art. 24 SanktionsdurchsetzungsG II	19.12.2022	BGBl. I S. 2606	§ 49	geänd. mWv 28.12.2022

[1)] Neubekanntmachung des ZVG v. 24.3.1897 (RGBl. S. 97) in der vom 1.1.1900 an geltenden Fassung.

[2)] **Amtl. Anm.:** Dieses Gesetz dient der weiteren Umsetzung der Richtlinie (EU) 2019/1023 des Europäischen Parlaments und des Rates vom 20. Juni 2019 über präventive Restrukturierungsrahmen, über Entschuldung und über Tätigkeitsverbote sowie über Maßnahmen zur Steigerung der Effizienz von Restrukturierungs-, Insolvenz- und Entschuldungsverfahren und zur Änderung der Richtlinie (EU) 2017/1132 (Richtlinie über Restrukturierung und Insolvenz) (ABl. L 172 vom 26.6.2019, S. 18).

len eingestellt, so reicht es aus, daß die Bekanntmachung der Terminsbestimmung zwei Wochen vor dem Termin bewirkt ist.

(2) Das gleiche gilt, wenn nicht vier Wochen vor dem Termin dem Schuldner ein Beschluß, auf Grund dessen die Versteigerung erfolgen kann, und allen Beteiligten, die schon zur Zeit der Anberaumung des Termins dem Gericht bekannt waren, die Terminsbestimmung zugestellt ist, es sei denn, daß derjenige, in Ansehung dessen die Frist nicht eingehalten ist, das Verfahren genehmigt.

IV. Geringstes Gebot. Versteigerungsbedingungen

§ 44[1)] [Begriff des geringsten Gebots] (1) Bei der Versteigerung wird nur ein solches Gebot zugelassen, durch welches die dem Anspruche des Gläubigers vorgehenden Rechte sowie die aus dem Versteigerungserlöse zu entnehmenden Kosten des Verfahrens gedeckt werden (geringstes Gebot).

(2) Wird das Verfahren wegen mehrerer Ansprüche von verschiedenem Range betrieben, so darf der vorgehende Anspruch der Feststellung des geringsten Gebotes nur dann zugrunde gelegt werden, wenn der wegen dieses Anspruchs ergangene Beschluß dem Schuldner vier Wochen vor dem Versteigerungstermin zugestellt ist.

§ 45[2)] [Feststellung des geringsten Gebots] (1) Ein Recht ist bei der Feststellung des geringsten Gebots insoweit, als es zur Zeit der Eintragung des Versteigerungsvermerkes aus dem Grundbuch ersichtlich war, nach dem Inhalte des Grundbuchs, im übrigen nur dann zu berücksichtigen, wenn es rechtzeitig angemeldet und, falls der Gläubiger widerspricht, glaubhaft gemacht wird.

(2) Von wiederkehrenden Leistungen, die nach dem Inhalte des Grundbuchs zu entrichten sind, brauchen die laufenden Beträge nicht angemeldet, die rückständigen nicht glaubhaft gemacht zu werden.

(3) [1] Ansprüche nach § 10 Abs. 1 Nr. 2 sind bei der Anmeldung durch einen entsprechenden Titel oder durch die Niederschrift der Beschlüsse einschließlich ihrer Anlagen oder in sonst geeigneter Weise glaubhaft zu machen. [2] Aus dem Vorbringen müssen sich die Zahlungspflicht, die Art und der Bezugszeitraum des Anspruchs sowie seine Fälligkeit ergeben.

§ 46 [Wiederkehrende Naturalleistungen] Für wiederkehrende Leistungen, die nicht in Geld bestehen, hat das Gericht einen Geldbetrag festzusetzen, auch wenn ein solcher nicht angemeldet ist.

§ 47 [Wiederkehrende Geldleistungen] [1] Laufende Beträge regelmäßig wiederkehrender Leistungen sind für die Zeit bis zum Ablaufe von zwei Wochen nach dem Versteigerungstermine zu decken. [2] Nicht regelmäßig wiederkehrende Leistungen werden mit den Beträgen berücksichtigt, welche vor dem Ablaufe dieser Frist zu entrichten sind.

§ 48 [Bedingte Rechte; Vormerkung und Widerspruch] Bedingte Rechte sind wie unbedingte, Rechte, die durch Eintragung eines Widerspruchs oder einer Vormerkung gesichert sind, wie eingetragene Rechte zu berücksichtigen.

[1)] § 44 Abs. 2 neu gef. durch G v. 20.8.1953 (BGBl. I S. 952).

[2)] § 45 Abs. 3 angef. mWv 1.7.2007 durch G v. 26.3.2007 (BGBl. I S. 370); Abs. 3 Satz 1 geänd. mWv 1.12.2020 durch G v. 16.10.2020 (BGBl. I S. 2187).

§ 49[1] **[Bargebot]** (1) Der Teil des geringsten Gebots, welcher zur Deckung der Kosten sowie der im § 10 Nr. 1 bis 3 und im § 12 Nr. 1, 2 bezeichneten Ansprüche bestimmt ist, desgleichen der das geringste Gebot übersteigende Betrag des Meistgebots ist von dem Ersteher vor dem Verteilungstermin zu berichtigen (Bargebot).

(2) Das Bargebot ist von dem Zuschlag an zu verzinsen.

(3) Das Bargebot ist so rechtzeitig durch Überweisung auf ein Konto der Gerichtskasse zu entrichten, dass der Betrag der Gerichtskasse vor dem Verteilungstermin gutgeschrieben ist und ein Nachweis hierüber im Termin vorliegt.

(4) Der Ersteher wird durch Hinterlegung von seiner Verbindlichkeit befreit, wenn die Hinterlegung und die Ausschließung der Rücknahme im Verteilungstermine nachgewiesen werden.

§ 50 [Erhöhung des zu zahlenden Betrages] (1) [1] Soweit eine bei der Feststellung des geringsten Gebots berücksichtigte Hypothek, Grundschuld oder Rentenschuld nicht besteht, hat der Ersteher außer dem Bargebot auch den Betrag des berücksichtigten Kapitals zu zahlen. [2] In Ansehung der Verzinslichkeit, des Zinssatzes, der Zahlungszeit, der Kündigung und des Zahlungsorts bleiben die für das berücksichtigte Recht getroffenen Bestimmungen maßgebend.

(2) Das gleiche gilt:

1. wenn das Recht bedingt ist und die aufschiebende Bedingung ausfällt oder die auflösende Bedingung eintritt;
2. wenn das Recht noch an einem anderen Grundstücke besteht und an dem versteigerten Grundstücke nach den besonderen Vorschriften über die Gesamthypothek erlischt.

(3) Haftet der Ersteher im Falle des Absatzes 2 Nr. 2 zugleich persönlich, so ist die Erhöhung des zu zahlenden Betrags ausgeschlossen, soweit der Ersteher nicht bereichert ist.

§ 51 [Erhöhung bei Nichthypothekenrechten] (1) [1] Ist das berücksichtigte Recht nicht eine Hypothek, Grundschuld oder Rentenschuld, so finden die Vorschriften des § 50 entsprechende Anwendung. [2] Der Ersteher hat statt des Kapitals den Betrag, um welchen sich der Wert des Grundstücks erhöht, drei Monate nach erfolgter Kündigung zu zahlen und von dem Zuschlag an zu verzinsen.

(2) Der Betrag soll von dem Gerichte bei der Feststellung des geringsten Gebots bestimmt werden.

(Fortsetzung nächstes Blatt)

---

[1] § 49 Abs. 1 geänd., Abs. 3 eingef., bish. Abs. 3 wird Abs. 4 durch G v. 18.2.1998 (BGBl. I S. 866); Abs. 1 geänd., Abs. 3 neu gef. mWv 1.2.2007 durch G v. 22.12.2006 (BGBl. I S. 3416); Abs. 3 geänd. mWv 28.12.2022 durch G v. 19.12.2022 (BGBl. I S. 2606).

Lfd. Nr.	Änderndes Gesetz	Datum	Fundstelle	Betroffen	Hinweis
55.	Art. 7 Abs. 39 G zur Umsetzung der RL (EU) 2019/2034 über die Beaufsichtigung von Wertpapierinstituten[1]	12.5.2021	BGBl. I S. 990	§ 375	geänd. mWv 26.6.2021
56.	Art. 3 G zum Schutz von Kindern mit Varianten der Geschlechtsentwicklung	12.5.2021	BGBl. I S. 1082	Inhaltsübersicht	geänd. mWv 22.5.2021
				§ 167b	eingef. mWv 22.5.2021
57.	Art. 2 G zur Änd. des Versorgungsausgleichsrechts	12.5.2021	BGBl. I S. 1085	§§ 114, 222, 226	geänd. mWv 1.8.2021
58.	Art. 7 Kinder- und JugendstärkungsG	3.6.2021	BGBl. I S. 1444	§ 166	geänd. mWv 10.6.2021
59.	Art. 26 Abs. 5 FinanzmarktintegritätsstärkungsG	3.6.2021	BGBl. I S. 1534	§ 375	geänd. mWv 1.7.2021
60.	Art. 5 G zur Bekämpfung sexualisierter Gewalt gegen Kinder	16.6.2021	BGBl. I S. 1810	Inhaltsübersicht, §§ 68, 174, 191, 493	geänd. mWv 1.7.2021
				§§ 158, 159	neu gef. mWv 1.7.2021
				§§ 158b, 158c	eingef. mWv 1.7.2021
				§ 158a	eingef. mWv 1.1.2022
61.	Art. 15 G zur Modernisierung des notariellen Berufsrechts und zur Änd. weiterer Vorschriften	25.6.2021	BGBl. I S. 2154	§ 347	geänd. mWv 1.8.2021
62.	Art. 6 G zur Vereinheitlichung des Stiftungsrechts und zur Änd. des InfektionsschutzG	16.7.2021	BGBl. I S. 2947	§ 356	geänd. mWv 1.7.2023
63.	Art. 8 G zur Umsetzung der Digitalisierungsrichtlinie (DiRUG)[2]	5.7.2021	BGBl. I S. 3338	§§ 387, 393, 394	geänd. mWv 1.8.2022
64.	Art. 45 PersonengesellschaftsrechtsmodernisierungsG (MoPeG)	10.8.2021	BGBl. I S. 3436, geänd. durch G v. 31.10. 2022, BGBl. I S. 1966	§§ 376, 387	geänd. mWv 18.8.2021
				Inhaltsübersicht, §§ 375, 376, 378, 379, 380, 388, 392, 393, 394	geänd. mWv 1.1.2024

[1] **Amtl. Anm.:** Dieses Gesetz dient der Umsetzung der Richtlinie (EU) 2019/2034 des Europäischen Parlaments und des Rates vom 27. November 2019 über die Beaufsichtigung von Wertpapierfirmen und zur Änderung der Richtlinien 2002/87/EG, 2009/65/EG, 2011/61/EU, 2013/36/EU, 2014/59/EU und 2014/65/EU (ABl. L 314 vom 5.12.2019, S. 64) sowie der Anpassung der nationalen Gesetze und Verordnungen an die Verordnung (EU) 2019/2033 des Europäischen Parlaments und des Rates vom 27. November 2019 über die Aufsichtsanforderungen an Wertpapierfirmen und zur Änderung der Verordnungen (EU) Nr. 1093/2010, (EU) Nr. 575/2013, (EU) Nr. 600/2014 und (EU) Nr. 806/2014 (ABl. L 314 vom 5.12.2019, S. 1; L 20 vom 24.1.2020, S. 26).

[2] **Amtl. Anm.:** Dieses Gesetz dient der Umsetzung der Richtlinie (EU) 2019/1151 des Europäischen Parlaments und des Rates vom 20. Juni 2019 zur Änderung der Richtlinie (EU) 2017/1132 im Hinblick auf den Einsatz digitaler Werkzeuge und Verfahren im Gesellschaftsrecht (ABl. L 186 vom 11.7.2019, S. 80).

Lfd. Nr.	Änderndes Gesetz	Datum	Fundstelle	Betroffen	Hinweis
65.	Art. 5 G zum Ausbau des elektronischen Rechtsverkehrs mit den Gerichten und zur Änd. weiterer Vorschriften[1)]	5.10.2021	BGBl. I S. 4607	§ 14b	neu gef. mWv 1.1.2022
66.	Art. 4 G zur Durchführung der EU-Verordnungen über grenzüberschreitende Zustellungen und grenzüberschreitende Beweisaufnahmen in Zivil- oder Handelssachen sowie zur Änd. sonstiger Vorschriften	24.6.2022	BGBl. I S. 959	§ 158a	geänd. mWv 1.7.2022
				Inhaltsübersicht, §§ 158c, 282, 285, 292, 292a, 294	geänd. mWv 1.1.2023
				§ 310	neu gef. mWv 1.1.2023
67.	Art. 4, 5 G zur Abschaffung des Güterrechtsregisters und zur Änd. des COVID-19-InsolvenzaussetzungsG	31.10. 2022	BGBl. I S. 1966	§§ 374, 377, 382	geänd. mWv 1.1.2023
				§ 374	geänd. mWv 1.1.2024
68.	Art. 12 Abs. 21 BürgergeldG	16.12. 2022	BGBl. I S. 2328	§ 250	geänd. mWv 1.1.2023

Vorbemerkung:
Die Änderung durch G v. 16.7.2021 (BGBl. I S. 2947) tritt erst mWv 1.7. 2023 in Kraft und ist im Text noch nicht berücksichtigt.
Die Änderungen durch G v. 10.8.2021 (BGBl. I S. 3436, geänd. durch G v. 31.10.2022, BGBl. I S. 1966) treten teilweise erst mWv 1.1.2024 in Kraft und sind insoweit im Text noch nicht berücksichtigt.

[1)] **Amtl. Anm.:** Notifiziert gemäß der Richtlinie (EU) 2015/1535 des Europäischen Parlaments und des Rates vom 9. September 2015 über ein Informationsverfahren auf dem Gebiet der technischen Vorschriften und der Vorschriften für die Dienste der Informationsgesellschaft (ABl. L 241 vom 17.9.2015, S. 1).

zulässig, wenn ein Verfahren auf Feststellung der Vaterschaft nach § 1600d des Bürgerlichen Gesetzbuchs anhängig ist.

(2) Im Fall des Absatzes 1 ist das Gericht zuständig, bei dem das Verfahren auf Feststellung der Vaterschaft im ersten Rechtszug anhängig ist; während der Anhängigkeit beim Beschwerdegericht ist dieses zuständig.

(3) § 1600d Abs. 2 und 3 des Bürgerlichen Gesetzbuchs gilt entsprechend.

(4) Das Gericht kann auch anordnen, dass der Mann für den Unterhalt Sicherheit in bestimmter Höhe zu leisten hat.

(5) [1] Die einstweilige Anordnung tritt auch außer Kraft, wenn der Antrag auf Feststellung der Vaterschaft zurückgenommen oder rechtskräftig zurückgewiesen worden ist. [2] In diesem Fall hat derjenige, der die einstweilige Anordnung erwirkt hat, dem Mann den Schaden zu ersetzen, der ihm aus der Vollziehung der einstweiligen Anordnung entstanden ist.

Unterabschnitt 3. Vereinfachtes Verfahren über den Unterhalt Minderjähriger

§ 249 Statthaftigkeit des vereinfachten Verfahrens. (1) Auf Antrag wird der Unterhalt eines minderjährigen Kindes, das mit dem in Anspruch genommenen Elternteil nicht in einem Haushalt lebt, im vereinfachten Verfahren festgesetzt, soweit der Unterhalt vor Berücksichtigung der Leistungen nach § 1612b oder § 1612c des Bürgerlichen Gesetzbuchs[1)] das 1,2fache des Mindestunterhalts nach § 1612a Abs. 1 des Bürgerlichen Gesetzbuchs nicht übersteigt.

(2) Das vereinfachte Verfahren ist nicht statthaft, wenn zum Zeitpunkt, in dem der Antrag oder eine Mitteilung über seinen Inhalt dem Antragsgegner zugestellt wird, über den Unterhaltsanspruch des Kindes entweder ein Gericht entschieden hat, ein gerichtliches Verfahren anhängig ist oder ein zur Zwangsvollstreckung geeigneter Schuldtitel errichtet worden ist.

§ 250[2)] Antrag. (1) Der Antrag muss enthalten:

1. die Bezeichnung der Beteiligten, ihrer gesetzlichen Vertreter und der Verfahrensbevollmächtigten;
2. die Bezeichnung des Gerichts, bei dem der Antrag gestellt wird;
3. die Angabe des Geburtsdatums des Kindes;
4. die Angabe, ab welchem Zeitpunkt Unterhalt verlangt wird;
5. für den Fall, dass Unterhalt für die Vergangenheit verlangt wird, die Angabe, wann die Voraussetzungen des § 1613 Abs. 1 oder Abs. 2 Nr. 2 des Bürgerlichen Gesetzbuchs[1)] eingetreten sind;
6. die Angabe der Höhe des verlangten Unterhalts;
7. die Angaben über Kindergeld und andere zu berücksichtigende Leistungen (§ 1612b oder § 1612c des Bürgerlichen Gesetzbuchs);
8. die Erklärung, dass zwischen dem Kind und dem Antragsgegner ein Eltern-Kind-Verhältnis nach den §§ 1591 bis 1593 des Bürgerlichen Gesetzbuchs besteht;
9. die Erklärung, dass das Kind nicht mit dem Antragsgegner in einem Haushalt lebt;
10. die Angabe der Höhe des Kindeseinkommens;

[1)] Nr. **20**.

[2)] § 250 Abs. 1 Nr. 12 geänd. mWv 1.1.2023 durch G v. 16.12.2022 (BGBl. I S. 2328).

11. eine Erklärung darüber, ob der Anspruch aus eigenem, aus übergegangenem oder rückabgetretenem Recht geltend gemacht wird;
12. die Erklärung, dass Unterhalt nicht für Zeiträume verlangt wird, für die das Kind Hilfe nach dem Zwölften Buch Sozialgesetzbuch[1], Bürgergeld nach § 19 Absatz 1 Satz 2 des Zweiten Buches Sozialgesetzbuch[2], Hilfe zur Erziehung oder Eingliederungshilfe nach dem Achten Buch Sozialgesetzbuch[3], Leistungen nach dem Unterhaltsvorschussgesetz[4] oder Unterhalt nach § 1607 Abs. 2 oder Abs. 3 des Bürgerlichen Gesetzbuchs erhalten hat, oder, soweit Unterhalt aus übergegangenem Recht oder nach § 94 Abs. 4 Satz 2 des Zwölften Buches Sozialgesetzbuch, § 33 Abs. 2 Satz 4 des Zweiten Buches Sozialgesetzbuch oder § 7 Abs. 4 Satz 1 des Unterhaltsvorschussgesetzes verlangt wird, die Erklärung, dass der beantragte Unterhalt die Leistung an oder für das Kind nicht übersteigt;
13. die Erklärung, dass die Festsetzung im vereinfachten Verfahren nicht nach § 249 Abs. 2 ausgeschlossen ist.

(2) [1] Entspricht der Antrag nicht den in Absatz 1 und den in § 249 bezeichneten Voraussetzungen, ist er zurückzuweisen. [2] Vor der Zurückweisung ist der Antragsteller zu hören. [3] Die Zurückweisung ist nicht anfechtbar.

(3) Sind vereinfachte Verfahren anderer Kinder des Antragsgegners bei dem Gericht anhängig, hat es die Verfahren zum Zweck gleichzeitiger Entscheidung zu verbinden.

§ 251[5] **Maßnahmen des Gerichts.** (1) [1] Erscheint nach dem Vorbringen des Antragstellers das vereinfachte Verfahren zulässig, verfügt das Gericht die Zustellung des Antrags oder einer Mitteilung über seinen Inhalt an den Antragsgegner. [2] Zugleich weist es ihn darauf hin,

1. ab welchem Zeitpunkt und in welcher Höhe der Unterhalt festgesetzt werden kann; hierbei sind zu bezeichnen:
   a) die Zeiträume nach dem Alter des Kindes, für das die Festsetzung des Unterhalts nach dem Mindestunterhalt der ersten, zweiten und dritten Altersstufe in Betracht kommt;
   b) im Fall des § 1612a des Bürgerlichen Gesetzbuchs[6] auch der Prozentsatz des jeweiligen Mindestunterhalts;
   c) die nach § 1612b oder § 1612c des Bürgerlichen Gesetzbuchs zu berücksichtigenden Leistungen;
2. dass das Gericht nicht geprüft hat, ob der verlangte Unterhalt das im Antrag angegebene Kindeseinkommen berücksichtigt;
3. dass über den Unterhalt ein Festsetzungsbeschluss ergehen kann, aus dem der Antragsteller die Zwangsvollstreckung betreiben kann, wenn er nicht innerhalb eines Monats Einwendungen erhebt;

---

[1] **Sartorius ErgBd. Nr. 412.**
[2] **Sartorius ErgBd. Nr. 402.**
[3] **Habersack, Deutsche Gesetze ErgBd. Nr. 46.**
[4] **Habersack, Deutsche Gesetze ErgBd. Nr. 45d.**
[5] § 251 Abs. 1 Satz 2 Nr. 3 geänd., Nr. 4 neu gef., Nr. 5 und Satz 3 aufgeh. mWv 1.1.2017 durch G v. 20.11.2015 (BGBl. I S. 2018); Abs. 1 Satz 3 angef. mWv 1.1.2017 durch G v. 26.7.2016 (BGBl. I S. 1824, ber. S. 2718).
[6] Nr. **20**.

Lfd. Nr.	Änderndes Gesetz	Datum	Fundstelle	Betroffen	Hinweis
17.	Art. 1 G zur Einführung eines Datenbankgrundbuchs	1.10.2013	BGBl. I S. 3719	§§ 2, 5, 6, 7, 12c, 33, 36, 37, 44, 116, 126, 129, 131, 133, 134, 134a, 140, 141, 148, 149	geänd. mWv 9.10.2013
				§ 127	neu gef. mWv 9.10.2013
				§ 117	aufgeh. mWv 9.10.2013
				§§ 12, 12a	geänd. mWv 1.10.2014
18.	Art. 12 G zur Förderung des elektronischen Rechtsverkehrs mit den Gerichten	10.10.2013	BGBl. I S. 3786	§ 137	geänd. mWv 1.7.2014
				§ 81	geänd. mWv 1.1.2018
19.	Art. 2 G zur Erleichterung der Umsetzung der Grundbuchamtsreform in Baden-Württemberg sowie zur Änd. des EGZPO und des WohnungseigentumsG	5.12.2014	BGBl. I S. 1962	§ 1	geänd. mWv 1.1.2018
				§ 149	neu gef. mWv 1.1.2018
20.	Art. 6 G zum Internationalen Erbrecht und zur Änd. von Vorschriften zum Erbschein sowie zur Änd. sonstiger Vorschriften	29.6.2015	BGBl. I S. 1042	§§ 35, 83	geänd. mWv 17.8.2015
21.	Art. 153 Zehnte ZuständigkeitsanpassungsVO	31.8.2015	BGBl. I S. 1474	§§ 1, 10, 10a, 12, 28, 133, 134, 141, 148, 150	geänd. mWv 8.9.2015
22.	Art. 3 G zur Verlängerung der Befristung von Vorschriften nach den Terrorismusbekämpfungsgesetzen	3.12.2015	BGBl. I S. 2161	§§ 12, 133	geänd. mWv 1.3.2016
23.	Art. 16 EU-KontenpfändungsVO-DurchführungsG	21.11.2016	BGBl. I S. 2591	§ 149	geänd. mWv 1.4.2012
24.	Art. 8 G zur Reform des Bauvertragsrechts, zur Änd. der kaufrechtlichen Mängelhaftung, zur Stärkung des zivilprozessualen Rechtsschutzes und zum maschinellen Siegel im Grundbuch- und Schiffsregisterverfahren	28.4.2017	BGBl. I S. 969	§ 29	geänd. mWv 5.5.2017
25.	Art. 5 G zur Neuordnung der Aufbewahrung von Notariatsunterlagen und zur Einrichtung des Elektronischen Urkundenarchivs bei der Bundesnotarkammer sowie zur Änd. weiterer Gesetze	1.6.2017	BGBl. I S. 1396	§§ 15, 143	geänd. mWv 9.6.2017
				§ 151	eingef. mWv 9.6.2017

Lfd. Nr.	Änderndes Gesetz	Datum	Fundstelle	Betroffen	Hinweis
26.	Art. 11 Abs. 18 eIDAS-DurchführungsG[1) 2)]	18.7.2017	BGBl. I S. 2745	§§ 137, 140	geänd. mWv 29.7.2017
27.	Art. 15 G zur Umsetzung der RL (EU) 2016/680 im Strafverfahren sowie zur Anpassung datenschutzrechtl. Bestimmungen an die VO (EU) 2016/679[3)]	20.11. 2019	BGBl. I S. 1724	§§ 126, 131, 133, 134a	geänd. mWv 26.11.2019
				§ 12d	eingef. mWv 26.11.2019
				Anl.	aufgeh. mit Ablauf des 25.11. 2019
28.	Art. 15 G zur Änd. von Vorschriften über die außergerichtliche Streitbeilegung in Verbrauchersachen und zur Änd. weiterer Gesetze	30.11. 2019	BGBl. I S. 1942	§ 133	geänd. mWv 6.12.2019
29.	Art. 11 G zur Umsetzung der ÄndRL zur Vierten EU-GeldwäscheRL[4)]	12.12. 2019	BGBl. I S. 2602	§ 12	geänd. mWv 1.1.2020
30.	Art. 6 Wohnungseigentumsmodernisierungs G	16.10. 2020	BGBl. I S. 2187	§ 150	geänd. mWv 23.10.2020
31.	Art. 40 Personengesellschaftsrechtsmodernisierungs G (MoPeG)	10.8.2021	BGBl. I S. 3436	§§ 32, 47, 82	geänd. mWv 1.1.2024
32.	Art. 28 G zum Ausbau des elektronischen Rechtsverkehrs mit den Gerichten und zur Änd. weiterer Vorschriften[2)]	5.10.2021	BGBl. I S. 4607	§ 140	geänd. mWv 1.1.2022
33.	Art. 7 Abs. 3 G zur Abschaffung des Güterrechtsregisters und zur Änd. des COVID-19-Insolvenzaussetzungs G	31.10. 2022	BGBl. I S. 1966	§ 33	aufgeh. mit Ablauf des 31.12. 2022
34.	Art. 16 Sanktionsdurchsetzungs G II	19.12. 2022	BGBl. I S. 2606	§§ 12, 13, 133	geänd. mWv 28.12.2022

Vorbemerkung:
Die Änderungen durch G v. 10.8.2021 (BGBl. I S. 3436) treten erst mWv 1.1.2024 in Kraft und sind im Text noch nicht berücksichtigt.

[1)] **Amtl. Anm.:** Dieses Gesetz dient der Durchführung der Verordnung (EU) Nr. 910/2014 des Europäischen Parlaments und des Rates vom 23. Juli 2014 über elektronische Identifizierung und Vertrauensdienste für elektronische Transaktionen im Binnenmarkt und zur Aufhebung der Richtlinie 1999/93/EG.

[2)] **Amtl. Anm.:** Notifiziert gemäß der Richtlinie (EU) 2015/1535 des Europäischen Parlaments und des Rates vom 9. September 2015 über ein Informationsverfahren auf dem Gebiet der technischen Vorschriften und der Vorschriften für die Dienste der Informationsgesellschaft (ABl. L 241 vom 17.9.2015, S. 1).

[3)] **Amtl. Anm.:** *(abgedruckt in Änderungstabelle Nr.* ***90****)*

[4)] **Amtl. Anm.:** Dieses Gesetz dient der Umsetzung der Richtlinie (EU) 2018/843 des Europäischen Parlaments und des Rates vom 30. Mai 2018 zur Änderung der Richtlinie (EU) 2015/849 zur Verhinderung der Nutzung des Finanzsystems zum Zwecke der Geldwäsche und der Terrorismusfinanzierung und zur Änderung der Richtlinien 2009/138/EG und 2013/36/EU (ABl. L 156 vom 19.6.2018, S. 43).

Nichtamtliche Inhaltsübersicht

Erster Abschnitt. Allgemeine Vorschriften

§ 1[1)] [Amtsgericht als Grundbuchamt; Zuständigkeit] (1) [1]Die Grundbücher, die auch als Loseblattgrundbuch geführt werden können, werden von den Amtsgerichten geführt (Grundbuchämter). [2]Diese sind für die in ihrem Bezirk liegenden Grundstücke zuständig. [3]Die abweichenden Vorschriften des § 150 für das in Artikel 3 des Einigungsvertrages[2)] genannte Gebiet bleiben unberührt.

(2) Liegt ein Grundstück in dem Bezirk mehrerer Grundbuchämter, so ist das zuständige Grundbuchamt nach § 5 des Gesetzes über das Verfahren in Familiensachen und in den Angelegenheiten der freiwilligen Gerichtsbarkeit[3)] zu bestimmen.

(3) [1]Die Landesregierungen werden ermächtigt, durch Rechtsverordnung[4)] die Führung des Grundbuchs einem Amtsgericht für die Bezirke mehrerer Amtsgerichte zuzuweisen, wenn dies einer schnelleren und rationelleren Grundbuchführung dient. [2]Sie können die Ermächtigung durch Rechtsverordnung auf die Landesjustizverwaltungen übertragen.

(4) [1]Das Bundesministerium der Justiz und für Verbraucherschutz wird ermächtigt, durch Rechtsverordnung[5)], die der Zustimmung des Bundesrates bedarf, die näheren Vorschriften über die Einrichtung und die Führung der Grundbücher, die Hypotheken-, Grundschuld- und Rentenschuldbriefe und die Abschriften aus dem Grundbuch und den Grundakten sowie die Einsicht hierin zu erlassen sowie das Verfahren zur Beseitigung einer Doppelbuchung zu bestimmen. [2]Es kann hierbei auch regeln, inwieweit Änderungen bei einem Grundbuch, die sich auf Grund von Vorschriften der Rechtsverordnung ergeben, den Beteiligten und der Behörde, die das in § 2 Abs. 2 bezeichnete amtliche Verzeichnis führt, bekanntzugeben sind.

[1)] § 1 Abs. 2 geänd. mWv 1.9.2009 durch G v. 17.12.2008 (BGBl. I S. 2586); Abs. 1 Satz 3 geänd. mWv 1.10.2009 durch G v. 11.8.2009 (BGBl. I S. 2713); Abs. 1 Satz 3 geänd. mWv 1.1.2018 durch G v. 5.12.2014 (BGBl. I S. 1962); Abs. 4 Satz 1 geänd. mWv 8.9.2015 durch VO v. 31.8.2015 (BGBl. I S. 1474).

[2)] **Habersack II Nr. 2.**

[3)] Nr. **112**.

[4)] Beachte auch VO zur Durchführung der GrundbuchO (Grundbuchverfügung – GBV) idF der Bek. v. 24.1.1995 (BGBl. I S. 114), zuletzt geänd. durch G v. 19.12.2022 (BGBl. I S. 2606).

[5)] Beachte auch Vereinsregisterverordnung (VRV) v. 10.2.1999 (BGBl. I S. 147), zuletzt geänd. durch G v. 5.7.2021 (BGBl. I S. 3338).

§ 2[1)] [Grundbuchbezirke; Liegenschaftskataster; Abschreibung von Grundstücksteilen] (1) Die Grundbücher sind für Bezirke einzurichten.

(2) Die Grundstücke werden im Grundbuch nach den in den Ländern eingerichteten amtlichen Verzeichnissen benannt (Liegenschaftskataster).

(3) Ein Teil eines Grundstücks darf von diesem nur abgeschrieben werden, wenn er im amtlichen Verzeichnis unter einer besonderen Nummer verzeichnet ist oder wenn die zur Führung des amtlichen Verzeichnisses zuständige Behörde bescheinigt, dass sie von der Buchung unter einer besonderen Nummer absieht, weil der Grundstücksteil mit einem benachbarten Grundstück oder einem Teil davon zusammengefasst wird.

§ 3 [Grundbuchblatt; buchungsfreie Grundstücke; Buchung von Miteigentumsanteilen] (1) [1]Jedes Grundstück erhält im Grundbuch eine besondere Stelle (Grundbuchblatt). [2]Das Grundbuchblatt ist für das Grundstück als das Grundbuch im Sinne des Bürgerlichen Gesetzbuchs[2)] anzusehen.

(2) Die Grundstücke des Bundes, der Länder, der Gemeinden und anderer Kommunalverbände, der Kirchen, Klöster und Schulen, die Wasserläufe, die öffentlichen Wege, sowie die Grundstücke, welche einem dem öffentlichen Verkehr dienenden Bahnunternehmen gewidmet sind, erhalten ein Grundbuchblatt nur auf Antrag des Eigentümers oder eines Berechtigten.

(3) Ein Grundstück ist auf Antrag des Eigentümers aus dem Grundbuch auszuscheiden, wenn der Eigentümer nach Absatz 2 von der Verpflichtung zur Eintragung befreit und eine Eintragung, von der das Recht des Eigentümers betroffen wird, nicht vorhanden ist.

(4) Das Grundbuchamt kann, sofern hiervon nicht Verwirrung oder eine wesentliche Erschwerung des Rechtsverkehrs oder der Grundbuchführung zu besorgen ist, von der Führung eines Grundbuchblatts für ein Grundstück absehen, wenn das Grundstück den wirtschaftlichen Zwecken mehrerer anderer Grundstücke zu dienen bestimmt ist, zu diesen in einem dieser Bestimmung entsprechenden räumlichen Verhältnis und im Miteigentum der Eigentümer dieser Grundstücke steht (dienendes Grundstück).

(5) [1]In diesem Fall müssen an Stelle des ganzen Grundstücks die den Eigentümern zustehenden einzelnen Miteigentumsanteile an dem dienenden Grundstück auf dem Grundbuchblatt des dem einzelnen Eigentümer gehörenden Grundstücks eingetragen werden. [2]Diese Eintragung gilt als Grundbuch für den einzelnen Miteigentumsanteil.

(6) Die Buchung nach den Absätzen 4 und 5 ist auch dann zulässig, wenn die beteiligten Grundstücke noch einem Eigentümer gehören, dieser aber die Teilung des Eigentums am dienenden Grundstück in Miteigentumsanteile und deren Zuordnung zu den herrschenden Grundstücken gegenüber dem Grundbuchamt erklärt hat; die Teilung wird mit der Buchung nach Absatz 5 wirksam.

(7) Werden die Miteigentumsanteile an dem dienenden Grundstück neu gebildet, so soll, wenn die Voraussetzungen des Absatzes 4 vorliegen, das Grundbuchamt in der Regel nach den vorstehenden Vorschriften verfahren.

(8) Stehen die Anteile an dem dienenden Grundstück nicht mehr den Eigentümern der herrschenden Grundstücke zu, so ist ein Grundbuchblatt anzulegen.

[1)] § 2 Abs. 3 neu gef., Abs. 4 und 5 aufgeh. mWv 9.10.2013 durch G v. 1.10.2013 (BGBl. I S. 3719).
[2)] Nr. **20**.

(9) Wird das dienende Grundstück als Ganzes belastet, so ist, sofern nicht ein besonderes Grundbuchblatt angelegt wird oder § 48 anwendbar ist, in allen beteiligten Grundbuchblättern kenntlich zu machen, daß das dienende Grundstück als Ganzes belastet ist; hierbei ist jeweils auf die übrigen Eintragungen zu verweisen.

§ 4[1)] [Gemeinschaftliches Grundbuchblatt] (1) Über mehrere Grundstücke desselben Eigentümers, deren Grundbücher von demselben Grundbuchamt geführt werden, kann ein gemeinschaftliches Grundbuchblatt geführt werden, solange hiervon Verwirrung nicht zu besorgen ist.

(2) [1] Dasselbe gilt, wenn die Grundstücke zu einem Hof im Sinne der Höfeordnung gehören oder in ähnlicher Weise bundes- oder landesrechtlich miteinander verbunden sind, auch wenn ihre Grundbücher von verschiedenen Grundbuchämtern geführt werden. [2] In diesen Fällen ist, wenn es sich um einen Hof handelt, das Grundbuchamt zuständig, welches das Grundbuch über die Hofstelle führt; im übrigen ist das zuständige Grundbuchamt nach § 5 des Gesetzes über das Verfahren in Familiensachen und in den Angelegenheiten der freiwilligen Gerichtsbarkeit zu bestimmen.

§ 5[2)] [Vereinigung von Grundstücken] (1) [1] Ein Grundstück soll nur dann mit einem anderen Grundstück vereinigt werden, wenn hiervon Verwirrung nicht zu besorgen ist. [2] Eine Vereinigung soll insbesondere dann unterbleiben, wenn die Grundstücke im Zeitpunkt der Vereinigung wie folgt belastet sind:

1. mit unterschiedlichen Grundpfandrechten oder Reallasten oder
2. mit denselben Grundpfandrechten oder Reallasten in unterschiedlicher Rangfolge.

[3] Werden die Grundbücher von verschiedenen Grundbuchämtern geführt, so ist das zuständige Grundbuchamt nach § 5 des Gesetzes über das Verfahren in Familiensachen und in den Angelegenheiten der freiwilligen Gerichtsbarkeit zu bestimmen.

(2) [1] Die an der Vereinigung beteiligten Grundstücke sollen im Bezirk desselben Grundbuchamts und derselben für die Führung des amtlichen Verzeichnisses nach § 2 Abs. 2 zuständigen Stelle liegen und unmittelbar aneinandergrenzen. [2] Von diesen Erfordernissen soll nur abgewichen werden, wenn hierfür, insbesondere wegen der Zusammengehörigkeit baulicher Anlagen und Nebenanlagen, ein erhebliches Bedürfnis *entsteht*[3)]. [3] Die Lage der Grundstücke zueinander kann durch Bezugnahme auf das amtliche Verzeichnis nachgewiesen werden. [4] Das erhebliche Bedürfnis ist glaubhaft zu machen; § 29 gilt hierfür nicht.

§ 6[4)] [Zuschreibung] (1) [1] Ein Grundstück soll nur dann einem anderen Grundstück als Bestandteil zugeschrieben werden, wenn hiervon Verwirrung nicht zu besorgen ist. [2] Werden die Grundbücher von verschiedenen Grundbuchämtern geführt, so ist für die Entscheidung über den Antrag auf Zuschreibung und, wenn dem Antrag stattgegeben wird, für die Führung des Grundbuchs über das ganze Grundstück das Grundbuchamt zuständig, das das Grundbuch über das Hauptgrundstück führt.

(2) § 5 Absatz 1 Satz 2 und Absatz 2 ist entsprechend anzuwenden.

[1)] § 4 Abs. 2 Satz 2 geänd. mWv 1.9.2009 durch G v. 17.12.2008 (BGBl. I S. 2586).

[2)] § 5 Abs. 1 Satz 2 geänd. mWv 1.9.2009 durch G v. 17.12.2008 (BGBl. I S. 2586); Abs. 1 Satz 2 eingef., bish. Satz 2 wird Satz 3, Abs. 2 Satz 3 neu gef. mWv 9.10.2013 durch G v. 1.10.2013 (BGBl. I S. 3719).

[3)] Richtig wohl: „besteht".

[4)] § 6 Abs. 2 neu gef. mWv 9.10.2013 durch G v. 1.10.2013 (BGBl. I S. 3719).

§ 6a [Erfordernisse für Eintragung des Erbbaurechts] (1) [1] Dem Antrag auf Eintragung eines Erbbaurechts an mehreren Grundstücken oder Erbbaurechten soll unbeschadet des Satzes 2 nur entsprochen werden, wenn hinsichtlich der zu belastenden Grundstücke die Voraussetzungen des § 5 Abs. 2 Satz 1 vorliegen. [2] Von diesen Erfordernissen soll nur abgewichen werden, wenn die zu belastenden Grundstücke nahe beieinander liegen und entweder das Erbbaurecht in Wohnungs- oder Teilerbbaurechte aufgeteilt werden soll oder Gegenstand des Erbbaurechts ein einheitliches Bauwerk oder ein Bauwerk mit dazugehörenden Nebenanlagen auf den zu belastenden Grundstücken ist; § 5 Abs. 2 Satz 3 findet entsprechende Anwendung. [3] Im übrigen sind die Voraussetzungen des Satzes 2 glaubhaft zu machen; § 29 gilt hierfür nicht.

(2) Dem Antrag auf Eintragung eines Erbbaurechts soll nicht entsprochen werden, wenn das Erbbaurecht sowohl an einem Grundstück als auch an einem anderen Erbbaurecht bestellt werden soll.

§ 7[1)] [Abschreibung eines Grundstücksteils] (1) Soll ein Grundstücksteil mit einem Recht belastet werden, so ist er von dem Grundstück abzuschreiben und als selbständiges Grundstück einzutragen.

(2) [1] Ist das Recht eine Dienstbarkeit, so kann die Abschreibung unterbleiben, wenn hiervon Verwirrung nicht zu besorgen ist. [2] In diesem Fall soll ein von der für die Führung des Liegenschaftskatasters zuständigen Behörde erteilter beglaubigter Auszug aus der amtlichen Karte vorgelegt werden, in dem der belastete Grundstücksteil gekennzeichnet ist. [3] Die Vorlage eines solchen Auszugs ist nicht erforderlich, wenn der Grundstücksteil im Liegenschaftskataster unter einer besonderen Nummer verzeichnet ist.

(3) [1] Die Landesregierungen werden ermächtigt, durch Rechtsverordnung zu bestimmen, dass der nach Absatz 2 vorzulegende Auszug aus der amtlichen Karte der Beglaubigung nicht bedarf, wenn der Auszug maschinell hergestellt wird und ein ausreichender Schutz gegen die Vorlage von nicht von der zuständigen Behörde hergestellten oder von verfälschten Auszügen besteht. [2] Satz 1 gilt entsprechend für andere Fälle, in denen dem Grundbuchamt Angaben aus dem amtlichen Verzeichnis zu übermitteln sind. [3] Die Landesregierungen können die Ermächtigung durch Rechtsverordnung auf die Landesjustizverwaltungen übertragen.

§ 8 (weggefallen)

§ 9 [Subjektiv-dingliche Rechte] (1) [1] Rechte, die dem jeweiligen Eigentümer eines Grundstücks zustehen, sind auf Antrag auch auf dem Blatt dieses Grundstücks zu vermerken. [2] Antragsberechtigt ist der Eigentümer des Grundstücks sowie jeder, dessen Zustimmung nach § 876 Satz 2 des Bürgerlichen Gesetzbuchs[2)] zur Aufhebung des Rechtes erforderlich ist.

(2) Der Vermerk ist von Amts wegen zu berichtigen, wenn das Recht geändert oder aufgehoben wird.

(3) Die Eintragung des Vermerks (Absatz 1) ist auf dem Blatt des belasteten Grundstücks von Amts wegen ersichtlich zu machen.

---

1) § 7 Abs. 2 Satz 1 geänd., Satz 2 neu gef., Satz 3 und Abs. 3 angef. mWv 9.10.2013 durch G v. 1.10.2013 (BGBl. I S. 3719).

2) Nr. **20**.

§ 10[1)] [Aufbewahrung von Urkunden] (1) [1] Grundbücher und Urkunden, auf die eine Eintragung sich gründet oder Bezug nimmt, hat das Grundbuchamt dauernd aufzubewahren. [2] Eine Urkunde nach Satz 1 darf nur herausgegeben werden, wenn statt der Urkunde eine beglaubigte Abschrift bei dem Grundbuchamt bleibt.

(2) Das Bundesministerium der Justiz und für Verbraucherschutz wird ermächtigt, durch Rechtsverordnung, die der Zustimmung des Bundesrates bedarf, zu bestimmen, daß statt einer beglaubigten Abschrift der Urkunde eine Verweisung auf die anderen Akten genügt, wenn eine der in Absatz 1 bezeichneten Urkunden in anderen Akten des das Grundbuch führenden Amtsgerichts enthalten ist.

(3) *(aufgehoben)*

(4) (weggefallen)

§ 10a[2)] [Aufbewahrung auf Datenträgern; Nachweis der Übereinstimmung] (1) [1] Geschlossene Grundbücher können als Wiedergabe auf einem Bildträger oder auf anderen Datenträgern aufbewahrt werden, wenn sichergestellt ist, daß die Wiedergabe oder die Daten innerhalb angemessener Zeit lesbar gemacht werden können. [2] Die Landesjustizverwaltungen bestimmen durch allgemeine Verwaltungsanordnung Zeitpunkt und Umfang dieser Art der Aufbewahrung und die Einzelheiten der Durchführung.

(2) [1] Bei der Herstellung der Bild- oder sonstigen Datenträger ist ein schriftlicher Nachweis anzufertigen, dass die Wiedergabe mit dem Original des Grundbuchs übereinstimmt. [2] Weist das Original farbliche Eintragungen auf, die in der Wiedergabe nicht als solche erkennbar sind, ist dies in dem schriftlichen Nachweis anzugeben. [3] Die Originale der geschlossenen Grundbücher können ausgesondert werden.

(3) [1] Durch Rechtsverordnung des Bundesministeriums der Justiz und für Verbraucherschutz mit Zustimmung des Bundesrates kann vorgesehen werden, daß für die Führung des Grundbuchs nicht mehr benötigte, bei den Grundakten befindliche Schriftstücke ausgesondert werden können. [2] Welche Schriftstücke dies sind und unter welchen Voraussetzungen sie ausgesondert werden können, ist in der Rechtsverordnung nach Satz 1 zu bestimmen.

§ 11 [Ausgeschlossene Organe] Eine Eintragung in das Grundbuch ist nicht aus dem Grunde unwirksam, weil derjenige, der sie bewirkt hat, von der Mitwirkung kraft Gesetzes ausgeschlossen ist.

§ 12[3)] [Grundbucheinsicht; Abschriften] (1) [1] Die Einsicht des Grundbuchs ist jedem gestattet, der ein berechtigtes Interesse darlegt. [2] Das gleiche gilt von Urkunden, auf die im Grundbuch zur Ergänzung einer Eintragung Bezug genommen ist, sowie von den noch nicht erledigten Eintragungsanträgen.

[1)] § 10 Abs. 3 aufgeh. mWv 15.6.1995 durch G v. 6.6.1995 (BGBl. I S. 778); Abs. 1 Sätze 1 und 2 geänd. mWv 1.10.2009 durch G v. 11.8.2009 (BGBl. I S. 2713); Abs. 2 geänd. mWv 8.9.2015 durch VO v. 31.8. 2015 (BGBl. I S. 1474).

[2)] § 10a Abs. 1 Satz 1 geänd., Abs. 2 neu gef. mWv 1.10.2009 durch G v. 11.8.2009 (BGBl. I S. 2713); Abs. 3 Satz 1 geänd. mWv 8.9.2015 durch VO v. 31.8.2015 (BGBl. I S. 1474).

[3)] § 12 Abs. 3 neu gef. mWv 25.4.2006 durch G v. 19.4.2006 (BGBl. I S. 866); Abs. 4 angef. mWv 1.10. 2014 durch G v. 1.10.2013 (BGBl. I S. 3719); Abs. 3 einl. Satzteil geänd. mWv 8.9.2015 durch VO v. 31.8. 2015 (BGBl. I S. 1474); Abs. 4 Satz 2 geänd. mWv 1.3.2016 durch G v. 3.12.2015 (BGBl. I S. 2161); Abs. 4 Satz 2 geänd. mWv 1.1.2020 durch G v. 12.12.2019 (BGBl. I S. 2602); Abs. 4 Satz 2 geänd. mWv 28.12. 2022 durch G v. 19.12.2022 (BGBl. I S. 2606).

(2) Soweit die Einsicht des Grundbuchs, der im Absatz 1 bezeichneten Urkunden und der noch nicht erledigten Eintragungsanträge gestattet ist, kann eine Abschrift gefordert werden; die Abschrift ist auf Verlangen zu beglaubigen.

(3) Das Bundesministerium der Justiz und für Verbraucherschutz kann durch Rechtsverordnung mit Zustimmung des Bundesrates bestimmen, dass

1. über die Absätze 1 und 2 hinaus die Einsicht in sonstige sich auf das Grundbuch beziehende Dokumente gestattet ist und Abschriften hiervon gefordert werden können;
2. bei Behörden von der Darlegung des berechtigten Interesses abgesehen werden kann, ebenso bei solchen Personen, bei denen es auf Grund ihres Amtes oder ihrer Tätigkeit gerechtfertigt ist.

(4) [1] Über Einsichten in Grundbücher und Grundakten sowie über die Erteilung von Abschriften aus Grundbüchern und Grundakten ist ein Protokoll zu führen. [2] Dem Eigentümer des betroffenen Grundstücks oder dem Inhaber eines grundstücksgleichen Rechts ist auf Verlangen Auskunft aus diesem Protokoll zu geben, es sei denn, die Bekanntgabe würde den Erfolg strafrechtlicher Ermittlungen oder die Aufgabenwahrnehmung einer Verfassungsschutzbehörde, des Bundesnachrichtendienstes, des Militärischen Abschirmdienstes, der Zentralstelle für Sanktionsdurchsetzung oder *die*[1)] Zentralstelle für Finanztransaktionsuntersuchungen gefährden. [3] Das Protokoll kann nach Ablauf von zwei Jahren vernichtet werden. [4] Einer Protokollierung bedarf es nicht, wenn die Einsicht oder Abschrift dem Auskunftsberechtigten nach Satz 2 gewährt wird.

§ 12a[2)] [Einrichtung von Verzeichnissen; keine Haftung bei Auskünften]

(1) [1] Die Grundbuchämter dürfen auch ein Verzeichnis der Eigentümer und der Grundstücke sowie mit Genehmigung der Landesjustizverwaltung weitere, für die Führung des Grundbuchs erforderliche Verzeichnisse einrichten und, auch in maschineller Form, führen. [2] Eine Verpflichtung, diese Verzeichnisse auf dem neuesten Stand zu halten, besteht nicht; eine Haftung bei nicht richtiger Auskunft besteht nicht. [3] Aus öffentlich zugänglich gemachten Verzeichnissen dieser Art sind Auskünfte zu erteilen, soweit ein solches Verzeichnis der Auffindung der Grundbuchblätter dient, zur Einsicht in das Grundbuch oder für den Antrag auf Erteilung von Abschriften erforderlich ist und die Voraussetzungen für die Einsicht in das Grundbuch gegeben sind. [4] Unter den Voraussetzungen des § 12 kann Auskunft aus Verzeichnissen nach Satz 1 auch gewährt werden, wenn damit die Einsicht in das Grundbuch entbehrlich wird. [5] Inländischen Gerichten, Behörden und Notaren kann auch die Einsicht in den entsprechenden Teil des Verzeichnisses gewährt werden. [6] Ein Anspruch auf Erteilung von Abschriften aus dem Verzeichnis besteht nicht. [7] Für maschinell geführte Verzeichnisse gelten § 126 Abs. 2 und § 133 entsprechend.

(2) Als Verzeichnis im Sinne des Absatzes 1 kann mit Genehmigung der Landesjustizverwaltung auch das Liegenschaftskataster verwendet werden.

(3) [1] Über Einsichten in Verzeichnisse nach Absatz 1 oder die Erteilung von Auskünften aus solchen Verzeichnissen, durch die personenbezogene Daten bekanntgegeben werden, ist ein Protokoll zu führen. [2] § 12 Absatz 4 Satz 2 bis 4 gilt entsprechend.

---

1) Richtig wohl: „der".
2) § 12a Abs. 3 angef. mWv 1.10.2014 durch G v. 1.10.2013 (BGBl. I S. 3719).

§ 12b[1] **[Grundbucheinsicht]** (1) [1]Nach der Übertragung von geschlossenen Grundbüchern und Grundakten auf einen Bild- oder sonstigen Datenträger in einem Verfahren nach § 10a Absatz 1 und 2, § 128 Absatz 3 oder § 138 Absatz 1 kann eine Einsicht in die vom Grundbuchamt weiter aufbewahrten Originale nicht mehr verlangt werden. [2]Werden die Originale nach ihrer Aussonderung durch eine andere Stelle als das Grundbuchamt aufbewahrt, bestimmt sich die Einsicht nach Landesrecht.

(2) Soweit in dem in Artikel 3 des Einigungsvertrages[2] genannten Gebiet Grundakten und frühere Grundbücher von anderen als den grundbuchführenden Stellen aufbewahrt werden, gilt § 12 entsprechend.

§ 12c[3] **[Zuständigkeit des Urkundsbeamten]** (1) Der Urkundsbeamte der Geschäftsstelle entscheidet über:

1. die Gestattung der Einsicht in das Grundbuch oder die in § 12 bezeichneten Akten und Anträge sowie die Erteilung von Abschriften hieraus, soweit nicht Einsicht zu wissenschaftlichen oder Forschungszwecken begehrt wird;
2. die Erteilung von Auskünften nach § 12a oder die Gewährung der Einsicht in ein dort bezeichnetes Verzeichnis;
3. die Erteilung von Auskünften in den sonstigen gesetzlich vorgesehenen Fällen;
4. die Anträge auf Rückgabe von Urkunden und Versendung von Grundakten an inländische Gerichte oder Behörden.

(2) Der Urkundsbeamte der Geschäftsstelle ist ferner zuständig für

1. die Beglaubigung von Abschriften (Absatz 1 Nr. 1), auch soweit ihm die Entscheidung über die Erteilung nicht zusteht; jedoch kann statt des Urkundsbeamten ein von der Leitung des Amtsgerichts ermächtigter Justizangestellter die Beglaubigung vornehmen;
2. die Verfügungen und Eintragungen zur Erhaltung der Übereinstimmung zwischen dem Grundbuch und dem amtlichen Verzeichnis nach § 2 Abs. 2 oder einem sonstigen, hiermit in Verbindung stehenden Verzeichnis, mit Ausnahme der Verfügungen und Eintragungen, die zugleich eine Berichtigung rechtlicher Art oder eine Berichtigung eines Irrtums über das Eigentum betreffen;
3. die Entscheidungen über Ersuchen des Gerichts um Eintragung oder Löschung des Vermerks über die Eröffnung des Insolvenzverfahrens und über die Verfügungsbeschränkungen nach der Insolvenzordnung[4] oder des Vermerks über die Einleitung eines Zwangsversteigerungs- und Zwangsverwaltungsverfahrens;

3a. die Entscheidungen über Ersuchen um Eintragung und Löschung von Anmeldevermerken gemäß § 30b Absatz 1 des Vermögensgesetzes[5];

4. die Berichtigung der Eintragung des Namens, des Berufs oder des Wohnortes natürlicher Personen im Grundbuch;
5. die Anfertigung der Nachweise nach § 10a Abs. 2.

---

[1] § 12b neu gef. mWv 1.10.2009 durch G v. 11.8.2009 (BGBl. I S. 2713).

[2] **Habersack II Nr. 2.**

[3] § 12c Abs. 2 Nr. 3 neu gef. mWv 1.1.1999 durch G v. 5.10.1994 (BGBl. I S. 2911); Abs. 3 neu gef. mWv 1.9.2009 durch G v. 17.12.2008 (BGBl. I S. 2586); Abs. 5 Satz 1 geänd. mWv 1.10.2009 durch G v. 11.8.2009 (BGBl. I S. 2713); Abs. 2 Nr. 3a eingef., Abs. 4 Sätze 1 und 2 geänd. mWv 9.10.2013 durch G v. 1.10.2013 (BGBl. I S. 3719).

[4] Nr. **110**.

[5] **Habersack II Nr. 66.**

(3) [1] Die Vorschrift des § 6 des Gesetzes über das Verfahren in Familiensachen und in den Angelegenheiten der freiwilligen Gerichtsbarkeit[1)] ist auf den Urkundsbeamten der Geschäftsstelle sinngemäß anzuwenden. [2] Handlungen des Urkundsbeamten der Geschäftsstelle sind nicht aus dem Grunde unwirksam, weil sie von einem örtlich unzuständigen oder von der Ausübung seines Amtes kraft Gesetzes ausgeschlossenen Urkundsbeamten vorgenommen worden sind.

(4) [1] Wird die Änderung einer Entscheidung des Urkundsbeamten der Geschäftsstelle verlangt, so entscheidet, wenn dieser dem Verlangen nicht entspricht, die für die Führung des Grundbuchs zuständige Person. [2] Die Beschwerde findet erst gegen ihre Entscheidung statt.

(5) [1] In den Fällen des § 12b Absatz 2 entscheidet über die Gewährung von Einsicht oder die Erteilung von Abschriften die Leitung der Stelle oder ein von *ihm*[2)] hierzu ermächtigter Bediensteter. [2] Gegen die Entscheidung ist die Beschwerde nach dem Vierten Abschnitt gegeben. [3] Örtlich zuständig ist das Gericht, in dessen Bezirk die Stelle ihren Sitz hat.

§ 12d[3)] Anwendung der Verordnung (EU) 2016/679. (1) [1] Das Auskunftsrecht nach Artikel 15 Absatz 1 und das Recht auf Erhalt einer Kopie nach Artikel 15 Absatz 3 der Verordnung (EU) 2016/679[4)] des Europäischen Parlaments und des Rates vom 27. April 2016 zum Schutz natürlicher Personen bei der Verarbeitung personenbezogener Daten, zum freien Datenverkehr und zur Aufhebung der Richtlinie 95/46/EG (Datenschutz-Grundverordnung) (ABl. L 119 vom 4.5.2016, S. 1; L 314 vom 22.11.2016, S. 72; L 127 vom 23.5.2018, S. 2) werden dadurch gewährt, dass die betroffene Person

1. nach Maßgabe des § 12 Absatz 1 und 2 und den dazu erlassenen Vorschriften der Grundbuchverfügung in der jeweils geltenden Fassung Einsicht in das Grundbuch, die Urkunden, auf die im Grundbuch zur Ergänzung einer Eintragung Bezug genommen ist, sowie in die noch nicht erledigten Eintragungsanträge nehmen und eine Abschrift verlangen kann,
2. in die nach § 12a Absatz 1 Satz 1 geführten weiteren Verzeichnisse Einsicht nehmen kann.

[2] Eine Information über Empfänger, gegenüber denen die im Grundbuch oder in den Grundakten enthaltenen personenbezogenen Daten offengelegt werden, erfolgt nur zu Gunsten der Eigentümer des betroffenen Grundstücks oder dem Inhaber eines grundstücksgleichen Rechts innerhalb der von § 12 Absatz 4 Satz 2 bis 4 und der Grundbuchverfügung gesetzten Grenzen.

(2) Hinsichtlich der im Grundbuch enthaltenen personenbezogenen Daten kann das Recht auf Berichtigung nach Artikel 16 der Verordnung (EU) 2016/679 nur unter den Voraussetzungen ausgeübt werden, die in den §§ 894 bis 896 des Bürgerlichen Gesetzbuchs[5)] sowie in den §§ 22 bis 25 und 27 dieses Gesetzes für eine Berichtigung oder Löschung vorgesehen sind.

(3) Das Widerspruchsrecht gemäß Artikel 21 der Verordnung (EU) 2016/679 findet in Bezug auf die im Grundbuch und in den Grundakten enthaltenen personenbezogenen Daten keine Anwendung.

[1)] Nr. **112**.
[2)] Richtig wohl: „ihr“.
[3)] § 12d eingef. mWv 26.11.2019 durch G v. 20.11.2019 (BGBl. I S. 1724).
[4)] **Sartorius Nr. 246.**
[5)] Nr. **20**.

Zweiter Abschnitt. Eintragungen in das Grundbuch

§ 13[1] **[Antragsgrundsatz]** (1) [1] Eine Eintragung soll, soweit nicht das Gesetz etwas anderes vorschreibt, nur auf Antrag erfolgen. [2] Antragsberechtigt ist jeder, dessen Recht von der Eintragung betroffen wird oder zu dessen Gunsten die Eintragung erfolgen soll. [3] In den Fällen des § 20 soll die Eintragung nur erfolgen, wenn ein Notar den Antrag im Namen eines Antragsberechtigten eingereicht hat.

(2) [1] Der genaue Zeitpunkt, in dem ein Antrag beim Grundbuchamt eingeht, soll auf dem Antrag vermerkt werden. [2] Der Antrag ist beim Grundbuchamt eingegangen, wenn er einer zur Entgegennahme zuständigen Person vorgelegt ist. [3] Wird er zur Niederschrift einer solchen Person gestellt, so ist er mit Abschluß der Niederschrift eingegangen.

(3) [1] Für die Entgegennahme eines auf eine Eintragung gerichteten Antrags oder Ersuchens und die Beurkundung des Zeitpunkts, in welchem der Antrag oder das Ersuchen beim Grundbuchamt eingeht, sind nur die für die Führung des Grundbuchs über das betroffene Grundstück zuständige Person und der von der Leitung des Amtsgerichts für das ganze Grundbuchamt oder einzelne Abteilungen hierzu bestellte Beamte (Angestellte) der Geschäftsstelle zuständig. [2] Bezieht sich der Antrag oder das Ersuchen auf mehrere Grundstücke in verschiedenen Geschäftsbereichen desselben Grundbuchamts, so ist jeder zuständig, der nach Satz 1 in Betracht kommt.

§ 14 [Antragsrecht bei Berichtigung] Die Berichtigung des Grundbuchs durch Eintragung eines Berechtigten darf auch von demjenigen beantragt werden, welcher auf Grund eines gegen den Berechtigten vollstreckbaren Titels eine Eintragung in das Grundbuch verlangen kann, sofern die Zulässigkeit dieser Eintragung von der vorgängigen Berichtigung des Grundbuchs abhängt.

§ 15[2] **[Vollmachtsvermutung des Notars]** (1) [1] Für die Eintragungsbewilligung und die sonstigen Erklärungen, die zu der Eintragung erforderlich sind und in öffentlicher oder öffentlich beglaubigter Form abgegeben werden, können sich die Beteiligten auch durch Personen vertreten lassen, die nicht nach § 10 Abs. 2 des Gesetzes über das Verfahren in Familiensachen und in den Angelegenheiten der freiwilligen Gerichtsbarkeit[3] vertretungsbefugt sind. [2] Dies gilt auch für die Entgegennahme von Eintragungsmitteilungen und Verfügungen des Grundbuchamtes nach § 18.

(2) Ist die zu einer Eintragung erforderliche Erklärung von einem Notar beurkundet oder beglaubigt, so gilt dieser als ermächtigt, im Namen eines Antragsberechtigten die Eintragung zu beantragen.[4]

(3) [1] Die zu einer Eintragung erforderlichen Erklärungen sind vor ihrer Einreichung für das Grundbuchamt von einem Notar auf Eintragungsfähigkeit zu prüfen. [2] Dies gilt nicht, wenn die Erklärung von einer öffentlichen Behörde abgegeben wird.

---

[1] § 13 Abs. 3 Satz 1 geänd. mWv 1.10.2009 durch G v. 11.8.2009 (BGBl. I S. 2713); Abs. 1 Satz 3 angef. mWv 28.12.2022 durch G v. 19.12.2022 (BGBl. I S. 2606).

[2] § 15 Abs. 1 eingef. mWv 1.9.2009 durch G v. 30.7.2009 (BGBl. I S. 2449); Abs. 3 angef. mWv 9.6. 2017 durch G v. 1.6.2017 (BGBl. I S. 1396).

[3] Nr. **112**.

[4] Vgl. hierzu auch § 24 Abs. 3 BNotO **(Habersack, Deutsche Gesetze ErgBd. Nr. 98a)**.

§ 16 [Antrag unter Vorbehalt] (1) Einem Eintragungsantrag, dessen Erledigung an einen Vorbehalt geknüpft wird, soll nicht stattgegeben werden.

(2) Werden mehrere Eintragungen beantragt, so kann von dem Antragsteller bestimmt werden, daß die eine Eintragung nicht ohne die andere erfolgen soll.

§ 17 [Behandlung mehrerer Anträge] Werden mehrere Eintragungen beantragt, durch die dasselbe Recht betroffen wird, so darf die später beantragte Eintragung nicht vor der Erledigung des früher gestellten Antrags erfolgen.

§ 18 [Eintragungshindernis; Zurückweisung oder Zwischenverfügung]

(1) [1] Steht einer beantragten Eintragung ein Hindernis entgegen, so hat das Grundbuchamt entweder den Antrag unter Angabe der Gründe zurückzuweisen oder dem Antragsteller eine angemessene Frist zur Hebung des Hindernisses zu bestimmen. [2] Im letzteren Fall ist der Antrag nach dem Ablauf der Frist zurückzuweisen, wenn nicht inzwischen die Hebung des Hindernisses nachgewiesen ist.

(2) [1] Wird vor der Erledigung des Antrags eine andere Eintragung beantragt, durch die dasselbe Recht betroffen wird, so ist zugunsten des früher gestellten Antrags von Amts wegen eine Vormerkung oder ein Widerspruch einzutragen; die Eintragung gilt im Sinne des § 17 als Erledigung dieses Antrags. [2] Die Vormerkung oder der Widerspruch wird von Amts wegen gelöscht, wenn der früher gestellte Antrag zurückgewiesen wird.

§ 19 [Bewilligungsgrundsatz] Eine Eintragung erfolgt, wenn derjenige sie bewilligt, dessen Recht von ihr betroffen wird.

§ 20[1)] [Einigungsgrundsatz] Im Falle der Auflassung eines Grundstücks sowie im Falle der Bestellung, Änderung des Inhalts oder Übertragung eines Erbbaurechts darf die Eintragung nur erfolgen, wenn die erforderliche Einigung des Berechtigten und des anderen Teils erklärt ist.

§ 21 [Bewilligung bei subjektiv-dinglichen Rechten] Steht ein Recht, das durch die Eintragung betroffen wird, dem jeweiligen Eigentümer eines Grundstücks zu, so bedarf es der Bewilligung der Personen, deren Zustimmung nach § 876 Satz 2 des Bürgerlichen Gesetzbuchs[2)] zur Aufhebung des Rechtes erforderlich ist, nur dann, wenn das Recht auf dem Blatt des Grundstücks vermerkt ist.

§ 22 [Berichtigung des Grundbuchs] (1) [1] Zur Berichtigung des Grundbuchs bedarf es der Bewilligung nach § 19 nicht, wenn die Unrichtigkeit nachgewiesen wird. [2] Dies gilt insbesondere für die Eintragung oder Löschung einer Verfügungsbeschränkung.

(2) Die Berichtigung des Grundbuchs durch Eintragung eines Eigentümers oder eines Erbbauberechtigten darf, sofern nicht der Fall des § 14 vorliegt oder die Unrichtigkeit nachgewiesen wird, nur mit Zustimmung des Eigentümers oder des Erbbauberechtigten erfolgen.

[1)] In den Fällen des § 20 bedarf es in der Regel noch weiterer Eintragungsunterlagen. Als solche kommen in erster Linie in Betracht: Genehmigung nach § 22 Baugesetzbuch (BauGB) **(Sartorius Nr. 300)**; Genehmigung nach §§ 2 ff. GrundstückverkehrsG **(Habersack, Deutsche Gesetze ErgBd. Nr. 40)**; Unbedenklichkeitsbescheinigung des Finanzamts gemäß § 22 GrunderwerbsteuerG idF der Bek. v. 26.2. 1997 (BGBl. I S. 418, ber. S. 1804), zuletzt geänd. durch G v. 16.12.2022 (BGBl. I S. 2294); Genehmigung nach § 75 BundesversorgungsG **(Aichberger, SGB Nr. 20/10)**.

[2)] Nr. **20**.

§ 23 [Löschung von Rechten auf Lebenszeit] (1) [1]Ein Recht, das auf die Lebenszeit des Berechtigten beschränkt ist, darf nach dessen Tod, falls Rückstände von Leistungen nicht ausgeschlossen sind, nur mit Bewilligung des Rechtsnachfolgers gelöscht werden, wenn die Löschung vor dem Ablauf eines Jahres nach dem Tod des Berechtigten erfolgen soll oder wenn der Rechtsnachfolger der Löschung bei dem Grundbuchamt widersprochen hat; der Widerspruch ist von Amts wegen in das Grundbuch einzutragen. [2]Ist der Berechtigte für tot erklärt, so beginnt die einjährige Frist mit dem Erlaß des die Todeserklärung aussprechenden Urteils.

(2) Der im Absatz 1 vorgesehenen Bewilligung des Rechtsnachfolgers bedarf es nicht, wenn im Grundbuch eingetragen ist, daß zur Löschung des Rechtes der Nachweis des Todes des Berechtigten genügen soll.

§ 24 [Löschung zeitlich beschränkter Rechte] Die Vorschriften des § 23 sind entsprechend anzuwenden, wenn das Recht mit der Erreichung eines bestimmten Lebensalters des Berechtigten oder mit dem Eintritt eines sonstigen bestimmten Zeitpunkts oder Ereignisses erlischt.

§ 25 [Löschung von Vormerkungen und Widersprüchen] [1]Ist eine Vormerkung oder ein Widerspruch auf Grund einer einstweiligen Verfügung eingetragen, so bedarf es zur Löschung nicht der Bewilligung des Berechtigten, wenn die einstweilige Verfügung durch eine vollstreckbare Entscheidung aufgehoben ist. [2]Diese Vorschrift ist entsprechend anzuwenden, wenn auf Grund eines vorläufig vollstreckbaren Urteils nach den Vorschriften der Zivilprozeßordnung[1)] oder auf Grund eines Bescheides nach dem Vermögensgesetz[2)] eine Vormerkung oder ein Widerspruch eingetragen ist.

§ 26 [Übertragung und Belastung von Briefrechten] (1) Soll die Übertragung einer Hypothek, Grundschuld oder Rentenschuld, über die ein Brief erteilt ist, eingetragen werden, so genügt es, wenn an Stelle der Eintragungsbewilligung die Abtretungserklärung des bisherigen Gläubigers vorgelegt wird.

(2) Diese Vorschrift ist entsprechend anzuwenden, wenn eine Belastung der Hypothek, Grundschuld oder Rentenschuld oder die Übertragung oder Belastung einer Forderung, für die ein eingetragenes Recht als Pfand haftet, eingetragen werden soll.

§ 27 [Löschung von Grundpfandrechten] [1]Eine Hypothek, eine Grundschuld oder eine Rentenschuld darf nur mit Zustimmung des Eigentümers des Grundstücks gelöscht werden. [2]Für eine Löschung zur Berichtigung des Grundbuchs ist die Zustimmung nicht erforderlich, wenn die Unrichtigkeit nachgewiesen wird.

§ 28[3)] [Bezeichnung des Grundstücks und der Geldbeträge] [1]In der Eintragungsbewilligung oder, wenn eine solche nicht erforderlich ist, in dem Eintragungsantrag ist das Grundstück übereinstimmend mit dem Grundbuch oder durch Hinweis auf das Grundbuchblatt zu bezeichnen. [2]Einzutragende Geldbeträge sind in inländischer Währung anzugeben; durch Rechtsverordnung[4)] des Bundesministeriums der Justiz und für Verbraucherschutz im Einvernehmen mit dem Bundesministerium der Finanzen kann die Angabe in einer einheitlichen europäischen

---

[1)] Nr. **100**.

[2)] **Habersack II Nr. 66.**

[3)] § 28 Satz 2 geänd. mWv 8.9.2015 durch VO v. 31.8.2015 (BGBl. I S. 1474).

[4)] Beachte dazu VO über Grundpfandrechte in ausländischer Währung und in Euro v. 30.10.1997 (BGBl. I S. 2683) sowie Bek. über das Inkrafttreten v. 23.12.1998 (BGBl. I S. 4023).

Währung, in der Währung eines Mitgliedstaats der Europäischen Union oder des Europäischen Wirtschaftsraums oder einer anderen Währung, gegen die währungspolitische Bedenken nicht zu erheben sind, zugelassen und, wenn gegen die Fortdauer dieser Zulassung währungspolitische Bedenken bestehen, wieder eingeschränkt werden.

§ 29[1] **[Nachweis der Eintragungsunterlagen]** (1) [1] Eine Eintragung soll nur vorgenommen werden, wenn die Eintragungsbewilligung oder die sonstigen zu der Eintragung erforderlichen Erklärungen durch öffentliche oder öffentlich beglaubigte Urkunden nachgewiesen werden.[2] [2] Andere Voraussetzungen der Eintragung bedürfen, soweit sie nicht bei dem Grundbuchamt offenkundig sind, des Nachweises durch öffentliche Urkunden.

(2) (weggefallen)

(3) [1] Erklärungen oder Ersuchen einer Behörde, auf Grund deren eine Eintragung vorgenommen werden soll, sind zu unterschreiben und mit Siegel oder Stempel zu versehen. [2] Anstelle der Siegelung kann maschinell ein Abdruck des Dienstsiegels eingedruckt oder aufgedruckt werden.

§ 29a [Glaubhaftmachung bei Löschungsvormerkung] Die Voraussetzungen des § 1179 Nr. 2 des Bürgerlichen Gesetzbuchs[3] sind glaubhaft zu machen; § 29 gilt hierfür nicht.

§ 30 [Form des Eintragungsantrages und der Vollmacht] Für den Eintragungsantrag sowie für die Vollmacht zur Stellung eines solchen gelten die Vorschriften des § 29 nur, wenn durch den Antrag zugleich eine zu der Eintragung erforderliche Erklärung ersetzt werden soll.

§ 31 [Form der Antragsrücknahme und des Widerrufs der Vollmacht]

[1] Eine Erklärung, durch die ein Eintragungsantrag zurückgenommen wird, bedarf der in § 29 Abs. 1 Satz 1 und Abs. 3 vorgeschriebenen Form. [2] Dies gilt nicht, sofern der Antrag auf eine Berichtigung des Grundbuchs gerichtet ist. [3] Satz 1 gilt für eine Erklärung, durch die eine zur Stellung des Eintragungsantrags erteilte Vollmacht widerrufen wird, entsprechend.

§ 32[4] **[Nachweis rechtserheblicher Umstände]** (1) [1] Die im Handels-, Genossenschafts-, Partnerschafts- oder Vereinsregister eingetragenen Vertretungsberechtigungen, Sitzverlegungen, Firmen- oder Namensänderungen sowie das Bestehen juristischer Personen und Gesellschaften können durch eine Bescheinigung nach § 21 Absatz 1 der Bundesnotarordnung[5] nachgewiesen werden. [2] Dasselbe gilt für sonstige rechtserhebliche Umstände, die sich aus Eintragungen im Register ergeben, insbesondere für Umwandlungen. [3] Der Nachweis kann auch durch einen amtlichen Registerausdruck oder eine beglaubigte Registerabschrift geführt werden.

(2) [1] Wird das Register elektronisch geführt, kann in den Fällen des Absatzes 1 Satz 1 der Nachweis auch durch die Bezugnahme auf das Register geführt werden. [2] Dabei sind das Registergericht und das Registerblatt anzugeben.

---

[1] § 29 Abs. 3 Satz 2 angef. mWv 5.5.2017 durch G v. 28.4.2017 (BGBl. I S. 969).

[2] Bei der Löschung umgestellter Grundpfandrechte und Schiffshypotheken beachte jedoch §§ 18–20 G über Maßnahmen auf dem Gebiete des Grundbuchwesens v. 20.12.1963 (BGBl. I S. 986), zuletzt geänd. durch VO v. 31.8.2015 (BGBl. I S. 1474).

[3] Nr. **20**.

[4] § 32 neu gef. mWv 1.10.2009 durch G v. 11.8.2009 (BGBl. I S. 2713).

[5] **Habersack, Deutsche Gesetze ErgBd. Nr. 98a.**

§ 33[1] *(aufgehoben)*

§ 34[2] **[Nachweis der Vertretungsmacht]** Eine durch Rechtsgeschäft erteilte Vertretungsmacht kann auch durch eine Bescheinigung nach § 21 Absatz 3 der Bundesnotarordnung[3] nachgewiesen werden.

§ 35[4] [5] **[Nachweis der Erbfolge ua]** (1) [1] Der Nachweis der Erbfolge kann nur durch einen Erbschein oder ein Europäisches Nachlasszeugnis geführt werden. [2] Beruht jedoch die Erbfolge auf einer Verfügung von Todes wegen, die in einer öffentlichen Urkunde enthalten ist, so genügt es, wenn an Stelle des Erbscheins oder des Europäischen Nachlasszeugnisses die Verfügung und die Niederschrift über die Eröffnung der Verfügung vorgelegt werden; erachtet das Grundbuchamt die Erbfolge durch diese Urkunden nicht für nachgewiesen, so kann es die Vorlegung eines Erbscheins oder eines Europäischen Nachlasszeugnisses verlangen.

(2) Das Bestehen der fortgesetzten Gütergemeinschaft sowie die Befugnis eines Testamentsvollstreckers zur Verfügung über einen Nachlaßgegenstand ist nur auf Grund der in den §§ 1507, 2368 des Bürgerlichen Gesetzbuchs[6] vorgesehenen Zeugnisse oder eines Europäischen Nachlasszeugnisses als nachgewiesen anzunehmen; auf den Nachweis der Befugnis des Testamentsvollstreckers sind jedoch die Vorschriften des Absatzes 1 Satz 2 entsprechend anzuwenden.

(3) [1] Zur Eintragung des Eigentümers oder Miteigentümers eines Grundstücks kann das Grundbuchamt von den in den Absätzen 1 und 2 genannten Beweismitteln absehen und sich mit anderen Beweismitteln, für welche die Form des § 29 nicht erforderlich ist, begnügen, wenn das Grundstück oder der Anteil am Grundstück weniger als 3 000 Euro wert ist und die Beschaffung des Erbscheins, des Europäischen Nachlasszeugnisses oder des Zeugnisses nach § 1507 des Bürgerlichen Gesetzbuchs nur mit unverhältnismäßigem Aufwand an Kosten oder Mühe möglich ist. [2] Der Antragsteller kann auch zur Versicherung an Eides Statt zugelassen werden.

§ 36[7] **[Auseinandersetzung eines Nachlasses oder Gesamtgutes]** (1) [1] Soll bei einem zum Nachlass oder zu dem Gesamtgut einer Gütergemeinschaft gehörenden Grundstück oder Erbbaurecht einer der Beteiligten als Eigentümer oder Erbbauberechtigter eingetragen werden, so genügt zum Nachweis der Rechtsnachfolge und der zur Eintragung des Eigentumsübergangs erforderlichen Erklärungen der Beteiligten ein gerichtliches Zeugnis. [2] Das Zeugnis erteilt

1. das Nachlassgericht, wenn das Grundstück oder das Erbbaurecht zu einem Nachlass gehört,
2. das nach § 343 des Gesetzes über das Verfahren in Familiensachen und in den Angelegenheiten der freiwilligen Gerichtsbarkeit[8] zuständige Amtsgericht, wenn ein Anteil an dem Gesamtgut zu einem Nachlass gehört, und

---

[1] § 33 aufgeh. mWv 1.1.2023 durch G v. 31.10.2022 (BGBl. I S. 1966).
[2] § 34 neu gef. mWv 1.9.2013 durch G v. 26.6.2013 (BGBl. I S. 1800).
[3] **Habersack, Deutsche Gesetze ErgBd. Nr. 98a.**
[4] § 35 Abs. 3 Satz 1 geänd. mWv 30.6.2000 durch G v. 27.6.2000 (BGBl. I S. 897); Abs. 1 Sätze 1 und 2, Abs. 2 und Abs. 3 Satz 1 geänd. mWv 17.8.2015 durch G v. 29.6.2015 (BGBl. I S. 1042).
[5] Beachte hierzu Anm. zu § 29 Abs. 1 Satz 1.
[6] Nr. **20**.
[7] § 36 Abs. 2 Buchst. b geänd. mWv 1.9.2009 durch G v. 17.12.2008 (BGBl. I S. 2586); Abs. 1 neu gef., Abs. 2 Buchst a und b geänd., Abs. 2a eingef. mWv 1.9.2013 durch G v. 26.6.2013 (BGBl. I S. 1800); Änd. von Abs. 1 und Abs. 2 Buchst. a durch G v. 1.10.2013 (BGBl. I S. 3719) aufgrund der vorhergehenden Änd. durch G v. 26.6.2013 (BGBl. I S. 1800) nicht ausführbar.
[8] Nr. **117**.

3. im Übrigen das nach § 122 des Gesetzes über das Verfahren in Familiensachen und in den Angelegenheiten der freiwilligen Gerichtsbarkeit zuständige Amtsgericht.

(2) Das Zeugnis darf nur ausgestellt werden, wenn:

a) die Voraussetzungen für die Erteilung eines Erbscheins vorliegen oder der Nachweis der Gütergemeinschaft durch öffentliche Urkunden erbracht ist und

b) die Abgabe der Erklärungen der Beteiligten in einer den Vorschriften der Grundbuchordnung entsprechenden Weise dem nach Absatz 1 Satz 2 zuständigen Gericht nachgewiesen ist.

(2a) Ist ein Erbschein über das Erbrecht sämtlicher Erben oder ein Zeugnis über die Fortsetzung der Gütergemeinschaft erteilt, so ist auch der Notar, der die Auseinandersetzung vermittelt hat, für die Erteilung des Zeugnisses nach Absatz 1 Satz 1 zuständig.

(3) Die Vorschriften über die Zuständigkeit zur Entgegennahme der Auflassung bleiben unberührt.

§ 37[1] **[Auseinandersetzung bei Grundpfandrechten]** Die Vorschriften des § 36 sind entsprechend anzuwenden, wenn bei einer Hypothek, Grundschuld oder Rentenschuld, die zu einem Nachlaß oder zu dem Gesamtgut einer Gütergemeinschaft gehört, einer der Beteiligten als neuer Gläubiger eingetragen werden soll.

§ 38 [Eintragung auf Ersuchen einer Behörde] In den Fällen, in denen nach gesetzlicher Vorschrift eine Behörde befugt ist, das Grundbuchamt um eine Eintragung zu ersuchen, erfolgt die Eintragung auf Grund des Ersuchens der Behörde.

§ 39 [Voreintragung des Betroffenen] (1) Eine Eintragung soll nur erfolgen, wenn die Person, deren Recht durch sie betroffen wird, als der Berechtigte eingetragen ist.

(2) Bei einer Hypothek, Grundschuld oder Rentenschuld, über die ein Brief erteilt ist, steht es der Eintragung des Gläubigers gleich, wenn dieser sich im Besitz des Briefes befindet und sein Gläubigerrecht nach § 1155 des Bürgerlichen Gesetzbuchs[2] nachweist.

§ 40 [Ausnahmen von der Voreintragung] (1) Ist die Person, deren Recht durch eine Eintragung betroffen wird, Erbe des eingetragenen Berechtigten, so ist die Vorschrift des § 39 Abs. 1 nicht anzuwenden, wenn die Übertragung oder die Aufhebung des Rechts eingetragen werden soll oder wenn der Eintragungsantrag durch die Bewilligung des Erblassers oder eines Nachlaßpflegers oder durch einen gegen den Erblasser oder den Nachlaßpfleger vollstreckbaren Titel begründet wird.

(Fortsetzung nächstes Blatt)

---

[1] § 37 geänd. mWv 9.10.2013 durch G v. 1.10.2013 (BGBl. I S. 3719).
[2] Nr. **20**.

§ 128[1] **[Freigabe; Aussonderung der bisherigen Grundbücher]** (1) [1]Das maschinell geführte Grundbuch tritt für ein Grundbuchblatt an die Stelle des bisherigen Grundbuchs, sobald es freigegeben worden ist. [2]Die Freigabe soll erfolgen, sobald die Eintragungen dieses Grundbuchblattes in den für die Grundbucheintragungen bestimmten Datenspeicher aufgenommen worden sind.

(2) Der Schließungsvermerk im bisherigen Grundbuch ist lediglich von einer der nach § 44 Abs. 1 Satz 2 zur Unterschrift zuständigen Personen zu unterschreiben.

(3) Die bisherigen Grundbücher können ausgesondert werden, soweit die Anlegung des maschinell geführten Grundbuchs in der Weise erfolgt ist, dass der gesamte Inhalt der bisherigen Grundbuchblätter in den für das maschinell geführte Grundbuch bestimmten Datenspeicher aufgenommen wurde und die Wiedergabe auf dem Bildschirm bildlich mit den bisherigen Grundbuchblättern übereinstimmt.

§ 129[2] **[Wirksamwerden der Eintragung]** (1) [1]Eine Eintragung wird wirksam, sobald sie in den für die Grundbucheintragungen bestimmten Datenspeicher aufgenommen ist und auf Dauer inhaltlich unverändert in lesbarer Form wiedergegeben werden kann. [2]Durch eine Bestätigungsanzeige oder in anderer geeigneter Weise ist zu überprüfen, ob diese Voraussetzungen eingetreten sind.

(2) [1]Jede Eintragung soll den Tag angeben, an dem sie wirksam geworden ist. [2]Bei Eintragungen, die gemäß § 127 Absatz 1 Satz 1 Nummer 1 Inhalt des Grundbuchs werden, bedarf es abweichend von Satz 1 der Angabe des Tages der Eintragung im Grundbuch nicht.

§ 130 [Abweichende Vorschriften für automatisiertes Verfahren] [1]§ 44 Abs. 1 Satz 1, 2 Halbsatz 2 und Satz 3 ist für die maschinelle Grundbuchführung nicht anzuwenden; § 44 Abs. 1 Satz 2 erster Halbsatz gilt mit der Maßgabe, daß die für die Führung des Grundbuchs zuständige Person auch die Eintragung veranlassen kann. [2]Wird die Eintragung nicht besonders verfügt, so ist in geeigneter Weise der Veranlasser der Speicherung aktenkundig oder sonst feststellbar zu machen.

§ 131[3] **[Amtlicher Ausdruck]** (1) [1]Wird das Grundbuch in maschineller Form als automatisiertes Dateisystem geführt, so tritt an die Stelle der Abschrift der Ausdruck und an die Stelle der beglaubigten Abschrift der amtliche Ausdruck. [2]Die Ausdrucke werden nicht unterschrieben. [3]Der amtliche Ausdruck ist als solcher zu bezeichnen und mit einem Dienstsiegel oder -stempel zu versehen; er steht einer beglaubigten Abschrift gleich.

(2) [1]Die Landesregierungen werden ermächtigt, durch Rechtsverordnung

1. zu bestimmen, dass Auskünfte über grundbuchblattübergreifende Auswertungen von Grundbuchinhalten verlangt werden können, soweit ein berechtigtes Interesse dargelegt ist, und
2. Einzelheiten des Verfahrens zur Auskunftserteilung zu regeln.

[2]Sie können diese Ermächtigungen durch Rechtsverordnung auf die Landesjustizverwaltungen übertragen.

---

[1] § 128 Abs. 3 angef. mWv 1.10.2009 durch G v. 11.8.2009 (BGBl. I S. 2713).
[2] § 129 Abs. 2 Satz 2 geänd. mWv 9.10.2013 durch G v. 1.10.2013 (BGBl. I S. 3719).
[3] § 131 Abs. 2 angef. mWv 9.10.2013 durch G v. 1.10.2013 (BGBl. I S. 3719); Abs. 1 Satz 1 geänd. mWv 26.11.2019 durch G v. 20.11.2019 (BGBl. I S. 1724).

§ 132[1] **[Einsicht]** [1] Die Einsicht in das maschinell geführte Grundbuch kann auch bei einem anderen als dem Grundbuchamt gewährt werden, das dieses Grundbuch führt. [2] Über die Gestattung der Einsicht entscheidet das Grundbuchamt, bei dem die Einsicht begehrt wird.

§ 133[2] **[Erfordernisse für Einrichtung des automatisierten Verfahrens; Genehmigung]** (1) Die Einrichtung eines automatisierten Verfahrens, das die Übermittlung der Daten aus dem maschinell geführten Grundbuch durch Abruf ermöglicht, ist zulässig, sofern sichergestellt ist, daß

1. der Abruf von Daten die nach den oder auf Grund der §§ 12 und 12a zulässige Einsicht nicht überschreitet und
2. die Zulässigkeit der Abrufe auf der Grundlage einer Protokollierung kontrolliert werden kann.

(2) [1] Die Einrichtung eines automatisierten Abrufverfahrens nach Absatz 1 bedarf der Genehmigung durch die Landesjustizverwaltung. [2] Die Genehmigung darf nur Gerichten, Behörden, Notaren, öffentlich bestellten Vermessungsingenieuren, an dem Grundstück dinglich Berechtigten, einer von dinglich Berechtigten beauftragten Person oder Stelle, der Staatsbank Berlin sowie für Zwecke der maschinellen Bearbeitung von Auskunftsanträgen (Absatz 4), nicht jedoch anderen öffentlich-rechtlichen Kreditinstituten erteilt werden. [3] Sie setzt voraus, daß

1. diese Form der Datenübermittlung unter Berücksichtigung der schutzwürdigen Interessen der betroffenen dinglich Berechtigten wegen der Vielzahl der Übermittlungen oder wegen ihrer besonderen Eilbedürftigkeit angemessen ist,
2. auf seiten des Empfängers die Grundsätze einer ordnungsgemäßen Datenverarbeitung eingehalten werden und
3. auf seiten der grundbuchführenden Stelle die technischen Möglichkeiten der Einrichtung und Abwicklung des Verfahrens gegeben sind und eine Störung des Geschäftsbetriebs des Grundbuchamts nicht zu erwarten ist.

[4] Satz 3 Nummer 1 gilt nicht für die Erteilung der Genehmigung für Notare.

(3) [1] Die Genehmigung ist zu widerrufen, wenn eine der in Absatz 2 genannten Voraussetzungen weggefallen ist. [2] Sie kann widerrufen werden, wenn die Anlage mißbräuchlich benutzt worden ist. [3] Ein öffentlich-rechtlicher Vertrag oder eine Verwaltungsvereinbarung kann in den Fällen der Sätze 1 und 2 gekündigt werden. [4] In den Fällen des Satzes 1 ist die Kündigung zu erklären.

(4) [1] Im automatisierten Abrufverfahren nach Absatz 1 können auch Anträge auf Auskunft aus dem Grundbuch (Einsichtnahme und Erteilung von Abschriften) nach § 12 und den diese Vorschriften ausführenden Bestimmungen maschinell bearbeitet werden. [2] Absatz 2 Satz 1 und 3 gilt entsprechend. [3] Die maschinelle Bearbeitung ist nur zulässig, wenn der Eigentümer des Grundstücks, bei Erbbau- und Gebäudegrundbüchern der Inhaber des Erbbaurechts oder Gebäudeeigentums, zustimmt oder die Zwangsvollstreckung in das Grundstück, Erbbaurecht oder Gebäudeeigentum betrieben werden soll und die abrufende Person oder

---

[1] § 132 Satz 1 geänd., Satz 2 neu gef. mWv 1.10.2009 durch G v. 11.8.2009 (BGBl. I S. 2713).

[2] § 133 Abs. 5 Satz 2 geänd., Abs. 8 aufgeh. mWv 1.10.2009 durch G v. 11.8.2009 (BGBl. I S. 2713); Abs. 5 Satz 2 geänd. mWv 9.10.2013 durch G v. 1.10.2013 (BGBl. I S. 3719); Abs. 7 Satz 3 geänd. mWv 8.9.2015 durch VO v. 31.8.2015 (BGBl. I S. 1474); Abs. 5 Satz 2 geänd. mWv 1.3.2016 durch G v. 3.12.2015 (BGBl. I S. 2161); Abs. 5 Satz 1 aufgeh., bish. Satz 2 geänd., Abs. 6 aufgeh., bish. Abs. 7 wird Abs. 6 mWv 26.11.2019 durch G v. 20.11.2019 (BGBl. I S. 1724); Abs. 2 Satz 4 angef. mWv 6.12.2019 durch G v. 30.11.2019 (BGBl. I S. 1942); Abs. 5 geänd. mWv 28.12.2022 durch G v. 19.12.2022 (BGBl. I S. 2606).

Stelle das Vorliegen dieser Umstände durch Verwendung entsprechender elektronischer Zeichen versichert.

(5) Dem Eigentümer des Grundstücks oder dem Inhaber eines grundstücksgleichen Rechts ist jederzeit Auskunft aus einem über die Abrufe zu führenden Protokoll zu geben, soweit nicht die Bekanntgabe den Erfolg strafrechtlicher Ermittlungen oder die Aufgabenwahrnehmung einer Verfassungsschutzbehörde, des Bundesnachrichtendienstes, des Militärischen Abschirmdienstes oder der Zentralstelle für Sanktionsdurchsetzung gefährden würde; dieses Protokoll kann nach Ablauf von zwei Jahren vernichtet werden.

(6) [1] Genehmigungen nach Absatz 2 gelten in Ansehung der Voraussetzungen nach den Absätzen 1 und 2 Satz 3 Nr. 1 und 2 im gesamten Land, dessen Behörden sie erteilt haben. [2] Sobald die technischen Voraussetzungen dafür gegeben sind, gelten sie auch im übrigen Bundesgebiet. [3] Das Bundesministerium der Justiz und für Verbraucherschutz stellt durch Rechtsverordnung mit Zustimmung des Bundesrates fest, wann und in welchen Teilen des Bundesgebiets diese Voraussetzungen gegeben sind. [4] Anstelle der Genehmigungen können auch öffentlich-rechtliche Verträge oder Verwaltungsvereinbarungen geschlossen werden. [5] Die Sätze 1 und 2 gelten entsprechend.

§ 133a[1)] Erteilung von Grundbuchabdrucken durch Notare; Verordnungsermächtigung. (1) [1] Notare dürfen demjenigen, der ihnen ein berechtigtes Interesse im Sinne des § 12 darlegt, den Inhalt des Grundbuchs mitteilen. [2] Die Mitteilung kann auch durch die Erteilung eines Grundbuchabdrucks erfolgen.

(2) Die Mitteilung des Grundbuchinhalts im öffentlichen Interesse oder zu wissenschaftlichen und Forschungszwecken ist nicht zulässig.

(3) [1] Über die Mitteilung des Grundbuchinhalts führt der Notar ein Protokoll. [2] Dem Eigentümer des Grundstücks oder dem Inhaber eines grundstücksgleichen Rechts ist auf Verlangen Auskunft aus diesem Protokoll zu geben.

(4) Einer Protokollierung der Mitteilung bedarf es nicht, wenn

1. die Mitteilung der Vorbereitung oder Ausführung eines sonstigen Amtsgeschäfts nach § 20 oder § 24 Absatz 1 der Bundesnotarordnung[2)] dient oder
2. der Grundbuchinhalt dem Auskunftsberechtigten nach Absatz 3 Satz 2 mitgeteilt wird.

(5) [1] Die Landesregierungen werden ermächtigt, durch Rechtsverordnung zu bestimmen, dass abweichend von Absatz 1 der Inhalt von Grundbuchblättern, die von Grundbuchämtern des jeweiligen Landes geführt werden, nicht mitgeteilt werden darf. [2] Dies gilt nicht, wenn die Mitteilung der Vorbereitung oder Ausführung eines sonstigen Amtsgeschäfts nach § 20 oder § 24 Absatz 1 der Bundesnotarordnung dient. [3] Die Landesregierungen können die Ermächtigung durch Rechtsverordnung auf die Landesjustizverwaltungen übertragen.

§ 134[3)] [Ermächtigung des Bundesministeriums der Justiz] [1] Das Bundesministerium der Justiz und für Verbraucherschutz wird ermächtigt, durch Rechtsverordnung mit Zustimmung des Bundesrates nähere Vorschriften zu erlassen über

---

[1)] § 133a eingef. mWv 1.9.2013 durch G v. 26.6.2013 (BGBl. I S. 1800).

[2)] **Habersack, Deutsche Gesetze ErgBd. Nr. 98a.**

[3)] § 134 Satz 2 geänd. mWv 1.10.2009 durch G v. 11.8.2009 (BGBl. I S. 2713); Satz 1 Nr. 1 geänd. mWv 9.10.2013 durch G v. 1.10.2013 (BGBl. I S. 3719); Satz 1 einl. Satzteil und Satz 2 geänd. mWv 8.9.2015 durch VO v. 31.8.2015 (BGBl. I S. 1474).

1. die Einzelheiten der Anforderungen an die Einrichtung und das Nähere zur Gestaltung des maschinell geführten Grundbuchs sowie die Abweichungen von den Vorschriften des Ersten bis Sechsten Abschnitts der Grundbuchordnung, die für die maschinelle Führung des Grundbuchs erforderlich sind;
2. die Einzelheiten der Gewährung von Einsicht in maschinell geführte Grundbücher;
3. die Einzelheiten der Einrichtung automatisierter Verfahren zur Übermittlung von Daten aus dem Grundbuch auch durch Abruf und der Genehmigung hierfür.

[2] Das Bundesministerium der Justiz und für Verbraucherschutz kann im Rahmen seiner Ermächtigung nach Satz 1 die Regelung weiterer Einzelheiten durch Rechtsverordnung den Landesregierungen übertragen und hierbei auch vorsehen, daß diese ihre Ermächtigung durch Rechtsverordnung auf die Landesjustizverwaltungen übertragen können.

§ 134a[1) 2)] Datenübermittlung bei der Entwicklung von Verfahren zur Anlegung des Datenbankgrundbuchs. (1) [1] Die Landesjustizverwaltungen können dem Entwickler eines automatisierten optischen Zeichen- und Inhalterkennungsverfahrens (Migrationsprogramm) nach Maßgabe der Absätze 2 bis 5 Grundbuchdaten zur Verfügung stellen. [2] Das Migrationsprogramm soll bei der Einführung eines Datenbankgrundbuchs die Umwandlung der Grundbuchdaten in voll strukturierte Eintragungen sowie deren Speicherung unterstützen.

(2) [1] Der Entwickler des Migrationsprogramms darf die ihm übermittelten Grundbuchdaten ausschließlich für die Entwicklung und den Test des Migrationsprogramms verwenden. [2] Die Übermittlung der Daten an den Entwickler erfolgt zentral über eine durch Verwaltungsabkommen der Länder bestimmte Landesjustizverwaltung. [3] Die beteiligten Stellen haben dem jeweiligen Stand der Technik entsprechende Maßnahmen zur Sicherstellung von Datenschutz und Datensicherheit zu treffen, insbesondere zur Wahrung der Vertraulichkeit der betroffenen Daten. [4] Die nach Satz 2 bestimmte Landesjustizverwaltung ist für die Einhaltung der Vorschriften des Datenschutzes verantwortlich und vereinbart mit dem Entwickler die Einzelheiten der Datenverarbeitung.

(3) [1] Die Auswahl der zu übermittelnden Grundbuchdaten erfolgt durch die Landesjustizverwaltungen. [2] Ihr ist ein inhaltlich repräsentativer Querschnitt des Grundbuchdatenbestands zugrunde zu legen. [3] Im Übrigen erfolgt die Auswahl nach formalen Kriterien. [4] Dazu zählen insbesondere die für die Grundbucheintragungen verwendeten Schriftarten und Schriftbilder, die Gliederung der Grundbuchblätter, die Darstellungsqualität der durch Umstellung erzeugten Grundbuchinhalte sowie das Dateiformat der umzuwandelnden Daten. [5] Es dürfen nur so viele Daten übermittelt werden, wie für die Entwicklung und den Test des Migrations-

(Fortsetzung nächstes Blatt)

[1)] § 134a eingef. mWv 22.12.2011 durch G v. 15.12.2011 (BGBl. I S. 2714); Abs. 1 Satz 2 geänd. mWv 9.10.2013 durch G v. 1.10.2013 (BGBl. I S. 3719); Abs. 1 Satz 1 geänd. mWv 26.11.2019 durch G v. 20.11.2019 (BGBl. I S. 1724).

[2)] § 134a tritt am 31.12.2024 außer Kraft, vgl. § 150 Abs. 6.

117. Gesetz über die Vergütung der Rechtsanwältinnen und Rechtsanwälte (Rechtsanwaltsvergütungsgesetz – RVG)

In der Fassung der Bekanntmachung vom 15. März 2022[1)]
(BGBl. I S. 610)

FNA 368-3

Lfd. Nr.	Änderndes Gesetz	Datum	Fundstelle	Betroffen	Hinweis
1.	Art. 15 Abs. 16 G zur Reform des Vormundschafts- und Betreuungsrechts	4.5.2021	BGBl. I S. 882	§ 1	geänd. mWv 1.1.2023
2.	Art. 22 G zur Neuregelung des Berufsrechts der anwaltlichen und steuerberatenden Berufsausübungsgesellschaften sowie zur Änd. weiterer Vorschriften im Bereich der rechtsberatenden Berufe	7.7.2021	BGBl. I S. 2363	Inhaltsübersicht, §§ 1, 41, 45	geänd. mWv 1.8.2022
3.	Art. 7 G zur Durchführung der VO (EU) 2019/1111 sowie zur Änd. sonstiger Vorschriften	10.8.2021	BGBl. I S. 3424	§§ 18, 19, Anl. 1	geänd. mWv 1.8.2022
4.	Art. 5 G zur Durchführung des Haager Übereinkommens über die Anerkennung und Vollstreckung ausländischer Entscheidungen in Zivil- und Handelssachen sowie zur Änd. der ZPO, des BGB, des WohnungseigentumsG und des G zur Modernisierung des Strafverfahrens	7.11.2022	BGBl. I S. 1982	§ 19	geänd. mit noch nicht bestimmtem Inkrafttreten
5.	Art. 3 G zur Beschleunigung der Asylgerichtsverfahren und Asylverfahren	21.12. 2022	BGBl. I S. 2817	§ 30, Anl. 1	geänd. mWv 1.1.2023

Vorbemerkung:

Die Änderung durch G v. 7.11.2022 (BGBl. I S. 1982) tritt gem. Art. 9 Satz 2 dieses G erst an dem Tag in Kraft, an dem das Haager Übereinkommen vom 2. Juli 2019 über die Anerkennung und Vollstreckung ausländischer Entscheidungen in Zivil- und Handelssachen nach seinem Art. 28 für die Europäische Union mit Ausnahme des Königreiches Dänemark in Kraft tritt; sie ist im Text noch nicht berücksichtigt.

[1)] Neubekanntmachung des RVG v. 5.5.2004 (BGBl. I S. 718, 788) in der ab 1.12.2021 geltenden Fassung.

Gesetz über die Vergütung der Rechtsanwältinnen und Rechtsanwälte (Rechtsanwaltsvergütungsgesetz – RVG)

[illegible]

Vorbemerkung

Die Änderung durch G v. [illegible] 2022 (BGBl. I S. [illegible]) tritt gem. Art. 9 Satz 2 dieses G erst an dem Tag in Kraft, an dem das Haager Übereinkommen vom 2. Juli 2019 über die Anerkennung und Vollstreckung ausländischer Entscheidungen in Zivil- und Handelssachen nach seinem Art. 28 für die Europäische Union [illegible] in Kraft tritt und ist im Text noch nicht berücksichtigt.

(3) Im Übrigen ist der Gegenstandswert im Insolvenzverfahren unter Berücksichtigung des wirtschaftlichen Interesses, das der Auftraggeber im Verfahren verfolgt, nach § 23 Absatz 3 Satz 2 zu bestimmen.

§ 29 Gegenstandswert im Verteilungsverfahren nach der Schifffahrtsrechtlichen Verteilungsordnung. Im Verfahren nach der Schifffahrtsrechtlichen Verteilungsordnung gilt § 28 entsprechend mit der Maßgabe, dass an die Stelle des Werts der Insolvenzmasse die festgesetzte Haftungssumme tritt.

§ 29a Gegenstandswert in Verfahren nach dem Unternehmensstabilisierungs- und -restrukturierungsgesetz. Der Gegenstandswert in Verfahren nach dem Unternehmensstabilisierungs- und -restrukturierungsgesetz[1] ist unter Berücksichtigung des wirtschaftlichen Interesses, das der Auftraggeber im Verfahren verfolgt, nach § 23 Absatz 3 Satz 2 zu bestimmen.

§ 30[2] Gegenstandswert in gerichtlichen Verfahren nach dem Asylgesetz.

(1) [1] In Klageverfahren nach dem Asylgesetz[3] beträgt der Gegenstandswert 5000 Euro, in den Fällen des § 77 Absatz 4 Satz 1 des Asylgesetzes 10 000 Euro, in Verfahren des vorläufigen Rechtsschutzes 2500 Euro. [2] Sind mehrere natürliche Personen an demselben Verfahren beteiligt, erhöht sich der Wert für jede weitere Person in Klageverfahren um 1000 Euro und in Verfahren des vorläufigen Rechtsschutzes um 500 Euro.

(2) Ist der nach Absatz 1 bestimmte Wert nach den besonderen Umständen des Einzelfalls unbillig, kann das Gericht einen höheren oder einen niedrigeren Wert festsetzen.

§ 31 Gegenstandswert in gerichtlichen Verfahren nach dem Spruchverfahrensgesetz. (1) [1] Vertritt der Rechtsanwalt im Verfahren nach dem Spruchverfahrensgesetz[4] einen von mehreren Antragstellern, bestimmt sich der Gegenstandswert nach dem Bruchteil des für die Gerichtsgebühren geltenden Geschäftswerts, der sich aus dem Verhältnis der Anzahl der Anteile des Auftraggebers zu der Gesamtzahl der Anteile aller Antragsteller ergibt. [2] Maßgeblicher Zeitpunkt für die Bestimmung der auf die einzelnen Antragsteller entfallenden Anzahl der Anteile ist der jeweilige Zeitpunkt der Antragstellung. [3] Ist die Anzahl der auf einen Antragsteller entfallenden Anteile nicht gerichtsbekannt, wird vermutet, dass er lediglich einen Anteil hält. [4] Der Wert beträgt mindestens 5000 Euro.

(2) Wird der Rechtsanwalt von mehreren Antragstellern beauftragt, sind die auf die einzelnen Antragsteller entfallenden Werte zusammenzurechnen; Nummer 1008 des Vergütungsverzeichnisses ist insoweit nicht anzuwenden.

§ 31a Ausschlussverfahren nach dem Wertpapiererwerbs- und Übernahmegesetz. [1] Vertritt der Rechtsanwalt im Ausschlussverfahren nach § 39b des Wertpapiererwerbs- und Übernahmegesetzes[5] einen Antragsgegner, bestimmt sich der Gegenstandswert nach dem Wert der Aktien, die dem Auftraggeber im Zeitpunkt der Antragstellung gehören. [2] § 31 Absatz 1 Satz 2 bis 4 und Absatz 2 gilt entsprechend.

---

[1] **Habersack, Deutsche Gesetze ErgBd. Nr. 110e.**
[2] § 30 Abs. 1 Satz 1 geänd. mWv 1.1.2023 durch G v. 21.12.2022 (BGBl. I S. 2817).
[3] **Sartorius Nr. 567.**
[4] **Habersack, Deutsche Gesetze ErgBd. Nr. 51b.**
[5] **Habersack, Deutsche Gesetze ErgBd. Nr. 58a.**

§ 31b Gegenstandswert bei Zahlungsvereinbarungen. Ist Gegenstand der Einigung eine Zahlungsvereinbarung (Gebühr 1000 Nummer 2 des Vergütungsverzeichnisses), beträgt der Gegenstandswert 50 Prozent des Anspruchs.

§ 32 Wertfestsetzung für die Gerichtsgebühren. (1) Wird der für die Gerichtsgebühren maßgebende Wert gerichtlich festgesetzt, ist die Festsetzung auch für die Gebühren des Rechtsanwalts maßgebend.

(2) [1] Der Rechtsanwalt kann aus eigenem Recht die Festsetzung des Werts beantragen und Rechtsmittel gegen die Festsetzung einlegen. [2] Rechtsbehelfe, die gegeben sind, wenn die Wertfestsetzung unterblieben ist, kann er aus eigenem Recht einlegen.

§ 33 Wertfestsetzung für die Rechtsanwaltsgebühren. (1) Berechnen sich die Gebühren in einem gerichtlichen Verfahren nicht nach dem für die Gerichtsgebühren maßgebenden Wert oder fehlt es an einem solchen Wert, setzt das Gericht des Rechtszugs den Wert des Gegenstands der anwaltlichen Tätigkeit auf Antrag durch Beschluss selbstständig fest.

(2) [1] Der Antrag ist erst zulässig, wenn die Vergütung fällig ist. [2] Antragsberechtigt sind der Rechtsanwalt, der Auftraggeber, ein erstattungspflichtiger Gegner und in den Fällen des § 45 die Staatskasse.

(3) [1] Gegen den Beschluss nach Absatz 1 können die Antragsberechtigten Beschwerde einlegen, wenn der Wert des Beschwerdegegenstands 200 Euro übersteigt. [2] Die Beschwerde ist auch zulässig, wenn sie das Gericht, das die angefochtene Entscheidung erlassen hat, wegen der grundsätzlichen Bedeutung der zur Entscheidung stehenden Frage in dem Beschluss zulässt. [3] Die Beschwerde ist nur zulässig, wenn sie innerhalb von zwei Wochen nach Zustellung der Entscheidung eingelegt wird.

(4) [1] Soweit das Gericht die Beschwerde für zulässig und begründet hält, hat es ihr abzuhelfen; im Übrigen ist die Beschwerde unverzüglich dem Beschwerdegericht vorzulegen. [2] Beschwerdegericht ist das nächsthöhere Gericht, in Zivilsachen der in § 119 Absatz 1 Nummer 1 des Gerichtsverfassungsgesetzes[1)] bezeichneten Art jedoch das Oberlandesgericht. [3] Eine Beschwerde an einen obersten Gerichtshof des Bundes findet nicht statt. [4] Das Beschwerdegericht ist an die Zulassung der Beschwerde gebunden; die Nichtzulassung ist unanfechtbar.

(5) [1] War der Beschwerdeführer ohne sein Verschulden verhindert, die Frist einzuhalten, ist ihm auf Antrag von dem Gericht, das über die Beschwerde zu entscheiden hat, Wiedereinsetzung in den vorigen Stand zu gewähren, wenn er die Beschwerde binnen zwei Wochen nach der Beseitigung des Hindernisses einlegt und die Tatsachen, welche die Wiedereinsetzung begründen, glaubhaft macht. [2] Ein Fehlen des Verschuldens wird vermutet, wenn eine Rechtsbehelfsbelehrung unterblieben oder fehlerhaft ist. [3] Nach Ablauf eines Jahres, von dem Ende der versäumten Frist an gerechnet, kann die Wiedereinsetzung nicht mehr beantragt werden. [4] Gegen die Ablehnung der Wiedereinsetzung findet die Beschwerde statt. [5] Sie ist nur zulässig, wenn sie innerhalb von zwei Wochen eingelegt wird. [6] Die Frist beginnt mit der Zustellung der Entscheidung. [7] Absatz 4 Satz 1 bis 3 gilt entsprechend.

(6) [1] Die weitere Beschwerde ist nur zulässig, wenn das Landgericht als Beschwerdegericht entschieden und sie wegen der grundsätzlichen Bedeutung der zur Entscheidung stehenden Frage in dem Beschluss zugelassen hat. [2] Sie kann nur

---

[1)] Nr. **95**.

Anlage 1[1)]
(zu § 2 Absatz 2)

Vergütungsverzeichnis

Gliederung

[1)] Anl. 1 geänd. mWv 1.8.2022 durch G v. 10.8.2021 (BGBl. I S. 3424); geänd. mWv 1.1.2023 (mangels Textübereinstimmung in Teil 1 Abs. 1 Nr. 1 nicht ausführbar) durch G v. 21.12.2022 (BGBl. I S. 2817).

Nr.	Gebührentatbestand	Gebühr oder Satz der Gebühr nach § 13 RVG
3101	1. Endigt der Auftrag, bevor der Rechtsanwalt die Klage, den ein Verfahren einleitenden Antrag oder einen Schriftsatz, der Sachanträge, Sachvortrag, die Zurücknahme der Klage oder die Zurücknahme des Antrags enthält, eingereicht oder bevor er einen gerichtlichen Termin wahrgenommen hat; 2. soweit Verhandlungen vor Gericht zur Einigung der Parteien oder der Beteiligten oder mit Dritten über in diesem Verfahren nicht rechtshängige Ansprüche geführt werden; der Verhandlung über solche Ansprüche steht es gleich, wenn beantragt ist, eine Einigung zu Protokoll zu nehmen oder das Zustandekommen einer Einigung festzustellen (§ 278 Abs. 6 ZPO), oder wenn eine Einigung dadurch erfolgt, dass die Beteiligten einen in der Form eines Beschlusses ergangenen Vorschlag schriftlich oder durch Erklärung zu Protokoll in der mündlichen Verhandlung gegenüber dem Gericht annehmen (§ 101 Abs. 1 Satz 2 SGG, § 106 Satz 2 VwGO); oder 3. soweit in einer Familiensache, die nur die Erteilung einer Genehmigung oder die Zustimmung des Familiengerichts zum Gegenstand hat, oder in einem Verfahren der freiwilligen Gerichtsbarkeit lediglich ein Antrag gestellt und eine Entscheidung entgegengenommen wird, beträgt die Gebühr 3100 .... (1) Soweit in den Fällen der Nummer 2 der sich nach § 15 Abs. 3 RVG ergebende Gesamtbetrag der Verfahrensgebühren die Gebühr 3100 übersteigt, wird der übersteigende Betrag auf eine Verfahrensgebühr angerechnet, die wegen desselben Gegenstands in einer anderen Angelegenheit entsteht. (2) Nummer 3 ist in streitigen Verfahren der freiwilligen Gerichtsbarkeit, insbesondere in Verfahren nach dem Gesetz über das gerichtliche Verfahren in Landwirtschaftssachen, nicht anzuwenden.	0,8
3102	Verfahrensgebühr für Verfahren vor den Sozialgerichten, in denen Betragsrahmengebühren entstehen (§ 3 RVG)	60,00 bis 660,00 €
3103	(weggefallen)	
3104	Terminsgebühr, soweit in Nummer 3106 nichts anderes bestimmt ist .... (1) Die Gebühr entsteht auch, wenn 1. in einem Verfahren, für das mündliche Verhandlung vorgeschrieben ist, im Einverständnis mit den Parteien oder Beteiligten oder gemäß § 307 oder § 495a ZPO ohne mündliche Verhandlung entschieden oder in einem solchen Verfahren mit oder ohne Mitwirkung des Gerichts ein Vertrag im Sinne der Nummer 1000 geschlossen wird oder eine Erledigung der Rechtssache im Sinne der Nummer 1002 eingetreten ist,	1,2

Nr.	Gebührentatbestand	Gebühr oder Satz der Gebühr nach § 13 RVG
	2. nach § 84 Abs. 1 Satz 1 VwGO oder § 105 Abs. 1 Satz 1 SGG durch Gerichtsbescheid entschieden wird und eine mündliche Verhandlung beantragt werden kann oder 3. das Verfahren vor dem Sozialgericht, für das mündliche Verhandlung vorgeschrieben ist, nach angenommenem Anerkenntnis ohne mündliche Verhandlung endet. (2) Sind in dem Termin auch Verhandlungen zur Einigung über in diesem Verfahren nicht rechtshängige Ansprüche geführt worden, wird die Terminsgebühr, soweit sie den sich ohne Berücksichtigung der nicht rechtshängigen Ansprüche ergebenden Gebührenbetrag übersteigt, auf eine Terminsgebühr angerechnet, die wegen desselben Gegenstands in einer anderen Angelegenheit entsteht. (3) Die Gebühr entsteht nicht, soweit lediglich beantragt ist, eine Einigung der Parteien oder der Beteiligten oder mit Dritten über nicht rechtshängige Ansprüche zu Protokoll zu nehmen. (4) Eine in einem vorausgegangenen Mahnverfahren oder vereinfachten Verfahren über den Unterhalt Minderjähriger entstandene Terminsgebühr wird auf die Terminsgebühr des nachfolgenden Rechtsstreits angerechnet.	
3105	Wahrnehmung nur eines Termins, in dem eine Partei oder ein Beteiligter nicht erschienen oder nicht ordnungsgemäß vertreten ist und lediglich ein Antrag auf Versäumnisurteil, Versäumnisentscheidung oder zur Prozess-, Verfahrens- oder Sachleitung gestellt wird: Die Gebühr 3104 beträgt .... (1) Die Gebühr entsteht auch, wenn 1. das Gericht bei Säumnis lediglich Entscheidungen zur Prozess-, Verfahrens- oder Sachleitung von Amts wegen trifft oder 2. eine Entscheidung gemäß § 331 Abs. 3 ZPO ergeht. (2) § 333 ZPO ist nicht entsprechend anzuwenden.	0,5
3106	Terminsgebühr in Verfahren vor den Sozialgerichten, in denen Betragsrahmengebühren entstehen (§ 3 RVG) Die Gebühr entsteht auch, wenn 1. in einem Verfahren, für das mündliche Verhandlung vorgeschrieben ist, im Einverständnis mit den Parteien ohne mündliche Verhandlung entschieden oder in einem solchen Verfahren mit oder ohne Mitwirkung des Gerichts ein Vertrag im Sinne der Nummer 1000 geschlossen wird oder eine Erledigung der Rechtssache im Sinne der Nummer 1002 eingetreten ist, 2. nach § 105 Abs. 1 Satz 1 SGG durch Gerichtsbescheid entschieden wird und eine mündliche Verhandlung beantragt werden kann oder 3. das Verfahren, für das mündliche Verhandlung vorgeschrieben ist, nach angenommenem Anerkenntnis ohne mündliche Verhandlung endet. In den Fällen des Satzes 1 beträgt die Gebühr 90 % der in derselben Angelegenheit dem Rechtsanwalt zustehenden Verfahrensgebühr ohne Berücksichtigung einer Erhöhung nach Nummer 1008.	60,00 bis 610,00 €

Für handschriftliche Notizen

Für handschriftliche Notizen

Für handschriftliche Notizen

Für handschriftliche Notizen

Für handschriftliche Notizen

Für handschriftliche Notizen

Für handschriftliche Notizen

Für handschriftliche Notizen

Dieses Titelblatt stammt aus der 193. Ergänzungslieferung Februar 2023,
die Ergänzungslieferung schließt an die 192. Ergänzungslieferung November 2022 an.
ISBN 978 3 406 79913 6

Redaktioneller Hinweis: Paragraphenüberschriften in eckigen Klammern sind nichtamtlich. Sie sind ebenso wie die Fußnoten urheber- und wettbewerbsrechtlich geschützt.

www.beck.de

ISBN 978 3 406 46119 4 (Grundwerk zur Fortsetzung für 12 Monate)
ISBN 978 3 406 50075 6 (Grundwerk ohne Fortsetzung)

Wilhelmstraße 9, 80801 München
Druck: Druckerei C. H. Beck Nördlingen
(Adresse wie Verlag)

CO_2 neutral

chbeck.de/nachhaltig

Gedruckt auf säurefreiem, alterungsbeständigem Papier
(hergestellt aus chlorfrei gebleichtem Zellstoff)

Habersack

Deutsche Gesetze

Sammlung des
Zivil-, Straf- und Verfahrensrechts

Herausgegeben von
Prof. Dr. Mathias Habersack
Ludwig-Maximilians-Universität München

Begründet von
Dr. Heinrich Schönfelder

Stand: 1. Februar 2023
(193. Ergänzungslieferung)

C.H.BECK

Übertrag:		99	Übertrag:		98
108	1/2	1	**108**	1/2	1
	13/14	1		13/14	1
112	4/4a	1	**112**	4/4a	1
	71/72	1		71/72	1
114	3–14a	8	**114**	3–14a	8
	35–38	2		35–38	2
117	1/2	1	**117**	1/2	1
	21/22	1		21/22	1
	37/38	1		37/38	1
	49/50	1		49/50	1
Insgesamt herauszunehmen:		117	Insgesamt einzufügen:		116

Habersack, Deutsche Gesetze

Einordnungsanweisung für die 193. Ergänzungslieferung Februar 2023

(Anschluss an die 192. Ergänzungslieferung November 2022)

Die Angaben beziehen sich auf die Ordnungsnummern (fette Zahlen) und die dazugehörigen Seitenzahlen (magere Zahlen)

Herauszunehmen:		Blätter	Einzufügen:		Blätter
Titelblatt, „Habersack aktuell“ [1]		3	Titelblatt, „Habersack aktuell“ [1]		3
Inhalt I 1–**Inhalt II** 2		3	**Inhalt I** 1–**Inhalt II** 2		3
1	3/4	1	**1**	3/4	1
	35–38	2		35–38	2
20	49/50	1	**20**	49/50	1
	341/342	1		341/342	1
34	1/2	1	**34**	1/2	1
	15–**35** 6	5		15–**35** 6	6
35	71–80a	6	**35**	71–80a	6
	107/108	1		107/108	1
51	3/4	1	**51**	3/4	1
	49–66	11		49–66a	11
62	2–6	3	**62**	2–6a	3
	43–48	3		43–48	3
72	5–12	3	**72**	5–12	3
	25/26	1		25/26	1
	39–42	2		39–42	2
	65–74a	8		65–74	4
83	3–12	5	**83**	3–12a	6
	43–48	3		43–48	3
85	9/10	1	**85**	9/10	1
	21–25a	4		21–25a	4
	83–88	3		83–88	3
	107/107a	1		107/107a	1
92	5–46	21	**92**	5–48	22
95	7/8	1	**95**	7/8	1
	34–35a	2		34–35a	2
100	27–30	2	**100**	27–30	2
Übertrag:		99	Übertrag:		98

[1] Aus technischen Gründen liegt das Geleitwort „Habersack aktuell“ am Anfang der Lieferung. Bitte ordnen Sie es wie gewohnt nach dem Titelblatt ein.

Vorschau

Entwurf eines Gesetzes zur Überarbeitung des Sanktionenrechts – Ersatzfreiheitsstrafe, Strafzumessung, Auflagen und Weisungen sowie Unterbringung in einer Entziehungsanstalt

(Inkrafttreten: erster Tag des ersten auf die Verkündung folgenden Quartals)

Der Gesetzentwurf der Bundesregierung (BR-Drucks. 687/22) will das Sanktionenrecht des Strafgesetzbuches (StGB) an aktuelle Entwicklungen anpassen. Zum einen ist die Zahl der verurteilten Personen, die wegen Nichtzahlung einer gegen sie verhängten Geldstrafe eine Ersatzfreiheitsstrafe verbüßen, in den letzten zwei Jahrzehnten kontinuierlich angestiegen. Als Reaktion darauf soll der Umrechnungsmaßstab von Geldstrafe in Ersatzfreiheitstrafe in § 43 StGB so geändert werden, dass statt einem zukünftig zwei Tagessätze einem Tag Ersatzfreiheitsstrafe entsprechen. Dadurch halbiert sich die Anzahl der Tage der an die Stelle der Geldstrafe tretenden Ersatzfreiheitsstrafe. Daneben gibt es die Entwicklung, dass Straftaten, die durch das Geschlecht des Opfers oder seine sexuelle Orientierung motiviert sind, erhebliche an Bedeutung gewonnen haben. Nicht nur die Zahl der Gewalttaten gegen Frauen innerhalb von Partnerschaften ist in den letzten Jahren gestiegen, auch von Hassreden, namentlich im Internet, sind Frauen sowie lesbische, schwule, bisexuelle, trans- und intergeschlechtliche Personen und andere queere Menschen (LSBTI) in spezifischer Weise betroffen. Deswegen sollen „geschlechtsspezifische" sowie „gegen die sexuelle Orientierung gerichtete" Tatmotive als weitere Beispiele für menschenverachtende Beweggründe und Ziele ausdrücklich in die Liste der nach § 46 Absatz 2 Satz 2 StGB bei der Strafzumessung besonders zu berücksichtigenden Umstände aufgenommen werden. Spezialpräventive Möglichkeiten sollen ausgeweitet werden: Die Möglichkeit einer Therapieweisung im Rahmen der Strafaussetzung zur Bewährung (§ 56c StGB), der Verwarnung mit Strafvorbehalt (§ 59a StGB) und des Absehens von der Verfolgung unter Auflagen und Weisungen (§ 153a StPO) sollen ausdrücklich normiert werden; bei der Verwarnung mit Strafvorbehalt soll zusätzlich die Möglichkeit einer Anweisung geschaffen werden, sonst gemeinnützige Leistungen zu erbringen (Arbeitsauflage). Im Maßregelrecht ist in den letzten Jahren ein kontinuierlicher Anstieg der Zahl der Personen zu verzeichnen, die in einer Entziehungsanstalt gemäß § 64 StGB untergebracht sind. Hier sollen die Anordnungsvoraussetzungen für die Unterbringung in einer Entziehungsanstalt enger gefasst werden. Der regelmäßige Zeitpunkt für eine Reststrafenaussetzung zum Halbstrafenzeitpunkt soll an den bei der reinen Strafvollstreckung üblichen Zweidrittelzeitpunkt angepasst werden.

Habersack aktuell 193. EL

Geleitwort zur Ergänzungslieferung

Die 193. Ergänzungslieferung bringt Ihre Textsammlung „Habersack, Deutsche Gesetze“ auf den Stand der Gesetzgebung vom 1. Februar 2023.

Berücksichtigung fand zunächst die Änderung im Grundgesetz (Art. 82) (Nr. **1**) durch Gesetz vom 19. Dezember 2022 (BGBl. I S. 2478).

Das Gesetz zur weiteren Umsetzung der Richtlinie (EU) 2019/1158 des Europäischen Parlaments und des Rates vom 20. Juni 2019 zur Vereinbarkeit von Beruf und Privatleben für Eltern und pflegende Angehörige und zur Aufhebung der Richtlinie 2010/18/EU vom 19. Dezember 2022 (BGBl. I S. 2510) brachte Änderungen im AGG (Nr. **34**).

Das StVG (Nr. **35**) erfuhr Änderungen durch das Zweite Gesetz zur effektiveren Durchsetzung von Sanktionen (Sanktionsdurchsetzungsgesetz II) vom 19. Dezember 2022 (BGBl. I S. 2606) und durch das Gesetz zur Modernisierung des Verkündungs- und Bekanntmachungswesens vom 20. Dezember 2022 (BGBl. I S. 2752). Ersteres brachte auch Änderungen des GVG (Nr. **95**), des ZVG (Nr. **108**) und der GBO (Nr. **114**).

Das Gesetz zur Umsetzung der Bestimmungen der Umwandlungsrichtlinie über die Mitbestimmung der Arbeitnehmer bei grenzüberschreitenden Umwandlungen, Verschmelzungen und Spaltungen vom 4. Januar 2023 (BGBl. I Nr. 10) brachte Änderungen im AktG (Nr. **51**) und im ArbGG (Nr. **83**).

Das VVG (Nr. **62**) und das FamFG (Nr. **112**) erfuhren Änderungen durch das Zwölfte Gesetz zur Änderung des Zweiten Buches Sozialgesetzbuch und anderer Gesetze – Einführung eines Bürgergeldes (Bürgergeldgesetz) vom 16. Dezember 2022 (BGBl. I S. 2328).

Das Gesetz zur Änderung des Bundeszentralregistergesetzes und des Strafgesetzbuches vom 4. Dezember 2022 (BGBl. I S. 2146) änderte das StGB (Nr. **85**) und das BZRG (Nr. **92**).

In der ZPO (Nr. **100**) fand die Prozesskostenhilfebekanntmachung 2023 vom 22. Dezember 2022 (BGBl. I S. 2843) Berücksichtigung.

Das Gesetz zur Beschleunigung der Asylgerichtsverfahren und Asylverfahren vom 21. Dezember 2022 (BGBl. I S. 2817) schließlich änderte das RVG (Nr. **117**).

Habersack-Schnellübersicht

Stand: Februar 2023

(E = Ergänzungsband)

Habersack-Schnellübersicht

Stand: Februar 2023

(E = Ergänzungsband)

Habersack-Schnellübersicht

Stand: Februar 2023

(E = Ergänzungsband)